U0139008

民事法系列

實用強制執行法精義

增訂第十八版

林洲富 著

五南圖書出版公司 印行

蔡序

PREFACE

強制執行為實現債權之手段，乃一實用之學問，藉由法院公權力之介入，使債權人之債權獲得滿足。近年由於國內經濟景氣不佳，導致訴諸強制執行之事件遽增，法院之負擔極重，是如何迅速、經濟、有效率及整體地處理數量龐大之執行事件，成為司法當局亟需重視之課題。茲以本人任職之臺灣臺中地方法院為例，本院91至92年度之每股每月新收事件逾200件以上，每股每月平均未結事件逾500件，民事執行處之業務負擔甚重，幸賴本院同仁之積極規劃及努力，使執行事件之未結數，已較往年減少逾半，民眾對本院強制執行之效率的滿意度，有顯著之大幅提升，誠為實踐司法為民理念之範例。因執行事件具有高度之技術性及程序性，需要具有實務經驗之法官主其事，始能妥適地處理執行事件。洲富法官辦案認真，敏而好學，尤難能可貴者，輒將處理強執實務及教授強執理論之心得，整合付梓相關資料，並申述己見，著寫《實用強制執行法精義》一書，以供實務及學界分享。自2003年9月初版1刷至今，廣為法界所稱道，深獲讀者讚許，現存書已不多。因增添內容及配合民事訴訟法之修正，2版出版在即，作者索序予余。余觀其內容，論述周詳，見解精闢，乃實務與理論兼備之佳著，相信對於有志研讀之學子及實務工作者，必有莫大之助益，爰樂為之序。

蔡清遊

臺灣臺中地方法院院長室

2004年7月8日

十八版序

PREFACE

本書再版距前次17版已逾1年，筆者除期間發現本書有語意不明或錯別字誤植處，茲藉由18版之增訂，加以修正與勘誤。為使拙著內容更為充實，除增加最新最高法院見解、學說理論案例解說及最新國考試題外，並將本人指導有關強制執行議題之法學碩士論文，如王秀美「公司清算完結之研究」、楊權進「銀行不良放款收回相關法律問題之研究」、黃國基「金融機構債權催收相關法律問題之研究」、章展華「鄉鎮市調解制度功能擴張可能性之研究」、陳見明「消費者債務清理條例更生制度之研究」、陳明智「銀行不良債權管理機制及法制研究」、馮善詮「強制執行之優先購買權研究」、陳炳霖「鄉鎮市調解制度之研究」、何慧娟「強制執行不動產換價程序之研究」、吳玲媛「消費者債務清理條例更生制度理論與實務研究」、沈昊陞「論我國鄉鎮市調解制度－以車禍調解為研究中心」、黃冠嵐「消費者債務清理條例實務問題之研析」、謝禎祥「論金錢債權強制執行債務人責任財產報告制度」，認值得參考之意見，斟酌置入內文。強制執行法為司法官、律師、公證人、行政執行官、司法事務官法律事務組、檢察事務官偵查實務組、法院書記官、執達員、執行員、公證人等國家考試之必考科目，筆者茲將強制執行法之國家考試大綱，置於本書內，俾使考生知悉國考應試原則。再者，本書「實用強制執行法精義」及拙著「民事法案例研究－實體法與程序法之交錯運用」、「實用非訟事件法」、「民事訴訟法案例式」，均屬民事程序法之系列叢書，四本專論形成非訟事件、訴訟事件及執行事件之完整民事程序架構。因筆者之學識不足，不周之處在所難免，經各界賢達先進，惠予斧正，俾有所精進，實為萬幸。本書為本人首部教科書，出版逾20年，亦為執教於中正大學法律學系之始。

林洲富　謹誌

2024年6月1日

謹識於文化大學法律系大賢館

自序 PREFACE

值2001年代之初，臺灣經濟循環之對策信號呈現藍燈，景氣循環正值蕭條期，國內經濟明顯衰退，以致欠債不還者多如過江之鯽。筆者服務於司法界，屢有親友詢問催討債款之對策，因渠等大多有親友關係，常礙於情面不便訴諸法律，導致債權遲遲未能滿足。此時筆者基於國民之法感情，乃告知「欠債還錢，事之至理」，雖多數之債務人均能信守承諾，於約定之期限內清償債務。然有少數之債務人向債權人借錢時，其狀卑躬屈膝，態度萬分誠懇，並信誓旦旦有錢即還，使債權人信以為真，不疑有他。惟世事難料，俟清償期限屆至，存心不良之債務人，翻臉比翻書還快。輕者聲稱延期清償，有錢再還；重者則揚言其已孑然一身，無力償還所積欠之債務。債權人遇此情事，始知「悔不當初未借時」。債權人必須經由法律程序取得執行名義，再持之向法院聲請強制執行，藉以滿足其債權。倘債務人如有心賴債，或其財產價值所剩無幾時，縱使債權人取得執行名義，也僅能徒呼奈何。是「有錢自己花，莫讓他人倒」，讓存心不良之債務人，竊笑在心中。總之，倘遇債務人不依約清償債務之際，債權人欲滿足其債權，必須藉先取得執行名義，進而向法院聲請執行債務人之財產。

強制執行法固一再修法限制拍賣不動產次數，期能加速強制執行之進行，俾於迅速實現債權人之權利及減少民事執行處之積案。即拍賣次數原無限制，修改至得拍賣7次，繼而現行法規定得拍賣4次。因近年來經濟不景氣、失業率屢創新高、國民財富大幅縮水，債務人未能依約清償債務之情事大增，是債權人持執行名義向法院聲請執行債務人之財產，有增無減，因債務人之財產往往需歷經多次拍賣程序，始得拍定之情況下，導致法院民事執行處之業務積案如山。而抵押物之債權人固有優先受償之權利，惟抵押物之拍定價格低落，常低於市價或抵押債權甚多，造成擁有大批抵押物之金融業者，無法全額受償，其呆帳損失亦持續攀高，實有淪為艱困行業之虞。

筆者專職臺灣臺中地方法院民事執行處法官期間，有鑑於強制執行為實現私法權利之程序及債權之最終保護手段，是強制執行程序關係債權人債權是否得以實現。故如何確保程序之合法性及實現法律正當性，以發揮強制執行之功能，乃執掌地方法院民事強制執行職務之法官，所應追求之目的。簡言之，如何正確及迅速強制執行，實為法院民事執行處全體同仁之重要課題。

林洲富

謹識於臺灣臺中地方法院

2003年4月1日

國家考試大綱

<table>
<tr><td rowspan="2">適用考試名稱</td><td>公務人員特種考試司法官考試</td></tr>
<tr><td>專門職業及技術人員高等考試律師考試</td></tr>
<tr><td>專業知識及核心能力</td><td>基於法官、檢察官在強制執行程序中之參與地位及律師能有效使當事人權利獲得實現，彼等人員應能充分理解與掌握：
一、強制執行之意義、目的及性質
二、強制執行之基本原則與對憲法上要求之回應
三、執行名義之種類、要件及主、客觀範圍
四、強制執行之進行
五、財務開示義務與拘提、管收、限制住居及具保證書人之意義與目的
六、各種執行程序之瑕疵及其救濟程序
七、各種強制執行之程序
八、假扣押、假處分之執行
九、執行程序之競合與合併</td></tr>
<tr><td colspan="2">命題大綱</td></tr>
<tr><td colspan="2">一、總則
（一）強制執行之意義、功能及目的
（二）強制執行之基本原則
（三）強制執行程序中之合憲性要求
（四）執行名義
（五）強制執行之主體、客體
（六）強制執行之進行及其救濟
（七）財務開示義務、拘提、管收、限制住居及具保證書人之責任
（八）強制執行之費用
二、關於金錢債權之強制執行
（一）對於動產、不動產之執行
（二）對於船舶、航空器、其他財產權及公法人財產之執行
（三）參與分配
三、關於物之交付請求權、行為及不行為請求權之執行
（一）非金錢債權強制執行之概念
（二）交付動產、交出不動產之執行
（三）行為請求權、不行為請求權及意思表示請求權之執行
（四）繼承財產或共有物分割之執行
四、假扣押、假處分之執行
五、執行程序之競合與合併</td></tr>
<tr><td>備註</td><td>一、表列命題大綱為考試命題範圍之例示，惟實際試題並不完全以此為限，仍可命擬相關之綜合性試題。
二、本命題大綱自中華民國103年1月1日開始適用。</td></tr>
</table>

目錄
CONTENTS

總　則

目　次

關鍵詞：異議、繼受人、異議之訴、終局執行、禁止雙重查封、群團優先主義、許可執行之訴、對人執行名義、對物執行名義、執行程序終結

第一節　強制執行之基本概念

第一項　強制執行之定義

一、強制執行與民事訴訟之區別

民事訴訟之本旨在於保護私法之權益，而保護私法之權益程序有二種類型：（一）確定私權存否之程序；（二）實現私權之程序。先確定私權存在後，繼而據此實現私權。民事訴訟法規範確定私權存否之程序，而強制執行法規範實現私權之程序，係執行法律之終局及果實。

二、公權力強制債務人履行私權

所謂強制執行者，係指國家機關基於統治關係，以國家之強制力爲債權人強制債務人履行義務，以實現私權之民事程序。換言之，強制執行係債權人依據執行名義，向法院聲請執行，法院基於公法之法律關係，以強制力爲債權人強制債務人履行私法之義務，以實現債權人私法請求權之程序[1]。準此，強制執行權由國家獨占，係公權力之行使，債權人僅有請求強制執行之權利，係對國家之公法請求權，債權人無法自力執行。

三、強制執行之法律關係

強制執行之程序，形成債權人、債務人及執行機關之三面法律關係：（一）債權人依據執行名義聲請執行機關強制執行，是爲聲請關係；（二）執行機關依據執行名義對債務人強制執行，其爲侵害關係；（三）債權人與債務人間之法律關係，係權利執行關係[2]。

---

1 張登科，強制執行法，三民書局有限公司，2004年2月，修訂版，頁1至2。陳榮宗，強制執行法，三民書局有限公司，2000年11月，2版1刷，頁2。

2 張登科，強制執行法，三民書局有限公司，2004年2月，修訂版，頁10。

第二項　強制執行之種類

一、終局執行與保全執行（109執達員）

強制執行以執行名義（強制執行法第4條第1項、第4條之1，下稱本法）欲達成之執行效果爲標準，可分終局執行及保全執行：（一）終局執行之執行效果，能使債權人之請求權獲得終局滿足，亦稱滿足執行。例如，債務人積欠借款不還，債權人經法院判決確定後，持民事確定終局判決，向法院聲請執行債務人之財產；（二）保全執行之執行效果，在於禁止債務人處分其財產或維持請求標的之現狀，以防日後有不能強制執行之虞。例如，假扣押及假處分之程序。因本法採不再查封主義，故執行標的物經實施假扣押或假處分後，倘他債權人再對該標的物假扣押或假處分，法院雖不駁回其聲請，然應合併執行程序，已實施執行行爲之效力，他債權人再對該標的物聲請假扣押，該效力及於他債權人（本法第33條）。

二、個別執行與一般執行

債權人實現金錢債權之對象，係以債務人之個別財產或債務人之總財產而言，有個別執行及一般執行之分：（一）爲實現金錢債權，以債務人個別之財產爲對象，所爲之強制執行稱爲個別執行，個別執行之結果，僅執行債權人及參與分配之債權人，得受分配滿足其權利，強制執行法所定之執行程序爲個別執行；（二）所謂一般執行，係指所有債權人，以債務人之總財產爲對象，所爲總清算之執行程序。例如，破產法規定之和解或破產程序、消費者債務清理條例規定之更生或清算程序，均爲一般執行。

三、金錢債權執行與非金錢債權執行

就強制執行欲滿足之內容或依據執行所實現之請求權，可分爲金錢債權之執行與非金錢債權之執行：（一）所謂金錢債權之強制執行，係指請求債務人支付金錢，以實現債權人金錢之強制執行。執行之對象有動產、不動產、船舶、航空器及其他財產。係以債務人之財產爲對象，進行查封、換價及滿足三階段，以滿足債權人之金錢債權；（二）非金錢債權之執行對象，

爲物之交付或行爲、不行爲者。

四、直接強制、間接強制及代替執行

依執行方法之不同可分直接執行、間接執行及代替執行：（一）所謂直接執行，係指執行機關之執行行爲，直接實現私權內容之執行。例如，拍賣債務人之財產以滿足債權人之金錢債權；（二）所謂間接執行，係指執行機關對債務人施予一定不利益，迫使債務人自動履行債務。例如，管收或處以怠金；（三）所謂代替執行，係指執行機關命第三人代債務人履行債務，而所需費用由債務人負擔之執行。例如，可代替行爲請求權之執行（本法第127條）。

第三項　強制執行法之性質

一、公　法

強制執行法規定執行機關之組織及其運用強制力之程序，當事人不得依其意思任意變更之，應適用全國執行機關、一般人民及一般民事強制執行事項，係強制規定。職是，強制執行法規範國家執行機關之組織及其運用公權力之程序，屬公法之性質。

二、程序法

強制執行法規定國家執行機關以公權力實現私權之程序，其性質爲實行權利義務之手續，屬程序法。國家基於主權之作用，賦予執行機關具有強制執行之權力，其效力僅及於國家統治權所及之地域，具有屬地性。再者，行政執行法第26條規定，除行政執行法另有規定外，準用強制執行法之規定。準此，強制執行法爲執行之普通程序法，而行政執行法爲執行之特別程序法。

第四項　強制執行法之立法主義

一、當事人平等主義與當事人不平等主義

以當事人之地位爲準，在執行期間，債權人與債務人之權利義務均屬平等者，係平等主義。我國強制執行法基於強制執行之場合，當事人之權利義務業已確定，爲迅速實現債權人之權利，自應偏重債權人利益之保障，故採當事人不平等主義。

二、當事人進行主義與職權進行主義

我國強制執行法就強制執行開始及撤回之程序，雖尊重當事人之意思，適用當事人進行主義（本法第5條）。然強制執行開始後，其程序之進行，事涉國家公權力之行使，應由執行法院依職權進行之。

三、再查封主義與禁止雙重查封主義（111檢察事務官）

所謂再查封主義，係指執行法院得對債務人之同一財產，進行多次查封。而我國強制執行法對已查封之債務人財產，規定他債權人並無查封之必要性，故有聲請強制執行者，應合併執行，此爲禁止雙重查封主義或不再查封主義（本法第33條、第33條之1、第33條之2）。

四、承受主義與塗銷主義

強制執行標的物經法院拍賣後，其上權利是否存在可分承受主義與塗銷主義：（一）我國強制執行法就用益物權及租賃關係部分，原則採承受主義，故執行標的物原有之地上權、農育權、不動產役權、典權及租賃關係，隨同拍定後移轉。例外情形，係發生於設定抵押權之後，並對抵押權有影響，經執行法院除去後拍賣者，用益物權應塗銷之（本法第98條第2項）；（二）我國強制執行法就擔保物權及優先受償部分，原則採塗銷主義，故存於不動產之抵押權及其他優先受償權，因拍賣而消滅。例外情形，係抵押權所擔保之債權未定清償期或其清償期尚未屆至，而拍定人或承受抵押物之債權人聲明願在拍定或承受之抵押物價額範圍內清償債務，經抵押權人同意

者，適用承受主義（第3項）。

五、平等清償主義、優先清償主義及群團優先主義（90執達員）

強制執行就分配次序之優劣可分平等清償主義、優先清償主義及群團優先主義：（一）普通債權人間就我國強制執行法規定，普通債權人於標的物拍賣、變賣終結或依法交債權人承受之日1日前，其不經拍賣或變賣者，應於當次分配表作成之日1日前，以書狀聲明參與分配者，按各債權人債權額比例，平均受償，係採平等清償主義，不採優先主義（本法第32條）；（二）所謂優先清償主義者，係指以債權人聲請查封或參與分配之時間先後，決定債權人間分配之優劣次序，有優先受償或擔保物權人較普通債權人具有優先受清償之權利（本法第32條）；（三）群團優先主義之分配次序，介於平等主義與優先主義之間。所謂群團優先主義，係指最初查封之債權人與一定時間參與分配之債權人構成第一群團，嗣後參加之債權人構成第二群團。第一群團之債權人較第二群團之債權人優先，而同一群團之債權人間，為平等受償（本法第32條第2項）。

第五項　執行行為之合法性

一、形式合法要件

強制執行係執行法院行使國家之公權力的行為，屬於公法之行為，合法之執行行為，應具備形式及實質之合法要件[3]。形式要件如後：（一）執行法院對具體之執行事件，應有管轄權；（二）執行法院應依據本法所規定之程序，辦理強制執行；（三）執行法院之人員，必須為法官、司法事務官、書記官及執達員所組成。

[3] 楊與齡主編，強制執行法實例問題分析，黃謙恩，強制執行行為無效的認定基準，五南圖書出版有限公司，2002年7月，初版2刷，頁120。

二、實質合法要件（106行政執行官）

實質合法要件有：（一）執行行爲必須與有關之法律、判決、解釋及命令相符；（二）執行行爲不得逾越權限或濫用權力，其執行內容應明確；（三）執行行爲應遵守比例原則，採取之執行方法，應有助於執行目的之達成。有多種相同能達成目的之執行方法時，應選擇對債務人權益損害最少者爲之。採取之執行方法所造成之損害，不得與欲達成執行目的之利益顯失均衡（行政程序法第7條）。職是，強制執行應依公平合理之原則，兼顧債權人、債務人及其他利害關係人權益，以適當之方法爲之，不得逾達成執行目的之必要限度（本法第1條第2項）。

第二節　強制執行之競合

第一項　終局執行競合

例題1　金錢債權與非金錢債權之終局執行競合

債權人甲持命債務人清償借款之民事確定判決，聲請法院執行債務人所有不動產，嗣後債權人乙依命債務人交付該不動產之民事確定判決，聲請法院就該不動產執行之。試問執行法院應如何處理債權人甲及乙所持之執行名義？依據為何？

一、目的相同而不相牴觸者

終局執行競合而目的相同與不相牴觸者可分：（一）二個以上金錢之執行程序競合，依據平等主義原則，對於已開始實施強制執行之債務人財產，他債權人再聲請強制執行者，應合併其執行程序，並發生參與分配之效力，就拍賣之價金而受分配（本法第33條）[4]；（二）非金錢債權終局執行相互間之競合，執行內容相容者，得依後案併前案之方式處理。前執行程序因債權人撤回或被撤銷而終結者，應由後債權人繼續爲其執行程序。

---

[4] 最高法院109年度台抗字第344號民事裁定。

二、目的不同而相互牴觸者

（一）本文見解——依聲請之先後辦理

金錢債權終局執行與非金錢債權終局執行之競合，暨非金錢債權終局執行相互間之競合，執行內容相斥者，兩執行程序之目的不同與互相牴觸者，應如何處理則有三說：1.依聲請之先後辦理；2.視執行名義所載非金錢請求權，是否基於物權而定；3.原則依聲請之先後辦理，例外情形，係聲請在後者以基於物權而生之請求權爲內容者，應優先於在前之金錢債權而執行。因執行法院並無判斷實體之法律關係，且執行程序重迅速，故第二說、第三說較不可採，職是，應依據先聲請執行效力優先之原則，僅能依時間之先後決定其優劣，依先聲請執行者優先，執行法院應駁回後聲請執行者。

（二）實務見解——拆屋還地確定終局判決

行政執行署分署與執行法院關於執行標的物之執行競合，且執行程序之目的相互牴觸者，倘民事執行之執行名義係具對世效力之拆屋還地確定終局判決，縱行政執行署分署之執行在先，執行法院仍得依執行名義逕爲強制執行，不受行政執行署分署查封效力之拘束。執行標的物縱經行政執行署分署執行拍賣程序而由第三人拍定，第三人係確定終局判決後之標的物繼受人，爲執行名義之執行力所及，執行法院得對之爲強制執行，倘造成拍定人之權益受損，拍定人得向執行拍賣之行政執行署分署主張權利。故執行公法上金錢給付義務之行政執行署分署，爲避免執行標的物，發生拍定後遭拆除之瑕疵，應勸諭移送機關撤回執行，以避免造成問題。倘不撤回者，本案之執行法院得依執行名義逕爲強制執行[5]。

三、例題解析

（一）本文見解

債權人甲依命債務人清償借款之民事確定判決，聲請法院執行債務人所

5　最高法院104年度台抗字第1084號民事裁定。

有不動產，嗣後債權人乙依命債務人交付該不動產之民事確定判決，聲請法院就該不動產執行之。金錢債權終局執行與非金錢債權終局執行之競合，兩執行程序之目的不同，且互相牴觸者，應依聲請之先後辦理，執行法院僅能執行命債務人清償借款之民事確定判決。

（二）實務見解

民事執行之執行名義係具對世效力之確定終局判決，縱使金錢債權終局執行在先，執行法院仍得依非金錢債權終局執行名義逕爲強制執行，不受金錢債權終局執行效力之拘束。職是，債權人雖甲持命債務人清償借款之民事確定判決，聲請法院執行債務人所有不動產，然嗣後債權人乙依命債務人交付該不動產之民事確定判決，聲請法院就該不動產執行之，其請求權基礎爲民法第767條第1項前段之所有物返還請求權。基於物權有對世效力，債權僅有相對效，故物權優先於債權之效力。是命債務人交付該不動產之民事確定判決之執行效力，應優先於命債務人清償借款之民事確定判決。

第二項　保全執行與終局執行競合

第一目　假扣押執行與終局執行競合

例題2　民事確定判決優先於假扣押裁定

債務人僅有A土地一筆，別無財產，債權人甲執有命債務人給付損害賠償金新臺幣（下同）300萬元之民事確定判決。而債權人乙以債務人欠其借款300萬元未償還，聲請與取得准予提供擔保100萬元後，得就債務人所有財產於300萬元範圍内為假扣押之裁定。試問乙提供擔保向執行法院聲請假扣押執行查封A土地後，甲向執行法院聲請拍賣A土地，執行法院應如何處理？

一、假扣押執行與金錢債權終局執行競合（92律師；95司法官；99、101、111執達員；99三等書記官；102、106行政執行官；105司法事務官）

（一）終局執行優先

假扣押執行與終局執行競合時，執行法院應如何處理，學說有二：1.保全執行優先說；2.終局執行優先說。基於平等主義原則，假扣押執行僅禁止債務人任意處分，不能排除強制執行所爲之處分。因假扣押執行債權人之權利未確定，而終局執行債權人之權利已確定，是終局執行債權人可聲請拍賣經假扣押之標的物，將保全處分轉換爲終局執行之一部，準此，採終局執行優先說。例如，納稅義務人欠繳應納稅捐，雖經稅捐稽徵機關依稅捐稽徵法第24條規定，通知有關機關對納稅義務人之財產，不得移轉或設定他項權利，然執行法院仍得依據終局執行名義拍賣納稅義務人之財產，稅捐稽徵機關可參與分配拍賣價金[6]。

（二）提存假扣押債權

爲保障假扣押債權人於本案獲勝訴判決確定後，得就提存款而受清償。故其提存係專爲假扣押債權而提存，使假扣押債權人於本案獲勝訴確定判決時，因所附停止條件成就，而發生得由假扣押債權人單獨領取受償債權之權利，假扣押債權人分配所得之金額，其他債權人不得聲請參與分配（本法第32條第2項）[7]。職是，假扣押執行與終局執行競合時，基於終局執行優先，應拍賣執行標的物，並將分配於假扣押執行債權人之金額，加以提存之（本法第133條）。

二、假扣押執行與非金錢債權終局執行競合

假扣押執行與非金錢債權終局執行競合，執行法院應如何處理：（一）

---

6 最高法院104年度台抗字第1084號民事裁定。

7 最高法院83年度台抗字第186號、101年度台抗字第136號民事裁定。

本書認爲適用終局執行優先說，因非金錢債權終局執行未經換價程序變換成金錢，導致假扣押債權人之金錢債權無從參與分配或提存之，僅得另就債務人之其他財產執行之；（二）自應以執行時間之先後定其優劣，因假扣押之保全執行與非金錢債權之終局執行競合時，彼此矛盾不能並存，且假扣押之保全執行先行，在後之終局執行，不許以在後之終局執行，推翻在前之假扣押保全執行。至於在後之終局執行，倘有排除假扣押保全執行之權利，自應另行提起第三人異議之訴爲權利之主張（本法第15條）。待排除在前之假扣押執行程序後，繼而爲終局執行之聲請，始爲適法[8]。

三、例題解析

假扣押執行與終局執行競合時，基於終局執行優先，而債務人之責任財產僅有A土地一筆，債權人甲持確定民事判決聲請拍賣經假扣押之A土地，法院應將假扣押債權人乙之保全執行，轉換爲終局執行之一部，進而拍賣A土地，並將拍賣價金應分配於假扣押執行債權人乙之金額，加以提存（本法第133條）。嗣假扣押債權人乙於本案獲勝訴確定判決時，可領取提存標的物受償債權。

第二目　假處分執行與終局執行競合

一、終局執行優先說（93司法官；107執行員、執達員）

假處分執行與終局執行競合時，何者應爲優先，學說有二說：（一）終局執行優先說；（二）假處分優先說[9]。通說採終局執行優先原則，假處分執行僅禁止債務人任意處分，不能排除強制執行所爲之處分。況假處分執行債權人之權利未確定，而終局執行債權人之權利業經確定，執行債權人能聲請拍賣假處分之標的物，將保全處分轉換爲終局執行。債權人不得以假處分爲

---

8 最高法院94年度台抗字第1049號民事裁定；臺灣高等法院臺南分院102年度抗字第188號民事裁定。

9 最高法院62年度第1次民事庭庭長會議決議5，會議日期1973年2月20日；最高法院70年度第10次民事庭會議決議1，會議日期1981年4月21日。

由，排除他債權人之終局執行。準此，禁止債務人就特定財產爲處分行爲之假處分，其效力僅在禁止債務人就特定財產爲自由處分，並不排除法院之強制執行。例如，抵押債權人持拍賣抵押物民事裁定，聲請就債務人設有抵押權，並經他債權人假處分查封之不動產爲拍賣，法院自得准許抵押債權人聲請拍賣抵押物。

二、假處分與假扣押先後取得終局執行名義

假處分與假扣押執行競合，債權人嗣後取得終局執行名義，依據終局執行優越原則：（一）就債務人所有執行標的物實施假處分於先，執行假扣押在後，而假扣押債權人就假扣押所保全之請求，先取得終局執行名義，並聲請就該標的物爲終局執行時，假處分之效力，不能排除法院之強制執行；（二）執行假扣押在前，而假處分之債權人就其所保全之請求，先取得終局執行名義，可逕行請求實現終局執行名義所載內容 ，包括依確定判決申請地政機關，辦理不動產所有權之移轉登記。假扣押執行與不相容部分，應歸於消滅[10]。

第三項　保全執行競合

一、性質相容者

假扣押執行係對金錢債權所爲之執行，其等目的及方法均屬相同，應併案處理。而假處分間或假扣押及假處分間，其執行方法相容者，採併案方式處置之，前案假扣押或假處分經撤回者，因有後案假扣押或假處分聲請存在，不得啓封。

二、性質不相容者（107執行員、執達員）

假處分間或假扣押及假處分間，倘執行方法相互牴觸者，應依聲請執行在先者，其效力優先之原則辦理，法院應駁回後聲請之假處分或假扣押執

10 最高法院101年度台抗字第483號民事裁定。

行。例如，先聲請者爲非金錢債權之執行，後聲請者爲金錢債權之執行，兩者執行方法相互牴觸時，法院應駁回後聲請之執行。

第四項　強制執行程序之合併

例題3　法院與行政執行分署合併執行

債權人向A地方法院聲請強制執行，其中部分執行標的係在B地方法院管轄區域，並經B地行政執行署分署扣押在案。試問A地方法院就B地方法院之執行標的，得否不經囑託B地方法院，而逕自移併B地行政執行署分署執行？

一、公法及私法金錢債權應合併執行

自行政執行法公布施行後，公法之金錢給付義務執行，應由法務部行政執行署分署負責執行（行政執行法第42條）。準此，爲使公法與私法之金錢債權，均可獲得公平受償，是公法之金錢給付義務及私法金錢之強制執行，自應合併執行。

二、強制執行程序合併之定義

所謂強制執行程序之合併，係指債權人依金錢請求權之執行名義已開始實施強制執行之債務人財產，他債權人亦持金錢請求權之執行名義，再聲請強制執行或聲明參與分配者，應合併其執行程序（本法第33條、第34條）[11]。準此，同一債務人及同一標的物執行者，應合併其執行程序，採併案處理，不得再爲查封行爲。已實施之執行行爲，其效力及於再聲請執行之聲請人。公法上金錢請求之執行，不同主管機關就債務人之同一財產，向行政執行署分署聲請強制執行者，應合併其執行程序（行政執行法第26

[11] 最高法院104年度台抗字第598號民事裁定。

條）[12]。

三、行政執行機關查封在先（93執達員；90律師）

（一）執行法院不得再行查封

執行人員於實施強制執行時，發現債務人之財產，業經行政執行機關查封者，不得再行查封。倘行政執行署分署之執行人員於查封前，發見義務人之財產經其他機關查封者，不得再行查封。行政執行署分署已查封之財產，其他機關不得再行查封（行政執行法第16條）。例如，法院依據債權人之引導，欲查封債務人所有之車輛，發現該車輛已經行政執行署分署查封，法院不得再重複查封。

（二）行政執行署分署合併辦理

執行法院應將執行事件連同卷宗函送行政執行機關合併辦理，並通知債權人，其執行程序依行政執行法規定辦理。而政府機關依法令或本於法令之處分，對義務人有公法之金錢債權，依行政執行法得移送執行者，得檢具證明文件，聲明參與分配（本法第34條之1）。基於債務人財產爲全體債權人之共同擔保之原則，債權不因公法債權或私法債權有所區別，是行政機關對於執行法院所進行之強制執行事件，可聲明參與分配，私法上之債權人自得就行政執行事件，對行政執行處聲明參與分配。關於公法上金錢給付義務之執行，除行政執行法另有規定外，準用強制執行法規定（行政執行法第26條）。

（三）由執行法院續行執行

債務人依法令或本於法令之行政處分或法院之裁定，負有公法上金錢給付義務，自處分、裁定確定之日或其他依法令負有義務，經通知限期履行之文書所定期間屆滿日起，5年內未經執行者，不再執行；其於5年期間屆滿前已開始執行者，仍得繼續執行。但自5年期間屆滿日起，已逾5年尚未執行終結者，不得再執行（行政執行法第7條第1項）。公法上之金錢債權已逾5年執

---

[12] 楊與齡主編，強制執行法實例問題分析，楊與齡，公法上金錢給付義務之執行程序，五南圖書出版有限公司，2002年7月，初版2刷，頁373。

行期間，而尚未清償完畢者，無核發債權憑證之適用。職是，行政執行署分署就已查封之財產，不再繼續執行時，應將有關卷宗送請執行法院繼續執行（本法第33條之1第3項）。以免債務人藉機處分財產而逃避執行，損及債權人之債權。

四、執行法院查封在先

（一）執行法院合併辦理

基於強制執行法規定之禁止重複查封原則，執行法院已查封之財產，法務部行政執行署分署不得再行查封該財產（本法第33條之2第1項）。行政執行署分署應將執行事件連同卷宗函送執行法院合併辦理，並通知移送機關（第2項）。

（二）行政執行署分署續行執行

執行法院就已查封之財產不再繼續執行時，應將有關卷宗送請行政執行署分署繼續執行（本法第33條之2第3項）。申言之，行政執行署分署依本法第33條之2第1項規定，將執行事件函送執行法院併辦時，應敘明執行法院就已查封之財產不再繼續執行時，應依同條第2項規定，維持已實施之執行程序原狀，並將有關卷宗送由行政執行署分署繼續執行之意旨（行政執行法施行細則第26條）。

五、囑託登記查封事由及定期執行（108三等書記官；107執行員、執達員）

執行法院應囑託相關機關登記查封事由，並應定期執行。即供強制執行之財產權，其取得、設定、喪失或變更，依法應登記者，爲強制執行時，執行法院應即通知該管登記機關登記其事由（本法第11條第1項）。前項通知，執行法院得依債權人之聲請，交債權人逕行持送登記機關登記（第2項）。詳言之：（一）不動產之查封登記：已登記之不動產，執行法院應先通知地政事務所爲查封登記；（二）有設定動產抵押：以動產擔保交易法所定之機器、工具及車輛作爲擔保交易之標的物者，其登記機關爲經濟部工業局或其各區辦公室；（三）公司發行之有價證券：股單、記名股票及記名公司債之登記，其爲發行公司；（四）關於車輛之查封執行：執行機關應將車輛之牌照、引擎號碼通知公路局監理站，登記查封事由。

六、例題解析

他債權人參與分配者，應於標的物拍賣、變賣終結或依法交債權人承受之日1日前，其不經拍賣或變賣者，應於當次分配表作成之日1日前，以書狀聲明之。逾前項期間聲明參與分配者，僅得就前項債權人受償餘額而受清償；尚應就債務人其他財產執行時，其債權額與前項債權餘額，除有優先權者外，應按其數額平均受償（本法第32條第1項、第2項）。如例題3所示，執行法院就非屬管轄區域範圍內之財產，得予函送標的所在地之行政執行署分署，無庸囑託執行標的所在地法院，繼而由標的所在地法院函送行政執行署分署辦理，始不致耽誤債權人聲明參與分配之時間。職是，應許A地方法院就B地方法院之執行標的，得不經B地方法院而逕自移併B地執行署分署執行[13]。

第三節　執行名義

第一項　執行名義之定義

一、實施強制執行之公文書

強制執行係債權人依據執行名義，聲請法院對債務人施以強制力，強制其履行債務，以滿足債權人之私法請求權，是債權人欲向法院聲請強制執行，首先須具備執行名義。所謂執行名義，係指表示私法之給付請求權之存在及範圍，債權人得據以聲請執行法院對於債務人實施強制執行之公文書。

13 臺灣高等法院暨所屬法院105年法律座談會民執類提案第10號。

二、給付判決

民事判決雖有給付判決、確認判決及形成判決三種，惟僅有給付判決得作爲執行名義。申言之：（一）債權人提出執行名義聲請執行時，執行法院應迅速強制執行，毋庸調查實體請求權是否存在。執行名義所載請求債務人給付之內容須可能、確定及適法。例如，債之關係發生後，有給付不能者，無論其不能之事由如何，債權人不得請求債務人爲原定之給付[14]；（二）給付判決之性質，須爲適於執行者。例如，命夫妻同居義務之確定判決，不得強制執行（本法第128條第2項）。

第二項　執行名義之種類

第一目　確定之終局判決

一、確定終局判決之定義（100執達員）

所謂確定之終局判決，係指當事人對該判決不能依通常聲明不服之上訴方法，請求廢棄或變更之民事確定終局判決（民事訴訟法第381條、第382條、第398條）。本款之確定判決範圍，不包括外國或大陸地區之確定終局判決（本法第4條第1項第1款、第4條之1）。

二、被告不得持對待給付判決請求執行

對待給付判決之被告，得否以該判決爲執行名義，學說有肯定說及否定說。本書採否定說，因對待給付之判決，係被告在訴訟援用民法第264條之同時履行抗辯權，原告不能證明自己已爲給付或已提出給付，法院應爲原告提出對待給付時，被告即向原告爲給付之判決。是命原告爲對待給付之判決，性質僅係限制原告請求被告給付所附加之條件，係債權人開始強制執行之要件，並非獨立之訴訟標的，除無既判力外，亦無執行力。準此，債務人自不得請求就債權人之對待給付強制執行。再者，對待給付之執行名義，對待給

---

[14] 司法院院字第2182號解釋。

付之履行，係屬開始強制執行之要件，此項要件是否具備，執行法院應依職權加以審查[15]。

三、執行名義之延長時效

時效中斷者，自中斷事由終止時，重行起算（民法第137條第1項）。消滅時效因強制執行而中斷者，因執行行爲完成時，其中斷事由終止，時效重行起算[16]。執行名義係經確定判決或其他與確定判決有同一效力者，其所確定之請求權，原有消滅時效期間不滿5年者，因中斷而重行起算之時效期間爲5年（民法第137條第3項）。

第二目　民事訴訟法得爲強制執行之裁判

假扣押及假處分裁定之執行，均係保全將來強制執行爲目的，同爲保全執行之方法。而假執行之裁判及其他依民事訴訟法得爲強制執行之裁判者，均屬終局執行之執行名義，得實現執行名義所載之請求權（本法第4條第1項第2款）。

一、假扣押裁定

假扣押裁定係債權人就金錢請求或得易爲金錢請求之請求，有日後不能強制執行或甚難執行之虞者，欲保全強制執行者，聲請執行法院所爲之裁定。應在外國爲強制執行者，視爲有日後甚難執行之虞（民事訴訟法第522條、第523條）。法院准予假扣押之裁定，不待確定，即得爲執行名義據以執行。

二、假處分裁定

假處分裁定係債權人就金錢請求以外之請求，因請求標的之現狀變更，

---

15 最高法院104年度台抗字第855號民事裁定。

16 最高法院103年度台上字第344號民事判決。

有日後不能強制執行，或有甚難執行之虞，欲保全強制執行者，聲請執行法院所爲之裁定（民事訴訟法第532條）。職是，假處分係以保全金錢請求以外之請求之強制執行爲目的，故債權人所提起之本案訴訟，以金錢請求以外之請求之給付之訴爲限[17]。法院准予假處分之裁定，不待確定，即得爲執行名義據以執行。

三、定暫時狀態處分

有爭執之法律關係，爲防止發生重大之損害或避免急迫之危險或有其他相類之情形而有必要時，得聲請爲定暫時狀態之處分（民事訴訟法第538條第1項）。前開處分裁定，以其本案訴訟能確定該爭執之法律關係者爲限（第2項）。例如，通行權於當事人間已成爲爭執，或通行權已被侵害，債權人聲請定暫時狀態時，得禁止債務人將爲通行權標的物之土地，變更現狀或設置障礙物以阻止通行，或爲其他類似行爲。再者，定暫時狀態處分，得命債務人先爲一定之給付（第3項）。爲兼顧兩造當事人之利益，法院裁定前，除法院認爲不適當者，應使兩造當事人有陳述之機會（第4項）。

四、假執行判決

假執行判決係對未確定之終局判決宣告假執行，賦予確定判決之相同執行力，使勝訴之當事人藉即時之執行確保權利之實現（民事訴訟法第389條、第390條）。法院得依聲請或依職權，宣告被告預供擔保，或將請求標的物提存而免爲假執行（民事訴訟法第392條第2項）。兩造預供擔保或提存而免爲假執行，應於執行標的物拍定、變賣或物之交付前爲之（第3項）。宣告假執行之判決，不待確定，即得聲請強制執行（本法第4條第1項第2款、第6條第1項第2款）。法院宣示判決筆錄，除命被告給付金錢外，併宣告本判決得假執行。該業經宣示之宣告假執行判決，不待送達即發生效力，得爲執行名義，據以聲請強制執行[18]。

---

[17] 最高法院100年度台抗字第939號民事裁定。

[18] 最高法院98年度台抗字第279號民事裁定。

五、其他依民事訴訟法之裁判

該等裁判見諸於民事訴訟法規定，茲舉其實務常見者如後：（一）支付命令裁定（民事訴訟法第521條）；（二）確定訴訟費用裁定（民事訴訟法第91條）；（三）對證人、鑑定人及不從命提出文書之第三人，科處罰鍰之裁定（民事訴訟法第303條、第321條、第324條、第349條）。

第三目　依民事訴訟法成立之和解或調解

甲、乙間就財產紛爭在法院調解成立，並由丙擔任參加人，而調解筆錄內容為：（一）被告乙、參加人丙願於2023年10月11日前，連帶給付原告甲新臺幣100萬元。（二）原告甲其餘請求拋棄。（三）訴訟費用各自負擔。試問債權人甲持該調解筆錄為執行名義聲請，對參加人丙之財產強制執行，執行法院應如何處理？

一、訴訟上之和解

所謂依民事訴訟法成立之和解，係指受訴法院依據民事訴訟法第377條第1項規定，法院不問訴訟程度如何，得隨時試行和解。受命法官或受託法官亦得爲之。和解成立與確定判決有同一效力（民事訴訟法第380條第1項；本法第4條第1項第3款）。當事人就未聲明之事項或第三人參加和解成立者，而以給付爲內容所成立之和解，雖無與確定判決同一之效力，然得爲執行名義（民事訴訟法第380條之1）。當事人於強制執行中成立和解，雖具有民法之效力，然除另行取得執行名義，不得憑和解書向法院聲請強制執行。

二、依民事訴訟法成立之調解

所謂依民事訴訟法成立之調解，係指法院依據民事訴訟所規定之調解程序所成立之調解而言。調解成立與訴訟和解有同一效力（民事訴訟法第416條第1項；本法第4條第1項第3款）。依鄉鎮市調解條例所成立之調解，其由鄉鎮市調解委員會之調解委員進行調解，非由法院選任之調解委員或法官自行進行調解，屬本法第4條第1項第6款之執行名義[19]。而調解雖為起訴前之程序（民事訴訟法第403條）。然為擴大調解功能，第一審訴訟繫屬中，法院得經兩造合意將事件移付調解（民事訴訟法第420條之1第1項）。

三、例題解析

第三人經法院之許可，得參加和解。法院認為必要時，亦得通知第三人參加（民事訴訟法第377條第2項）。因訴訟上當事人間之和解能否成立，時有涉及訴訟標的與第三人之權利或義務有關，或當事人間須有第三人之參與，始願成立和解時，為使當事人間之紛爭得以圓滿解決，允許第三人參加當事人間之和解，實有其必要性。當事人就未聲明之事項或第三人參加和解成立者，得為執行名義（民事訴訟法第380條之1）。調解成立者，其與訴訟上和解有同一之效力（民事訴訟法第416條第1項後段）。職是，第三人參加法院調解成立者，具有執行力，而得為執行名義[20]。

第四目　依公證法規定得為強制執行之公證書

例題5　公證書之執行要件

甲向乙買受建地1筆，經請求公證人作成公證書，並載明乙應於2023年10月11日交付該建地及移轉所有權登記與甲後，甲應給付價金新臺幣500萬元予乙，屆期不履行時，均應逕受強制執行。試問雙方於屆期時，均未履行，甲或乙是否得持該公證書強制執行？

[19] 章展華，鄉鎮市調解制度功能擴張可能性之研究，國立中正大學法律研究所，2012年1月，頁79至80。

[20] 臺灣高等法院暨所屬法院105年法律座談會民執類提案第1號。

一、概 說

公證書之具有執行力，爲大陸法系國家公證制度之特色。例如，日本民事執行法第22條第5款、德國民事訴訟法第797條第2項、奧地利公證法第3條、中國大陸公證法暫行條例第4條第10項等[21]。以公證書爲執行名義，可使債權人迅速取得執行名義，並免除訟累及節省訴訟費用之支出，可謂簡易之執行名義（本法第4條第1項第4款）。

二、公證書為執行名義之要件（104、111執達員）

（一）公證法第13條第1項

依據公證法第13條第1項規定，當事人請求公證人依據公證法作成公證書，並於公證書載明應逕受強制執行者[22]，如爲下列法律行爲作成公證書，得依公證書執行之：1.以給付金錢或其他代替物或有價證券之一定數量爲標的者；2.以給付特定之動產爲標的者；3.租用或借用建築物或其他工作物，定有期限並應於期限屆滿時交還者。倘約定期間屆滿後，當事人合意延展租賃期間，公證書原定給付之執行力，歸於消滅。而於延展期間屆滿後，自不得再據爲執行名義聲請強制執行[23]；4.租用或借用土地，約定非供耕作或建築爲目的，而於期限屆滿時應交還土地者。例如，將土地出租予他人停放車輛[24]。反之，土地出租供耕作使用，不得作爲執行名義，縱經公證者，仍屬無執行名義之違法執行，承租人得依本法第12條聲明異議。

（二）載明應逕受強制執行

依公證法第13條第1項於公證書載明應逕受強制執行，其給付約定期限者，應記明給付之時期或可得確定之給付時期。債務人於給付期屆至時，未

---

[21] 鄭雲鵬，公證法新論，元照出版公司，2000年4月，頁185至186。

[22] 公證書未載明逕受強制執行之文字，債權人持之聲請執行，此為程序之違法，債務人得依本法第12條聲明異議。

[23] 最高法院79年台上字第1838號民事判決。

[24] 縱使承租人嗣後於土地上興建建物，仍不影響公證書之執行效力。

爲給付者，得爲強制執行。給付金錢或其他代替物或有價證券之一定數量爲標的者，或給付特定之動產爲標的者，未約定清償期而聲請強制執行者，債權人應提出經催告之證明（公證法施行細則第40條）。當事人就已屆清償期之債權請求作成公證書者，不得附載逕受強制執行（公證法施行細則第48條）。

三、公證書記載之事項

依公證法第13條第1項規定，其於公證書載明應逕受強制執行者，其給付之標的，宜記載如後事項（公證法施行細則第41條至第46條）：（一）金錢債權應載明貨幣之種類及金額；（二）代替物應載明名稱、種類、數量、品質、出產地、製造廠商或其他特定事項；（三）有價證券應載明名稱、種類、發行日期、面額及張數；（四）特定之動產應載明名稱、種類、數量、品質、型式、規格、商標、製造廠商、出廠日期或其他足以識別之特徵；（五）建築物應載明坐落、型式、構造、層別或層數、面積或其他識別事項。而土地則應載明坐落、地目、面積及約定使用之方法；（六）利息或租金之給付，約定應逕受強制執行者，應於公證書載明其每期給付之金額或計算標準及給付日期。違約金之給付，約定應逕受強制執行者，亦應將其違約事實及違約時應給付之金額，其於公證書載明。倘債務人否認有違約之情事，而無法逕依該公證書證明債務人確有違約情事，則債務人應否給付違約金，法院自無從遽行斷定，不得率就違約金予以強制執行[25]；（七）承租人交付出租人之押租金或保證金，約定應於交還租賃物後返還，並逕受強制執行者，應將其金額於公證書載明；（八）給付金錢或其他代替物或有價證券之一定數量爲標的者，或給付特定之動產爲標的者，約定爲分次履行之期間，倘遲誤一次履行，其後之期間視爲已到期，得對其全部爲強制執行者，應於公證書載明。

---

[25] 最高法院43年台上字第524號民事判決；最高法院101年度台抗字第378號民事裁定。

四、執行力之主觀範圍（104執達員）

公證書執行力之主觀範圍，除當事人外，對於公證書作成後，就該法律行爲，爲當事人之繼受人，或者爲當事人或其繼受人占有請求之標的物者，均有效力，得據以強制執行（公證法第13條第2項）。本法第4條之2第1項第1款，亦有相同之規定。

五、執行效力不及拆屋還地

公證書載明承租人不依限給付租金或租期屆滿不交還租賃物時，應逕受強制執行，租期屆滿後，執行債權人不得請求債務人應拆除地上物，將土地交還執行債權人。因公證書原爲契約之一種，本質係基於當事人之協議，僅經非訟程序之公證手段而達到有執行名義之效果，未經當事人雙方經訴訟程序而確認權利之存在，其所侵害債務人權益之機會較大，不應擴大認定公證書有形成判決之拆屋還地效力。職是，無確定判決同一效力之公證書，自不得據此請求拆屋還地[26]。

六、提起異議之訴事由

當事人請求公證人就以給付金錢或其他代替物或有價證券之一定數量爲標的之法律行爲之公證書，載明應逕受強制執行者，得爲執行名義（本法第4條第1項第4款；公證法第13條第1項第1款）。金錢之給付，約定應逕受強制執行者，應將其應給付之事實及應給付金額，載明於公證書（公證法施行細則第44條）。例如，公證書上關於違約金之給付，已將其違約事實及違約時應給付金額，載明於公證書上，供作執行法院爲形式審查之準據，即得作爲執行名義。倘執行債務人對約定違約事實之發生並無爭執，僅爭執違約責任歸屬或以其他債權爲抵銷抗辯，此實體事項之爭執，應由執行債務人另提起異議之訴。準此，公證書約定之違約金給付事實明確存在，債權人得執以聲請強制執行[27]。

---

[26] 臺灣高等法院暨所屬法院89年法律座談會民執類提案第19號。
[27] 最高法院109年度台抗字第370號民事裁定。

七、例題解析

（一）公證書為執行名義之要件

依據公證法第13條第1項規定，公證書爲執行名義之要件如後：1.當事人請求公證人依據公證法作成公證書；2.公證書載明應逕受強制執行者；3.得強制執行者，限於下列之給付行爲：(1)以給付金錢或其他代替物或有價證券之一定數量爲標的者；(2)以給付特定之動產爲標的者；(3)租用或借用建築物或其他工作物，定有期限並應於期限屆滿時交還者；(4)租用或借用土地，約定非供耕作或建築爲目的，而於期限屆滿時應交還土地者；4.債務人給付遲延。準此，甲之聲請爲交付建地及移轉所有權，非上述之給付行爲之一，執行法院就該執行名義爲形式審查，認爲不符合執行之要件（本法第4條第1項第4款）。應認爲甲之聲請執行不合法，應以裁定駁回。

（二）執行名義附有條件

所謂執行名義附有條件，係指執行名義所示之請求權，債務人之給付，繫於一定事實之到來者。本件公證書載明乙應於2023年10月11日交付該建地及移轉所有權登記與甲後，甲應給付價金新臺幣500萬元與乙，是乙有應將交付該建地及移轉所有權登記與甲之先爲給付義務，其性質爲執行名義附有停止條件。執行名義附有停止條件，其於條件成就後，始得開始強制執行（本法第4條第2項）。而條件是否成就，債權人應提出證明，經執行法院認爲條件已成就，始得開始強制執行。故乙應舉證證明其已交付建地及移轉所有權登記與甲之事實，執行法院就該條件是否成就，僅得就形式審查之，不得爲實體審查。職是，執行法院無法形式審查開始強制執行之要件是否具備，而買受人甲有所爭執時，應由出賣人乙另行訴請確認，執行法院不得強制執行。

第五目　法院許可拍賣擔保物之裁定

例題 6　抵押債權轉讓之效力

甲以其所有坐落臺北市大安區之A房地向乙銀行辦理抵押貸款新臺幣（下同）3,000萬元，嗣後甲因經商投資失敗而無力清償，乙銀行經評估認甲之呆帳甚難收回，故將其對甲之3,000萬元債權賣予丙資產管理公司，並將抵押權之證明文件交予丙資產管理公司。試問丙資產管理公司可否依強制執行法第4條第1項第5款，向法院聲請拍賣A房地？

例題 7　抵押權之代物擔保性

債務人甲向債權人乙銀行借款新臺幣（下同）888萬元，並提供其所有房屋與土地設定抵押權擔保，債務人甲向丙保險公司投保房屋火災保險800萬元，並以抵押權人乙銀行為受益人。因債務人甲不依約給付本息，債權人乙銀行持拍賣抵押物裁定執行設定抵押之不動產。試問強制執行期間，債務人甲之上開房屋發生火災而燒燬，丙保險公司得否直接給付保險金與債權人乙銀行，毋庸將保險金交與法院執行？

例題 8　建築物與土地併付拍賣之要件

債務人所有土地設定抵押權後，第三人在土地上營造建物，非土地所有權人即債務人所興建，嗣後建物所有權登記於債務人名下。試問抵押權人得否持拍賣抵押物裁定，主張依據民法第877條第1項規定，請求執行法院將建築物與土地併付拍賣？

一、對物之執行名義（107檢察事務官）

抵押權人、質權人或留置權人，爲拍賣抵押物、質物或留置物，得聲請法院爲許可強制執行之裁定，該等執行名義均屬對物之執行名義（本法第4條第1項第5款）[28]。非訟事件法第72條規定，民法所定抵押權人、質權人、留置權人及依其他法律所定擔保物權人，聲請拍賣擔保物事件，由拍賣物所在地之法院管轄。執行法院審查拍賣抵押權、質物或留置物許可裁定，其屬非訟事件之性質，擔保物權人提出債權證明文件，不論是最高限額抵押權或普通抵押權，均應提出債權證明文件（本法第6條第1項第5款）。是否爲擔保物權效力所及，執行法院應爲形式上審查。因執行法院與作成拍賣擔保物裁定之法院，各司其職，執行法院自不受法院裁定拍賣擔保物之審查拘束[29]。

二、拍賣抵押物之裁定

（一）不動產抵押（109執達員、執行員）

抵押權人於債權已屆清償期，而未受清償者，得聲請法院拍賣抵押物，就其賣得價金而受清償，由法院裁定准予拍賣抵押物（民法第873條；非訟事件法第72條）。再者，抵押權人於土地所有人爲其設定抵押權後，在抵押之土地上營造建築物者，抵押權人於必要時，雖得將其建築物與土地併付拍賣，然對於建築物之價金，無優先受清償之權（民法第877條第1項）。抵押權人就建築物部分，無須再經法院爲許可拍賣之裁定[30]。將建築物併付拍賣者，必建築物與土地均屬於同一所有人。

（二）動產抵押

動產抵押權與不動產抵押權，同屬擔保物權，不動產抵押權依民法第873條規定，得聲請法院拍賣抵押物，而以法院所爲許可強制執行之裁定爲執行名義。動產抵押權人不自行出賣或拍賣抵押物時，亦得聲請法院拍賣，而以法院所爲許可強制執行之裁定爲執行名義，毋庸先占有抵押物[31]。再者，設定動產抵押權，須契約載明應逕受強制執行並經登記，得依契約書聲請法院

---

[28] 最高法院101年度台抗字第250號民事裁定：法院許可拍賣抵押物之裁定，不待確定，即有執行力，得為執行名義。

[29] 最高法院100年度台抗字第24號民事裁定。

[30] 司法院(74)廳民一字第13號函。

[31] 最高法院61年第1次民庭庭推總會議決議2，會議日期1972年8月22日。

強制執行交付抵押物，必占有抵押物，始得自行拍賣（動產擔保交易法第17條、第19條）[32]。

三、拍賣質物之裁定

質權人於債權已屆清償期，而未受清償者，得拍賣質物，就其賣得價金而受清償（民法第893條第1項）。民法第892條第1項及第893條第1項所定之拍賣質物，除聲請法院拍賣者外，在拍賣法未公布施行前，得照市價變賣，並應經公證人或商業團體之證明（民法物權編施行法第19條）。倘質權人欲聲請法院拍賣，可聲請法院許可拍賣質物之裁定（非訟事件法第72條）。准許拍賣抵押物之裁定及准許拍賣質物之裁定，其性質均屬對物之執行名義[33]。

四、拍賣留置物之裁定

債權人於其債權已屆清償期而未受清償者，得定1個月以上之相當期限，通知債務人，聲明如不於其期限內爲清償時，即就其留置物取償；留置物爲第三人所有或存有其他物權而爲債權人所知者，應併通知之。債務人或留置物所有人不於前開期限內爲清償者，債權人得準用關於實行質權規定，就留置物賣得之價金優先受償，或取得其所有權（民法第936條第1項、第2項）。倘留置物具備拍賣要件，留置權人得自行拍賣留置物，亦可聲請法院許可拍賣留置物之裁定，並以該裁定爲執行名義，聲請執行法院拍賣留置物（非訟事件法第72條）[34]。

---

[32] 最高法院60年台上字第3206號民事判決。

[33] 最高法院52年台抗字第128號民事裁定。動產擔保交易法第17條第1項：債務人不履行契約或抵押物被遷移、出賣、出質、移轉或受其他處分，致有害於抵押權之行使者，抵押權人得占有抵押物。

[34] 民法第936條第1項規定：債權人於其債權已屆清償期而未受清償者，得定1個月以上之相當期限，通知債務人，聲明如不於其期限內為清償時，即就其留置物取償；留置物為第三人所有或存有其他物權而為債權人所知者，應併通知之。第2項規定：債務人或留置物所有人不於前項期限內為清償者，債權人得準用關

五、例題解析

(一)抵押債權轉讓之效力

1.應辦理抵押權變更登記

採應辦理抵押權變更登記者,認讓與債權時,該債權之擔保及其他從屬之權利,隨同移轉於受讓人(民法第295條第1項本文)。因繼承、強制執行、徵收、法院之判決或其他非因法律行為,於登記前已取得不動產物權者,應經登記,始得處分其物權(民法第759條)。如例題6所示,依民法第295條第1項本文規定而取得之不動產物權,其情形與民法第759條規定者無異,非經登記不得處分。因拍賣抵押物,足以發生抵押權變動之效力,抵押權人為實行其抵押權,聲請法院拍賣抵押物,自屬抵押權之處分行為。故債權受讓人因受讓債權而取得其附隨之不動產抵押權者,非經登記不得實行抵押權,聲請法院拍賣抵押物[35]。職是,抵押權人乙銀行已辦理讓與登記為丙資產管理公司,丙資產管理公司始得聲請拍賣抵押物,並可優先受償。

2.無須辦理抵押權變更登記

採無須辦理抵押權變更登記者,認抵押權發生轉讓之效力,並非因讓與人之意思表示而生,係直接基於法律規定,其屬法定移轉,無待登記即發生移轉之效力[36]。不論讓與人有無移轉抵押權意思表示,均發生抵押權讓與之效力。故債權人基於民法第295條第1項規定而取得抵押權,係基於法律規定而非基於法律行為,債權受讓人無須辦理抵押權變更登記,可向法院聲請准許拍賣抵押物。申言之,拍賣抵押物之強制執行程序,是執行機關依法將抵押物換價之處分行為,其所處分者為抵押物之所有權,並非處分抵押權之行為(本法第98條第1項)。是本文認為抵押權因實行而消滅,係抵押物拍定之效果(第3項)。其情形與民法第759條所規定者有異,故抵押權之實行,不在民法第759條所定之處分範圍。

於實行質權之規定,就留置物賣得之價金優先受償,或取得其所有權。

35 最高法院91年度台抗字第588號民事裁定。

36 最高法院87年度台上字第576號民事判決。

（二）抵押權之代物擔保性

所謂抵押權之代物擔保性，係指抵押物雖滅失，然有應賠償義務人時，依民法第881條第1項規定，抵押權即移存於得受之賠償金，而不失其存在。保險金爲賠償金之一種，而民法所稱之賠償金，並未設有任何限制，無論其係依法律規定取得，或依契約取得，均不失其爲賠償金之性質，保險金亦應包括在內。準此，賠償金爲抵押權效力所及，抵押權人自得就該項賠償金行使權利，是抵押權人得逕向賠償義務人請求給付，賠償義務人有對抵押權人給付之義務[37]（民法第881條第2項）。如例題7所示，保險公司應依據保險契約，得將保險金直接給付與受益人即債權人銀行，毋庸將保險金交與法院執行[38]。

（三）建築物與土地併付拍賣

土地所有人於設定抵押權後，在抵押之土地上營造建築物者，抵押權人於必要時，得於強制執行程序中聲請法院將其建築物與土地併付拍賣。但對於建築物之價金，無優先受清償之權（民法第877條第1項）。前項規定，其於第866條第2項及第3項之情形，倘抵押之不動產上，有該權利人或經其同意使用之人之建築物者，準用之（第2項）[39]。如例題8所示，依民法第877條第1項之文義，土地於設定抵押權後，在土地上營造建物，抵押權人於必要時，得於強制執行程序聲請將建物併付拍賣，不論建物屬何人興建或所有，是執行法院得併付拍賣建物。

---

37 最高法院83年度台上字第1345號民事判決。

38 楊與齡主編，強制執行法實例問題分析，黃義豐，對於保險契約所生權利之執行，五南圖書出版有限公司，2002年7月，初版2刷，頁328。

39 民法第866條第1項規定：不動產所有人設定抵押權後，而於同一不動產上，得設定地上權或其他以使用收益為目的之物權，或成立租賃關係。但其抵押權不因此而受影響。第2項規定：前項情形，抵押權人實行抵押權受有影響者，法院得除去該權利或終止該租賃關係後拍賣之。第3項規定：不動產所有人設定抵押權後，於同一不動產上，成立第1項以外之權利者，準用前項之規定。

第六目　其他依法律之規定得爲強制執行名義

一、概　說

法律用語有得爲執行名義者、得強制執行者或法院裁定後者，茲就其重要者分述之（本法第4條第1項第6款）：（一）准許本票強制執行裁定（非訟事件法第194條）；（二）動產抵押權人或附條件買賣之出賣人，請求買受人或抵押人交還車輛或機器（動產擔保交易法第17條、第28條）；（三）依據鄉鎮市調解條例成立之調解書（鄉鎮市調解條例第25條）；（四）檢察官執行罰金、罰鍰、沒收、沒入之命令（刑事訴訟法第470條第2項）；（五）免刑判決命被害人支付慰撫金（刑事訴訟法第299條第2項第3款、第4項）[40]；（六）緩起訴命被告支付一定金錢者（刑事訴訟法第253條之2）；（七）法院核發之債權憑證（本法第27條）；（八）國家機關與國家賠償之請求權人間之協議書（國家賠償法第10條）；（九）租佃爭議經調解或調處成立者（耕地三七五減租條例第27條）；（十）勞資爭議經調解成立或仲裁者（勞資爭議處理法第37條）；（十一）執行少年保護處分所需教養費用（少年事件處理法第60條）；（十二）公務人員應移交之財產（公務人員交代條例第18條）；（十三）觀察、勒戒及強制戒治毒品之費用（毒品危害防治條例第30條）；（十四）緩刑宣告命犯罪行爲人向被害人給付損害賠償（刑法第74條第2項第3款）。

二、本票裁定

（一）強制執行之要件

1.非訟事件程序

執票人向本票發票人行使追索權時，得聲請法院裁定後強制執行（票據法第123條）。立法目的係爲加強本票之獲償性，以助長本票之流通，究其本

---

40 以檢察官之執行命令囑託執行，免徵執行費用（刑事訴訟法第471條第2項、第3項）。而執行無成效時，應將案件退回檢察官，以終結執行程序，不得依本法第27條發給債權憑證。

質爲追索權之行使。本票准許強制執行之裁定，係本法第4條第1項第6款規定之執行名義，屬非訟事件程序。法院之裁定，並無確定實體法律關係之效力。

2.應提出本票原本

本票爲提示性與繳回性之有價證券，執票人行使追索權時，應提示票據始能行使權利。本票執票人聲請強制執行時，應提出本票原本於執行法院，以證明其係執票人而得以行使追索權。倘原執票人已喪失本票占有，縱使該本票已據法院爲許可強制執行之裁定，或發給債權憑證，原執票人仍無從行使票據權利[41]。職是，持本票准予強制執行之裁定聲請強制執行，應提出本票原本。嗣後取得債權憑證後，再聲請強制執行，應提出本票原本。

（二）時效中斷之始期

本票執票人固聲請法院爲許可強制執行之裁定後，然未據以聲請強制執行，不得謂爲已有強制執行之聲請，故其聲請裁定，應類推適用民法第129條第1項第3款起訴中斷時效之規定。申言之，本票執票人持本票准許強制執行之裁定，聲請強制執行，係以本票裁定送達發票人時，始發生中斷時效之效力。發票人以執票人向法院聲請本票裁定時，時效雖尚未完成，然自法院之本票裁定送達發票人後，時效已完成者，債務人得依本法第14條第2項規定，主張有消滅債權人請求之事由發生，提起債務人異議之訴。

三、仲裁判斷

仲裁判斷除有特別規定外，應聲請法院爲執行裁定後，始得爲強制執行。且當事人提起撤銷仲裁判斷之訴者，法院得依當事人之聲請，定相當並確實之擔保，裁定停止執行。仲裁判斷經法院撤銷者，倘有執行裁定時，應依職權併撤銷其執行裁定（仲裁法第37條第2項、第42條）[42]。職是，仲裁判斷作成後，受利益之當事人得向法院聲請准予強制執行之裁定，以取得執行

41 最高法院98年度台簡上字第16號民事判決。

42 最高法院104年度台抗字第943號民事裁定：仲裁判斷之執行，應依仲裁主文所表示者為之，主文不明時，得參照仲裁理由加以解釋。

名義。而受不利益之當事人，認有撤銷仲裁判斷之原因而提起撤銷之訴者，得聲請法院於定擔保後，爲停止執行之裁定。倘受不利益之當事人，已依法院停止執行之裁定提供擔保，而受利益之當事人尚未聲請准予強制執行裁定；或已取得執行名義而未開始強制執行程序者，雖受利益之當事人仍得依法聲請准予強制執行之裁定，然受不利益之當事人已提供停止執行之擔保，此時受利益之當事人均不得聲請強制執行。至受不利益之當事人於強制執行程序開始後，始提供擔保者，僅生強制執行程序，應依當時狀態予以停止，不得續行之效果，執行法院已爲之執行裁定與已進行之執行程序，均屬合法有效，自無應予撤銷之法定事由[43]。

四、鄉鎮市公所調解委員會之調解書

經法院核定之民事調解，其與民事確定判決有同一之效力；經法院核定之刑事調解，以給付金錢或其他代替物或有價證券之一定數量爲標的者，其調解書得爲執行名義（鄉鎮市調解條例第27條第2項）。依鄉鎮市調解條例規定由鄉鎮市公所調解委員會調解成立所作成之調解書，屬雙方當事人以終止爭執爲目的而互相讓步所爲之合意。調解書未經法院核定，雖不生民事確定判決有同一之效力，然具有私法之和解契約之效力[44]。

第七目　外國判決之認可與執行

對於外國法院民事判決之認可，首先應確定該外國判決是否符合確定判決之要件，即外國民事判決已達不得以普通上訴方法加以變更之階段[45]。依據民事訴訟法第402條規定，原則應承認外國民事判決之確定效力。例外情形，係指有同條規定之4款消極要件時，法院應否認外國民事判決之確定效力[46]。

---

43 最高法院93年度台抗字第821號民事裁定。

44 陳炳霖，鄉鎮市調解制度之研究，國立中正大學法律系研究所，2014年6月，頁114。

45 徐美貞，外國判決之承認與執行—兼論歐盟之立法（EuGVU），全國律師，4卷5期，2000年5月，頁65。

46 林洲富，外國及大陸地區法院民事裁判之承認與執行，司法周刊，1105期，3

一、認可要件（100三等書記官；95執達員）

（一）依中華民國之法律認定外國法院是否有管轄權

應用一般管轄原則加以認定，即外國法院是否具有管轄權，依據承認國之國內法，由法院地法加以確定（民事訴訟法第402條第1項第1款）。而管轄權之有無，應依原告主張之事實，依據法律關於管轄之規定而爲認定，其與請求之是否成立無涉[47]。例如，涉外離婚事件之管轄權，涉外民事法律適用法第50條規定，離婚及其效力，依協議時或起訴時夫妻共同之本國法；無共同之本國法時，依共同之住所地法；無共同之住所地法時，依與夫妻婚姻關係最切地之法律。職是，夫妻之共同住所地在外國者，該國有管轄權。

（二）敗訴之一造為中華民國人民而未應訴者

敗訴之一造爲中華民國人民而未應訴者，法院應否認外國民事判決之確定效力（民事訴訟法第402條第1項第2款本文）。此項規定爲保護本國人利益而設，此爲合法聽審或正當程序原則（due process）[48]。其主要目的，在賦予本國人有適當之攻擊或防禦之機會[49]。所謂應訴者，係指應以被告之實質防禦權是否獲得充分保障行使爲斷，倘當事人於外國訴訟程序中，客觀狀態可知悉訴訟之開始，得充分準備應訴與實質行使防禦權，即已符合應訴要件，不以當事人本人是否親收開始訴訟之通知，是否親自參與言詞辯論程序爲必要[50]。簡言之，所謂未應訴者，在採言詞審理主義者，係指未到場。在採書狀審理主義者，係指未提出書狀而言[51]。例外情形，開始訴訟所須通知或命令已在該國送達本人，或依中華民國法律之協助送達者，法院應承認外國民事判決之確定效力（但書）。

版，2002年10月23日。

47 最高法院99年度台上字第1425號民事判決。

48 陳啟垂，外國判決的承認與執行，月旦法學雜誌，75期，2001年8月1日，頁154。

49 林家祺、劉俊麟，民事訴訟法，書泉出版社，2014年3月，頁501。

50 最高法院102年度台上字第1367號民事判決。

51 姚瑞光，民事訴訟法論，大中國圖書公司，2000年11月，修訂版，頁506。

（三）外國法院之判決有無違背公共秩序或善良風俗者

何種情形有背公共秩序或善良風俗，應依我國及社會一般觀念定之（民事訴訟法第402條第1項第3款）。本款之規定，不以外國法院判決所宣告之法律效果，有背公共秩序（public policy）或善良風俗（morals）者爲限，其本於有背公共秩序或善良風俗之原因，而宣告法律之效果者，亦包括在內[52]。換言之，外國法院所宣告之法律效果或宣告法律效果所依據之原因，違反我國之基本立法政策或法律理念、社會之普遍價值或基本原則，自屬有背公共秩序或善良風俗[53]。例如，阿拉伯國家准許一夫多妻，有關夫妾同居之訴之內容，顯然有違我國法律規定之夫妻間同居義務，法院應否認外國民事判決之確定效力。

（四）有無國際相互之承認

此款之重點在於有無國際間之平等互惠、相互承認。至於兩國是否有外交關係則非所問（民事訴訟法第402條第1項第4款）。所謂互相承認者，係指司法之承認而言，並非指國際法或政治之承認。因司法之相互承認，係基於國際間司法權相互尊重及禮讓之原則，故外國法院已有具體承認我國判決之事實存在，或客觀可期待其將來承認我國法院之判決，即可認有相互之承認[54]。倘外國未明示拒絕承認我國判決之效力，應儘量從寬及主動立於互惠觀點，承認該國判決之效力[55]。例如，美國國會制定有臺灣關係法或中美兩國間訂有中美友好通商航海條約，是中美間之司法具有國際之相互承認事實。

二、許可執行

外國法院確定判決倘無民事訴訟法第402條各款之情事者，經我國法院以

[52] 最高法院78年度台上字第1405號民事判決。
[53] 最高法院102年度台上字第1367號民事判決。
[54] 最高法院93年度台上字第1943號民事判決。
[55] 最高法院102年度台上字第1367號民事判決。

判決宣示許可其執行者，得持之爲強制執行（本法第4條之1第1項）[56]。申言之，因執行名義應具備給付內容爲確定與可能等要件，故外國確定判決應與我國法院許可執行判決相結合，始得認其爲具執行力之執行名義。職是，我國法院就外國法院之確定判決許可執行之訴，除審查該外國法院判決是否爲終局給付判決？是否確定？有無民事訴訟法第402條第1項所列不承認其效力之事由外，亦應就外國法院之確定判決其內容，是否明確、一定、具體、可能而適於強制執行等要件，併予審究[57]。

三、執行範圍

我國法院以判決宣示許可外國法院之確定判決執行者，許可執行之範圍，應以外國法院確定判決所載內容爲準，不得就外國法院確定判決所未記載之給付，宣示許可其執行。例如，外國判決未記載關於利息部分之給付，故請求就利息部分宣示許可其執行，不應准許。再者，外國法院之確定裁判，倘無民事訴訟法第402條第1項第1款至第4款所示情事，我國自動承認其效力[58]。故外國法院之確定判決，除給付判決據爲執行名義向我國法院聲請強制執行者，依本法第4條之1第1項規定，應經我國法院以判決宣示許可其執行外，並無須由我國法院以裁判予以承認之規定。職是，當事人就外國法院之確定給付判決，向我國法院起訴請求宣示許可其執行，倘獲勝訴之判決確定，即可據以聲請執行，其併請求承認外國法院之確定給付判決，則無保護之必要[59]。

四、大陸地區民事確定判決（102三等書記官；106執達員）

經法院裁定認可之大陸地區民事確定裁判，以給付爲內容者，得爲執行名義（臺灣地區與大陸地區人民關係條例第74條）。故大陸地區作成之民事

56 最高法院105年度台簡抗字第7號民事裁定。
57 最高法院100年度台上字第42號民事判決。
58 最高法院97年度台上字第2258號民事判決。
59 最高法院93年度台上字第2082號民事判決。

確定裁判，核屬本法第4條第1項第6款規定，其他依法律之規定得為強制執行名義，而非同條項第1款所稱我國確定之終局判決[60]。大陸地區民事確定裁判之規範，係採裁定認可執行制，是經我國法院裁定認可之大陸地區民事確定裁判，僅具有執行力，而無與我國法院確定判決同一效力之既判力。職是，債務人主張有債權不成立或消滅或妨礙債權人請求之事由，自得依本法第14條第2項規定，以執行名義成立前，有債權不成立或消滅或妨礙債權人請求之事由發生，其於強制執行程序終結前，提起債務人異議之訴[61]。

第八目　外國仲裁判斷

一、法院裁定與執行

在中華民國領域外作成之仲裁判斷或在中華民國領域內依外國法律作成之仲裁判斷，為外國仲裁判斷（仲裁法第47條第1項）。其性質屬本法第4條第1項第6款規定，其他依法律之規定得為強制執行名義者[62]。當事人聲請法院承認之外國仲裁判斷，法院應審查有無如後之消極要件，倘有消極要件者，應以裁定駁回其聲請（仲裁法第49條第1項）：（一）仲裁判斷之承認或執行，有背於中華民國公共秩序或善良風俗者；（二）仲裁判斷依中華民國法律，其爭議事項不能以仲裁解決者；（三）相互承認原則，即外國仲裁判斷，其判斷地國或判斷所適用之仲裁法規所屬國，對於中華民國之仲裁判斷不予承認者，法院得以裁定駁回其聲請。再者，外國仲裁判斷，經聲請法院裁定承認後，得為執行名義（仲裁法第47條第2項）。債權人持外國仲裁判斷聲請執行，應提出聲請書狀及證明執行名義之文件。

---

60 最高法院104年度台上字第33號民事判決。

61 最高法院96年度台上字第2531號、104年度台上字第33號民事判決。

62 國際公約承認外國仲裁判斷於國內有執行力。例如，日內瓦簽訂之Convention on the Execution of Foreign Arbitral Award；或者於紐約簽訂之The United Nations Convention on the Recognition and Enforcement of Foreign Arbitral Award。

二、執行法院審查程序

執行法院審查外國仲裁判斷是否可執行，其程序如後：（一）強制執行之聲請有無提出聲請書狀，其於聲請狀內有無簽名或蓋章。倘有代理人，其代理權有無欠缺；（二）執行費用是否已全部繳納；（三）執行法院有無管轄權，如無管轄者應以裁定移送管轄法院；（四）外國仲裁判斷是否經法院裁定許可，其證明文件是否齊備；（五）執行當事人是否爲執行名義之主觀範圍所及；（六）執行名義是否附有停止條件、有無提供擔保、有無對待給付[63]。

第三項　執行名義之競合

例題 9　提起債務人異議之訴

甲、乙為鄰居，平日相處不睦，甲於某日因細故，基於傷害之故意，竟持木棒毆打乙，導致乙之手部與背部受有多處瘀傷，乙除對甲提起傷害告訴外，另行依據侵權行為之法律關係，提起民事訴訟請求甲負損害賠償責任，甲、乙間之民事侵權事件，先經法院民事判決確定在案（下稱民事執行名義），甲應給付乙新臺幣（下同）10萬元。法院嗣於刑事傷害案件，就甲故意傷害乙之犯行，判處有期徒刑2月，宣告2年緩刑，並依刑法第74條第2項規定，命甲向乙支付10萬元之損害賠償，該刑事案件亦經判決確定（下稱刑事執行名義）。甲依據刑事執行名義之內容賠償乙10萬元完畢後，乙再持民事執行名義，請求甲應給付10萬元，甲認為其已依據刑事執行名義履行義務，故拒絕給付。試問乙持民事執行名義向法院聲請執行甲之責任財產，甲有何救濟途徑？

63 楊與齡主編，強制執行法爭議問題研究，藍獻林，外國仲裁判斷在我國之執行，五南圖書出版有限公司，1997年7月，頁10。

一、執行名義競合之定義

所謂執行名義之競合，係指債權人對於同一債務人之同一給付之請求權，取得二個以上之執行名義。例如，債務人向債權人購買貨物，並簽發本票作爲支付貨款之方法，屆清償期後未獲清償，債權人先後取得給付貨款之民事確定勝訴判決與法院許可強制執行之本票裁定（本法第4條第1項第1款、第6款）。

二、執行名義競合之效力（97律師；106司法事務官；101、108三等書記官）

執行名義競合時，不論該等執行名義之內容是否相同或牴觸，均屬有效之執行名義。而債權人經其中一執行名義執行已獲滿足，其他執行名義所載之請求權應歸於消滅。例如，甲簽發本票予乙，以支付貨款，甲屆清償期未清償貨款，執票人乙陸續取得許可本票強制執行裁定與給付票款勝訴確定判決。乙先持本票裁定聲請執行甲之財產，獲得清償完畢後，再持確定判決執行甲之財產，因乙之債權已獲滿足，甲可依據本法第14條第1項前段規定，提起債務人異議之訴加以救濟。

三、代位債務人起訴與債務人對第三債務人起訴

債權人依民法第242條規定，代位債務人起訴請求第三債務人給付之訴訟後，債務人自己仍得對第三債務人提起給付之訴訟，兩者並非同一之訴訟；兩訴訟判決結果，倘均爲原告勝訴之判決，債權人可選擇請求代位訴訟判決之執行或代位請求債務人本人訴訟之判決爲執行，一判決經執行而達其目的時，債權人之請求權消滅，其他判決不再執行。而債權人代位債務人起訴請求第三債務人給付，債權人雖有代位受領第三債務人給付之權限，然係指向債務人給付而由債權人代位受領而言，非謂債權人得請求第三債務人直接對自己爲清償，倘債權人欲以之清償自己對債務人之債權，須另取得執行名義，始得爲之。準此，債權人固可選擇請求代位訴訟判決或代位請求債務人

本人訴訟判決爲執行，惟其利益均應歸之於債務人[64]。

四、例題解析

（一）民事執行名義與刑事執行名義執行名義競合

甲基於傷害之故意，持木棒毆打乙，導致乙受有傷害，乙分別對甲提起傷害刑事告訴與民事損害賠償之訴，乙先後取得本件民事執行名義與刑事執行名義，甲雖應各給付乙10萬元，然上開執行名義之取得，均基於甲傷害乙之同一事實，其屬同一給付之請求權，係執行名義競合，兩者均屬有效之執行名義。

（二）執行名義所載請求權已消滅

乙經其中一執行名義已獲滿足時，另一執行名義所載之請求權自歸於消滅。職是，甲依據刑事執行名義之內容賠償乙10萬元完畢後，乙之損害賠償請求權已獲滿足，乙再持民事執行名義向法院聲請執行甲之責任財產，請求甲再給付10萬元時，甲得於強制執行程序終結前，依據本法第14條第1項前段提起債務人異議之訴，主張有實體確定力之民事執行名義成立後，其已清償完畢爲由，故民事執行名義之請求權與執行力歸於消滅，排除民事執行名義之執行[65]。

第四項　執行名義之時效

一、時效中斷之效力

債權人聲請強制執行或開始執行行爲，執行名義原先之消滅時效因而中斷（民法第129條第2項第5款）。自執行完畢或核發債權憑證時，重行起算請求權時效（民法第137條第1項）。倘撤回強制執行之聲請，或聲請被駁回時，則視爲時效不中斷（民法第136條第2項）。

---

64 最高法院105年度台上字第1121號民事判決。

65 林洲富，執行名義之競合，月旦法學教室，91期，2010年5月，頁30至31。

二、延長時效之規定

（一）確定判決同一效力之執行名義

經確定判決或其他與確定判決有同一效力之執行名義所確定之請求權，其原有消滅時效期間不滿5年者，因中斷而重行起算之時效期間爲5年（民法第137條第3項）。其與判決有相同效力之執行名義。例如，訴訟上和解、法院調解、經法院核定之鄉鎮市調解條例之調解書。

（二）票據請求權

對支票發票之追索權時效期間爲1年，其本於票據有所請求而涉訟，即提起給付票款訴訟，有時效中斷之效力（民事訴訟法第427條第2項第6款）。自判決確定重行起算，其時效延長爲5年。本票發票人依非訟程序取得許可本票強制執行之裁定爲執行名義者，中斷後之請求權時效，並不延長爲5年，解釋上應爲原先之3年時效（非訟事件法第194條）。

三、假扣押執行

時效中斷者，自中斷事由終止時，重行起算（民法第137條第1項）。消滅時效因假扣押強制執行而中斷者，而於法院實施假扣押之執行程序完成時。其中斷事由終止，時效重行起算[66]。例如，查封、通知登記機關爲查封登記、強制管理、對於假扣押之動產實施緊急換價提存其價金、提存執行假扣押所收取之金錢（本法第133條前段）[67]。

第五項　有限定之執行名義

一、執行名義附有條件

所謂執行名義附有條件，係指債務人之給付，繫於一定事實之發生。執行名義附停止條件者於條件成就後，始得開始強制執行（本法第4條第2

66 最高法院104年度台上字第441號民事判決。

67 最高法院103年度台上字第344號民事判決。

項）。例如，債務人應於債權人給付新臺幣100萬元後，將房屋交還債權人。條件是否成就，債權人應提出證明，由執行法院爲形式審查[68]。

二、執行名義附有期限

執行名義附有期限者，期限屆至後，始得開始強制執行（本法第4條第2項）。例如，債務人應於2023年10月11日給付債權人新臺幣100萬元。或法院判決命拆屋地之給付，其性質非長期間不能履行，或斟酌被告之境況，兼顧原告之利益，法院得於判決內定相當之履行期間（民事訴訟法第396條第1項）。

三、債權人應提供擔保

執行名義須債權人提供擔保者，其於供擔保後，始得開始強制執行（本法第4條第2項）。例如，假執行、假扣押或假處分之執行名義，諭知原告或債權人提供擔保後，始得執行假執行、假扣押或假處分（民事訴訟法第390條第2項、第526條第2項、第533條）。

四、債權人應為對待給付

被告於雙務契約場合，主張同時履行抗辯權（民法第264條第1項）。原告如不能證明已爲給付或提出給付，法院應爲原告提出對待給付時，被告即向原告爲給付之判決，此判決係原告或債權人應爲對待給付之給付判決。例如，被告於原告給付新臺幣100萬元之同時，應將其土地之所有權移轉與原告。是執行名義有對待給付者，以債權人已爲給付或已提出給付後，始得開始強制執行（本法第4條第3項）[69]。債權人應爲對待給付部分，並非獨立之

---

68 最高法院106年度台上字第959號民事判決。

69 最高法院104年度台抗字第855號民事裁定：對待給付為開始強制執行之要件，債權人依對待給付之執行名義聲請強制執行時，應證明已為該對待給付之現實給付或提出，執行法院始得開始強制執行。執行法院就債權人之上揭證明，僅須為形式審查即足。

訴訟標的，其性質僅爲債權人聲請開始強制執行之要件，債務人不得就對待給付部分聲請強制執行[70]。

第六項　執行名義之消滅

一、法律上喪失效力

所謂法律上喪失其效力，係指執行名義經裁判廢棄或變更者。其原因如後：（一）債務人聲請回復原狀或提起再審之訴，原確定判決經判決廢棄或變更，並已確定者；（二）對和解請求繼續審判或請求宣告調解無效或撤銷調解，經判決勝訴確定者；（三）廢棄宣告假執行之本案判決或廢棄假執行之宣告之判決，已宣示者。申言之：1.廢棄宣告假執行之本案判決，如第一審主文諭知被告應給付原告新臺幣50萬元，得假執行，第二審廢棄第一審判決。2.廢棄假執行之宣告判決，如第一審主文諭知被告應交付未成年子女甲予原告，原告爲被告提供新臺幣50萬元擔保得假執行。第二審廢棄第一審判決有關原告爲被告提供新臺幣50萬元擔保得假執行部分；（四）法院就抵押權人、質權人或留置權人聲請拍賣抵押物、質物或留置權所爲許可強制執行之裁定，經宣告法院廢棄或變更確定者；（五）假扣押、假處分之裁定，經爲撤銷之裁定確定時。

二、事實上喪失存在

所謂執行名義事實上喪失其存在者，係指執行名義之證明文件均已滅失，其內容無從證明而言。例如，法院與當事人持有之執行名義，均已不存在，法院無以憑之強制執行債務人責任財產。倘僅當事人遺失執行名義正本，自得向法院聲請補發。

---

[70] 張登科，強制執行法，三民書局有限公司，2004年2月，修訂版，頁63。

第四節 強制執行之主體及客體

第一項 執行機關及其輔助機關

第一目 執行機關

例題10 假扣押執行法院

專利權人甲取得無線電之發明專利，乙未經甲之授權或同意，擅自實施該發明專利製造與銷售侵害專利之產品，甲向智慧財產及商業法院起訴請求乙賠償侵害專利之損害。試問：（一）甲欲保全執行，應向何法院聲請假扣押乙之財產？（二）法院裁定准予假扣押後，應由何法院處理假扣押之執行？

一、單元制

民事強制執行事務，應於地方法院及其分院設民事執行處辦理之（本法第1條）。屬單元制，由地方法院及其分院之民事執行處辦理，以統一執行之權責[71]。易言之，民事執行事務專屬地方法院之民事執行處。申言之，債權人聲請民事強制執行，應否准許？自專屬地方法院及其分院民事執行處職責，高等法院或最高法院均無越俎代爲准許與否之權。縱民事執行處否准強制執行聲請之理由不當，高等法院或最高法院僅可就該駁回聲請裁定部分，予以廢棄之，無須另爲准予強制執行聲請之諭知[72]。

二、裁判法院與執行法院

本案訴訟法院雖得爲假扣押裁定、假處分裁定或假執行判決（民事訴訟法第389條第1項、第390條、第524條第2項、第533條；智慧財產案件審理法

71 執行事件由不同之執行機關，分擔執行權能者為多元制。

72 最高法院101年度台抗字第137號民事裁定。

第22條；行政訴訟法第294條、第300條）。惟上揭裁判之執行，應由地方法院民事執行處辦理，本案審判法院並無權限執行。是智慧財產及商業法院僅審理智慧財產案件審理法第51條款之假扣押或假處分聲請，不處理執行事項。高等行政法院設有執行處，並未裁定囑託地方法院民事執行處或行政機關代爲執行，自可爲強制執行事務（行政訴訟法第306條第1項、第3項）。至於實施證據保全，應由管轄法院爲之，非由民事執行處辦理（民事訴訟法第369條；智慧財產案件審理法第46條）。

三、民事執行處之組織

民事執行處置庭長、法官、司法事務官、書記官及執達員，辦理執行事務（本法第2條；法院組織法第16條、第17條之2）。強制執行事件，由法官或司法事務官命書記官督同執達員辦理之（本法第3條第1項）。本法所規定由法官辦理之事項，除拘提、管收外，均得由司法事務官辦理之（第2項）。

四、例題解析

（一）保全聲請之管轄

依專利權保護之專利權益所生之第一審與第二審民事訴訟事件，應由智慧財產及商業法院管轄，該管轄規定爲民事訴訟法之特別規定，自應優先適用之，是智慧財產及商業法院爲專屬管轄法院（智慧財產及商業法院組織法第3條第1款）[73]。因第一審與第二審民事訴訟事件包含民事訴訟法第七編之保全程序，是侵害專利權之假扣押或假處分聲請，債權人應向智慧財產及商業法院聲請，智慧財產及商業法院依據民事訴訟法第522條之聲請假扣押要件、第523條之假扣押原因、第532條之聲請假處分要件與原因，作成准許或駁回之裁定，准許假扣押或假處分裁定，可作爲執行名義（本法第4條第1項第2款）。

---

[73] 最高法院98年度台抗字第483號民事裁定：民事訴訟事件，係採廣義之概念，凡與本案有關之保全證據、保全程序等均包括在內。

（二）保全執行之管轄

保全裁定之取得與保全裁定之執行，兩者爲不同之民事程序：1.前者爲確定有無保全私權之必要程序，由民事訴訟法規範之；2.後者係實施保全之程序，爲強制執行法另行規定。故保全聲請與其執行，未必由同一法院管轄，是智慧財產及商業法院雖可優先審理侵害智慧財產權之民事假扣押或假處分聲請，然並無執行之權限[74]，其理由有二：1.民事強制執行事務，專屬地方法院及其分院之民事執行處辦理，由應執行標的物所在地、應爲執行行爲地或債務人住居所之地方法院管轄（本法第1條、第7條第1項）。智慧財產及商業法院非地方法院，自無管轄權；2.智慧財產及商業法院組織法明定，智慧財產及商業法院就智慧財產權所生第一審行政強制執行事件有管轄權（智慧財產及商業法院組織法第3條第3款）。而智慧財產及商業法院組織法未規定，智慧財產及商業法院有民事強制執行事件之管轄權，顯見立法者有意排除民事強制執行事件，歸智慧財產及商業法院管轄甚明。準此，智慧財產及商業法院就假扣押或假處分執行，並無管轄權，倘債權人持民事假扣押或假處分向智慧財產及商業法院聲請強制執行，智慧財產及商業法院應依債權人聲請或依職權，以裁定移送至管轄法院（本法第30條之1準用民事訴訟法第28條）。

第二目　執行輔助機關

一、警察或相關機關

實施強制執行時，除執行法院外，常需藉由相關機關、機構或人員協助執行，始能完成執行程序。故執行人員於執行職務時，遇有抗拒者，得用強制力實施之。但不得逾必要之程度。實施強制執行時，爲防止抗拒或遇有其他必要之情形者，得請警察或有關機關協助。警察或有關機關有協助之義務

---

[74] 智慧財產案件審理法第51條第1項：假扣押、假處分或定暫時狀態處分之聲請，在起訴前，向應繫屬法院為之，在起訴後，向已繫屬法院為之。職是，智慧財產及商業法院為智慧財產權民事事件之專屬管轄法院（智慧財產案件審理法第9條、第47條）。

（本法第3條之1）。例如，法院執行拆屋還地之判決，爲防止債務人進行無理性之抗爭，需商請警員至現場維持秩序。或者執行遷讓房屋之際，債務人避不處理，法院除得命債權人僱用鎖匠開鎖進入外，得商請警員或鄰里長到場見證執行程序，以防債務人事後任意指摘執行程序有不當或違法處。

二、通知機關登記

（一）通知事由

供強制執行之財產權，其取得、設定、喪失或變更，依法應登記者，爲強制執行時，執行法院應即通知該管登記機關登記其事由（本法第11條第1項）[75]。前項通知，執行法院得依債權人之聲請，交債權人逕行持送登記機關登記（第2項）。債務人因繼承、強制執行、徵收或法院之判決，而於登記前已取得不動產物權者，執行法院得因債權人之聲請，以債務人費用，通知登記機關登記爲債務人所有後而爲執行（第3項）。

（二）登記機關

各登記機關與登記標的，茲分述如後：1.已登記之不動產，執行法院應通知各地政事務所爲查封登記；2.扣押海商法之船舶，其登記機關爲船籍港之主管航政機關（船舶登記法第2條、第4條）；3.以動產擔保交易法所定之機器、工具及車輛作爲擔保交易之標的物者，其登記機關爲經濟部或其各區辦公室（動產擔保交易法施行細則第3條）。例如，在臺中市之執行事件，應通知經濟部中部辦公室；4.股單、記名股票及記名公司債之登記，均爲發行公司（公司法第104條、第165條、第260條）；5.車輛之查封執行，執行機關應將車輛之牌照、引擎號碼通知公路局監理登記所登記其事由；6.民用航空器所有權移轉、抵押權設定及租賃，向交通部民用航空局登記（民用航空法第20條之1）。

---

[75] 最高法院100年度台上字第802號民事判決。

三、團體或個人之協助

科學技術突飛猛進，工商業發展迅速，社會經濟結構與人文觀念，日有不同。為因應當前社會實際需要，期能強化執行之績效，發揮確保人民權益之功能。例如查封動產時，得依據動產之性質，其於必要時，得委請有關機關、自治團體、商業團體、工業團體或其他團體，或對於查封物有專門知識經驗之人協助（本法第46條）。

第二項 執行當事人

第一目 概 說

一、執行當事人之定義

強制執行程序，其程序體制與民事訴訟程序相同，均採雙方當事人之對立結構。向法院聲請強制執行之當事人，稱為債權人，被聲請強制執行之當事人。申言之，強制執行係債權人依據執行名義，聲請執行法院對債務人實施強制執行。強制執行之主體有執行法院、債權人及債務人。執行法院稱為執行機關，債權人及債務人合稱執行當事人。

二、執行當事人能力

民事訴訟有當事人能力者，亦有執行當事人能力。是非法人團體設有代表人或管理人者，亦有執行當事人能力（民事訴訟法第40條）。例如，同鄉會[76]、未經認許之外國法人[77]。再者，強制執行開始後，債務人已死亡者，債權人對其繼承人或遺產續行執行，不影響執行程序之進行（本法第5條第3項）。

---

[76] 最高法院39年台上字第1227號民事判決；最高法院100年度台上字第1946號民事裁定。

[77] 最高法院50年台上字第1898號、96年度台上字第175號民事判決。

三、執行當事人適格

所謂執行當事人，係指於特定之執行事件具有債權人或債務人之資格，爲實現其已確定之權利，得以自己之名義爲執行行爲，或對之爲執行之相對者。而執行當事人是否適格，應視其是否爲執行名義效力所及而定[78]。申言之，當事人主張執行之債權人或債務人，其與執行名義所示之債權人或債務人，並非同一人時，應依聲明異議程序，請求救濟之。執行法院就強制執行程序之執行當事人與執行名義所載當事人，是否同一，應依職權審查，倘執行名義所載之債務人與債權人聲請強制執行之債務人爲同一人格者，即具有同一性，不因其更名而受影響，執行法院應命補正（本法第30條之1準用民事訴訟法第249條第1項第6款）。不得以更名前後之債務人名稱不同，逕爲駁回債權人強制執行之聲請[79]。

四、公司清算

公司法人之人格是否消滅，涉及執行當事人能力存在與否，執行法院應依形式主義爲其調查認定依據，倘經法院就清算完結備查，即得認定其法人之人格已消滅。至於清算事務實際是否終結，其涉及實質認定，非屬執行法院之審查權限[80]。

第二目　執行力之主觀範圍

例題11　執行名義之主觀效力

甲將房屋出租予乙，並已交付占有，出租人甲於房屋租賃期間屆滿後，訴請承租人乙返還房屋，承租人乙於訴訟繫屬中將房屋轉租第三人丙。試問出租人甲取得民事勝訴判決確定後，可否對次承租人丙執行？

---

78 吳光陸，強制執行法，三民書局有限公司，2007年2月，頁108。

79 最高法院94年度台抗字第80號民事裁定。

80 王秀美，公司清算完結之研究，國立中正大學法律研究所碩士論文，2011年1月，頁29至30、108至109。

一、執行名義所載之當事人

執行名義所載之債權人及債務人，當然爲執行力範圍所及之人。例如，確定民事判決依據民法第184條第1項前段規定之侵權行爲法律關係。命被告應給付原告新臺幣100萬元，債權人係執行名義所載之原告，而債務人則爲執行名義所載之被告。

二、確定判決效力所及於人之範圍

執行名義爲確定終局判決及與確定判決有同一效力者，除當事人外，其執行力所及之主觀範圍包括：（一）訴訟繫屬後爲當事人之繼受人及爲當事人或其繼受人占有請求之標的物者[81]；（二）爲他人而爲原告或被告者之該他人及訴訟繫屬後爲該他人之繼受人，或者爲該他人或其繼受人占有請求之標的物者（本法第4條之2第1項；民事訴訟法第401條第1項、第2項）[82]。

（一）一般繼受人（102執達員）

當事人之繼受人，有一般繼受人與特定繼受人。所謂一般繼受人係指因自然人死亡或法人消滅而包括地繼受其權利義務之人。舉例說明如後：1.就他人之財產或營業，概括承受其資產及負債者，因對於債權人爲承受之通知或公告，而生承擔債務之效力（民法第305條第1項）；2.營業與他營業合併，而互相承受其資產及負債者（民法第306條第1項）。

（二）特定繼受人（97執達員）

所謂特定繼受人，係指訴訟繫屬後，因法律行爲而受讓訴訟標的之特定人而言。詳言之，所謂訴訟標的，係指爲確定私權所主張或否認之法律關係，請求法院對之加以裁判者而言。所謂法律關係，係指法律所定爲權利主體之人，對於人或物所生之權利義務關係，可分對人之關係與所謂對物之關係，兩者性質不同。

---

[81] 最高法院100年度台抗字第893號民事裁定。

[82] 最高法院101年度台上字第328號民事判決。

1.對人之法律關係

所謂對人之法律關係，係指依實體法規定為權利主體之人，得請求特定人為特定行為之權利義務關係。此權利義務關係僅存在於特定之債權人與債務人間，倘以此項對人之關係為訴訟標的，必繼受法律關係之權利或義務，始為執行力範圍所及[83]。舉例說明如後：(1)原告基於買賣契約請求辦理不動產所有權移轉登記而提起訴訟，自係以對人之債權關係為其訴訟標的，被告於訴訟繫屬中將系爭不動產所有權移轉與第三人，因第三人僅為受讓權利標的物之人，並未繼受債權關係之權利或義務，非確定判決之效力所及之人；(2)法院依據本法第27條核發債權憑證與執行債權人，執行債權人將該債權移轉於他人，受讓債權憑證之債權人，應為執行名義效力所及，自得向法院聲請強制執行。

2.對物之法律關係

所謂對物之法律關係，指依實體法規定為權利主體之人，基於物權，對於某物得行使之權利關係而言，此權利關係，具有對世效力與直接支配物之效力，倘脫離標的物，其權利失所依據。是以對物之關係為訴訟標的時，凡受讓標的物之人，均為執行力範圍所及[84]。例如，原告本於土地所有權訴請被告拆屋還地，被告於訴訟繫屬中將地上建物所有權移轉與第三人，第三人為確定判決所及之第三人。

（三）為他人而為原告或被告者

所謂為他人為原告或被告，係指就他人之權利或利益，以自己之名義實施訴訟，其判決利益之歸屬主體而言。舉例說明如後：1.遺囑管理人或遺囑執行人，為有關遺囑之民事訴訟當事人時，其判決效力及於繼承人；2.破產管理人就屬於破產財團之財產為訴訟當事人，其判決效力及於破產人。再者，執行名義之執行力並及於訴訟繫屬後該繼承人、破產人之繼受人、破產人之繼承人及為該他人或其繼受人占有請求標的物者[85]。例如，為破產人或其繼承人占有破產財團財產之第三人。

---

[83] 民事訴訟法第254條第1項係指此項特定繼受人而言。

[84] 最高法院61年台再字第186號民事判決；最高法院111年度台抗字第667號民事裁定；憲法法庭111年憲裁字第445號裁定。

[85] 張登科，強制執行法，三民書局有限公司，2004年2月，修訂版，頁86。

三、確定判決以外執行名義效力及於人之範圍（109執達員、執行員）

本法第4條第1項第2款至第6款規定之執行名義，其執行力之主觀範圍包含：（一）訴訟繫屬後爲當事人之繼受人及爲當事人或其繼受人占有請求之標的物者；（二）爲他人而爲原告或被告者之該他人及訴訟繫屬後爲該他人之繼受人，或者爲該他人或其繼受人占有請求之標的物者（本法第4條之2第2項）。舉例說明如後：1.本票持票人取得本票裁定後，將本票債權轉移與第三人，第三人得持本票裁定聲請對發票人強制執行；2.抵押權人取得拍賣抵押物裁定後，抵押人將抵押物所有權移轉於第三人，抵押物裁定對第三人亦有效力[86]。

四、就執行力之主觀範圍之爭議（108司法事務官）

（一）債務人提起異議之訴

債務人對於債權人依本法第4條之2規定聲請強制執行，倘主張非執行名義效力所及者，得於強制執行程序終結前，向執行法院對債權人提起異議之訴（本法第14條之1第1項）。倘債權人未以本法第4條之2所定之人爲債務人，而聲請執行法院對其爲強制執行，該人之權益當不致受強制執行之影響，自無提起債務異議之訴。倘仍執意提起債務異議之訴，顯無權利保護之必要，法院應以其訴爲無理由，而以判決駁回之。例如，房屋承租人認爲債權人依確定終局判決聲請拆屋還地之強制執行，將影響其承租權之行使時，倘債權人未以承租人爲本法第4條之2所定之人，而聲請對之強制執行，因執行法院未對承租人實施強制執行，承租人依本法第14條之1規定，提起債務人異議之訴，則無權利保護之必要，法院認其訴無理由，而以判決駁回。

---

86 最高法院74年台抗字第431號、98年度台抗字第67號民事裁定：不動產所有人設定抵押權後，將不動產讓與他人者，依民法第867條但書規定，其抵押權不因此而受影響，抵押權人得本於追及其物之效力實行抵押權。系爭不動產既經抵押人讓與他人而屬於受讓之他人所有，則因實行抵押權而聲請法院裁定准許拍賣不動產時，自應列受讓之他人為相對人。

（二）債權人提起許可執行之訴（107檢察事務官）

債權人依本法第4條之2規定，聲請強制執行經執行法院裁定駁回者，得於裁定送達後10日之不變期間內，向執行法院對債務人提起許可執行之訴（本法第14條之1第2項）。詳言之，許可執行之訴，係就執行機關對於執行名義效力所及於債務人所爲判斷，經由言詞辯論之判決程序，審查原告對於被告是否有基於該執行名義所載請求權，而請求執行之權利，暨兩造是否具備執行當事人之適格。被告得於訴訟期間，提出繼受之妨礙事實及固有之抗辯事實，作爲防禦方法[87]。再者，本法第14條之1第2項特別規定，債權人對於執行法院駁回其執行之聲請時，其救濟方法應以訴訟爲之，因有關當事人是否爲執行名義效力所及之繼受人，係實體關係之爭執，自非依抗告程序所得救濟[88]。

五、對合夥人之執行（105檢察事務官；92司法官）

（一）提起許可執行之訴

1. 訴訟主體

合夥財產不足清償合夥之債務時，各合夥人對於不足之額，連帶負其責任（民法第681條）。是民事確定判決命合夥人履行債務者，應先對合夥財產爲執行，倘不足清償時，雖得對合夥人之財產執行之。然其人否認爲合夥人，而其是否爲合夥人亦欠明確者，執行法院僅能作形式審查，實體事項非執行法院所能審理，是非另有確認其爲合夥人之確定判決，不得對之強制執行（辦理強制執行事件應行注意事項第2條第4項）。例如，債權人主張甲爲合夥人，依據本法第4條之2規定，爲執行力所及之人，而提起強制執行之聲請，而經執行法院裁定駁回，得以裁定送達後10日之不變期間，向執行法院對甲提起許可執行之訴（本法第14條之1第2項）。

---

87 楊與齡主編，強制執行法實例問題分析，許士宦，繼受執行與執行力之擴張—以訴訟繫屬後之繼受人為中心，五南圖書出版有限公司，2002年7月，初版2刷，頁33。

88 最高法院95年度台抗字第556號民事裁定。

2. 給付之訴

許可執行之訴之性質屬給付之訴，該訴已含有判斷甲是否為合夥人，並進而認定其應有負合夥人責任之關係，應有既判力，是債權人提起許可強制執行之訴，經法院認甲非合夥人，而經判決敗訴確定後，債權人不得再依民法第681條規定，另訴請求甲對合夥財產不足清償合夥之債務部分，負連帶責任。

（二）提起異議之訴

債權人主張甲為合夥人，持命合夥人履行債務之民事確定判決，依據本法第4條之2規定認為執行力所及之人，執行法院自形式審查而認定甲確為合夥人，倘甲主張非執行名義效力所及者，得於強制執行程序終結前，向執行法院對債權人提起異議之訴（本法第14條之1第1項）。其為形成之訴，不同於許可執行之訴。

六、連帶保證人行使求償權

數連帶保證人保證同一筆債務，債權人已對主債務人及全部連帶保證人取得債權憑證，其中一連帶保證人向債權人清償主債務人之債務後，該連帶保證人得持債權人交付之原債權憑證、代償證明書，逕對主債務人或其他連帶保證人之財產聲請為強制執行（民法第280條、第281條第2項；本法第4條之2）[89]。

七、債權受讓人聲請執行

（一）債權讓與之生效要件

債權受讓人聲請強制執行時，應提出已對債務人為債權讓與之通知之證明書，執行法院無代債權受讓人通知債務人之義務。申言之，債權之讓與，非經讓與人或受讓人通知債務人，對於債務人不生效力（民法第297條第1

---

[89] 最高法院95年度台抗字第116號民事裁定。

項）。債權讓與對債務人生效前，債權受讓人不得對債務人爲強制執行。債權受讓人依本法第4條之2規定，以執行名義繼受人之身分聲請強制執行者，除應依本法第6條規定提出執行名義之證明文件外，對於其爲適格之執行債權人及債權讓與已對債務人發生效力等，合於實施強制執行之要件，亦應提出證明，俾供執行法院審查，始爲適法，不得請求執行法院，將聲請強制執行之書狀繕本或讓與證明文件，送達予債務人之方式爲通知，故執行法院無代債權受讓人送達書狀或證明文件予債務人之方式，作爲通知之義務[90]。職是，債權受讓人對債務人聲請強制執行時，倘未提出已通知債務人債權讓與之證明文件，執行法院無庸通知補正，得駁回其強制執行之聲請。

（二）本文見解

債權受讓人對債務人聲請強制執行時，倘未提出已通知債務人債權讓與之證明文件，執行法院應限期通知補正，不得駁回其強制執行之聲請，倘預期不補正，始裁定駁回強制執行之聲請。或者將聲請強制執行之書狀繕本或讓與證明文件，送達予債務人之方式以爲通知。

八、例題解析

出租人訴請承租人返還房屋，承租人於訴訟繫屬中將房屋轉租他人，出租人取得勝訴民事判決確定後，民事確定判決之主觀效力是否及於次承租人（本法第4條之2第1款）。應視出租人係依據民法第455條之租賃物返還請求權或第767條第1項之所有人物上請求權而定：（一）租賃物返還請求權爲債權，係基於租賃之債權關係，執行力不及次承租人；（二）物上請求權爲物權，爲所有權之物權關係，執行力及於次承租人[91]。

---

[90] 最高法院98年度第3次民事庭會議決議1；最高法院98年度台抗字第949號、第593號、第440號民事裁定。

[91] 最高法院61年台再字第186號民事判決；最高法院111年度台抗字第667號民事裁定。

第三項　執行客體

例題12　抵押權人聲請執行經沒收之不動產

甲為公務員主管乙承包工程之驗收業務，乙承包工程品質不符合工程契約規定，乙為使工程順利驗收，而與甲約定新臺幣（下同）1千萬元賄款，並已交付之，甲並以此金額作為購買不動產之部分款項，不足部分則向A銀行抵押貸款。嗣後東窗事發，依貪汙治罪條例第4條第1項第4款規定，判決違背職務之行為收受賄賂罪，並宣告沒收賄款1千萬元。試問：（一）甲未依約清償貸款，A銀行是否得向執行法院聲請拍賣甲之不動產，行使抵押權優先求償？（二）有執行名義之債權人是否得聲請執行該不動產？

一、執行標的

所謂強制執行之客體，係指債務人所有之物或權利，得用以實現債權人之債權者，其標的因強制執行之內容而異。申言之：（一）就金錢債權之執行名義，係指金錢債權之強制執行中，執行法院得爲查封、換價及分配，以滿足債權人金錢債權之債務人財產；（二）物之交付請求權之強制執行，係以執行名義所示之特定物爲執行客體；（三）行爲或不行爲之強制執行，係以債務人之行爲本身爲執行對象[92]。

二、債務人財產之調查（104執達員）

調查債務人財產之方法有三：命債權人查報、命債務人報告及職權調查。實務之調查方法，通常以命債權人查報居多，較少命債務人報告，或依職權調查債務人財產狀況[93]。茲說明調查方法如後：（一）執行法院對於強

---

92 張登科，強制執行法，三民書局有限公司，2004年2月，修訂版，頁93。

93 謝禎祥，論金錢債權強制執行債務人責任財產報告制度，國立中正大學法律研究所碩士論文，2019年6月，頁5。

制執行事件，認有調查之必要時，得命債權人查報（本法第19條第1項）；（二）法院依職權調查時，得向稅捐機關、財政部財稅資料中心、臺灣證券集中保管股份有限公司及其他有關機關、團體或知悉債務人財產者，調查債務人財產狀況，受調查者原則不得拒絕。例外情形，係受調查者爲個人時，倘有正當理由，不在此限（第2項）[94]。執行法院調查所得資料，除執行債權人得於執行必要範圍內使用外，應注意稅捐稽徵法第33條等有關法律保密之規定，不得允許其他人員閱覽（辦理強制執行事件應行注意事項第9條之1）；（三）已發現之債務人財產不足抵償聲請強制執行債權，或不能發現債務人應交付之財產時，執行法院得依職權或依債權人聲請，定期間命債務人據實報告該期間屆滿前1年內，應供強制執行之財產狀況（本法第20條第1項）。債務人違反前開規定，不爲報告或爲虛僞之報告，執行法院得依債權人聲請或依職權命其提供擔保或限期履行執行債務（第2項）。

三、債務人財產之認定

（一）對於動產執行

執行機關實施強制執行之際，對於執行之債務人財產，應依財產之外觀加以認定，毋庸確實調查該財產之實體是否爲債務人所有。就動產而言，以標的物之外觀之支配作爲認定所有權歸屬之標準，即占有之外觀以認定是否屬債務人所有（民法第768條）。因債務人占有之動產，屬於債務人所有者爲常態。再者，動產登記爲債務人所有，依據社會之通念，自得執行之。

（二）對於不動產執行

關於不動產物權之取得、設定、喪失及變更，非經登記不生效力（民法第758條第1項）。換言之：1.不動產所有權之認定依據，以地政機關登記名義之外觀認定，原則上得以所有權狀或登記簿謄本爲證明；2.未保存登記者，得依納稅義務人、建築執照、使用執照及水電收據等文書，作爲認定之

---

94 民事執行文書格式例稿目錄暨書記官執達員工作事務分配手冊，臺灣高等法院編輯，司法院秘書處印行，2001年7月，頁33。

基準；3.航空器或船舶所有權之認定，以主管機關之登記爲準。

（三）對於其他財產之執行

執行法院對於其他財產之執行，則以債權人之陳報爲依據，實施強制執行，以期迅速。例如，於債權之強制執行，僅依債權人之陳述實施強制執行，不必調查債務人對第三債務人之債權是否存在。僅法院認爲有必要時，得命債權人釋明債權之存在。

四、保全之執行名義不得聲請調查債務人財產

本法固於第20條將債務人財產開示規定，編列於第一章總則而爲規範，惟該項財產開示制度涉及債務人財產之隱私權，爲避免其財產一旦開示後，倘實體上之本案債權事後被推翻，將使其遭受無法回復或彌補之損害；並以債務人之所以應負財產開示之義務，係因債權人執行名義所載之債權，具有實現其滿足程度之強制力與執行力。倘未至得滿足債權人私法上請求權之情形者，則無權要求債務人開示責任財產之資訊，否則反而損害債務人財產資訊之自己決定權。再者，本條第1項前段規定，已發見之債務人財產不足抵償聲請強制執行債權。所謂債權，係指執行名義業經命債務人爲清償而得終局執行之確定債權，故該條有關債務人查報財產之規定，不包括假扣押裁定之保全執行在內，假扣押債權人不得依該條規定，聲請執行法院命債務人據實查報責任財產[95]。

五、例題解析

（一）沒收犯罪行為人之犯罪所得

犯罪所得，屬於犯罪行爲人者，沒收之。但有特別規定者，依其規定（刑法第38條之1第1項）。前二項之沒收，其於全部或一部不能沒收或不宜執行沒收時，追徵其價額（第3項）。第1項及第2項之犯罪所得，包括違法行

[95] 最高法院103年度台抗第481號民事裁定。

爲所得、其變得之物或財產上利益及其孳息（第4項）[96]。第38條之物及第38條之1之犯罪所得之所有權或其他權利，其於沒收裁判確定時移轉爲國家所有（刑法第38條之3第1項）。前開情形，第三人對沒收標的之權利或因犯罪而得行使之債權均不受影響（第2項）。刑法沒收目的在剝奪犯罪不法利得，以預防犯罪，基於被害人保護優先及交易安全之維護，不僅第三人對於沒收標的之權利，不應受沒收裁判確定效力影響，對於國家沒收或追徵之財產，因與犯罪行爲有關，自應賦予被害人優先行使其債權之權利，以避免因犯罪行爲人履行不能，致求償無門，有害於被害人權利之實現。再者，第1項之沒收裁判，於確定前，具有禁止處分之效力（第3項）。職是，甲以1千萬元賄款作爲購買房屋之部分款項，是該房屋爲變得之物，係甲犯罪所得。

（二）抵押權之保護

國家以沒入或沒收取得財產所有權者，雖係原始取得，一經處分確定，其財產原來之負擔全部消滅。然抵押權人於沒入或沒收前，抵押權人即合法取得抵押權，基於憲法第15條規定人民之財產權，應予保障之精神，抵押權自不因此受到影響，抵押權人仍得行使抵押權[97]。準此，甲未依約清償貸款，A銀行自得對甲之房屋行使抵押權，就抵押權擔保之債權範圍，在其賣得價金受優先清償之權。

（三）執行沒收之財產

依刑法第38條之3第1項、第2項規定，經判決諭知沒收之財產，雖於裁判確定時移轉爲國家所有，然第三人對沒收標的之權利不受影響。故沒收物經執行沒收後，犯罪被害人仍得本其所有權，聲請執行檢察官發還。因犯罪而得行使請求權之人，倘已取得執行名義，亦應許其向執行檢察官聲請就沒收

---

96 刑法之違禁物，係指在法令上禁止個人擅自製造、販賣、運輸或持有之物而言。違禁物雖不問屬於犯人與否，均應沒收，然該物係屬第三人持有或所有，是否亦屬違禁物，應視第三人有無違禁情形為斷。侵害商標權或著作權之物，刑法、商標法或著作權法，固均有沒收規定。惟違反著作權法或商標法之仿冒商品或著作，均無禁止相關消費者持有或所有，自不在應行沒收之列，應非屬違禁物。

97 大法官釋字第37號解釋。

物、追徵財產受償，以避免犯罪行爲人經國家執行沒收後，已無清償能力，犯罪被害人因求償無門，致產生國家與民爭利之負面印象（刑事訴訟法第473條第1項）。職是，有執行名義之債權人，得向法院聲請執行經沒收之不動產。

第五節　強制執行之進行

第一項　強制執行之開始

一、債權人聲請

強制執行在於實現私權，必須基於債權人之聲請，始得開始強制執行。是強制執行之開始，採當事人進行主義。債權人聲請執行債務人之責任財產後，執行法院依法定程序職權進行，直至執行程序終結爲止，適用職權主義（本法第18條第2項）。

（一）管轄法院

債權人應以書狀提出於管轄法院，其管轄法院應由執行之標的物所在地或應爲執行行爲地之法院管轄，即所謂普通管轄（本法第7條第1項）。應執行之標的物所在地或應爲執行行爲地不明者，由債務人之住、居所、公務所、事務所、營業所所在地之法院管轄（第2項）。同一強制執行，數法院有管轄權者，債權人得向其中一法院聲請，此爲選擇管轄（第3項）。受理強制執行事件之法院，須在他法院管轄區內爲執行行爲時，應囑託該他法院爲之（第4項）[98]。

（二）書狀格式

聲請強制執行之書狀，應表明如後事項：1.當事人及法定代理人，法院得命法人之代理人或代表人提出公司事項登記卡、股東名冊或證明文件；

98 最高法院92年度台抗字第336號民事裁定：同一債權人，對於同一債務人，不得以同一執行名義，分向兩個以上之法院，聲請強制執行，或向法院聲請執行後，又向另一法院聲明參與分配，或分向兩個以上之法院，聲明參與分配。

2.請求實現之權利[99]；3.記載執行之標的物、應為之執行行為或本法所定其他事項（本法第5條第1項、第2項）[100]。聲請強制執行時，宜具體表明執行標的為何[101]。倘不知債務人有何財產可供執行，可依稅捐稽徵法第33條第1項第8款規定，自行向稅捐機關查詢，並繳納查詢費用，再依執行標的物所在地或應為執行行為地，向有管轄權之法院強制執行（本法第7條第1項）。倘自行向稅捐機關查詢有困難時，可聲請執行法院依本法第19條第2項規定，向有關機關、團體或知悉債務人財產之人調查債務人所有財產狀況[102]。債權人請求拍賣債務人之不動產，應檢附該不動產最新土地或建物登記謄本。倘執行其他財產，有可資證明之文件，亦應一併提出。而債權人請求執行之標的物，為共有物之應有部分，應提出共有物之全部登記謄本，並查明各共有人之送達處所，俾於通知。

二、提出執行名義之證明文件（92執達員）

（一）本法第4條第1項第1款

債權人向法院聲請強制執行，須提出證明文件，包含執行名義及確定證明書正本（本法第6條第1項）。依第4條第1項第1款聲請者，應提出判決正本及判決確定證明書或各審級之判決正本。例如，民事判決及確定證明書，或經終審法院確定之各審級判決書。

---

99 債務人應給付新臺幣○○○元，並自民國○○年○月○日起至清償日止，按年息5%計算之利息及執行費用。

100 債權人向法院聲請撤回執行時，法院應審核撤回執行狀之簽名或印章，是否與聲請執行狀之簽名或印章相同。倘係代理人聲請撤回執行，應審核其委任狀有無特別代理權限。

101 最高法院100年度台抗字第753號民事裁定：執行之標的物僅係聲請狀內宜記載事項，債權人縱未於書狀記載執行之標的物或記載有誤，仍難謂其強制執行之聲請不合法。

102 聲請狀應陳明欲查詢機關、團體或知悉債務人財產之人之名稱，俾於調查債務人之財產狀況。

（二）本法第4條第1項第2款

依第4條第1項第2款聲請者，應提出裁判正本。例如，假扣押裁定、假處分裁定、支付命令裁定、定暫時狀態處分裁定、確定訴訟費用裁定、宣告假執行之民事判決。倘債權人未提出支付裁定之確定證明書或送達證明，命其補正而未補正者，法院應調閱支付裁定卷宗，審查有無合法送達，不得以債權人未提出確定證明書或送達證明爲由，駁回其聲請執行。法院得宣告非經原告預供擔保，不得爲假執行（民事訴訟法第392條第1項）。法院亦得依聲請或依職權，宣告預供擔保，或將請求之標的物提存而免爲假執行（第2項）。被告預供擔保或提存而免爲假執行，應於該強制執行程序實施前爲之，係指執行法院對於債務人強制其履行之行爲以前而言。其情形應分別依執行事件之性質定之。例如，就執行標的物爲拍定、變賣或物之交付前，即屬強制執行程序實施前（第3項）。倘執行標的物已拍定、變賣或物已交付，則不得免爲假執行。

（三）本法第4條第1項第3款

依本法第4條第1項第3款聲請者，應提出法院和解或調解筆錄正本。例如，法院和解成立筆錄（民事訴訟法第379條第1項、第380條第1項）、法院調解成立筆錄（民事訴訟法第416條第1項、第421條第3項）。鄉鎮市調解條例成立之調解書，並非本款之調解筆錄。

（四）本法第4條第1項第4款

我國爲推廣公證制度，以發揮其保障私權、防杜糾紛、疏減訟源及安定社會等功能，採法院與民間之公證人並行之雙軌制（公證法第1條第1項）。職是，依本法第4條第1項第4款聲請者，應提出公證書，包含法院公證人與民間公證人所作成之公證書正本。

（五）本法第4條第1項第5款

依本法第4條第1項第5款聲請者，應提出債權及抵押權或質權之證明文件及裁定正本[103]。申言之：1.聲請拍賣抵押物時，應提出拍賣抵押物裁定、確定證明書、提出送達債務人之證明書或送達證書、抵押權設定契約書、他項權利證明書及債權證明文件，如借據或本票、支票；2.聲請拍賣質物時，應提出拍賣質物裁定、債權證明文件、確定證明書、提出送達債務人之證明書或送達證書[104]；3.依本法第6條第1項第5款規定，雖應提出債權證明文件，然債權證明文件之證明方法，法律並無限制，倘抵押權設定契約書已有具體約定，是否得兼具債權證明文件之性質，依個案情節調查認定[105]。

（六）本法第4條第1項第6款

依第4條第1項第6款聲請者，應提出得為強制執行名義之證明文件。例如，鄉鎮市調解條例成立之調解書、法院核發之債權憑證或准許本票強制執行裁定等。倘債權人持本票裁定聲請執行，未提出本票裁定之確定證明書或送達債務人證明書，執行法院命其補正而未補正者，應調閱本票裁定卷宗，審查有無合法送達，不得以債權人未提出確定證明書或送達證明為由，駁回其聲請執行。

三、繳納執行費用

債權人聲請強制執行或聲明參與分配者時，除法律有免徵執行費用之規定外，應依本法第28條之2規定繳納執行費用。其應繳納而未繳納者，執行法院應限期命其補正，逾期不補正者，則以欠缺聲請強制執行之法定要件，裁定駁回強制執行之聲請。

第二項　強制執行要件之審查

一、概　說

強制執行應依執行名義為之，執行法院對於執行名義是否有效成立，雖

---

103 最高法院96年度台抗字第298號民事裁定。

104 該等文件係證明是否已合法送達當事人。

105 臺灣高等法院暨所屬法院105年法律座談會民執類提案第3號。

應加以審查。然強制執行法爲求迅速執行，採取執行名義之制度，執行機關不審查債權人之實體權利是否存在，僅要求債權人提出公文書，證明其實體法上權利存在之高度可能性已足，而執行法院不審查執行名義所示之請求權是否存在之要件，僅需審查執行之程序及實質要件。換言之，強制執行程序進行中，雖不得就原執行名義另行判斷債權人之請求權是否有效成立，然關於強制執行程序本身涉及之實體事項，執行法院於得調查認定之範圍內，仍必須於該程序中自爲判斷。簡言之，本法第8條、第9條、第17條及第19條均明文賦予執行法院調查權，本法第30條之1亦準用民事訴訟法之規定，實務可據此爲調查依據。例如，訴訟標的對於共同訴訟之各人必須合一確定者，必須一同起訴或一同被訴，其當事人之適格，始能謂無欠缺。倘未以該共同訴訟人之全體一同起訴或被訴，而法院誤爲適格之當事人，對之就訴訟標的爲實體之裁判，該判決縱使經確定，對於應參與訴訟之共同訴訟人全體，均無效力，執行法院仍不得憑之執行[106]。

二、法院審查強制執行要件之審核流程圖

債權人持執行名義以書狀向法院聲請，就債務人之所有財產聲請強制執行，法院應審查事項有：（一）執行名義之當事人，是否與聲請之債權人及對之執行之債務人相同；（二）有無管轄權；（三）提出之執行名義是否合法；（四）執行費是否依法繳納；（五）執行當事人適格等事項。倘有欠缺者，得命其補正者，應命其補正，逾期不補正者，得以裁定駁回其強制執行之聲請（本法第28條之1）。

106 最高法院102年度台抗字第1030號民事裁定。

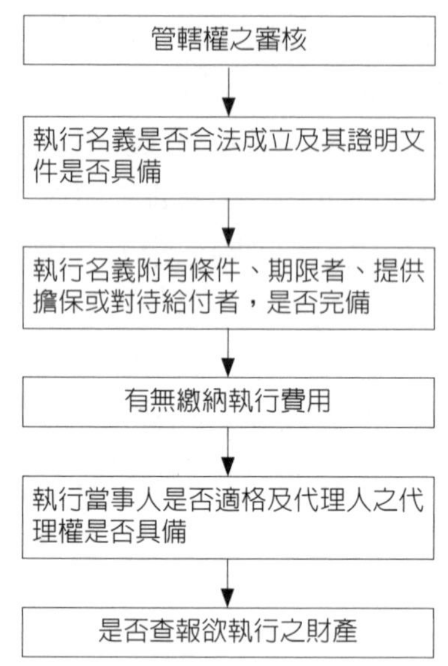

法院審查強制執行要件之審核流程

第一目　管轄權之調查及囑託執行

一、管轄法院（99司法官）

（一）排除合意管轄

債權人向法院聲請強制執行，執行法院對於強制執行事件有無管轄權，應依職權調查之。而強制執行由應「執行之標的物所在地」或應爲「執行行爲地」之法院管轄（本法第7條第1項）。例如，債務人所有動產、不動產所在地。而應執行之標的物所在地或應爲執行行爲地不明者，則由債務人之住、居所、公務所、事務所、營業所所在地之法院管轄（第2項）。舉例說明如後：1.專利及商標之管轄法院，以專利及商標權人即債務人之住居所、事務所或營業所所在地爲管轄法院；2.票據假處分之法院，以債務人住所地或付款人所在地之法院爲管轄法院。再者，當事人固得以一定法律關係而生之訴訟，合意定第一審管轄法院（民事訴訟法第24條）。然此限於訴訟事件，並不及於強制執行，是強制執行事件排除合意管轄之適用[107]。

（二）應為執行行為地

本法第7條就強制執行事件之管轄法院設有明文規定，自不得另準用民事訴訟法關於管轄之規定。故受理強制執行事件之法院，發見應在他法院管轄區內爲執行行爲時，囑託該法院爲之，始具有實效性。所謂應爲執行行爲地，係指國內而言。倘應爲執行行爲地在國外，究應如何執行，法未明定，爲補立法之不足，自應類推適用本法第7條規定，以資決定管轄權之有無。故應爲執行行爲地爲相對人之住所，相對人已出境至外國，長期定居該國，在國內並無住居所，因本法第30條之1未準用民事訴訟法第1條規定，應以相對人在國內最後住所地，視爲相對人之住所。職是，相對人之最後住所地所在地方法院並無管轄權，該法院應以無管轄權爲由，裁定駁回聲請人之執行聲請[108]。

二、數法院同時均有管轄權（91、107執達員）

（一）選擇管轄法院

同一強制執行，數法院有管轄權者，債權人得選擇其中一法院爲管轄法院（本法第7條第3項）。受理強制執行事件之法院，須在他法院管轄區內爲執行行爲時，應囑託該他法院爲之（第4項）。職是，債權人以金錢請求權之執行名義，向某一法院聲請強制執行，不可再持同一執行名義，就債務人在他法院轄區內之財產聲明參與分配[109]。舉例說明如後：1.債權人不得持同一執行名義，同時向各法院聲請強制執行，僅得聲請受理強制執行之法院囑託他法院爲之，是法院應令債權人提出執行名義之正本，不得以影本代之。例如，債務人之住所在臺中市，有部分應執行之標的物所在地或應爲執行行爲地在臺中市內，而部分應執行之標的物所在地或應爲執行行爲地，並非在

107 最高法院98年度台抗字第38號、第666號民事裁定。
108 最高法院95年度台抗字第317號民事裁定。
109 最高法院92年度台抗字第336號民事裁定。

臺灣臺中地方法院轄區，臺灣臺中地方法院應將非在臺中市之執行標的，囑託標的物所在地之法院執行；2.債權人持確定終局判決執行債務人坐落基隆市、臺南市之不動產，債權人得向臺灣基隆或臺南地方法院之其中一法院，聲請強制執行，再囑託另一法院執行坐落該法院轄區之不動產。

（二）受囑託法院之審查

強制執行應依執行名義爲之，執行法院對於執行名義是否有效成立，應加以審查[110]。受託執行之法院爲執行法院，固得審查執行名義是否有效成立[111]。惟依本法第7條第4項規定，受託法院僅能依囑託代執行行爲，倘其認執行名義未有效成立，應函覆囑託法院，無從代爲執行，不得逕將債權人強制執行之聲請駁回[112]。

三、無管轄權之處理

執行法院有無管轄權，應以債權人聲請強制執行時爲準，縱令以後定管轄之情事變更，該法院亦不失其管轄權。強制執行之全部或一部，法院認爲無管轄權者，應依債權人聲請或依職權以裁定移送於其管轄法院，本法第30條之1準用民事訴訟法第28條第1項。準此，執行法院對於強制執行事件有無管轄權，應依職權調查之，倘認爲全部或一部無管轄權者，應依聲請或職權以裁定將該事件移送至管轄法院。不應逕以無管轄權爲由，駁回債務人之強制執行聲請，使債權人蒙受執行費用之損失。舉例說明之：（一）債務人之住所固在臺中市，惟應執行之標的物所在地或應爲執行行爲地在南投縣，並非在臺灣臺中地方法院轄區，應依債權人聲請或依職權以裁定移送至臺灣南投地方法院；（二）應執行之標的物所在地坐落彰化縣彰化市，並非在臺灣臺中地方法院轄區，依本法第7條第1項規定，應由臺灣彰化地方法院管轄。債權人向無管轄權之臺灣臺中地方法院聲請強制執行，顯係違誤，臺灣臺中地方法院依職權應將執行事件移送臺灣彰化地方法院。

---

110 最高法院81年台抗字第114號、110年度台聲字第784號民事裁定。

111 司法院院字第218號解釋；最高法院106年度台抗字第1042號民事裁定。

112 最高法院106年度台抗字第1042號民事裁定。

第二目　審查執行名義之成立要件

一、民事判決

執行名義除應載明執行當事人及應執行事項外，債務人之給付義務，其給付內容應適法、可能及具體確定，並適於執行者，執行法院始得據以實施強制執行。而強制執行應依執行名義爲之，故執行法院對於執行名義是否有效成立，自應加以審查，而未確定之終局判決不備執行名義之要件，其執行名義尚未成立，執行法院不得據以強制執行。倘法院誤認未確定之裁判爲確定，而依聲請付與確定證明書者，自不生裁判已確定之效力。執行法院就裁判已否確定，仍得予以審查，不受確定證明書之拘束。再者，司法院院字第2776號解釋所謂廢棄執行名義或宣告不許強制執行之裁判，已有執行力者，執行法院始得停止強制執行，並撤銷已爲之執行處分，係指執行法院以有效成立之執行名義，實施強制執行之情形而言。倘執行名義不備要件而未有效成立，執行法院不得據以強制執行，自不適用該解釋[113]。

二、支付命令（109檢察事務官）

強制執行應依執行名義爲之，執行法院對於執行名義是否有效成立，自應加以審查。未確定之支付命令，不備執行名義之要件，其執行名義尚未成立，執行法院不得據以強制執行。法院誤認未確定之支付命令爲確定，而依聲請付與確定證明書者，不生支付命令已確定之效力。執行法院就支付命令已否確定，仍得予以審查，不受確定證明書之拘束[114]。準此，倘執行法院以未確定之支付命令強制執行，債務人得依本法第12條規定聲明異議[115]。

---

113 最高法院97年度台抗字第810號民事裁定。

114 最高法院81年台抗字第114號、110年度台聲字第784號民事裁定。

115 最高法院88年度台抗字第324號民事裁定；最高法院91年度台上字第686號民事判決。

三、本票裁定（98三等書記官）

（一）執行要件

依本法第6條第1項第6款規定，債務人持准予強制執行之本票裁定，聲請強制執行，應提出得爲強制執行名義之證明文件，其爲裁定正本。本票裁定之羈束力應於送達時發生。準此，本票准許強制執行之裁定，經合法送達於執行當事人，即有執行力，是送達是否合法，涉及強制執行開始之要件，執行法院應依法職權調查[116]。倘爲執行名義之本票准許強制執行裁定，經執行法院調查結果，未合法送達於債務人，則對債務人未發生執行力，債權人據以爲執行名義聲請強制執行，自有未合，應予駁回[117]。

（二）消滅時效期間

經確定判決或其他與確定判決有同一效力之執行名義所確定之請求權，其原有消滅時效期間不滿5年者，因中斷而重行起算之時效期間爲5年（民法第137條第3項）。因本票裁定不具與確定判決同一之效力，其時效並不因之而延長爲5年，其時效自執行法院核發債權憑證日起，重行起算3年（票據法第22條第1項；非訟事件法第194條）[118]。

四、拍賣抵押物裁定

（一）抵押權之追及效力及範圍

1.受讓人為相對人

不動產所有人設定抵押權後，將不動產讓與他人者，依民法第867條但書規定，其抵押權不因此而受影響，抵押權人得本於追及其物之效力實行抵押權。不動產既經抵押人讓與他人而屬於受讓人所有，實行抵押權而聲請法院裁定准許拍賣該不動產時，自應列受讓人爲相對人。

---

116 臺灣高等法院82年度抗字第1654號民事裁定。

117 司法院第21期司法業務研究會，民事法律專題研究10，頁79至81。

118 林洲富，實用非訟事件法，五南圖書出版股份有限公司，2023年5月，14版1刷，頁309。

2.效力及於從物與從權利

拍賣抵押物裁定對物之執行效力範圍及於抵押物之從物與從權利（民法第862條第1項），例如，區分所有建物之共同使用部分、無法獨立使用之增建建物。再者，土地所有人，其於設定抵押權後，在抵押之土地上營造建築物者，抵押權人於必要時，雖得將其建築物與土地併付拍賣，惟對於建築物之價金，無優先受清償之權，因非抵押權效力所及（民法第877條）。

（二）非訟裁定

依民事訴訟法第235條、第236條第1項及第238條前段規定，訴訟裁定應以宣示或送達之方式對外發表，始生效力。非訟裁定未經宣示或送達者，不發生效力。準此，拍賣抵押物之裁定屬非訟裁定，倘未經宣示或送達，該裁定未發生效力[119]。

（三）執行力之主觀範圍

抵押人於拍賣抵押物之裁定送達後死亡，因抵押權具有物權效力，抵押人之繼承人亦爲裁定執行力所及（本法第4條之2第2項）。無須債權人列抵押人之繼承人爲相對人，而向法院重新聲請拍賣抵押物裁定，可以原裁定對繼承人爲強制執行。

（四）對物之執行名義

法院許可拍賣抵押物之裁定，係對物之執行名義，其性質與對人之執行名義不同。申言之：1.對人之執行名義，是以債務人之一般財產爲執行對象；2.對物之執行名義，僅以特定財產之價值爲限，實現擔保債權人之債權，是抵押權人不得持法院許可拍賣抵押物之裁定，向法院聲請就債務人其他財產爲查封拍賣。

（五）對人及對物之執行名義之區別（95、92司法官）

金錢債權之執行名義，其於強制執行無效果時，依本法第27條規定應發給債權憑證，既不以具有實體法上確定效力之執行名義爲限，准許對本票

119 最高法院74年台抗字第431號、87年度台抗字第311號、101年度台抗字第250號民事裁定。

強制執行之裁定，其於強制執行無效果時，執行法院自應發給債權憑證。再者，同屬非訟事件性質之准許拍賣抵押物裁定，係對物之執行名義，其執行力僅及於特定之抵押物，而不能及於抵押人或債務人之其他財產。故就特定抵押物之拍賣所得不足清償全部債權時，不能對抵押人或債務人之其他財產續行執行，無需發給債權憑證。此與本票裁定屬對人之執行名義，可對債務人之任何財產爲執行者，性質上不同。準此，他人就抵押物聲請強制執行時，抵押權人固得聲請參與分配，惟就非抵押物聲請強制執行時，抵押權人不得持拍賣抵押物裁定，向執行法院聲請依有執行名義之債權人地位參與分配（辦理強制執行事件應行注意事項第19條第1項、第2項）[120]。

（六）聲請執行

許可拍賣抵押物之裁定聲請強制執行者，應提出債權之證明文件及裁定正本（本法第6條第1項第5款）[121]。故債權人聲請拍賣抵押物之強制執行時，對於管轄之執行法院，應表明債權人、債務人、執行名義及應受強制執行之標的，並提出上開證明文件及繳納定額之執行費者，始符合法定之聲請要件。至於相對人之抵押債權是否存在，執行法院並無實體審查權。因本法第30條之1準用民事訴訟法第491條第1項規定，當事人提起抗告，除別有規定外，無停止執行之效力。準此，本票裁定或拍賣抵押物之裁定，均無抗告得停止執行之特別規定，債權人持之爲執行名義時，自毋庸提出裁定確定證明。

五、調閱卷宗執行

債權人聲請強制執行，應提出證明文件，執行人員應確實審查執行名義之眞僞，倘未經提出者，執行法院爲原第一審法院，應調閱卷宗（本法第6條第2項）。藉以查明債權人之執行名義是否合乎強制執行之要件，法院不得以債權人未提出執行名義，而逕行駁回其強制執行之聲請。

---

120 司法院(81)廳民二字第13793號函。

121 最高法院96年度台抗字第298號民事裁定。

第三目　認定執行名義之主觀範圍

例題13　受讓債權之執行

執行債權人主張前債權人對債務人之債權，曾聲請法院核發支付命令確定，其受讓該債權，並以該支付命令為執行名義，聲請法院強制執行債務人之不動產。然債務人抗辯稱債權人受讓債權未生效，聲明異議聲請撤銷強制執行程序。試問執行債權人是否應提出受讓債權之證明，供執行法院審查？

一、主觀範圍（104檢察事務官、三等書記官）

（一）訴訟繫屬後為當事人之繼受人及為其占有請求之標的物

本法第4條第1項第1款所示之執行名義成立後，除執行名義所載之當事人外，訴訟繫屬後爲當事人之繼受人及爲當事人或其繼受人占有請求之標的物者，亦有效力（本法第4條之2第1項第1款）。前開規定，其於第4條第1項第2款至第6款規定之執行名義，準用之（第2項）。例如，債權受讓人持讓與人取得之執行名義，向執行法院聲請執行債務人之財產時，應提出債權讓與通知債務人之證明，供執行法院認定是否爲執行名義之主觀範圍所及（民法第296條、第297條）。執行法院依形式審查結果，認定受讓人所提出之債權證明與讓與通知等文件，足以證明其有對債務人開始強制執行之權利，即得准予強制執行。反之，受讓人無法證明債權讓與之事實，應先定期命其補正，並於期限屆滿未補正後，以不備程式要件爲由，裁定駁回其強制執行之聲請[122]。

（二）為原告或被告者及為渠等占有請求之標的物

本法第4條第1項第1款所示之執行名義成立後，除執行名義所載之當事人外，爲他人而爲原告或被告者之該他人及訴訟繫屬後爲該他人之繼受人，暨爲該他人或其繼受人占有請求之標的物者，亦有效力（本法第4條之2第1項第

---

[122] 最高法院98年度台抗字第374號民事裁定。

2款）。前開規定，其於第4條第1項第2款至第6款規定之執行名義，準用之（第2項）。

二、執行名義之當事人死亡

（一）債權人死亡

債權人死亡，由其繼承人繼續執行債務人之財產執行。申言之：1.執行開始後，債權人死亡，由債權人之繼承人持執行名義對債務人續為執行。2.執行開始後，債權人死亡，無人承認繼承時，應由遺產管理人續行程序（民法第1177條、第1179條）。

（二）債務人死亡（104檢察事務官、三等書記官；102執達員；98司法官；93民間公證人）

1. 限定繼承

繼承者，以因繼承所得遺產為限，負清償責任，債權人不得執行繼承人之固有財產（民法第1148條第2項）。申言之，執行開始後，債務人死亡，雖得列其繼承人為執行債務人，惟僅得對被繼承人之遺產執行之，不得對繼承人之財產為之，否則限定繼承人得提起第三人異議之訴。因限定繼承之繼承人，就被繼承人之債務，負以遺產為限度之物的有限責任。故就被繼承人之債務為執行時，限定繼承人僅就遺產之執行，居於債務人之地位，倘債權人就限定繼承人之固有財產聲請強制執行，應認限定繼承人為本法第15條之第三人，得提起第三人異議之訴，請求撤銷強制執行程序[123]。

2. 拋棄繼承

執行開始後，債務人死亡，其繼承人全部拋棄繼承，應以遺產管理人為執行債務人，僅得對被繼承人之遺產執行之，不得對繼承人之財產為之。倘對拋棄繼承人之財產加以執行，拋棄繼承人得主張其非本法第4條之2規定，執行效力所及之人，依據本法第14條之1第1項規定，提起債務人異議之訴救濟。再者，債權人依本法第4條之2規定，聲請對拋棄繼承人強制執行，法院

---

[123] 最高法院75年度第4次民事庭會議決議2，會議日期1986年2月25日。

認爲當事人不適格而裁定駁回，債權人得於裁定送達後10日內，向執行法院提起許可執行之訴（本法第14條之1第2項）。

（三）稅捐或罰鍰之執行

債務人生前滯納之稅捐係公法之義務，稅捐機關就欠稅案件聲請執行，僅能就債務人之遺產執行，不得執行繼承人之固有財產[124]。同理，罰鍰爲公法上之金錢給付義務，罰鍰之處分作成而具有執行力後，義務人死亡並遺有財產者，行政執行分署得逕對其遺產強制執行（行政執行法第15條）。基於罰鍰處分所發生之公法上金錢給付義務，得爲強制執行之執行標的限於義務人之遺產（民法第1148條第2項）[125]。

三、債權讓與

執行名義成立後，其執行名義所載之債權人將執行名義據以成立之債權受讓與第三人，倘受讓執行名義之第三人符合民法有關債權讓與之規定，受讓執行名義據以成立之債權，即可解爲民事訴訟法第401條規定，其係訴訟繫屬後爲當事人之繼受人，自得據所受讓執行名義，聲請執行法院爲強制執行[126]。

四、既判力所及占有人之範圍

（一）他主占有（107執行員、執達員）

確定判決除當事人外，對於訴訟繫屬後爲當事人或其繼受人占有請求之標的物者，亦有效力，即稱爲執行名義之主觀效力或既判力之主觀範圍（本法第4條之2第1項第1款；民事訴訟法第401條第1項）。其目的在於防止當事人或其繼受人於訴訟繫屬後，使他人占有其物，致妨礙執行[127]。所謂爲當事

124 臺灣高等法院87年度4月份庭長法律問題研討會。
125 大法官釋字第621號解釋。
126 最高法院33年上字第1567號民事判決；最高法院98年度台抗字第949號民事裁定。
127 最高法院70年度台抗字第284號民事裁定。

人或其繼受人占有者，係指第三人取得債權人請求之標的物之直接占有人地位，而專爲當事人或其繼受人之利益而占有。例如，受任人、保管人或受寄人。倘爲自己之利益而占有，則非既判力所及之占有人。

（二）自主占有

第三人爲自己之利益而占有，其爲自主占有之性質，非既判力所及之占有人。而當事人或其繼受人之占有，必須係在訴訟繫屬後爲之，始爲執行名義效力之所及。倘在訴訟繫屬以前占有者，則非確定判決之效力所及，不能對於第三人或爲第三人占有此項請求標的物之人，逕爲強制執行[128]。再者，在訴訟繫屬後無權占有或基於其他原因爲自己而占有者，亦不得對之執行。例如，拆屋還地訴訟繫屬前，向當事人之一方承租房地之第三人，係基於租賃關係爲自己之利益而占有，屬於自主占有，顯非爲當事人之繼受人及爲當事人或其繼受人占有請求之標的物，並非訴訟勝訴確定終局判決執行名義效力所及之人。

五、例題解析

執行名義成立後，債權人將債權讓與第三人，第三人爲本法第4條之2第1項第1款所稱之繼受人，雖得以原執行名義聲請強制執行，惟民法第297條第1項明定債權之讓與，非經讓與人或受讓人通知債務人，對於債務人不生效力，則債權受讓人於該項讓與對債務人生效前，自不得對債務人爲強制執行。職是，債權受讓人依本法第4條之2規定，本於執行名義繼受人身分聲請強制執行者，除應依同法第6條規定提出執行名義之證明文件外，對於其爲適格之執行債權人及債權讓與已對債務人發生效力，而合於實施強制執行之要件，亦應提出證明，併供執行法院審查。法院應就此詳加調查審認，認定實施強制執行之要件，是否合法有效[129]。

---

128 最高法院71年台抗字第8號、101年度台聲字第743號民事裁定。
129 最高法院105年度台抗字第174號民事裁定。

第四目　債務人死亡之處理

一、續行執行（109執行員）

強制執行開始後，倘債務人死亡者，債權人對其繼承人或遺產續行執行（本法第5條第3項）。繼承人未辦理繼承登記，應命債權人查報全部繼承人，並代辦繼承登記將繼承人列爲所有權人後，再爲執行（本法第11條第3項、第4項）。爲免代辦繼承發生錯誤，執行法院應向法院民事庭查詢繼承人是否拋棄繼承，以確認是否爲執行效力所及（本法第4條之2第1項）。例如，債權人以本票裁定聲請強制執行後，本票發票人死亡，債權人得以本票發票人之繼承人爲債務人，聲請法院強制執行。再者，拍賣之抵押物，爲未經辦理繼承登記之不動產，執行法院應囑託地政機關辦理繼承登記後拍賣之，此項登記不影響繼承人限定繼承或拋棄繼承之權利（本法第11條第3項、第4項）。

二、拋棄繼承或無人繼承

債務人之全體繼承人均已拋棄繼承或無人繼承，亦不影響執行程序之續行，執行法院應對遺產繼續執行。繼承人均已拋棄繼承時，已非執行名義所及之人，拋棄繼承人對於債權人依本法第4條之2規定，聲請強制執行，主張非執行名義效力所及者，其無執行債務人適格，得於強制執行程序終結前，向執行法院對債權人提起債務人異議之訴（本法第14條之1第1項）。再者，債務人死亡，而無遺囑執行人或遺產管理人者，有下列情形之一者：（一）繼承人有無不明者；（二）繼承人所在不明者；（三）繼承人是否承認繼承不明者；（四）繼承人因故不能管理遺產者。有上揭情事者，執行法院得依債權人或利害關係人聲請，選任特別代理人，以特別代理人爲執行當事人。

三、限定繼承

（一）申報債權期間暫停拍賣程序

債務人之繼承人於知悉其得繼承開始時起，3個月內，開具遺產清冊呈報法院（民法第1156條第1項）。繼承人呈報法院時，法院應依公示催告程序公告，命被繼承人之債權人於一定期限內報明其債權。報明債權期限，不得在3個月以下（民法第1157條）。繼承人在報明債權期限內，不得對於被繼承人之任何債權人償還債務（民法第1158條）。準此，執行法院於申報債權期間應暫停拍賣程序。

（二）以遺產為限度之物的有限責任

限定繼承之繼承人，就被繼承人之債務，僅負以遺產爲限度之物的有限責任。故就被繼承人之債務爲執行時，限定繼承人僅就遺產之執行居於債務人之地位，債權人就限定繼承人之固有財產聲請強制執行，應認限定繼承人爲本法第15條之第三人，得提起第三人異議之訴，請求撤銷強制執行程序[130]。

四、債權人就債務人為拋棄繼承之效力有所爭執

繼承人拋棄繼承權，應於知悉其得爲繼承之時起3個月內以書面向法院爲之（民法第1174條第2項）。法院對繼承人拋棄繼承聲明，僅就形式上審查，其所爲之准予備查程序，並無實體認定之效力[131]。倘債權人就繼承人是否已拋棄繼承有所爭執，基於強制執行不審查執行名義所示之請求權，是否有效存在，不認定實質之法律關係爲何。因本法第4條之2規定，當事人適格之範圍，執行法院應依職權調查當事人是否適格。倘當事人有爭執者，其救濟方法有二：（一）債務人提起債務人異議之訴；（二）債權人提起許可執行之訴。詳言之，繼承人對於債權人依本法第4條之2規定聲請強制執行，倘主張非執行名義效力所及者，得於強制執行程序終結前，向執行法院對債權人提起異議之訴（本法第14條之1第1項）；（三）債權人依本法第4條之2規定，主張繼承人爲執行力所及，向法院聲請強制執行，經執行法院認定當事人不

130 最高法院77年台抗字第143號民事裁定；最高法院106年度台上字第2084號民事判決。邱泰錄，繼承所得遺產之執行，司法周刊，2013年11月21日，2版至3版。

131 林洲富，家事事件之理論及實務研究，司法研究年報，23輯，6篇，司法院，2003年11月，頁313。

適格而裁定駁回者，得於裁定送達後10日之不變期間內，向執行法院對債務人提起許可執行之訴（第2項）。

第三項　強制執行之費用

強制執行費用，係指因強制執行直接所生之費用，包括執行費用、參與分配費用及執行必要費用。強制執行之費用，以必要部分爲限，由債務人負擔，並應與強制執行之債權同時收取（本法第28條第1項）。因強制執行之實施，係債務人不履行執行名義所載之債務所致，是執行費用自應由債務人負擔。強制執行之費用，執行法院得命債權人代爲預納（第2項）。由債權人先爲預納後，再由債務人負擔，俾於順利執行。

第一目　執行費用之徵收

執行費用係債權人向法院聲請強制執行，應繳納執行費用，此爲聲請強制執行之法定要件，除依法律免徵者。例如，租佃爭議事件依據耕地三七五減租條例第27條規定，移送法院強制執行者，毋庸繳納執行費用。執行債權人未繳納或補繳執行費用者，法院應限期命其補正，逾期未補正者，應裁定駁回。

一、財產權事件

執行費用之徵收係以執行金額之8‰計算，即民事強制執行，其執行標的金額或價額未滿新臺幣（下同）5千元者，免徵執行費（本法第28條之2第1項前段）。其執行標的金額或價額係5千元以上者，每百元徵收8角，其畸零之數不滿百元者，以百元計算（第1項後段）。例如，強制執行之金額爲100萬元，應繳納執行費用爲8千元[132]。

[132] 本法第28條之2第1項後段雖規定，其執行標的金額或價額係5千元以上者，每百元徵收7角，其畸零之數不滿百元者，以百元計算。然臺灣高等法院(92)院田文公字第03124號函，依據民事訴訟法第77條之27規定，就強制執行事件執行標的金額或價額超過新臺幣5千元以上部分，加徵執行標的金額或價額1 之執行費

二、非財產事件

非財產事件徵收新臺幣3千元，是非財產之執行事件，其執行費用之徵收均爲定額（本法第28條之2第3項）。一般而言，其以身分上之法律關係爲訴訟標的者，爲非財產權事件[133]。例如，執行交付子女事件、命債務人交付證書、命債務人交付公司印鑑。

三、持債權憑證聲請執行

持債權憑證聲請執行者，雖毋庸再繳納執行費用（本法第28條之3第2項、第27條第2項）。惟法院應注意前次所繳納之執行費用，是否足夠，倘有不足者，應以裁定令債權人補繳之，始得進行執行（本法第28條之3第3項、第27條第1項）。

四、免徵執行費

法院依法科處罰鍰或怠金之執行，免徵執行費（本法第28條之2第4項）。而法院依法徵收暫免繳納費用或國庫墊付款之執行，暫免繳執行費，由執行所得扣還之（第5項）。至於執行人員之食、宿、舟、車費，不另徵收（第6項）。

五、同一債權之不同執行名義

債權人對於債務人財產聲請執行中，另取得對連帶保證人之執行名義，前後二執行名義爲同一債權，具狀追加查封連帶保證人之財產，僅需繳交一次執行費用，不必重複繳交執行費[134]。例如，債權人以拍賣抵押物裁定聲請拍賣抵押物強制執行，並已按其債權額繳足執行費，因僅獲部分清償，乃於執行程序終結後，就未能受償之同一債權，另以支付命令爲執行名義，聲請強制執行，自毋庸重複計徵執行費。因強制執行係以實現債權人之權利爲

用，加徵後每百元徵收8角。

133 最高法院98年度台抗字第412號民事裁定。

134 大法官釋字第136號解釋。

目的，關於財產權之執行，應按債權人請求實現之權利金額或價額計徵執行費。是同一債權雖前後以不同執行名義，聲請強制執行，然請求實現之債權同一，毋庸重複計徵執行費（本法第28條之2）[135]。

六、逕行發給債權憑證

債權人聲請執行，依第27條第2項逕行發給憑證者，徵收執行費新臺幣1千元（本法第28條之3第1項本文）。依28條之2第1項規定，計算應徵收之執行費低於新臺幣1千元者，依該規定計算徵收之（本法第28條之3第1項但書）。故執行標的金額或價額未滿新臺幣5千元者，免徵執行費；新臺幣5千元以上者，每百元收7角，其畸零之數不滿百元者，以百元計算。債權人依前開憑證聲請執行，而依第27條第2項逕行發給憑證者，免徵執行費（第2項）。債權人依前開憑證聲請強制執行債務人財產者，應補徵收第28條之2第1項規定，計算執行費之差額（第3項）。

七、分期給付執行之續行

債權人聲請強制執行之執行名義係命債務人分期給付者，其於各期履行期屆至時，執行法院得經債權人之聲請，繼續執行之（本法第5條之1）。並依本法第28條之2規定，徵收強制執行費用。例如，終身定期金，扶養費、民法第193條第2項或其他規定之繼續性小額定期給付。

第二目 參加分配費用

一、聲明參與分配

聲明參與分配時，應徵收執行費用（本法第28條之2第2項）[136]。倘未繳納者，執行法院應裁定駁回參與分配之聲請。有執行名義之債權人聲明參與

135 司法院第37期司法業務研究會，民事法律專題研究17，頁185至189。

136 政府機關聲請執行，除法律另有規定外，固應徵收執行費，惟稅捐機關聲請參與分配者，則毋庸徵收執行費用。

分配時，應提出執行名義之證明文件。債權人撤回強制執行之聲請時，倘他債權人已依本法第34條第1項規定聲明參與分配者，得聲請繼續執行（辦理強制執行事件應行注意事項第16條第1項）。例如，債權人甲聲請執行法院查封債務人之不動產，債權人乙於拍賣前參與分配，甲於乙參與分配後，法院拍賣前，撤回強制執行之聲請，乙得依有執行名義債權人之身分，聲請繼續執行。

二、有擔保物權或優先受償權之債權人

依法對於執行標的物有擔保物權或優先受償權之債權人，應採強制塗銷及強制分配債權主義，不問其債權已否屆清償期，應提出其權利證明文件，聲明參與分配（本法第34條第2項）[137]。例如，債務人以其不動產設定抵押權爲擔保向債權人甲借款，嗣另一債權人乙持清償貨款之確定判決，聲請執行法院查封拍賣該設定抵押權之不動產，債權人即抵押權人甲必須強制參與分配，不受應於標的物拍賣或變賣終結日之前1日之限制（本法第32條第1項）。執行法院知有前開債權人者，應通知之。知有債權人而不知其住居所或知有前開債權而不知孰爲債權人者，應依其他適當方法通知或公告之。經通知或公告仍不聲明參與分配者，執行法院僅就已知之債權及其金額列入分配。其應徵收之執行費，俟執行標的物換價後，由國庫於執行所得金額優先扣繳之。前開債權人不聲明參與分配，其債權金額亦非執行法院所知者，該債權對於執行標的物之優先受償權，因拍賣而消滅，其已列入分配而未受清償部分，亦同（本法第34條；辦理強制執行事件應行注意事項第19條第3項）。倘未受分配者，毋庸再由國庫代扣執行費用[138]。準此，應徵執行費之計算方式以分配所得金額爲基準。

第三目　執行必要費用

所謂執行必要費用，係指實施強制執行，必要支出之費用，倘此等費用

[137] 最高法院101年度台上字第1450號民事判決。
[138] 司法院第49期司法院業務研究會，民事法律專題研究19。

不支出，強制執行勢必難以進行。例如，鑑價費用。執行法院命債權人於相當期限內，預納必要之執行費用而不預納者，致強制執行程序不能進行時，執行法院得以裁定駁回其強制執行之聲請，並於裁定確定後，撤銷已為之執行處分（本法第28條之1第2款）。準此，債權人聲請強制執行後，經執行法院通知繳納調查鑑價費用，債權人經合法通知，未於期限內，預納上開必要之執行費用，導致不能進行強制執行程序，其所為強制執行之聲請，應予裁定駁回。

第四項　延緩執行

一、延緩執行之要件及期限

實施強制執行時，經債權人同意者，執行法院得延緩執行，此為執行當事人對於強制執行程序之私法自治處理（本法第10條第1項）。債權人雖同意延緩執行，本法規定執行法院得延緩執行，並非應延緩執行，是法院得依職權認定是否延緩。再者，債權人聲請延緩執行之期限不得逾3個月。債權人聲請續行執行而再同意延緩執行者，以一次為限。每次延緩期間屆滿後，債權人經執行法院通知而不於10日內，聲請續行執行者，視為撤回其強制執行之聲請（第2項）。此10日期間不扣除在途期間，屬非行為期間。本條之債權人範圍，係指有執行名義之債權人而言，是必須該等執行債權人全部同意延緩，始得為之。

二、變更或延展執行期日

執行法院實施強制執行時，倘有特別情事繼續執行顯非適當者，執行法院得變更或延展執行期日（本法第10條第3項）。所謂有特別情事繼續執行顯非適當者，係指因有特別重大情事，繼續執行，對於債務人顯然過苛，或有違背公序良俗，或難於執行而言。是否有特別情事，應由執行法院就具體個案判斷之。舉例說明如後：（一）債務人有婚喪之際，倘強為遷讓房屋之執行，顯然有悖情理，對債務人失之過苛，易引起其家屬之激烈抗爭；（二）

適值天災地變，執行顯有困難等[139]；（三）債務人或家屬突然重病在床；（四）執行法院質疑執行名義之本票裁定所載請求權是否確實存在，或本票債權人之法定代理人已受僞造有價證券罪責之追訴，認有特別情事，其繼續執行顯非適當者，僅得命將執行期日變更或延展，不得撤銷原核發之執行命令[140]。

第五項　停止執行

所謂強制執行停止者，係指已開始之執行程序，因法定事由之發生，暫不續行。強制執行程序在於實現執行債權人之權利，其執行程序首重迅速，是強制執行之停止，原則須依法律之規定或有審判法院依法裁定停止之，執行法院無逕行停止之權限。是強制執行程序開始後，除法律另有規定外，不停止執行（本法第18條第1項）[141]。債務人或第三人不得依一般假處分程序，聲請法院准予停止執行[142]。例外情形如後：（一）有回復原狀之聲請；（二）提起再審或異議之訴；（三）對於和解爲繼續審判之請求；（四）提起宣告調解無效之訴；（五）撤銷調解之訴；（六）對於許可強制執行之裁定提起抗告時，法院因必要情形或依聲請定相當並確實之擔保，得爲停止強制執行之裁定（第2項）[143]。易言之，本法第18條第1項規定，強制執行程序開始後，除法律另有規定外，不停止執行。而第2項有例外規定，得停止強制執行程序之事由。

---

139 楊與齡，強制執行論，三民書局有限公司，2007年9月，修正13版，頁160。

140 最高法院91年度台抗字第348號民事裁定。

141 最高法院101年度台抗字第787號民事裁定。

142 最高法院63年台抗字第59號、104年度台抗字第67號民事裁定；大法官釋字第182號解釋。

143 本法第18條所謂法院應包括第一審至第三審法院。

第一目 本法執行事件

例題14 停止執行之要件

債權人甲以確定判決為執行名義，就債務人乙所有之房屋聲請強制執行，第三人丙主張其已撤銷乙、丙間就系爭房屋所為物權行為，其為系爭房屋所有權人，並據以提起第三人異議之訴。法院裁定於丙供擔保後停止執行，丙乃依裁定所命供擔保後聲請停止執行程序。嗣於停止執行期間，另有債務人乙之債權人丁就系爭房屋聲請強制執行。試問執行法院是否依據丁之聲請，繼續執行該房屋？

一、停止執行原因（111司法事務官）

（一）有回復原狀之聲請

當事人或代理人，因天災或其他不應歸責於己之事由，遲誤不變期間者，其於其原因消滅後10日內，聲請回復原狀（民事訴訟法第164條第1項）。例如，當事人或代理人延誤上訴或抗告之不變期間，導致民事判決或裁定確定。

（二）提起再審之訴

債務人對於確定之裁判，依民事訴訟法第496條至第498條規定之再審事由，提起再審之訴，其目的在藉由再審程序之進行，廢棄原已確定之民事判決及其既判力、執行力。是否有必要情形者，應由法院依職權裁量定之。法院爲此決定，應審酌如後因素，以資平衡兼顧債務人及債權人雙方之利益：1.就再審之訴在法律上是否顯無理由；2.不停止執行時，將來是否難於回復執行前之狀態；3.倘予停止執行，是否無法防止債務人濫行訴訟以拖延執行，致債權人之權利無法迅速實現。在債務人聲明願供擔保時，亦應考慮。非謂債務人以提起再審之訴爲由，並聲明願供擔保而聲請停止強制執行程序時，法院應予以准許[144]。

（三）提起異議之訴（102執達員；94律師）

所謂異議之訴，係指本法第14條與第14條之1規定之債務人異議之訴及第15條規定之第三人異議之訴。例如，當事人之和解內容，係以他種法律關係替代原有法律關係者，以和解契約創設新法律關係，債務人不履行和解契約時，債權人應依和解創設之新法律關係請求履行，不得再依原有法律關係請求給付。故和解之法律關係，有妨礙債權人請求之事由存在，得依本法第14條規定，提起債務人異議之訴，並依本法第18條第2項規定，聲請停止執行程序[145]。

（四）對於訴訟上和解為繼續審判之請求

訴訟上和解成立者，雖其與確定判決有同一之效力。然和解有無效或得撤銷之原因者，當事人得請求繼續審判（民事訴訟法第380條第1項、第2項）。而當事人對於經確定判決確定之法律關係，得自行成立和解關係，而生民法第737條所定之效力，其僅發生實體法之拘束力，並非本法第18條規定之停止執行事由。

（五）提起宣告調解無效之訴或撤銷調解之訴

調解經當事人合意而成立；調解成立者，其與訴訟上和解有同一之效力。而調解有無效或得撤銷之原因者，當事人得向原法院提起宣告調解無效或撤銷調解之訴（民事訴訟法第416條第1項、第2項）。債務人得依本法第18條第2項規定，聲請停止執行程序。

（六）對於許可強制執行之裁定提起抗告時（103民間公證人）

1. 對裁定提起抗告

許可強制執行之裁定，如拍賣抵押物裁定、本票裁定（票據法第123條）、仲裁判斷之裁定（仲裁法第37條第2項）。當事人對該裁定不服而提起

---

144 最高法院98年度台抗字第375號民事裁定。

145 最高法院83年台上字第620號、97年度台上字第2244號民事判決。

抗告。再者，准許本票強制執行之裁定、准許拍賣抵押物之裁定及有執行力之公證書，性質均屬非訟事件，並無確定實體上法律關係之效力。故非訟事件法第101條第2項、本法第18條第2項及公證法第13條第3項，爲兼顧債務人之權益，乃分別情形規定停止執行之事由。

2. 提起確認之訴

大法官會議釋字第182號解釋，認許可拍賣抵押物之裁定，參考非訟事件法第195條第2項及公證法第13條第3項規定，進而解釋抵押人主張不得強制執行之事由而提起訴訟時，得依法聲請停止執行。本票經法院裁定准許強制執行後，倘債務人基於本票僞造、變造以外之原因，而提起確認本票債權不存在訴訟者，亦應許其提供擔保，停止執行，以避免債務人發生不能回復之損害，自與非訟事件法第195條第2項所定，因僞造、變造而提起確認本票債權不存在訴訟之情形相同[146]。職是，舉輕以明重，債務人於強制執行程序終結前，提起確認抵押權所擔保債權不存在之訴或確認本票不存在之訴，得依本法第18條第2項，聲請停止執行。

二、法院認為必要或依聲請定相當之擔保

（一）以供擔保為條件之停止執行裁定

具有法定執行停止之事由時，法院因必要情形或依聲請定相當並確實之擔保，得爲停止強制執行之裁定。故債務人提出以供擔保爲條件之停止執行裁定，向法院聲請停止執行，須命其提出提供擔保之提存書，證明已提供確實擔保，始得停止執行。而民事訴訟法第102條第3項規定，應供擔保人不能提存現金者，法院得許由該管區域內有資產之人具保證書代之。此規定於法院依本法第18條第2項規定，准許聲請停止執行之聲請人供擔保而裁定停止強制執行時，應準用之（本法第30條之1；民事訴訟法第106條）。本法第18條所稱相當並確實之擔保，自包括以該管區域內有資產之人具保證書代之，而此項保證書，仍受同條定相當並確實擔保之限制。債務人本此裁定所供擔

146 最高法院85年度台抗字第137號民事裁定。

保，係以擔保債權人因債務人聲請停止強制執行不當，可能遭受之損害得獲賠償爲目的，已兼顧債權人與債務人之權益，並非增加債務人之額外負擔，此與債權人聲請民事強制執行須依執行名義爲之有所不同，其與憲法第7條規定，尚無牴觸[147]。

（二）法院之權限

依本法第18條第2項裁定停止強制執行之權限，僅審判法院有之，執行法院並無此項權限。其停止強制執行之裁定，如以提供擔保爲停止強制執行之條件者，在提供擔保以前，不得停止強制執行（辦理強制執行事件應行注意事項第9條第4項）。倘當事人對於停止強制執行之裁定提起抗告時，執行法院應注意本法第30條之1準用民事訴訟法第491條第2項、第3項規定，在有停止強制執行裁定前，執行程序應停止進行（辦理強制執行事件應行注意事項第9條第5項）。

三、例題解析

本法第33條雖規定執行法院不得依後執行事件債權人之聲請，對已開始實施強制執行之債務人財產爲雙重之查封。然因後執行係獨立之執行程序，其與先執行之債權人應有相同之地位，僅於先執行之債權人繼續執行時，後執行者處於潛在地位。倘先執行之債權人撤回執行、執行被撤銷或經裁定停止執行，後執行者之潛在查封效力即告顯現，取得執行債權人之地位，自得聲請繼續執行[148]。

第二目　破產事件

破產法之破產程序，係就全體債權人之總債權，對於債務人之總財產爲全盤與概括強制執行程序。而同法之和解程序，主要在於預防破產之宣告，以達債務清理之目的。兩者均在避免債權人對債務人之個別的強制執行，以

---

147 大法官釋字第403號解釋。

148 臺灣高等法院暨所屬法院105年法律座談會民執類提案第4號。

免造成債權人先下手執行者，先獲清償之不公平現象，足見該等程序與強制執行有密切不可分之關係[149]。職是，本目討論之重點，在於執行法院執行債務人財產時，有聲請債務人破產事件發生，執行法院應如何處置。即債務人同時為執行程序與破產程序之當事人時，執行法院應視破產程序之進行狀況，作如後之處置。

一、破產聲請

有破產聲請時，在破產宣告前，法院得因債權人之聲請或依職權拘提或管收債務人，或命為必要之保全處分（破產法第72條）。職是，有破產之聲請時，僅有債權人得聲請保全處分，據此聲請法院停止執行，而債務人不得以有破產之聲請為由，聲請停止執行[150]。

二、破產宣告

（一）別除權

債務人受破產宣告時，原則應即停止強制執行程序，例外情形，係有別除權及取回權者，得續行強制執行程序（破產法第99條）。申言之，債務人受破產之宣告，其屬於破產財團之財產，除債權人行使別除權者外，應即停止強制執行程序，並通知債權人（辦理強制執行事件應行注意事項第9條第1項）。所謂別除權者，係指於破產宣告前，對於債務人之財產有質權、抵押權或留置權者。因別除權非屬破產債權，是別除權之債權人，不依破產程序而行使其權利（破產法第108條）。例如，抵押權人得持拍賣抵押物之裁定為執行名義，繼續執行債務人所有抵押物，毋庸停止強制執行程序[151]。

149 楊與齡主編，強制執行法實例問題分析，陳國樑，和解、破產與強制執行之關係，五南圖書出版有限公司，2002年7月，初版2刷，頁19。

150 楊與齡主編，強制執行法實例問題分析，陳國樑，破產聲請對強制執行之影響，五南圖書出版有限公司，2002年7月，初版2刷，頁155。聲請停止強制執行之債權人，不以原破產聲請之債權人為限。

151 楊與齡主編，強制執行法實例問題分析，陳國樑，破產宣告對強制執行之影響，五南圖書出版有限公司，2002年7月，初版2刷，頁163。

（二）取回權

不屬於破產人之財產，其權利人得不依破產程序，由破產管理人取回之，此爲第三人之取回權（破產法第110條）。例如，債務人於破產宣告裁定前基於租賃、承攬、委任及寄託等契約關係，而占有他人之財產。此等財產於其原來之契約關係消滅後，自應許所有權人取回。準此，此類不屬於債務人之財產，其權利人自得不依破產程序，由破產管理人取回之，亦毋庸停止執行程序。

三、破產和解開始

（一）停止執行

和解聲請經許可後，對於債務人不得開始或繼續民事執行程序。但有擔保或有優先權之債權者，不在此限（破產法第17條）。是債務人不能清償債務，依破產法向法院聲請和解，經法院裁定許可，或向商會請求和解，經商會同意處理時，其在法院裁定許可前或商會同意處理前成立之債權，除有擔保或優先權者外，對於債務人不得開始或繼續強制執行程序，並通知債權人（辦理強制執行事件應行注意事項第9條第2項）。

（二）不停止執行

和解聲請經許可後，原則上執行程序應停止之。例外不停止之情形如後：1.成立於法院許可和解之聲請後之債權，非屬和解債權，此等債權人仍得依據其執行名義繼續對債務人之財產執行（破產法第36條）；2.所謂有擔保債權，係指債權附有擔保者。例如，抵押權、質權、留置權及動產抵押權等均屬之。該等債權均屬有別除權之破產債權，自不受是否聲請破產和解影響；3.有優先權之債權，如海商法第24條、稅捐稽徵法第6條第1項、第2項及破產法第11條第3項規定之債權；4.我國破產法雖無和解準用破產程序之取回權規定，惟此類不屬於債務人之財產，其權利人自不受和解開始效力約束。是有取回權之債權人仍得持執行名義，對債務人開始或繼續執行，不受破產法第17條之限制[152]。

第三目　公司重整事件

一、裁定公司重整前

法院爲公司重整之裁定前，得因公司或利害關係人之聲請或依職權停止強制執行程序（公司法第287條第1項第4款）。前開停止執行之處分，除法院准予重整外，其期間不得超過90日；必要時，法院得由公司或利害關係人之聲請或依職權以裁定延長之；其延長期間不得超過90日（第2項）。有財務狀況不佳或經營出現危機之上市、上櫃公司，曾利用聲請公司重整之方法，作爲延期償付債務或減免利息、違約金之手段，使債權人債權之行使受到限制，甚至有債權受損害之情事。

二、重整裁定

（一）重整債權

法院裁定准予公司重整後，公司之強制執行程序，當然停止（公司法第294條）。是債務人爲股份有限公司而經法院裁定准予重整者，應即停止強制執行程序，並通知債權人（辦理強制執行事件應行注意事項第9條第3項）。對公司之債權，在重整裁定前成立者，爲重整債權。重整債權可分：1.依法享有優先受償權者，爲優先重整債權；2.有抵押權、質權或留置權爲擔保者，爲有擔保重整債權；3.無擔保者，爲無擔保重整債權。各該債權，非依重整程序，均不得行使權利（公司法第296條第1項）。

（二）強制執行程序停止

股份有限公司經裁定重整後，公司之強制執行程序當然停止，重整債權應依重整程序行使權利。所謂程序當然停止，係指與重整債權有關之程序而言。而維持公司業務繼續營運所發生之債務及進行重整程序所發生之費用，

---

[152] 楊與齡主編，強制執行法實例問題分析，陳國樑，破產程序中之和解對強制執行之影響，五南圖書出版有限公司，2002年7月，初版2刷，頁144至145。

爲公司之重整債務，優先於重整債權而爲清償；前開優先受償權之效力，不因裁定終止重整而受影響（公司法第312條）。在重整裁定後而成立之債權，其係公司重整債務，得不依重整程序行使而隨時受清償，且其優先之效力不僅於重整完成時有之，裁定終止重整後亦有之。準此，公司重整期間中，並非其所有民事法律關係所涉之程序，均當然停止，倘係重整裁定後所發生之重整債務，自得就公司之財產爲強制執行[153]。

三、公司清算事件

第294條關於破產、和解及強制執行程序當然停止之規定，於特別清算準用之（公司法第335條第2項）。職是，股份有限公司之特別清算程序，應準用強制執行程序當然停止之規定；反之，普通清算程序，不得停止強制執行程序[154]。

第四目　公證事件

一、公證書之主觀範圍

公證書之主觀範圍所及，除當事人外，對於公證書作成後，就該法律行爲，爲當事人之繼受人，或者爲當事人或其繼受人占有請求之標的物者，亦有效力，爲執行效力所及（公證法第13條第2項）。本法第4條之2第1項第1款，亦有相同之規範。

二、停止執行之事由

債權人持公證書聲請執行時，債務人、繼受人或占有人，倘主張公證書有不得強制執行之事由提起訴訟時，受訴法院得因必要情形，命停止執行。但聲請人陳明願供擔保者，法院應定相當之擔保額，命停止執行（公證法第13條第3項）。

---

153 最高法院90年度台抗字第373號民事裁定；最高法院96年度台上字第2440號民事判決。

154 最高法院100年度台抗字第827號民事裁定。

三、債權人代位之訴

債權人就公證書記載之他人債權認為有虛偽，得代位債務人提起確認債權不存在之訴。債權人提起確認之訴繫屬後，強制執行程序開始者，得變更為代位債務人提起異議之訴，法院得依公證法第13條第3項但書規定，以裁定停止執行。強制執行程序開始後，第三人代位債務人提起異議之訴時，得向法院聲請裁定停止執行（公證法施行細則第47條）。

第五目　本票裁定事件

一、非訟事件

本票執票人依票據法第123條規定，聲請法院裁定許可對發票人強制執行，係屬非訟事件，此項聲請之裁定及抗告法院之裁定，僅依非訟事件程序，以審查強制執行許可與否，並無確定實體上法律關係存否之效力，倘發票人就票據債務之存否有爭執時，應由發票人提起確認之訴，以資解決[155]。

二、停止執行事由

發票人主張本票係偽造、變造者，應於接到本票裁定後20日之不變期間內，對執票人向為裁定法院提起確認之訴（非訟事件法第195條第1項）。發票人證明已依前開規定，提起確認訴訟時，執行法院應停止強制執行（第2項本文）。但得依執票人聲請，許其提供相當擔保，繼續強制執行，亦得依發票人聲請，許其提供相當擔保，停止強制執行（第2項但書）。

第六目　假執行事件

一、停止執行之事由

法院得宣告非經原告預供擔保，不得為假執行。並得依聲請或依職權，

155 最高法院57年台抗字第76號民事裁定；最高法院95年度台簡上字第26號民事判決。

宣告被告預供擔保，或將請求標的物提存而免爲假執行（民事訴訟法第392條第1項、第2項）。

二、免為假執行宣告

免爲假執行應於假執行程序終結前，係指執行法院就執行標的對於債務人爲強制其履行之行爲以前而言，即應於執行標的物拍定、變賣或物之交付前爲之（民事訴訟法第392條第3項）。例如，執行法院依據假執行宣告，對於債務人核發執行命令，倘僅在命令債務人自動履行，尚未爲強制其履行之義務，係屬強制執行之準備行爲，其假執行程序尚未終結[156]。

第七目　消費者債務清理事件

一、裁定更生或清算前

法院就更生或清算之聲請爲裁定前，得因利害關係人之聲請或依職權，以裁定停止對債務人財產強制執行程序（消費者債務清理條例第19條第1項第3款）。前開停止執行之處分，除法院裁定開始更生或清算程序外，其期間不得逾60日；法院認必要時，得依利害關係人聲請或依職權以裁定延長1次，延長期間不得逾60日（第2項）。停止執行之裁定應公告之（第6項）。

二、更生或清算裁定（105檢察事務官；98司法事務官；97司法官）

（一）應通知機關登記

法院裁定開始更生或清算程序後，就債務人之財產依法應登記者，應通知該管登記機關爲登記（消費者債務清理條例第48條第1項、第87條第1項）。法院裁定開始更生或清算程序後，對於債務人不得開始或繼續訴訟及強制執行程序。例外情形，有擔保或有優先權之債權，不在此限（消費者債務清理條例第48條第2項、第68條、第28條）。例如，稅捐之徵收，優先於普

156 最高法院66年台抗字第378號、105年度台抗字第441號民事裁定。

通債權（稅捐稽徵法第6條第1項）。土地增值稅、地價稅、房屋稅之徵收及法院、行政執行處執行拍賣或變賣貨物應課徵之營業稅，優先於一切債權及抵押權（第2項）[157]。

（二）債務清理之對象

更生或清算程序為促進程序與避免繁瑣，故債務清理之對象，原則不包含有擔保或優先權之債權，使該等權利與破產法之別除權享有相同之權利，可不依更生或清算程序行使權利[158]。例如，抵押權人甲對債務人乙所有為抵押標的之不動產聲請強制執行，債權人丙就乙對丁之薪資聲請強制執行，乙向法院聲請更生程序，經法院裁定開始更生程序，甲為擔保物權人，其對乙所有為抵押標的之不動產執行程序，不因此停止。而丙就乙對丁之薪資執行程序，經法院裁定開始更生程序，構成停止執行之法定事由，執行法院應停止執行，此非核發債權憑證之要件，執行法院無須核發債權憑證。

第六項　執行撤銷

第一目　撤銷事由

例題15　家事非訟事件裁定之抗告

債權人甲以家事非訟事件裁定為執行名義，請求已離婚之配偶乙，應依裁定內容將兩造所生未成年子女丙交由其行使親權，並按月給付扶養費，執行法院依甲之聲請扣押乙於銀行之存款，並命乙應將丙交付予甲。嗣乙抗辯已於收受送達後之法定期間，就該裁定合法提起抗告，並經調查屬實。試問乙係於甲聲請強制執行前，對執行名義裁定提起抗告，執行法院應為如何之處理？

---

157 黃冠嵐，消費者債務清理條例實務問題之研析，國立中正大學法律研究所碩士論文，2020年1月，頁171。

158 陳見明，消費者債務清理條例更生制度之研究，國立中正大學法律研究所碩士論文，2012年1月，頁59。

一、債權人撤回執行

債務人提出現款聲請撤銷查封，其於拍定前均得為之。倘債務人於拍定後，提出現款請求撤銷查封者，法院得勸告拍定人，經拍定人同意後，准許債權人撤回執行，並記明筆錄。拍賣物所有權移轉於拍定人後，債權人不得再撤回其強制執行之聲請（本法第58條；辦理強制執行事件應行注意事項第32條）。

二、執行法院依職權撤銷

（一）提起異議之訴

債務人或第三人就強制執行事件提起異議之訴時（本法第14條、第14條之1、第15條）。執行法院得指示債務人或第三人另行起訴，或諭知債權人，經債權人同意後，由執行法院撤銷強制執行（本法第16條）[159]。例如，執行標的非債務人之責任財產。

（二）執行財產非債務人所有

執行法院發見債權人查報之財產確非債務人所有者，應命債權人另行查報，其於強制執行開始後，始發見者，應由執行法院撤銷其執行處分（本法第17條）[160]。例如，不動產所有權以登記為準，是不動產未登記於債務人名下，執行法院不得執行。

（三）債務人提出現款

債務人於查封後，得於拍定前提出現款，聲請執行法院撤銷查封（本法第58條第1項）。倘該現款足以清償債務人積欠之債務及執行費用，即無拍定債務人財產之必要性，自得撤銷查封。準此，債務人於拍定前提出現款，得減免拍賣之程序。

---

[159] 最高法院105年度台抗字第384號民事裁定。

[160] 最高法院105年度台抗字第376號民事裁定。

（四）動產未拍定

動產再行拍賣時，雖應拍歸出價最高之應買人，然其最高價不足底價50%；或未定底價，而其最高價顯不相當者，執行法院應作價交債權人承受；債權人不承受時，執行法院應撤銷查封，將拍賣物返還債務人（本法第70條第5項）。再者，拍賣動產物無人應買時，執行法院應作價交債權人承受，債權人不願承受或依法不能承受者，應由執行法院撤銷查封，將拍賣物返還債務人（本法第71條）。

（五）不動產特別拍賣未成

不動產經2次減價拍賣而未拍定之不動產，債權人不願承受或依法不得承受時，執行法院應於第2次減價拍賣期日終結後10日內，公告願買受該不動產者，得於公告之日起3個月內，依原定拍賣條件爲應買之表示，執行法院得於詢問債權人及債務人意見後，許其買受（本法第95條第1項）。前開3個月期限內，無人應買前，債權人亦得聲請停止前項拍賣，而另行估價或減價拍賣，倘仍未拍定或由債權人承受，或債權人未於該期限內聲請另行估價或減價拍賣者，視爲撤回該不動產之執行（第2項）。

三、提出文書而撤銷

債務人提出如後文書，法院應撤銷執行：（一）准予回復原狀聲請之裁定；（二）再審之訴勝訴；（三）異議之訴勝訴；（四）對於和解爲繼續審判之請求勝訴；（五）宣告調解無效之訴或撤銷調解之訴勝訴；（六）對於許可強制執行之裁定提起抗告，撤銷許可強制執行之裁定；（七）廢棄宣告假執行之本案判決；（八）廢棄假執行宣告之判決已宣示；（九）撤銷假扣押、假處分之裁定。職是，債務人提出廢棄、撤銷或勝訴之裁判正本或確定證明書，證明該等執行名義之效力已不存在，執行法院應撤銷執行，以確保債務人之權利。

四、例題解析

家事非訟裁定，除法律別有規定外，於宣示、公告、送達或以其他適當方法告知於受裁定人時發生效力。但有合法之抗告者，抗告中停止其效力（家事事件法第82條第1項）。法條明定裁定停止其作爲執行名義之效力，而非僅停止執行程序，該裁定與未生效無異，是乙持已停止效力之家事非訟裁定聲請強制執行，顯不備開始強制執行之要件，自應撤銷已爲之執行程序，並駁回乙強制執行之聲請[161]。

第二目　撤銷效力

強制執行經執行法院撤銷後，則執行之處分應失其效力，自應除去查封標示及塗銷查封登記，並將查封物返還債務人。不動產拍賣雖有撤銷事由，然已核發權利移轉證書後，則不得否定拍定人取得之權利（本法第98條第1項）[162]。準此，債務人僅得對債權人提起不當得利或損害賠償之訴，尋求救濟[163]。

第七項　執行終結

第一目　債權人撤回

一、當事人進行主義

強制執行之進行採當事人進行主義爲原則，僅要債權人已無強制執行意思，執行法院應尊重其意思，終結已進行之強制執行程序。申言之：（一）法院應核對其撤回強制執行書狀之債權人印文與聲請強制執行書狀之債權人印文，是否同一；（二）債權人以言詞提出撤回強制執行聲請時，法院應記明筆錄，請債權人簽名確認；（三）債務人財產經查封後，債務人得於拍定前提出現款，聲請撤銷查封（本法第58條第1項）；（四）債務人財產經拍定後，在拍賣物所有權移轉前，債權人撤回強制執行之聲請者，應得拍定人之同意（第2項）。職是，債務人提出現款聲請撤銷查封，其於拍定前均

161 臺灣高等法院暨所屬法院105年法律座談會民執類提案第5號。

162 最高法院56年台上字第1898號民事判決。

163 法院辦理民事執行實務參考手冊，臺灣高等法院，2001年7月，頁39。

得爲之，倘債務人於已經拍定後，提出現款請求撤銷查封者，亦得勸告拍定人，經其同意後予以准許，並記明筆錄。反之，拍賣物所有權移轉於拍定人後，債權人不得再撤回其強制執行之聲請（辦理強制執行應行注意事項第32條）。

二、撤回執行無法退費

民事訴訟法第83條第1項雖規定，原告撤回其訴者，訴訟費用由原告負擔。其於第一審言詞辯論終結前撤回者，得於撤回後3個月內聲請退還該審級所繳裁判費2/3，其立法目的在於鼓勵原告息紛止訟終結訴訟程序。然強制執行程序常有併案債權人存在，債權人撤回執行時，不當然發生終結執行事件之結果，是本法第30條之1未準用民事訴訟法第83條第1項規定，得請求退回已繳之執行費2/3[164]。

三、有併案之債權人

債務人之責任財產，爲全體債權人之總擔保，故債權人聲請撤回對債務人之強制執行，倘有其他具執行名義之債權人聲明參與分配者，其執行程序仍繼續執行，必須所有參與分配之執行名義債權人，一致同意撤回執行，始得終結執行程序。

第二目　執行無效果

一、核發債權憑證

債務人無財產可供強制執行，或雖有財產經強制執行後所得之數額仍不足清償債務時，執行法院應命債權人於1個月內查報債務人財產。債權人到期不爲報告或查報無財產者，應發給憑證，交債權人收執，載明俟發見有財產時，再予強制執行（本法第27條第1項）。債權人聲請執行，而陳明債務人現

164 司法院第49期司法業務研究會，民事法律專題研究19，頁43至45。

無財產可供執行者，執行法院得逕行發給憑證（第2項）[165]。

二、重新核發債權憑證

債權憑證爲本法第4條第1項第6款之執行名義，而本法第27條對於法院核發債權憑證，並無次數之限制。故債權人以債權憑證聲請強制執行，倘未發見債務人可供執行之財產，自得請求重新發給債權憑證。雖同條第2項規定債權憑證載明俟發見有財產時，再予強制執行，惟此爲訓示規定，僅係供債權人明瞭，債權憑證係屬執行名義，倘發見有財產，法院仍可再予強制執行而言。非謂債權人必須發見有財產，始得聲請執行。否則債權人於時效完成前，已聲請執行，僅因債務人並無財產可執行，導致請求權罹於時效，自與時效制度之意旨不合（民法第125條）[166]。

第三目　執行程序終結

例題16　執行程序終結之救濟

債權人甲持確定判決聲請對債務人乙強制執行，執行法院依據債權人之聲請查封第三人丙出資建造而未保存登記之建物，經拍賣後以新臺幣100萬元拍定，並已核發權利移轉證書於拍定人，並將賣得價金交付債權人完畢。試問第三人丙所有未保存登記之建物遭拍賣，應如何救濟？

一、聲請與聲明異議（111執達員）

本法第12條第1項之強制執行程序終結，究指強制執行程序進行至如何程序而言，應視聲請或聲明異議之內容，分別情形定之。例如，同時以動產及不動產爲執行標的物之強制執行，對於動產之強制執行程序已終結，而對於不動產之強制執行程序未終結時，倘債務人主張查封拍賣之動產，爲法律禁

---

165 最高法院100年度台抗字第753號民事裁定。

166 司法院(70)廳民二字第0635號函。

止查封之物，聲明異議，因強制執行動產程序已終結，雖對於不動產之執行程序未終結，然不得撤銷已終結之動產強制執行程序[167]。

二、債務人異議之訴

本法第14條所定債務人異議之訴，以排除執行名義之執行力爲目的。所謂強制執行程序終結，係指執行名義之強制執行程序終結而言。執行名義之強制執行程序，進行至執行名義所載債權全部達其目的時，始爲終結，故執行名義所載債權，未因強制執行全部達其目的以前，對於某執行標的物之強制執行程序雖已終結，債務人仍得提起異議之訴，然異議之訴有理由之判決，僅就執行名義所載債權未因強制執行達其目的之部分，排除其執行力，不能據以撤銷強制執行程序，業經終結部分之執行處分[168]。

三、第三人異議之訴

（一）排除執行標的之強制執行（93民間公證人）

本法第15條所定第三人異議之訴，以排除執行標的物之強制執行爲目的。所謂強制執行程序終結，係指對於執行標的物之強制執行程序終結而言。執行標的物之強制執行程序已終結，因執行標的物之賣得價金，不足抵償執行名義所載債權之全部，致執行名義之強制執行程序雖未終結，然第三人不得提起異議之訴。因對於執行標的物之強制執行程序，其強制執行達其目的者，對第三人而言，即爲終結。職是，執行標的物經拍賣終結，而未將其賣得價金交付債權人時，對於執行標的物之強制執行程序，尚未終結，第三人雖得提起異議之訴，然已終結之拍賣程序，不能依此異議之訴有理由之判決，予以撤銷。

（二）強制執行程序之終結

債權人依同一執行名義，就屬於一債務人或數債務人之數種財產爲強制

---

167 最高法院109年度台抗字第464號民事裁定。

168 司法院院字第2776號解釋1、2；最高法院102年度台上字第1562號民事判決。

執行，部分財產已經拍賣終結，並將賣得價金交付債權人時，對於該等財產之強制執行程序即爲終結，對於其他財產之強制執行程序雖未終結，然不得對於業經終結之強制執行程序，聲明異議或提起第三人異議之訴。

四、例題解析

債權人持執行名義聲請對債務人強制執行，執行法院查封拍賣第三人出資建造而未保存登記之建物，經拍定與核發權利移轉證書於拍定人（本法第98條第1項）。並將賣得價金交付債權人完畢，是執行標的物之強制執行程序業已終結，依本法第15條規定，不得提起第三人異議之訴。債務人因第三人所有未保存登記之建物遭拍賣，使其對債權人之債務受有清償，受有利益；而第三人喪失建物之所有權，受有損害，利益與損害係基於同一原因事實，兩者有相當因果關係，債務人之受有利益並無法律上之原因。職是，第三人得依據不當得利之法律關係，請求債務人返還所得利益。

第六節　對人之強制處分及擔保人責任

第一項　對人之強制處分

第一目　拘　提

一、拘提之定義（109執行員）

所謂拘提者，係指執行法院命令執達員利用強制力強制債務人或依法爲債務人履行債務之特定人，於法定情形時，到場應訊[169]。拘提與管收均爲拘束人身自由之強制處分，參諸比例原則，執行法院不得同時併爲拘提、管收之裁定。拘提、管收，除本法別有規定外，準用刑事訴訟法關於拘提、羈押之規定（本法第22條之5）。

---

169 楊與齡主編，強制執行法爭議問題研究，吳陳鐶，強制執行法對人之強制處分，五南圖書出版有限公司，1999年2月，頁177。

二、拘提之事由（92、90執達員；109執行員）

（一）執行法院

債務人有如後情形之一，而有強制其到場之必要者，執行法院得拘提之：1.經合法通知，無正當理由而不到場（本法第21條第1項第1款）；2.有事實足認爲有逃匿之虞（第2款）；3.有事實足認顯有履行義務之可能，而故不履行，或就應供強制執行之財產有隱匿或處分之情事，有事實足認顯有逃匿之虞或其他必要事由者，執行法院得依債權人聲請或依職權，限制債務人住居於一定之地域（本法第22條第1項、第2項本文）；4.債務人無正當理由違反法院限制住居命令，執行法院得拘提之（第4項）[170]。

（二）應供強制執行之財產

所謂應供強制執行之財產，係指債務人應供強制執行之責任財產，其爲債務人之財產中，得爲強制執行客體之財產總稱。此於金錢請求權之執行，必以執行法院得爲查封與換價，以滿足債權人金錢債權之債務人財產始足當之。至義務人是否確有履行能力而故意不履行、有無就應供強制執行之財產爲隱匿處分之認定，應就義務人於將受強制執行之際或強制執行時之財產狀況或變動情形，作爲觀察以爲判斷。準此，僅要債務人或義務人於將受強制執行之際，其財產可供查封或換價，以滿足債權人金錢債權，竟予隱匿處分，即屬應供強制執行之財產，不以執行行爲是否發生爲要件[171]。

（三）司法事務官

因拘提爲具有限制人身自由之強制處分，債務人有拘提事由者，司法事務官得報請執行法院拘提之。債務人經拘提到場者，執行法院得交由司法事務官即時詢問之。司法事務官於詢問後，應向執行法院提出書面報告（本法第21條第1項至第3項）。

---

170 最高法院105年度台抗字第107號民事裁定。

171 最高法院98年度台抗字第200號、99年度台抗字第644號民事裁定；臺灣高等法院102年度抗字第425號民事裁定。

三、拘提之執行（92、90執達員）

法院認有拘提必要時，拘提由執達員執行（本法第21條之2）。執達員執行拘提時，應備拘票二聯，以一聯交債務人或其家屬，使本人或家屬知悉，另一聯存檔備查（辦理強制執行事件應行注意事項第10條第3項）。法院實施拘提債務人時，得請求警察協助。

第二目　管　收

一、管收之定義

所謂管收者，係指將債務人或依法爲債務人履行債務之特定人，其於法定情形時，送交管收所拘束其身體自由，爲間接強制執行之方法[172]。法院決定是否管收前，應踐行訊問程序，以符正當法律程序，須有管收之要件與必要時，始得爲之[173]。職是，管收處分涉及人身自由之限制，其目的在使義務人爲金錢給付義務之履行，應列爲最後手段[174]。

二、管收之事由（92、90執達員）

（一）執行法院

1. 命債務人報告財務義務及限期履行執行債務

已發見之債務人財產不足抵償聲請強制執行債權或不能發現債務人應交付之財產時，執行法院得依債權人聲請或依職權，定期間命債務人據實報告該期間屆滿前1年內應供強制執行之財產狀況（本法第20條第1項）。債務人違反法院命令，不爲報告或爲虛僞之報告，執行法院得依債權人聲請或依職權，命其提供擔保或限期履行執行債務（第2項）[175]。債務人未依法院命令提供相當擔保或遵期履行者，經訊問債務人，並認其可報告財產狀況者，執

---

[172] 大法官釋字第588號解釋；最高法院105年度台抗字第794號民事裁定。
[173] 最高法院102年度台抗字第1095號、104年度台抗字第472號民事裁定。
[174] 最高法院104年度台抗字第1066號民事裁定。
[175] 最高法院103年度台抗字第1043號民事裁定。

行法院得依債權人聲請或依職權管收債務人（第3項）[176]。職是，管收係於一定期間內，拘束人民身體自由於一定之處所，屬憲法第8條第1項所規定之拘禁，其於決定管收前，除應踐行必要之程序，使法定義務人到場爲程序之參與，藉之調查管收是否合乎法定要件與有無管收之必要，並使法定義務人得有防禦之機會[177]。

2. 顯難進行強制執行程序

有事實足認顯有履行義務之可能故不履行，或就應供強制執行之財產有隱匿或處分之情事，執行法院得依債權人聲請或依職權命其提供擔保或限期履行（本法第22條第1項）[178]。倘上開情形，有事實足認顯有逃匿之虞或其他必要事由者，執行法院得依債權人聲請或依職權，限制債務人住居於一定之地域（第2項本文）。債務人未依法院命令提供相當擔保、遵期履行，或無正當理由違反法院限制住居命令者，經訊問債務人，認非予管收，顯難進行強制執行程序者，執行法院得依債權人聲請或依職權管收債務人（第5項）[179]。

3. 行為或不行為請求權

依執行名義，債務人應爲一定之行爲，而其行爲非他人所能代履行者，債務人不爲履行時，執行法院得定債務人履行之期間。債務人不遵期履行，得先處怠金。法院續定期履行而仍不履行者，得管收之（本法第128條第1項）。再者，執行名義係命債務人容忍他人之行爲，或禁止債務人爲一定之行爲者，債務人不履行時，執行法院得先處怠金。其仍不履行時，得管收之（本法第129條第1項）。

（二）司法事務官

債務人經拘提、通知或自行到場，司法事務官於詢問後，認有本法第22條

176 最高法院105年度台抗字第844號、106年度台抗字第518號民事裁定。

177 最高法院101年度台抗字第1073號、106年度台抗字第613號民事裁定。

178 最高法院99年度台抗字第644號、100年度台抗字第495號民事裁定。

179 最高法院103年度台抗字第1043號民事裁定：管收處分係強制執行之最後手段，行政執行機關依現行規定聲請法院裁定管收，應先命義務人提供擔保，限期履行，不得逕聲請法院裁定管收。

第5項之事由，認非予管收，顯難進行強制執行程序者，而有管收之必要者，應報請執行法院辦理（本法第22條第6項）。義務人不服法院關於拘提、管收之裁定者，得於10日內提起抗告；其程序準用民事訴訟法有關抗告程序規定（本法第30條之1）[180]。

三、管收之程序（92、90執達員；109執行員）

管收應用管收票。管收票應記載下列事項，由執行法官簽名（本法第22條之1）：（一）應管收人之姓名、性別、年齡、出生地及住所或居所，有必要時，應記載其足資辨別之特徵；（二）案由；（三）管收之理由。再者，執行員執行管收時，將應管收人送交管收所。管收所所長驗收後，應於管收票附記送到之年、月、日、時，並簽名（本法第22條之2）。

四、管收限制事由

債務人有管收限制事由之一者，不得管收，其情形發生於管收後者，應停止管收，執行法院並應隨時注意被管收人有無應停止管收之情形（本法第22條之3；辦理強制執行事件應行注意事項第13條）[181]。茲說明管收限制事由如後：（一）因管收而其一家生計有難以維持之虞者；（二）懷胎5月以上或生產後2月未滿者；（三）現罹疾病，恐因管收而不能治療者。管收期限不得逾3個月；有管收新原因發生時，對於債務人仍得再行管收，但以一次爲限（本法第24條；行政執行法第21條）。

五、釋放事由

被管收人有下列情形之一者，應即釋放（本法第22條之4），執行法院並應隨時注意被管收人有無釋放之情形（辦理強制執行事件應行注意事項第13條）。茲分述釋放事由如後：（一）管收原因消滅者；（二）已就債務提出

[180] 最高法院103年度台抗字第606號民事裁定。
[181] 最高法院101年度台抗字第636號民事裁定。

相當擔保者；（三）管收期限屆滿者；（四）執行完結者。

第三目　限制住居

一、事　由

債務人有事實足認顯有履行義務之可能故不履行，或就應供強制執行之財產有隱匿或處分之情事，而有事實足認顯有逃匿之虞或其他必要事由者，執行法院得依債權人聲請或依職權，限制債務人住居於一定之地域（本法第22條第1項、第2項本文）。倘債務人已提供相當擔保、限制住居原因消滅或執行完結者，應解除其限制住居（第2項但書）。限制住居及其解除，應通知債務人及有關機關（第3項）。

二、範　圍

限制住居，包括禁止出境在內。執行法院為限制住居之處分時，應通知該管戶政、警察機關限制債務人遷徙，通知入出境管理機關限制其出境，並同時通知債務人。解除其限制時，亦同（辦理強制執行事件應行注意事項第11條第3項）。

第四目　強制處分之對象

關於債務人拘提、管收、限制住居、報告及其他應負義務之規定，下列之人應適用之（本法第25條第2項）：（一）債務人為無行為能力人或限制行為能力人者，其法定代理人；（二）債務人失蹤者，其財產管理人；（三）債務人死亡者，其繼承人、遺產管理人、遺囑執行人或特別代理人；（四）法人或非法人團體之負責人、獨資商號之經理人。公司負責人之範圍，應適用公司法第8條規定[182]。

---

182 最高法院102年度台抗字第617號、103年度台抗字第816號、104年度台抗字第408號民事裁定。

第二項　擔保人責任

一、出具保證書

本法第20條第2項、第22條第1項、第2項及第22條之4第2款規定，債務人提供之擔保，執行法院得許由該管區域內有資產之人，出具保證書替代擔保（本法第23條第1項）。是否爲執行法院管轄區域內具有資產之人，由執行法院依職權認定之。

二、對擔保人執行

具保證書之人，倘於保證書載明債務人逃亡或不履行義務，由其負責清償或賠償一定之金額者，執行法院得因債權人之聲請，逕向具保證書人爲強制執行（本法第23條第2項；行政執行法第18條）[183]。反之，保證書未記載「債務人逃亡或不履行義務時，由其負責清償或賠償一定之金額」意旨時，具保證書人僅負民法保證人之責任（辦理強制執行事件應行注意事項第11條之1第1項）。

第七節　強制執行之救濟程序

第一項　聲請及聲明異議

第一目　概　說

當事人或利害關係人，對於執行法院強制執行之命令，或對於執行法官、書記官、執達員實施強制執行之方法，強制執行時應遵守之程序，或其他侵害利益之情事，得於強制執行程序終結前，就違反法律之執行行爲，爲聲請或聲明異議。但強制執行不因而停止（本法第12條第1項；行政執行法第9條第1項）[184]。其立法目的在防止當事人或利害關係人，假借聲明異議

183 最高行政法院106年度判字第543號行政判決。
184 最高行政法院99年度裁字第1762號行政裁定。

或聲請爲手段，以達延宕執行程序。前開聲請及聲明異議，由執行法院裁定之（本法第12條第2項）。不服執行法院之裁定，得爲抗告（第3項）。申言之：（一）所謂聲請，係指對執行法院怠於爲執行行爲時，請求爲執行行爲或不行爲，屬積極之救濟方法；（二）所謂聲明異議，係指對執行法院所爲之違法執行行爲，請求除去該執行行爲，乃消極之救濟方法。聲請或聲明異議在求程序之合法保障之機制，而得聲請或聲明異議之主體係指執行當事人及利害關係人。所謂利害關係人，係指在法律上有利害關係之第三人[185]。

第二目　聲請或聲明異議之事由

例題17　債務人於支付命令異議期間内死亡

債務人收受支付命令後，其於得異議期間内未異議，而於法定期間20日内死亡，法院不知債務人已死亡，嗣經法院核發支付命令確定證明在案。試問債權人持該支付命令，聲請對債務人之繼承人執行，該繼承人如何救濟？

例題18　持未確定之支付命令執行

甲及乙為男女朋友同居一處，甲男趁乙女出國期間，向法院聲請對乙核發支付命令，甲並冒用乙之名義收受支付命令，甲於收受支付命令逾20日後，取得支付命令確定證明。試問甲持該支付命令，向法院聲請執行乙之責任財產，乙有何救濟方法[186]？

---

185 最高法院104年度台抗字第177號民事裁定：所謂利害關係人，係指執行債權人、執行債務人以外，其法律上之權益，將因執行而受侵害之人。

186 林洲富，債權人持未具備執行要件之支付命令執行債務人財產，月旦法學教室，33期，2005年7月，頁22至23。

例題19　無效執行名義執行之救濟

甲持偽造之公證房屋租賃契約書作為執行名義，甲以出租人之身分，以承租人乙積欠租金新臺幣10萬元為請求權事由，向乙所有財產所在地之執行法院，聲請對乙之所有財產執行。試問乙在執行程序期間，應如何救濟？依據為何？

例題20　未保存登記建物之執行

債務人及其家屬目前居住於未保存登記之違章建築，違章建築亦無任何稅籍資料，債權人持執行名義，向法院聲請執行該未保存登記之建物。試問第三人就此聲明異議，主張該違章建築非債務人之責任財產，執行法院應如何處理？

一、對於強制執行之命令（100執達員）

所謂執行法院或執行法官，係指於強制執行程序中所發之各種命令。舉例說明如後：（一）執行法院許可於休假日或夜間實施查封之命令（本法第55條）；（二）本法第115條規定之扣押命令、收取命令、移轉命令及支付轉給命令；（三）核發債務人履行同居之命令；（四）執行法院應發而不發執行命令，或不應發而發執行命令。

二、對於執行法院實施強制執行之方法

對於執行法院實施強制執行之方法，係指執行法官、書記官、執達員實施強制執行時所用之各種手段方法。舉例說明如後：（一）不動產及動產之查封、換價方法（本法第47條第1項、第60條、第76條、第95條）；（二）執行法院所為之強制管理之裁定[187]；（三）執行法院命第三人代為履行及命債務人預付費用之裁定（本法第127條第1項、第2項）[188]。

---

187 最高法院30年渝抗字第50號民事裁定。

188 最高法院67年台抗字第574號、101年度台抗字第663號民事裁定。

（一）除去租賃或借用關係

執行法院認抵押人於抵押權設定後，其與第三人訂立之租約，致影響於抵押權者，得依聲請或職權除去其租賃或借用關係，依無租賃或借用狀態逕行強制執行。執行法院所爲除去租賃或借用關係之處分，性質上係強制執行方法之一種，當事人或第三人，如承租人、借用人。倘有不服者，應依本法第12條規定，向執行法院聲明異議，不得逕行對之提起抗告[189]。

（二）可代替行為之執行

執行法院依本法第127條第1項及第2項規定，依據執行名義，債務人應有一定行爲而不爲，該行爲得由他人代爲者。例如，請求債務人拆屋還地之執行名義。執行法院得命第三人代爲履行，命債務人預付費用或債權人代爲預納之裁定，均屬執行方法之一種，倘對之不服，得依本法第12條第1項規定聲明異議[190]。

三、對於強制執行時應遵守之程序（98司法官；98執達員）

執行機關於實施強制執行之際，依法令應遵守之程序手續而言。倘違反強制執行時應遵守之程序，得對之聲明異議。茲說明異議之案例如後：（一）查封時應製作查封筆錄及查封物品清單，書記官未製作查封筆錄及查封物品清單（本法第54條）；（二）執行法院拍賣查封之動產或不動產時，必須先行公告，拍賣動產至少應公告5日以上（本法第66條）。拍賣不動產，至少應公告14日以上（本法第82條）。執行法院拍賣動產未先期公告，或其公告內容有所遺漏；（三）拍賣動產或不動產依據本法第63條、第113條及辦理強制執行案件應注意事項第28條等規定，應通知債權人及債務人於拍賣期日到場，通知須以送達方法行之，作成送達證書附卷，未通知債權人及債務人於拍賣期日到場，或通知未經合法送達者；（四）拍賣不動產，執行法院應命鑑定人就該不動產估定價格，經核定後，爲拍賣最低價額，而執行法院

---

189 最高法院74年台抗字第227號、101年度台聲字第1375號民事裁定。

190 最高法院67年台抗字第574號、101年度台抗字第663號民事裁定。

未就不動產進行鑑價（本法第80條）[191]。

四、其他侵害利益之情事

（一）概括事由

因強制執行命令、實施強制執行方法、違背強制執行時應遵守之程序外，其他有任何侵害當事人或利害關係人利益之情事。舉例說明如後：1.以無執行名義效力之公文書進行強制執行程序[192]；2.超越執行名義所載內容而爲強制執行[193]；3.拍賣共有物於拍定或債權人承受時，法院未依法定期限通知有優先承購權人，詢問其是否願意以相同之條件承購。例如，甲、乙、丙三人共有耕地，甲應有部分經執行法院拍賣，由第三人拍定，執行法院未依法定期限通知乙、丙，詢問是否願意行使優先承購權，共有人債權人就拍賣金額受清償前，向法院聲明異議。

（二）欠缺執行名義之執行行為（105執行員）

強制執行須有執行名義，始得爲之。欠缺執行名義所爲之執行行爲，雖具執行行爲之外觀，然其行爲應屬無效，執行法院應依職權撤銷執行行爲之外觀。倘債權人先依據未確定之終局判決，聲請執行，債務人自得聲明異議。縱使債權人嗣後另依假執行判決爲執行名義，向法院聲請執行，然後者屬另一執行程序，執行法院仍應撤銷原執行行爲之外觀，另爲新執行行爲[194]。

（三）權利讓與人聲請執行

當事人簽訂債權讓與契約書，將法院和解筆錄所示債權讓與之，該契約書並經公證人認證。讓與人嗣後持該和解筆錄爲執行名義，聲請就債務人之財產實施強制執行，因和解筆錄之債權已由他人繼受，讓與人非執行名義之

---

[191] 最高法院57年台上字第3129號民事判決。
[192] 最高法院63年台抗字第1700號民事裁定。
[193] 最高法院40年台抗字第752號民事裁定。
[194] 最高法院88年度台抗字第398號民事裁定。

債權人，讓與人向執行法院聲請強制執行，已侵害受讓人之利益，受讓人基於法律之利害關係人，得依本法第12條規定聲明異議[195]。

（四）當事人不適格判決

強制執行應依執行名義爲之，執行法院對於執行名義是否有效成立，自應加以審查。而訴訟標的對於共同訴訟之各人必須合一確定者，必須一同起訴或一同被訴，其當事人之適格，始能謂無欠缺（民事訴訟法第56條）。倘未以該共同訴訟人之全體一同起訴或被訴，而法院誤爲適格之當事人，對之就訴訟標的爲實體之裁判，縱使該判決經確定，對於應參與訴訟之共同訴訟人全體，均無效力可言[196]。職是，債權人不得持該判決執行債務人之財產，債務人得提起異議（本法第12條）。

五、例題解析

（一）未確定之支付命令

當事人死亡者，訴訟程序在有繼承人、遺產管理人或其他依法令應續行訴訟之人承受其訴訟以前當然停止（民事訴訟法第168條）。訴訟程序當然停止者，期間停止進行；自停止終竣時起，其期間更始進行（民事訴訟法第188條第2項）。是債務人之繼承人依法承受訴訟前，其訴訟程序當然停止支付命令事件，支付命令自屬未確定。準此，強制執行應依執行名義爲之，故執行法院對於執行名義是否有效成立，應加以審查。如例題17所示，未確定之支付命令，不備執行名義之要件，其執行名義尚未成立，倘執行法院據以強制執行，債務人之繼承人自得依本法第12條規定聲明異議[197]。

（二）本件支付命令未合法送達

支付命令須經合法送達債務人收受後，債務人未於20日之不變期間內，

---

195 最高法院96年度台抗字第756號民事裁定。

196 最高法院102年度台抗字第1030號民事裁定。

197 最高法院88年度台抗字第324號民事裁定；最高法院91年度台上字第686號民事判決。

向發出支付命令之法院提出異議者，其支付命令始取得執行力（民事訴訟法第521條第1項、第2項）。20日爲法定不變期間，應自支付命令送達後起算，如未經合法送達，20日之不變期間無從起算，支付命令不能確定。倘支付命令未經合法送達，法院誤認未確定之裁判爲確定，依聲請付與確定證明書者，不生該裁判已確定之效力[198]。職是，執行名義尚未成立，債務人得依本法第12條規定聲明異議[199]。如例題18所示，強制執行應依執行名義爲之，執行法院對於執行名義是否有效成立，應加以審查。支付命令未經合法送達，其爲未確定之支付命令，不備執行名義之要件，執行法院據以強制執行，屬侵害乙之權利，乙自得依本法第12條規定聲明異議[200]。

（三）偽造公證房屋租賃契約書

甲之執行名義係僞造之公證房屋租賃契約書，該執行名義具有重大而明顯之瑕疵，欠缺執行名義之合法成立要件，執行法院自無任何權限實施執行行爲。如例題19所示，乙自得以該執行名義爲無效之執行名義，向執行法院聲明異議（本法第12條第1項）。縱使執行法院據無效之執行名義執行，其執行行爲不能認爲合法有效。

（四）自權利之外觀認定債務人所有財產

1. 未保存登記之建物

執行法院發見債權人查報之財產確非債務人所有者，應命債權人另行查報，其於強制執行程序開始後始發見者，應由執行法院撤銷其處分（本法第17條）。債權人查報之財產是否確屬債務人之財產，執行機關僅能就財產之外觀認定。就不動產者而言，應以地政機關登記名義之外觀爲調查認定之依據；倘未於地政機關登記者，得依房屋納稅義務人、建造執照、使用執照及水、電費用收據等相關文書，認定是否爲債務人之財產。

---

198 最高法院81年台抗字第114號民事裁定；最高法院91年度台簡上字第29號民事判決。

199 最高法院87年度台上字第1438號民事判決。

200 最高法院88年度台抗字第324號民事裁定；最高法院91年度台上字第686號民事判決。

2. 職權撤銷執行之處分

第三人就執行標的物有足以排除強制執行之權利者，固得提起第三人異議之訴以資救濟。然債權人查報之財產是否確屬債務人之財產，執行法院僅能就財產之外觀認定，倘債權人無法提出證據，使執行法院自財產之外觀，可認定債權人所查報之財產屬於債務人所有者，執行法院應依職權撤銷執行之處分，無待第三人提起異議之訴之餘地[201]。如例題20所示，未保存登記之違章建築未設有稅籍資料，執行法院無法認定該違章建築屬於債務人所有，第三人就此聲明異議，執行法院應撤銷執行處分。

第三目　聲請或聲明異議之時期

一、執行終結前（99、109三等書記官；109檢察事務官）

當事人或第三人聲明異議，須於強制執行程序終結前（本法第12條第1項）。所謂強制執行程序終結前，需視該具體執行行爲所進行程序。舉例說明如後：（一）拍賣不動產至少應公告14日以上，其公告不足14日，當事人得於該次拍賣期日終結前聲明異議。倘當事人遲至該次拍賣期日終結後，始提起異議，執行法院已無從撤銷或更正該程序[202]；（二）在保全程序之場合，因保全之執行亦係以查封爲開始，而以假扣押、假處分之標的，脫離假扣押、假處分之處置，倘將假扣押、假處分標的，加以啓封或撤銷假扣押、假處分，其程序始爲終結[203]；（三）債權人或債務人對於分配表所載各債權人之債權或分配金額有不同意者，應於分配期日1日前，向執行法院提出書狀，聲明異議（本法第39條第1項）。倘分配完畢後，債權人或債務人則不得再異議。

201 最高法院88年度台抗字第610號、96年度台抗字第17號民事裁定。
202 最高法院80年台抗字第356號、106年度台上字第1445號民事裁定。
203 最高法院44年台上字第1328號、103年度台上字第2135號民事判決。

二、合併執行程序之終結

所謂應合併其執行程序，係指先聲請執行債權人之執行案件，其與再聲請執行債權人之執行案件，執行程序應予合併實施而言。此執行程序之合併，係執行程序爲各債權人與債權額之合併[204]。故前後各執行程序因合併而爲單一執行程序，先後之債權人已成爲共同執行債權人之關係，執行法院自不得對已爲扣押之債務人財產，對其中一債權人核發收取命令或移轉命令，由其單獨取得執行所得。倘當事人或利害關係人就執行法院核發收取命令或移轉命令是否合法有所爭執而聲明異議時，執行法院不得以執行程序業已終結爲由，駁回其聲明異議[205]。職是，二個不同之債權人就同一債務人對於第三人之金錢債權，先後聲請強制執行，而後聲請強制執行之債權人，先取得執行法院所核發之收取命令或移轉命令，並已收取完畢或滿足，先聲請執行之債權人在執行法院作成分配表分配完畢之日前，其執行程序尚未終結，自得依本法第12條第1項規定聲明異議。

第四目　執行法院之處置

例題21　執行法院對應提起聲明異議而誤提抗告之處置

當事人或利害關係人對於執行法院所為具有強制執行之處分性質之裁定，倘有不服該裁定時，而向執行法院提起抗告，或向抗告法院提出異議。試問執行法院或抗 告法院應如何處理？依據為何？

---

204 楊與齡，強制執行法論，三民書局有限公司，2007年9月，修正13版，頁302至303。

205 最高法院97年度台抗字第5號民事裁定。

一、不合法或無理由

（一）不合法

執行法院認聲請或聲明異議不合法或無理由時，應以裁定駁回之（本法第12條第2項）。例如，執行法院於債權人聲請強制執行時，其提出之執行名義尚未成立之情形，自不得據以強制執行，債務人得聲明異議。倘第三人就執行標的物主張有足以排除強制執行之權利，其屬是否提起異議之訴以資解除之問題，第三人聲明異議，執行法院應以裁定駁回其異議[206]。

（二）為無理由

撤銷或更正強制執行之處分或程序，應在強制執行程序終結前爲之，是聲明異議雖在強制執行程序終結前，而執行法院或抗告法院爲裁判時，強制執行程序已終結者，縱爲撤銷或更正原處分或程序之裁定，仍屬無從執行，執行法院或抗告法院自可以此爲理由，予以駁回。例如，債務人固以查封違背強制執行程序之規定聲明異議，惟拍賣物已經拍定，並移轉所有權與買受人，拍賣程序即爲終結，是撤銷查封之裁定，自屬無從執行。再者，當事人或利害關係人聲明異議經裁定駁回確定後，當事人復以同一理由聲明異議，經認爲有理由者，法院得爲與前裁定相反之裁判，不受前裁定拘束[207]。

二、為有理由

執行法院對聲請或聲明異議認有理由時，應將原處分或程序撤銷或更正之（本法第13條第1項）。執行法院於前開撤銷或更正之裁定確定前，因必要情形或依聲請定相當並確實之擔保，得以裁定停止該撤銷或更正裁定之執行（第2項）。當事人對裁定停止該撤銷或更正裁定之執行，不得抗告（第3項）。

---

206 最高法院102年度台抗字第521號民事裁定。

207 司法院院字第2776號解釋4至7。

三、對執行處分性質之裁定提起抗告

當事人對於執行法院所爲屬於執行處分性質之裁定不服，僅得向執行法院聲明異議，由執行法院裁定之，不服裁定者，始得提起抗告（本法第12條）。而依本法第30條之1準用民事訴訟法第495條規定，應提出異議而誤爲抗告者，視爲已提出異議。職是，當事人不服執行法院所爲，屬於執行處分性質之裁定，提起抗告，應視爲向執行法院聲明異議，抗告法院不得對之爲裁判。故執行法院之裁定，性質爲強制執行之處分，當事人對之提起抗告，應視爲向執行法院聲明異議，無逕由抗告法院予以裁定之餘地。抗告法院未將之退回執行法院處理，以裁定駁回當事人之抗告，自有未合[208]。

四、例題解析

（一）執行法院對聲明異議之處置

當事人或利害關係人，對於執行法院強制執行之命令，或對於執行法官、書記官、執達員實施強制執行之方法，強制執行時應遵守之程序，或其他侵害利益之情事，得於強制執行程序終結前，爲聲請或聲明異議。前項聲請及聲明異議，由執行法院裁定之（本法第12條第1項、第2項）。另應爲抗告而誤爲異議者，視爲已提起抗告；應提出異議而誤爲抗告者，視爲已提出異議（民事訴訟法第495條）。本法第30條之1規定，其於強制執行程序，除本法有規定外，準用民事訴訟法規定。

（二）抗告法院對聲明異議之處置

當事人或利害關係人對於執行法院所爲屬於強制執行處分性質之裁定不服，而向抗告法院提起抗告，自應視爲向執行法院聲明異議，不生提起抗告之問題，抗告法院應將之退回原執行法院，依據本法第12條第2項、第13條規定處理，不應以抗告不合法，予以裁定駁回，應由執行法院裁定之。倘當事人或利害關係人對執行法院所爲裁定不服者，得提起抗告（本法第12條第3項）。

---

[208] 最高法院93年度台抗字第257號民事裁定。

第二項　債務人異議之訴

第一目　管轄法院

例題22　債務人異議之訴之管轄法院

甲以智慧財產及商業法院和解筆錄作為強制執行之執行名義，向福建金門地方法院聲請執行債務人乙之責任財產，嗣經福建金門地方法院函金門縣地政局，對乙所有之不動產為查封登記，乙以其未違反和解筆錄情事，執行法院不能僅憑甲單方主張，逕認乙違反和解筆錄，故提起債務人異議之訴，起訴請求撤銷福建金門地方法院強制執行程序。試問應由何法院管轄？依據為何？

一、專屬管轄

得提起債務人異議之訴之原告，係執行名義效力所及之債務人，並以執行名義所載之執行債權人或其繼受人爲被告。申言之，本法第14條第1項前段明文規定提起債務人異議之訴，應向執行法院爲之，明定此類事件應由執行法院管轄。雖未以法文明定專屬管轄，仍屬專屬管轄之性質[209]。

二、例題解析

執行名義成立後，倘有消滅或妨礙債權人請求之事由發生，債務人得於強制執行程序終結前，向執行法院對債權人提起異議之訴（本法第14條第1項前段）。職是，甲以和解筆錄作爲執行名義，向福建金門地方法院聲請強制執行，嗣經福建金門地方法院函金門縣地政局，對債務人乙所有之不動產爲查封登記，乙爲此提起債務人異議之訴，依本法第14條第1項規定，提起債務人異議之訴，應專屬於執行法院即福建金門地方法院管轄本件訴訟[210]。

---

209 最高法院98年度台抗字第38號民事裁定。

210 智慧財產及商業法院103年度民商抗字第3號民事裁定。

第二目　訴之目的

一、不當執行之救濟

執行法院應依據執行名義實施強制執行，雖屬合法程序，然執行名義所示請求權之存在與內容，有時與執行時實體法之權利狀態並不一致，故本法許可債務人提起訴訟，請求法院判決不許強制執行，並以此確定判決反對執行，向執行法院提出，由執行法院撤銷強制執行，以保護債務人之權利，達成實體之正當性保障[211]。易言之，債務人異議之訴，係債務人主張執行名義所示之請求權，有消滅或妨礙債權人請求之事由，起訴以排除執行名義之執行力。

二、相對效力（100執達員）

有二個以上債權人先後持終局執行名義向法院聲請執行債務人之財產，債務人對其中一債權人提起異議之訴，並經受訴法院裁定停止執行，然債務人異議之訴，僅具相對性，法院裁定停止執行，亦僅有相對效力，他債權人不受停止裁定拘束，仍得續行執行程序，並將列爲被告之債權人應分配金額，加以提存。

第三目　訴之性質

一、形成訴訟說

關於債務人異議之訴之性質，雖有形成訴訟說、確認訴訟說、給付訴訟說、救濟訴訟說及命令訴訟說，惟我國以形成訴訟說爲通說。形成訴訟說認爲債務人對於執行名義所示之請求權，倘具有實體法之異議事由時，即發生屬於訴訟法形成權性質之異議權，基於此種異議權，得排除執行名義之執行力。申言之，債務人異議之訴，係以程序法之異議權爲訴訟標的，請求宣告

---

211 張登科，強制執行法，三民書局有限公司，2004年3月，修訂版，頁155至156。

不許基於執行名義爲強制執行，以排除執行名義執行力之形成訴訟[212]。其既判力僅及於異議權存否之爭執，對於發生異議事由之原因法律關係存否，並不及之。職是，債務人縱使於異議之訴敗訴確定後，仍得以同一事由提起返還不當得利之訴訟[213]。

二、其他學說

關於債務人異議之訴之性質，其他學說如後：（一）確認訴訟說，係以確認執行名義所載實體上請求權不存在，或確認執行名義執行力不存在爲目的之訴訟；（二）給付訴訟說，係債務人請求法院判決命債權人不得以執行命令聲請強制執行之消極給付之訴；（三）救濟訴訟說，認本訴兼具確認實體權利及排除執行名義執行力之雙重作用，其訴訟之目的具有救濟功能；（四）命令訴訟說，係確認執行有關之實體關係，並就確認之結果，命執行機關於債務人提起勝訴確定判決時，不得執行原執行名義，是本質係命令執行機關不得執行[214]。

第四目　債務人異議之訴之事由

例題23　債務人取得確認本票債權不存在之訴勝訴確定之救濟

債權人持准許本票強制執行之裁定對債務人執行，債務人於執行程序終結前，以本票係偽造而提起確認該債權不存在之訴，獲得勝訴判決確定在案。試問債務人應如何救濟？依據為何？

---

212 張登科，強制執行法，三民書局有限公司，2004年2月，修訂版，頁156至157。

213 楊與齡主編，強制執行法爭議問題研究，楊與齡，論債務人異議之訴的訴訟性質，五南圖書出版有限公司，1999年2月，頁115。

214 楊與齡主編，強制執行法實例問題分析，呂潮澤，強制執行救濟程序之爭議，五南圖書出版有限公司，2002年7月，初版2刷，頁81至82。

例題24 本票債權罹於時效

甲執有乙簽發面額新臺幣100萬元、發票日2018年5月5日、到期日2019年11月5日之本票，甲於同年11月5日屆期提示未獲付款，乃於同年11月30日聲請本票裁定強制執行，經法院於2018年12月5日裁定准許強制執行，裁定於2019年1月5日確定。甲於2022年12月1日以該確定之裁定，聲請強制執行。試問乙於執行期間提起債務人異議之訴，主張本票債權已罹於3年時效，其訴有無理由？

一、執行名義成立後

（一）消滅或妨礙債權人之請求（103公證人；103、102行政執行官；103、102執達員；102、100三等書記官）

1. 本法第14條第1項前段

執行名義成立後，債務人須有消滅或妨礙債權人請求之事由，始得提起債務人異議之訴（本法第14條第1項前段）[215]。本法第14條第1項前段係執行名義成立後，不論執行名義有無確定判決同一效力，均可提起異議之訴[216]。其事由如後：(1)消滅債權人請求之事由，係足以使執行名義之請求權及執行力歸於消滅。例如，清償、提存、抵銷、免除、和解、消滅時效及債務承擔等事由；(2)妨礙債權人請求之事由，係指使執行名義之請求權或執行力，暫時不能行使或不生效力。例如，債權人同意債務人延期清償債務（第1項前段）、同時履行抗辯權（民法第264條第1項）。

2. 本法第14條第1項後段

債權人以裁判爲執行名義時，其爲異議原因之事實發生在前訴訟言詞辯論終結後者，亦得主張之，此爲經裁判之執行名義（本法第14條第1項後段）。例如，債權人起訴請求債務人清償借款，債務人遲至前訴訟言詞辯論終結後，始清償完畢，此清償事實，係屬消滅債權人請求之事由。倘其異議

---

[215] 最高法院107年度台抗字第503號民事裁定。

[216] 最高法院104年度台上字第2502號民事判決。

事由，在執行名義成立前即已存在，債務人得依上訴或其他方法，阻止執行名義之成立，自不得提起債務人異議之訴。例如，利息超過年息16%部分經民事判決確定後，債務人嗣後依民法第205條規定，提起債務人異議之訴，不應准許。

（二）無與確定判決同一效力之執行名義（101三等書記官）

無與確定判決同一效力之執行名義，倘於執行名義成立後，有債權不成立或消滅或妨礙債權人請求之事由發生，債務人得依據本法第14條第1項前段規定，提起債務人異議之訴。例如，本票發票人於執票人取得本票裁定之執行名義後，向執票人清償本票票款完畢，倘執票人再持該本票裁定，向法院聲請執行發票人之財產，發票人得主張本票債權已清償，而提起債務人異議之訴。

二、執行名義成立前（105司法事務官）

執行名義無確定判決同一之效力者，執行名義成立前，有債權不成立或消滅或妨礙債權人請求之事由發生，亦得提起債務人異議之訴（本法第14條第2項）。因就請求權無實體上既判力之執行名義，大多未賦予債務人行使實體抗辯之機會，是債務人於執行名義成立之前，無法主張其異議之事由，故本法賦予債務人得提起異議之訴之救濟。例如，法院核定支付命令前，有債權不成立或消滅或妨礙債權人請求之事由發生。

（一）本票裁定（102三等書記官）

債權人持僞造之本票，向本院聲請准以強制執行裁定，繼而持之執行本票發票人之財產，該遭僞造本票之發票人自得主張本票債權不成立，提起債務人異議之訴（本法第14條第2項）。再者，本票發票人向執票人清償後，未將本票收回，執票者復持已受清償之本票，向法院聲請裁定准予強制執行，發票人得主張該本票債權已清償而提起債務人異議之訴（第2項）。

（二）拍賣抵押物裁定（93司法官）

抵押人於法院許可拍賣抵押物裁定前，業已全部清償債務或債權請求罹於時效而消滅，倘抵押權人持拍賣抵押物裁定，向法院聲請執行抵押物，抵押人得主張該抵押債權已消滅或債權請求權罹於時效，據此提起債務人異議之訴（本法第14條第2項）。

（三）公證事件

當事人明知其等間並無房屋租賃關係存在，而爲通謀虛僞假造租賃契約，並持之至法院或民間公證人處作成公證書，嗣後當事人一方竟持該公證書，主張他方積欠租金而向法院聲請執行，此時受執行之另一方，得以租賃契約無效爲原因，主張租金債權不成立而提起債務人異議之訴（本法第14條第2項）。

（四）大陸地區民事確定裁判（98律師）

經法院裁定認可之大陸地區民事確定裁判，以給付爲內容者，得爲執行名義（臺灣地區與大陸地區人民關係條例第74條）。故就大陸地區民事確定裁判之規範，係採裁定認可執行制，其與外國法院或在香港、澳門作成之民事確定裁判相同（香港澳門關係條例第42條第1項）。因大陸地區作成之民事確定裁判，並無確定判決同一效力之既判力，執行名義屬強制執行法第4條第1項第6款規定，其他依法律之規定得爲強制執行名義，並非同條項第1款所稱我國確定之終局判決[217]。職是，經我國法院裁定認可之大陸地區民事確定裁判，僅具有執行力，債務人自得依本法第14條第2項規定，以執行名義成立前，有債權不成立或消滅或妨礙債權人請求之事由發生，而於強制執行程序終結前，提起債務人異議之訴[218]。

（五）抵押債權金額部分清償

債務人異議之訴之目的在於排除執行名義之執行力，而抵押權人於其抵押債權未受全部清償前，應得就抵押物之全部行使權利，抵押權所擔保之債權，倘經一部清償而一部消滅，抵押權仍爲擔保其餘之債權而存在（民法第873條）。準此，其爲執行名義之拍賣抵押物裁定之執行力，並未因而喪失，抵押人縱使爭執抵押債權金額已部分清償，亦無從以異議之訴排除拍賣抵押

217 最高法院104年度台上字第33號民事判決。
218 最高法院96年度台上字第2531號民事判決。

物之部分執行程序[219]。

三、數異議原因併存

債務人得主張多種異議原因事實，應一併主張之。其未一併主張者，不得再行提起異議之訴（本法第14條第3項）。例如，債權人持債務人簽發之本票，向法院聲請准予強制執行裁定，繼而持之執行債務人之財產，債務人得以該本票係僞造或本票債權已清償，抑或債權人同意延期清償作爲異議原因事實，主張有債權不存在或消滅或妨礙債權人請求之事由發生。自應一併主張之，不得提起別訴。因債務人異議之訴爲形成訴訟，其訴訟標的爲作爲請求排除執行名義執行力之形成權，其訴訟標的僅有一個，實體法雖有多數異議之理由存在，然僅是債務人之攻擊或防禦之方法，並非訴訟標的[220]。

四、主權利罹於時效

（一）利息債權為從權利

利息債權爲從權利，已屆清償期之利息債權，固具有獨立性而有法定請求權時效期間之適用。惟主權利因時效消滅者，其效力及於從權利（民法第146條）。從權利包括已屆清償期之遲延利息在內。因權利有主從之別，從權利之時效雖未完成，然主權利因時效而消滅，從權利應隨之而消滅，此爲從隨主之原則。故債務人於時效完成，經行使抗辯權後，主權利之請求權罹於時效，從權利之時效雖未完成，仍隨之消滅[221]。

（二）票款債權

債權人與債務人間之票款債權已時效完成，債權人就執行名義票款債權之利息債權聲請強制執行時，利息債權因票款原本債權之時效完成而隨同消

---

219 最高法院102年度台上字第543號民事判決。

220 楊與齡主編，強制執行法爭議問題研究，鄭小康，債務人異議之訴之性質及標的，五南圖書出版有限公司，1999年2月，頁147。

221 最高法院99年度台抗字第561號民事裁定。

滅。因執行名義所載之請求權，是否罹於時效而消滅，係屬於妨礙債權人請求之事由，並非執行法院所得審究，債務人有所爭執，應依本法第14條規定行之[222]。準此，債務人得以利息債權，因票款原本債權之時效完成，而隨同消滅爲由，提起債務人異議之訴（本法第14條第1項前段）。

五、債權人行使契約解除權

（一）原債權之變換型態

契約解除後，原契約溯及失其效力，當事人因而互負回復原狀之義務，而解除權之行使，不妨礙損害賠償之請求（民法第260條）。係採履行利益賠償主義，認損害賠償請求權係因債務不履行所發生，屬原債權之變換型態，非因解除權之行使而新發生。所謂不妨礙損害賠償之請求，係指表明原有之損害賠償請求權，不因契約之解除失其存在。

（二）損害賠償請求權

自解除契約之效果而言，在契約有效期間，基於債務所爲之給付，均應返還，始能回復契約訂立前之狀態，則契約有效時，基於債務所生之損害，亦應一併賠償，始可達回復原狀之趣旨，故允許當事人得就債務不履行所生損害，請求賠償，在此範圍內，契約之效力仍存續，是其損害賠償請求權，自不因契約之解除而失其存在。準此，債權人以契約債務不履行之損害賠償債權爲執行名義，向法院聲請強制執行，債務人不得主張損害賠償之債權，嗣因其行使契約解除權而消滅，倘提起本法第14條第1項之債務人異議之訴，爲無理由[223]。

六、和解之效力認定

和解之範圍，應以當事人相互間欲求解決之爭點爲限。至於其他爭點，或尚未發生爭執之法律關係，雖與和解事件有關，倘當事人並無欲求一併解

---

222 最高法院99年度台抗字第196號民事裁定。
223 最高法院96年度台抗字第1204號民事裁定。

決之意思，自不能因權利人未保留其權利，而認該權利已因和解讓步，視爲拋棄而消滅[224]。故判斷當事人是否有拋棄損害賠償請求權之意思，應以和解筆錄製作時。例如，承攬人即債權人之工作物已交付，定作人即債務人於成立和解時，知悉工作物之瑕疵與否及有無可歸責定作人之遲延給付情事，其明示兩造其餘請求拋棄，即有於和解一併解決全部紛爭之意思。職是，債權人持和解筆錄爲執行名義聲請強制執行債務人之財產時，債務人以該項工程有瑕疵之損害賠償請求權抵銷其承攬報酬給付義務，其抵銷之事由，發生於強制執行執行名義之和解筆錄成立後，其據以提起債務人異議之訴，自屬有理。

七、債權憑證罹於時效

（一）原執行名義

債權人於取得債權憑證後，雖無庸繳納執行費用再行聲請強制執行，然持債權憑證可再行強制執行，係溯源於執行法院核發債權憑證前，債權人依本法第4條第1項所列各款取得之原執行名義。職是，對具有既判力之執行名義，提起債務人異議之訴，債務人僅須主張消滅或妨礙債權人請求之事由，係發生於原執行名義成立之後者即可。

（二）第二次債權憑證

消滅時效完成後，債權人依原執行名義或債權憑證聲請法院再行強制執行時，因執行名義所載請求權已罹於時效而消滅，自不生中斷時效或中斷事由終止重行起算時效之問題，債務人得提起債務人異議之訴，以排除執行名義之執行[225]。準此，法院核發債權憑證後，債權人於時效重行起算後，已逾時效期間，始聲請強制執行，而再取得第二次債權憑證，其持第二次之債權憑證聲請強制執行時，債務人得主張時效已完成而提起異議之訴。

---

224 最高法院57年台上字第2180號民事判決；最高法院107年度台聲字第747號民事裁定。

225 最高法院89年度台上字第1623號民事判決。

八、對假執行判決提起異議之訴

（一）循上訴救濟

消滅或妨礙債權人請求之事由，倘得於言詞辯論程序中爲主張者，應於該訴訟之言詞辯論程序中爲主張，故爲異議原因之事實，須發生在前訴訟言詞辯論終結後者，始得另提起債務人異議之訴。是假執行之裁判，債務人有消滅或妨礙債權人請求之事由發生，本得循上訴程序請求救濟，無另行提起債務人異議之訴之必要，自不適用本法第14條第1項規定。

（二）不得提起異議之訴

宣告假執行之判決，係未確定之判決，法律賦予確定判決相同之執行力，故不待確定即可強制執行。因判決尚未確定，倘債務人有實體法上之異議事由，可藉上訴程序，請求上訴審法院廢棄該判決，並得聲請就關於假執行部分之上訴，先爲辯論及裁判，以爲救濟，自不得提起債務人異議之訴[226]。

九、例題解析

（一）本票裁定無確定判決之同一效力

准許本票強制執行之裁定，如經債務人以本票係僞造而提起確認該債權不存在之訴，獲得勝訴判決確定時，應認原執行名義之執行力因而消滅。此與本法第14條第1項規定之執行名義，係指執行名義有與確定判決同一之效力者，其於執行名義成立後，有消滅或妨礙債權人請求之事由發生之情形有別。再者，債務人就執行名義成立前，而執行名義並無與確定判決之同一效力，即當事人就是否有實體上權利義務存在，有所爭執時，自得提起債務人異議之訴（本法第14條第2項）。其異議之事由包括債權不成立，而僞造票據之情形與債權不成立相當。如例題23所示，債權人自得提起債務人異議之訴，排除該本票裁定之執行力。

---

226 最高法院87年度台上字第2564號民事判決。

（二）本票時效

1. 因請求而中斷時效

甲屆期提示未獲付款，屬債權人於訴訟外，對債權人對於債務人請求履行債務之催告。甲繼而向法院聲請本票裁定強制執行，可認爲債權人行使權利之意思表示，均與民法第129條第1項第1款所稱之請求相當，具有中斷時效之效力。而消滅時效因請求而中斷，未於請求後6個月內起訴，視爲不中斷（民法第130條）。所謂起訴，對於已取得執行名義之債務，係指依同法第129條第2項第5款規定，其與起訴有同一效力之開始強制執行或聲請強制執行而言。換言之，對於已取得執行名義之債務，倘於請求後6個月內不開始強制執行，或不聲請強制執行，其時效視爲不中斷[227]。

2. 消滅債權人請求之事由

票據上之權利，對本票發票人，自到期日起算，3年間不行使，因時效而消滅（票據法第22條第1項）[228]。如例題24所示，甲向法院聲請本票裁定強制執行，經法院於2019年12月5日裁定准許強制執行，因未於6個月內執行，視爲不中斷，其時效期間應回復自到期日2019年11月5日之翌日起算，嗣於2022年11月5日屆滿。準此，甲於2022年12月1日始以確定之本票裁定聲請強制執行，其於強制執行程序終結前，該本票債權已罹於3年時效，故乙之異議之訴爲有理由（本法第14條第2項）[229]。

第五目　提起異議之訴之時期

一、強制執行程序終結前

（一）執行名義所載之債權

債務人提起債務人異議之訴，必須於強制執行程序終結前起訴（本法第14條、第14條之1）。所謂強制執行程序終結，係指執行名義所載之債權獲得

---

[227] 最高法院67年台上字第434號、97年度台上字第2560號民事判決。

[228] 最高法院108年度台上字第1635號民事判決。

[229] 票據法第22條第1項：票據上之權利，對匯票承兌人及本票發票人，自到期日起算；見票即付之本票，自發票日起算；3年間不行使，因時效而消滅。

全部滿足，或僅部分債權獲得滿足，依本法第27條規定核發債權憑證，終結強制執行程序。換言之，債務人異議之訴之目的，在以排除執行名義之執行力。所謂強制執行程序終結，係指執行名義之強制執行程序終結而言。執行名義之強制執行程序進行至執行名義所載債權全部達其目的時，始爲終結。職是，執行名義所載債權，未因強制執行全部達其目的前，對於某執行標的物之強制執行程序雖已終結，債務人仍得提起異議之訴。惟此異議之訴有理由之判決，僅就執行名義所載債權，未因強制執行達其目的之部分排除其執行力，不能據以撤銷強制執行程序業經終結部分之執行處分[230]。

（二）拍賣之價金交付或分配予債權人

本法第14條所定債務人異議之訴，以排除執行名義之執行力爲目的，故同條所謂強制執行程序終結，係指執行名義之強制執行程序終結而言，即執行名義所載債權及執行費用已全部獲得滿足。就金錢債權之強制執行，關於動產、不動產之強制執行，其於拍賣之價金交付或分配予債權人時，執行名義之執行程序始告終結。債務人於其所有之動產、不動產遭查封後，依本法第58條第1項規定，其於拍定前提出包括全部債權及執行費用之現款，聲請撤銷查封，是以現款代替拍賣之價金，仍須執行法院將之交付或分配予債權人，執行程序始得謂爲終結[231]。

（三）請求損害賠償或返還不當得利（98司法官）

債務人於強制執行程序終結後，始提起債務人異議之訴，受訴法院雖應以執行程序已終結爲理由，駁回其訴。惟債務人得依民事訴訟法第255條第1項第4款規定，變更訴之聲明，改爲損害賠償之訴或返還不當得利之訴。例如，執行標的物經拍賣終結，拍定人已取得權利移轉證書，而未將其賣得價金交付債權人前，債權人之債權未獲得滿足，此時執行名義之強制執行之程序雖非全部終結，惟債務人僅得請求交付賣得價金，不得請求撤銷已終結之拍賣程序。

---

230 司法院院字第2776號解釋1。

231 最高法院109年台上字第781號民事判決。

二、強制執行程序終結後之處置

廢棄執行名義或宣告不許強制執行之裁判已有執行力，其情形如後：（一）廢棄確定判決之再審判決已確定；（二）假執行之宣告，因就本案判決或該宣告有廢棄或變更之判決，自該判決宣示時起，於其廢棄或變更之範圍內，失其效力（民事訴訟法第395條第1項）；（三）異議之訴為有理由之判決已確定時。上開裁判正本經提出者，執行法院應停止強制執行，並撤銷已為之執行處分。倘強制執行程序業已終結，則無從撤銷已為之執行處分，非另有執行名義，執行法院不能為之回復執行前之原狀[232]。

第六目　就異議之訴事由聲明異議

應提起債務人異議之訴者，而聲明異議者，其聲明為無理由。詳言之，債務人主張債權人所持之執行名義，有本法第14條規定之異議事由，即應依提起異議之訴以謀解決，不得於執行程序依據本法第12條規定，僅聲明異議，否則其聲明為無理由，法院應裁定駁回之。因本法第12條係請求執行機關除去違法之程序狀態，而本法第14條涉及執行標的物之實體法律關係。職是，債務人主張執行名義成立後，有消滅或妨礙債權人請求之事由發生，法院得諭知債務人提起異議之訴，不得於執行程序聲明異議。

第三項　第三人異議之訴

第一目　訴之目的

執行法院據權利外觀之事實，執行債務人之財產，當然無法避免外觀事實與實體事實不一致，導致對第三人之財產加以執行。是第三人就執行標的物有足以排除強制執行之權利者，即基於實體法之權利，得於強制執行程序終結前，向執行法院對債權人提起異議之訴，此稱為第三人異議之訴（本法第15條前項）[233]。債務人亦否認其權利時，並得以債務人為被告（後項）。

---

232 司法院院字第2776號解釋10。

233 最高法院103年度台上字第860號民事判決。

例如，第三人對查封標的物基於所有權有所主張，而債務人認查封標的物非第三人所有，是第三人提起異議之訴時，得同列債權人及債務人爲被告[234]。第三人提起異議之訴，由執行法院爲管轄法院。

第二目　訴之性質

一、形成訴訟說

關於第三人異議之訴之性質，有形成訴訟說、確認訴訟說、給付訴訟說、救濟訴訟說及命令訴訟說。而以形成訴訟說爲通說。本說認爲第三人對於執行標的物，主張有所有權或其他得阻止物之交付或讓與之權利，請求排除強制執行。換言之，第三人基於實體法上之異議事由之權利，請求法院宣告不許強制執行，使強制執行失其效力，其訴訟標的係訴訟上之異議權[235]。再者，第三人依本法第15條提起執行異議之訴，倘債務人否認第三人就執行標的物有足以排除強制執行之權利時，得並列債務人爲共同被告，此爲類似必要共同訴訟（民事訴訟法第56條）[236]。

二、其他學說

關於第三人異議之訴之性質，其他學說如後：（一）確認訴訟說認爲訴訟目的，在於確認執行標的不屬於債務人之責任財產，或確認第三人就執行標的物有排除執行之權利；（二）給付訴訟說認爲本訴之目的，在於債務人請求法院判決，命債權人不得就具體執行標的聲請強制執行之消極給付之訴；（三）救濟訴訟說認爲債務人異議之訴，兼具確認執行標的物非債務人責任財產及宣告排除強制執行力之雙重功能；（四）命令訴訟說認爲本訴之功能，可確認執行有關之實體關係，並就確認之結果，命執行機關於第三人提起勝訴確定判決時，不許強制執行具體標的[237]。

---

234 第三人得提出收據、統一發票及商品保固卡證明所有權之歸屬。

235 張登科，強制執行法，三民書局有限公司，2004年2月，修訂版，頁175。

236 最高法院63年度第1次民庭庭推總會決議4，會議日期1974年2月26日。

237 楊與齡主編，強制執行法實例問題分析，呂潮澤，強制執行救濟程序之爭議，五南圖書出版有限公司，2002年7月，初版2刷，頁91至92。

第三目　第三人異議之訴之事由

例題25　自權利之外觀認定債務人所有財產

執行法院於強制執行開始後，依據債權人陳明之債務人財產，加以執行，而第三人主張債權人查報之財產，非債務人所有，為第三人所有，自不得執行之。試問執行法院應如何處理？依據為何？

例題26　法院誤拍賣第三人之不動產

甲向乙借款新臺幣100萬元，甲提供所有A土地設定抵押權登記予乙，作為借款之擔保。借款清償期屆至，甲未依約清償，乙以抵押權人之名義向法院聲請對A土地為准予拍賣抵押物之裁定，並經法院准許。乙持該執行名義，聲請執行法院對A土地為強制執行。試問：（一）執行法院誤將丙所有B土地誤為A土地，予以查封與拍賣，嗣由法院拍定，由丁得標，丁已取得權利移轉證書，並辦妥所有權移轉登記，丙應如何救濟？（二）倘查封標的物無誤，而拍賣結果不足清償全部債務，乙可否就不足清償部分之債權，聲請執行法院核發債權憑證？

一、所有權、典權及智慧財產權（92、93、100、102執達員；93司法官）

第三人提起第三人異議之訴，必須第三人就執行標的物有足以排除強制執行之權利者（本法第15條）。所謂就執行標的物有足以排除強制執行之權利者，係指對於執行標的物有所有權（民法第765條）[238]、典權（民法第911條）、商標權（商標法第33條）、著作權（著作權法第10條）、專利權（專

---

238 法院是否查封動產，雖以債務人是否占有該動產為準。惟附條件買賣之出賣人、融資性租賃之出租人，均未占有動產，乃可主張所有權而排除強制執行。

利法第58條、第120條、第136條）[239]。例如，甲父贈與土地與乙子，因乙子不履行撫養義務，甲父爲此撤銷該土地之贈與確定在案。倘乙之債權人對該土地聲請強制執行，甲得以所有人之地位，提起第三人異議之訴。

（一）附條件買賣契約

所謂附條件買賣者，係指買受人先占有動產之標的物，約定至支付一部或全部價金，或完成特定條件時，始取得標的物所有權之交易（動產擔保交易法第26條）。準此，附條件買賣契約成立時，買受人僅取得占有、使用標的物之權利，買受人必須清償價金或依約完成特定條件，始取得動產所有權，是買受人於取得所有權前，不得提起第三人異議之訴。

（二）典　權

所謂典權者，係指支付典價在他人之不動產爲使用、收益，於他人不回贖時，取得該不動產所有權（民法第911條）。職是，典權本身因強制執行受有妨礙之情形，固可提起異議之訴。然出典人之債權人，僅就典物爲禁止出典人讓與其所有權之假扣押，或僅請求就典物之所有權執行拍賣時，而典權本身之使用、收益，不受強制執行之影響者，典權人不得提起第三人異議之訴[240]。

（三）村里長事務費

村里長事務費爲村里長處理村里事務之公務之公款，並非村里長之薪資[241]。故里長事務費爲政府發給各村里長，作爲處理村里事務之公務之公款，其歸國庫所有，自得排除強制執行，是政府本於公款之所有權，其於強制執行程序終結前，提起第三人異議之訴，請求撤銷法院執行命令，就里長向政府所領里長事務費於1/3範圍，予以扣押之強制執行程序，爲有理由[242]。

---

239 智慧財產及商業法院104年度民商上字第15號民事判決。
240 最高法院51年台上字第345號民事判決。
241 臺灣省政府公報74年夏字第59期政令。
242 臺灣臺中地方法院85年度訴字第2124號民事判決。

二、留置權與質權（108三等書記官；100執達員）

拍賣留置物或質物，留置權人或質權人得優先受償時，未侵害留置權人或質權人之權利，自不可提起第三人異議之訴。況有擔保物權人屬強制參與分配之債權人，留置權人或質權人就留置物或質物而言，並非第三人（本法第34條第2項）。職是，留置權人或質權人不得以執行債權人之身分，提起第三人異議之訴。

三、占　有

占有依據民法第940條規定，不過對於物有事實上管領之力，就執行標的物，並無足以排除強制執行之權利[243]。例如，房屋承租人認爲債權人依確定終局民事判決，聲請拆屋還地之強制執行，將影響其承租權之行使時，承租人不得提起第三人異議之訴。

四、抵押權（108三等書記官）

（一）不動產抵押權

抵押權爲擔保物權，抵押權人對抵押物賣得之價金，有優先受償之權利，並具有追及效力（民法第860條、第867條）。抵押物之所有人無須移轉抵押物之占有與動產抵押權人，抵押權人不得就抵押物提起第三人異議之訴。況有擔保物權人屬強制參與分配之債權人，是不動產抵押權人就不動產而言，並非第三人，自不得以執行債權人之身分，提起第三人異議之訴（本法第34條第2項）。

（二）動產抵押權

所謂動產抵押者，係指抵押權人對債務人或第三人不移轉占有而就供擔保債權之動產設定動產抵押權，於債務人不履行契約時，抵押權人得占有抵押物，並得出賣，就其賣得價金優先於其他債權而受清償之交易（動產擔保

243 最高法院44年台上字第721號、105年度台上字第228號民事判決。

交易法第15條）。職是，動產抵押權人爲有擔保物權之債權人，爲強制參與分配之債權人（本法第34條第2項）。抵押權人爲執行債權人，就抵押物而言，並非第三人，自不得以執行債權人之身分，提起第三人異議之訴。

五、違章建築（104檢察事務官、三等書記官；103民間公證人）

（一）事實上處分權

未保存登記之房屋的原始出資之建造人，得以所有權人爲由，提起第三人異議之訴[244]。雖違章建築物爲地政機關所不許登記，然其亦爲財產權之一，自得爲交易之標的。是買受違章建築之買受人，已受領交付而取得事實上處分權[245]。原始建築起造人不得以其不能登記爲由，而主張其尚有所有權，法院應以欠缺保護要件駁回其訴[246]。職是，違章建築之房屋，原始建築人之債權人向法院聲請執行該違章建築，被執行法院誤予查封者，買受人雖因不能登記，而無法依民法第758條第1項規定，經登記而取得不動產物權，惟買受違章建築之買受人已取得事實上處分權，並有權占有違章建物，買受人自得據此作爲異議之原因，提起第三人異議之訴[247]。

（二）代位權

有認爲違章建築之原始建築人非債務人，違章建築之房屋被執行法院誤予查封者，買受人得代位原始建築人提起第三人異議之訴；反之，原始建築人爲債務人，買受人雖有買受之行爲，然無排除強制執行之權利，不得提起第三人異議之訴[248]。同理，買受人前手爲債務人，債務人之債權人聲請查

---

[244] 最高法院41年台上字第1039號民事判決；最高法院101年度台聲字第1025號民事裁定：自己建築之房屋，與依法律行為而取得者有別，縱使不經登記，仍不在民法第758條所謂非經登記不生效力之列。

[245] 最高法院103年度台上字第2188號民事判決。

[246] 最高法院50年台上字第1236號、103年度台上字第2188號民事判決。

[247] 陳榮宗，強制執行法，三民書局有限公司，2000年11月，2版1刷，頁211。

[248] 最高法院48年台上字第209號、95年度台上字第673號民事判決：本法第15條所謂就執行標的物有足以排除強制執行之權利者，不包括事實上之占有及處分權在內。

封，買受人不得代位提起第三人異議之訴。

（三）確認所有權存在之訴

違章建築物雖爲地政機關所不許登記，然得爲交易之標的，原建築人出賣該建築物時，仍負有交付其物於買受人之義務，其嗣後以有不能登記之弱點可乘，隨時主張所有權爲其原始取得，訴請確認所有權，導致無法確保交易安全，自無即受確認判決之法律上利益。是其確認所有權存在之訴，應予駁回。故基於所有權而請求撤銷查封，自不應准許[249]。

六、共有權與共有物

共有人之一之債權人，得對該共有人就所有權之應有部分，向法院聲請強制執行，其他共有人不得以共有物請求權，排除債權人聲請強制執行該共有人之應有部分（民法第821條）。反之，共有人之一之債權人，對該共有物所有權之全部，向法院聲請強制執行，其他共有人得以共有物請求權，排除債權人聲請強制執行其他共有人之應有部分。

七、土地出產物有收取權者

未與土地分離之土地出產物，得爲強制執行之標的物，第三人對土地出產物有收取權，其於權利存續期間內，取得該出產物所有權（民法第70條第1項）。是有收取天然孳息權利之人，應認爲本法第15條規定，就執行標的物有足以排除強制執行之權利之第三人。例如，耕地之承租人所種植之水稻，未與耕地分離，耕地所有權人之債權人對耕地及水稻一併查封，承租人得提起第三人異議之訴[250]。惟有認不動產之出產物未分離者爲不動產之部分，依據民法第66條第2項規定，查封耕地之效力，當然及於耕地上之水稻，耕地承租人僅對於所種植之水稻有收取之權利，在水稻未與土地分離之土地出產物

249 最高法院50年台上字第1236號、103年度台上字第2188號民事判決。
250 司法院院字第1988號解釋2；最高法院74年第3次民事庭會議決定。

前，不得主張動產之所有權，據此提起第三人異議之訴[251]。

八、變更建築執照起造人名義

買受人基於變更建築執照起造人名義之方法，而完成建物保存登記時，在未有正當權利人表示異議，訴經塗銷登記前，買受人登記爲建物所有權人，固應受法律之保護。然僅變更起造人名義，而未辦理保存或移轉登記時，自不能因此項行政上之權宜措施，而變更原起造人建築之事實，遽認該買受人爲原始所有權人[252]。倘該財產是否債務人所有尚待審認始能確定，執行法院無逕行審判之權限，並非同法第12條規定之聲明異議所能救濟，自應依本法第16條規定，指示主張有排除強制執行權利之第三人，提起執行異議之訴，以資解決[253]。

九、對繼承人之固有財產執行

爲限定繼承之繼承人，就被繼承人之債務，僅負以遺產爲限度之物的有限責任。對於遺產而言，係基立於第三人之地位。倘遺產債權人，就繼承人之固有財產聲請爲強制執行，自應認該繼承人爲本法第15條之第三人，得提起第三人異議之訴[254]。

十、法院判決（105檢察事務官）

民法第759條所謂因法院之判決，而於登記前已取得不動產物權者，係指以民事判決之宣告，足生物權法上取得某不動產之效果，自有拘束第三人之必要。而對於當事人以外之一切第三人有效力者，僅形成判決始足當之，不包含其他判決在內。關於命辦理所有權移轉登記之確定民事判決，性質爲給付判決，尚須依據確定民事判決辦畢所有權移轉登記後，始能取得所有

---

251 最高法院53年度台上字第1953號民事判決。
252 最高法院63年度第6次民庭庭推總會議決議1，會議日期1974年12月3日。
253 最高法院91年度台抗字第263號民事裁定。
254 最高法院74年度台上字第1309號民事判決。

權，自難謂於所有權移轉登記事件判決確定時，即取得土地之所有權。倘未辦畢所有權移轉登記，則尚未取得土地之所有權。職是，債務人雖取得命辦理所有權移轉登記之確定民事判決，然未辦畢所有權移轉登記前，其本於所有權請求排除原所有權人之債權人強制執行，提起債務人異議之訴，為無理由[255]。

十一、借名登記

依土地法所為之登記有絕對眞實之公信力，其於借名登記之場合，在出名人將借名登記之不動產移轉登記返還予借名人前，該登記並不失其效力，借名人之債權人不得以該不動產有借名登記契約為由，主張出名人尚未取得所有權，其無提起第三人異議之訴之權利[256]。

十二、例題解析

（一）撤銷執行處分

本法第17條規定，執行法院於強制執行開始後，始發見債權人查報之財產確非債務人所有者，應由執行法院撤銷其執行處分。係指查報之財產自權利之外觀，確非債務人所有者而言[257]。如例題25所示，自應以財產權利外觀為判斷標準。例如，法院依據債權人甲查報而查封債務人乙家中之古董花瓶，第三人丙雖主張古董花瓶為其所有，係其借與乙觀賞，惟自占有之外觀而言，古董花瓶為乙占有中，自應推定為乙所有。

（二）提起第三人異議之訴

財產是否債務人所有，倘待審認始能確定，執行法院無逕行認定之權

---

255 最高法院65年台上字第1797號、108年度台上字第361號民事判決。

256 最高法院102年度台上字第1056號民事判決。

257 最高法院105年度台抗字第376號民事裁定：債權人查報之財產是否確屬債務人財產，執行法院應就財產之外觀或債權人提出之證據為形式審查，無從認定屬於債務人所有時，縱已查封應即撤銷執行處分，無待第三人提起異議之訴以資救濟。

限，並非本法第12條規定之聲明異議所能救濟，自應依本法第16條規定，指示主張有排除強制執行權利之第三人，提起第三人異議之訴，以資解決[258]。準此，第三人丙必須基於所有人之地位提起第三人異議之訴，使得撤銷執行程序。

1. 第三人異議之訴之事由

甲向乙借款，並就A土地設定抵押權予乙作爲擔保，因甲未依約清償，乙向法院聲請對A土地爲准予拍賣抵押物之裁定，乙持拍賣抵押物裁定對A土地爲強制執行，因執行法院錯誤執行丙所有B土地，是丙對於B土地並無義務忍受強制執行之侵害，丙可依據本法第15條規定，提起第三人異議之訴。如例題26所示，B土地經拍定在案，丁已取得權利移轉證書，並辦妥所有權移轉登記，故法院不得撤銷拍賣程序，僅能撤銷分配價金程序，將價金交付予丙。

2. 核發債權憑債之要件

乙對甲之A土地有抵押權，乙以抵押權人之名義，向法院聲請對A土地爲准予拍賣抵押物之裁定，乙對甲之債權可就A土地之賣得價金，雖有優先受償權，然拍賣抵押物之裁定，爲對物之執行名義，倘拍賣抵押物所得價金無法滿足抵押債權，乙不得請求法院發與債權憑證[259]。

第四目　提起第三人異議之訴之時期

一、對標的物執行終結（95司法官）

（一）強制執行程序終結

本法第15條所定第三人異議之訴，必須於強制執行程序終結前起訴，以排除執行標的物之強制執行爲目的。所謂強制執行程序終結，係指對於執行標的物之強制執行程序終結而言。倘對於執行標的物之強制執行程序已終結，雖因執行標的物之賣得價金，不足抵償執行名義所載債權之全部，致執行名義之強制執行程序尚未終結，第三人仍不得提起異議之訴。

---

258 最高法院105年度台抗字第384號民事裁定。

259 林洲富，第三人異議之訴，月旦法學教室，88期，2010年2月，頁24至25。

（二）拍定未登記之不動產

執行法院拍定未登記之不動產，並核發權利證明書，眞正所有權人仍得本於所有權，提起回復所有權之訴，請求拍定人返還該未登記之不動產。換言之，土地法第43條之依本法所爲登記，有絕對效力，係爲保護第三人交易之安全，將登記賦予絕對眞實之效力，此項不動產物權登記公信力之規定，未登記之不動產並不適用登記公信力[260]。

二、請求交付賣得價金（97執達員）

執行標的物經拍賣終結後，而未將其賣得價金交付債權人前，對於該執行標的物之強制執行程序，雖不得謂已終結，第三人仍得提起異議之訴。然已終結之拍賣程序，不能依此項異議之訴有理由之判決，予以撤銷。職是，第三人僅得請求交付賣得價金，不得請求撤銷拍賣程序[261]。

第五目　就異議之訴事由聲明異議

例題27　異議事由

第三人聲明異議謂法院核發執行命令扣押債務人名義之上市股票，係聲明人借用債務人之帳戶為股票買賣，買賣股票之價金，均由聲明人之帳戶支出，是股票為聲明人所有，並非債務人所有。試問執行法院對上開扣押之股票，應如何處理？

一、裁定駁回

應提起第三人異議之訴者，而聲明異議者，其聲明爲無理由。詳言之，第三人主張其就執行標的物有足以排除強制執行之權利者，法院不得查封，應諭知第三人提起異議之訴，不得於執行程序聲明異議。例如，准以強制執

260 最高法院101年度台上字第1412號民事判決。
261 司法院院字第2776號解釋1。

行之本票裁定成立後，債權人持之對第三人之財產強制執行，第三人以所有權爲由，主張執行標的物有足以排除強制執行之權利，應依本法第15條規定，提起第三人異議之訴，倘就此聲明異議，法院應裁定駁回之。

二、依當事人之主張為判斷

當事人或利害關係人，對於執行法院強制執行之命令，或對於執行法官、書記官、執達員實施強制執行之方法，強制執行時應遵守之程序，或其他侵害利益之情事，得於強制執行程序終結前，爲聲請或聲明異議，但強制執行不因而停止。前開聲請及聲明異議，由執行法院裁定之（本法第12條）。當事人或利害關係人是否爲聲明異議或提起第三人異議之訴，法院應依當事人主張爲判斷。

三、例題解析

第三人聲明異議謂法院核發執行命令扣押債務人名義之上市股票，係借用債務人之帳戶爲股票買賣，其買賣股票之價金，均由聲明人之帳戶支出， 是股票爲聲明人所有，執行法院不得扣押股票。因聲明人主張股票係其所有，就執行標的物有足以排除強制執行之權利，應依本法第15條規定，得於強制執行程序終結前，向執行法院提起異議之訴，以認定股票所有權之歸屬。況股票係登記於債務人名下，聲明人並未占有。準此，聲明人聲明股票係其所有，而據此聲明異議，爲無理由，執行法院應予裁定駁回。

第四項　執行當事人不適格之救濟

一、債務人異議之訴

本法第4條之2規定當事人適格之範圍，執行法院應依職權調查當事人是否適格，倘當事人有爭執者，其救濟方法有二：（一）債務人提起債務人異議之訴；（二）債權人提起許可執行之訴。就前者而論，債務人對於債權人依本法第4條之2規定聲請強制執行，倘主張非執行名義效力所及者，有執行債務人不適格之情事，得於強制執行程序終結前，向執行法院對債權人提起異議之訴（本法第14條之1第1項）。本訴係債務人主張其非適格之當事人，以排除執行名義對其之執行力，其性質應屬形成之訴。

二、許可執行之訴

債權人依本法第4條之2規定，主張其係當事人以外執行力所及之第三人，或債務人係當事人以外執行力所及第三人，向法院聲請強制執行，經執行法院認定當事人不適格而裁定駁回者，得於裁定送達後10日之不變期間內，向執行法院對債務人提起許可執行之訴，此爲給付之訴（本法第14條之1第2項）。此10日爲法定不變期間，逾期起訴者，應以起訴不合法裁定駁回[262]。

第五項 國家賠償責任

一、國家賠償之成立要件

執行法院之人員於執行職務行使公權力時，因故意或過失不法侵害人民自由或權利時，國家應負賠償責任，此爲執行人員因違法有責之作爲而生之國家賠償責任（國家賠償法第2條第2項前段）。倘執行人員怠於執行職務，致人民自由或權利遭損害者，亦屬執行人員怠於執行職務而生之國家賠償責任（第2項後段）[263]。

(一) 執行法院之人員為公務員

民事強制執行處之法官、司法事務官、書記官及執達員，均係依法令從事公務，身分爲公務員（國家賠償法第2條第1項）。其等辦理強制執行職務之性質，均屬行政工作之性質，其與審判職務不同（國家賠償法第13條）[264]。強制執行事件之司法實務，係由執行法官或司法事務官命書記官督同執達員辦理之（本法第3條第1項）。本法所規定由法官辦理之事項，除拘

262 張登科，強制執行法，三民書局有限公司，2004年2月，修訂版，頁170至171。

263 最高法院109年度台上字第526號民事判決。

264 陳榮宗，強制執行法，三民書局有限公司，2001年9月，修訂版，頁239。

提、管收外，均得由司法事務官辦理之（第2項）。

（二）執行職務（104三等書記官、檢察事務官）

實施強制執行之行爲，其性質屬職務行使公權力行爲，應執行而不執行者，則爲怠於執行職務。執行職務行使公權力者，諸如查封不動產、拍賣不動產及製作分配表等強制執行程序，係屬執行職務行使公權力之行爲。倘執行法官、司法事務官、書記官、執達員執行或怠於執行查封不動產、拍賣不動產、製作分配表等強制執行程序，致第三人之權利受有損害，其行爲具有不法性。例如，債權人提供擔保聲請假扣押執行，查封債務人所有不動產，因執行法院未即時執行或囑託地政機關辦理查封登記，導致債務人將土地所有權移轉與第三人[265]。

（三）須執行人員有故意或過失

執行人員之注意能力判斷之標準，以一般執行人員之平均能力，作爲判斷之基準。例如，執行法院查封不動產時，應查明增建部分是否爲有獨立出入之建物，即有無構造及使用之獨立性；倘未查明增建非附屬於主建物，而逕行認定增建建物之拍定價金，屬主建物之抵押權效力所及，將拍賣價金優先分配與抵押權人，執行法院顯然有過失。

（四）執行人員之不法行為侵害人民自由或權利

因執行法院之故意或過失行爲，不法行爲侵害人民自由或權利，應成立國家賠償。例如，執行法院未將有獨立出入而非附屬於主建物之增建建物，所拍定價金，按比例分配於普通債權人，僅將該拍定價金分配於抵押權人，造成普通債權人之權利受損。

（五）損害與執行行為間有因果關係

人民之損害與執行行爲間有相當因果關係，國家始負賠償責任。所謂相當因果關係者，係指依客觀觀察有此行爲，通常即會發生此損害者而言。申

---

265 楊與齡主編，強制執行法爭議問題研究，黃謙恩，國會立法不作為的國家賠償責任與強制執行，五南圖書出版有限公司，1999年2月，頁66。

言之，侵權行爲之債，以有侵權之行爲及損害之發生，且兩者間有相當因果關係爲其成立要件。相當因果關係由條件關係及相當性所構成，必先肯定條件關係後，繼而判斷條件之相當性。相當性之審認，應以行爲人之行爲所造成之客觀存在事實，爲觀察之基礎，並就此客觀存在事實，依吾人智識經驗判斷，通常均有發生同樣損害結果之可能者，始足稱之。反之，侵權之行爲與損害之發生間，僅止於條件關係，而不具相當性者，難謂行爲有責任成立之相當因果關係[266]。例如，執行法院違法優先將非附屬主建物之增建建物，所拍定價金分配與抵押權人，導致普通債權人之權利受有損害，執行人員之不法行爲與損害之發生具有相當因果關係。

二、請求權之時效

自請求權人知有損害時起於2年間，或自損害發生時起於5年間，請求損害賠償，逾期不行使者，則罹於時效（國家賠償法第8條第1項）。再者，國家損害賠償責任，除依國家賠償法規定外，適用民法規定（國家賠償法第5條）。依據民法第186條規定，公務員因故意違背對於第三人應執行之職務，致第三人受損害者，負賠償責任。其因過失者，以被害人不能依他項方法受賠償時爲限，負其責任。前項情形，倘被害人得依法律上之救濟方法，除去其損害，而因故意或過失不爲之者，公務員不負賠償責任。準此，執行人員於實施強制執行程序之際，執行當事人或第三人，原則上應依本法第12條之聲請及聲明異議、第14條及第14條之1之債務人異議之訴、第15條之第三人異議之訴等規定，或其他救濟方法救濟之，否則執行人員對被害人不負賠償責任，故被害人僅能依據國家賠償法，向國家請求賠償。

三、國家求償權

國家依據國家賠償法第2條第2項所負之賠償責任，屬代位責任之性質，非自己之責任[267]。是被害人依據國家賠償法請求國家賠償後，倘執行強制執

266 最高法院101年度台上字第443號民事判決。
267 最高法院86年度台上字第977號民事判決。

行之執行人員，就執行強制執行職務時，有故意或重大過失時，賠償義務機關對之有求償權（國家賠償法第2條第3項）。國家之求償權，自支付賠償金或回復原狀之日起，其時效爲2年（國家賠償法第8條第2項）。

第二章

保全程序

目　次

關鍵詞：金錢、釋明、擔保、緊急性、秘密性、執行期限、訴訟終結、保全執行、本案執行、禁止重複查封

第一節　概　說

一、保全程序之目的

債權人向法院聲請強制執行，必先取得執行名義，而取得執行名義，常曠日費時，債務人難免趁機脫產，或爭執之法律關係恐有變遷，是爲保全日後取得執行名義後，得以實現私權，自有保全將來強制執行之必要。職是，保全執行之目的，在於保全終局執行。

二、保全裁定及保全執行

執行之保全程序，可分取得保全執行名義程序及保全執行程序。是保全執行之前，須先有保全裁定，故保全裁定爲保全執行之前提，保全執行爲保全裁定之目的。取得保全程序之執行名義，規定於民事訴訟法。而保全程序之執行過程，爲強制執行法所規範[1]。

三、保全程序之緊急性與秘密性

（一）緊急性

保全程序之目的係保全將來之強制執行，是執行法院就假扣押及假處分之聲請，應立即處理，始能確保債權人之權利。故假扣押、假處分執行事件，除須調查或補正者外，應儘速辦理完畢。而關於免爲或撤銷假扣押、假處分之裁定或執行，除須調查或補正者外，亦應儘速辦理完畢（民事保全事件處理要點第8點、第9點）。因假扣押或假處分程序，係爲債權人保全強制執行而設，倘債權人之請求已有確定終局判決，即得逕行聲請強制執行，自無聲請假扣押或假處分之必要。

1 林洲富，聲請假扣押與執行假扣押之管轄法院，月旦法學教室，2019年9月，頁27至29。

（二）秘密性

爲防止債務人於保全執行前處分其財產，是假扣押或假處分之執行，應於假扣押或假處分之裁定送達同時或送達前爲之（本法第132條第1項）[2]。前項送達前之執行，而於執行後不能送達，債權人亦未聲請公示送達者，應撤銷其執行。其公示送達之聲請被駁回確定者亦同（第2項）。準此，假扣押屬保全程序，爲防止債務人隱匿或處分其財產而達脫產目的，假扣押之執行，應於裁定送達同時或送達前爲之，以保障債權人權益。就假扣押債務人之程序權保障，係劣後於債權人債權之實現。債權人聲請假扣押，就請求及假扣押之原因，依法有先予釋明之義務，第一審法院無須賦與債務人陳述意見機會之必要[3]。

四、保全執行之方法

保全執行依據保全之標的，可分爲金錢請求或非金錢請求：（一）假扣押執行，其目的係對金錢請求或易爲金錢請求之保全執行；（二）假處分執行，其目的在於對非金錢請求，爲保全將來之保全執行（本法第4條第1項第2款）。

五、保全執行移本案執行

債權人保全執行後，其就保全之權利，取得終局執行名義後，向法院聲請強制執行時，不必重複保全執行所爲之程序，可直接利用保全執行之執行程序，繼續以後之換價程序[4]。職是，強制執行程序，禁止就債務人之責任財產，進行重複查封。

---

2 最高法院100年度台抗字第851號民事裁定。

3 最高法院106年度台抗字第886號、107年度台抗字第121號民事裁定。

4 張登科，強制執行法，三民書局有限公司，2004年2月，修訂版，頁591。

第二節　假扣押

第一項　聲請假扣押之程序

第一目　管轄法院

一、假扣押之定義與要件

假扣押之假字，意指暫且之意，而扣押與查封同義，係暫時查封債務人之財產而禁止其處分之謂[5]。換言之，所謂假扣押，係指債權人就金錢請求或易爲金錢請求之請求，爲保全將來之強制執行（民事訴訟法第522條第1項）[6]。

二、假扣押之標的物

其執行之標的物與一般金錢債權之強制執行相同。假扣押之裁定，係本案管轄法院所爲，並未記載其標的物者，在債權金額之範圍內，得對債務人之任何財產實施假扣押。倘裁定載明假扣押之標的物，則僅能就該標的物假扣押。

三、本案管轄法院

所謂管轄法院，係指對保全強制執行之請求，有管轄權之法院。所謂本案管轄法院，係指爲訴訟已繫屬或應繫屬之第一審或第二審法院。例如，債權人請求債務人給付借款，債務人之住所地之法院即爲本案管轄法院（民事訴訟法第1條第1項）。但訴訟現繫屬於第二審者，以第二審法院爲本案管轄法院（民事訴訟法第524條第1項、第2項）[7]。倘訴訟現繫屬於第三審法院

---

5 王甲乙、楊建華、鄭健才合著，民事訴訟法新論，王甲乙、洪惠慈、鄭健才發行，2000年7月，頁662。

6 最高法院105年度台抗字第8號民事裁定。

7 最高法院100年度台抗字第909號民事裁定。

者，聲請假扣押應向前繫屬之第一審法院管轄[8]。

四、假扣押標的物所在地之地方法院

假扣押之聲請，得由假扣押標的物所在地之地方法院管轄，不問訴訟是否已繫屬於本案法院。假扣押之標的，如係債權者，以債務人住所或擔保之標的所在地，爲假扣押標的所在地（民事訴訟法第524條第1項、第3項）。例如，買受人基於買賣契約，請求出賣人移轉土地之所有權，是買受人得向土地之坐落所在地之法院，聲請假扣押。假扣押裁定由標的物所在地之法院爲之，僅得就假扣押裁定所示之財產查封，不得就債務人位於其他法院之財產執行。

五、合意管轄法院

假扣押之聲請，由本案管轄法院地方法院管轄（民事訴訟法第524條第1項）。而當事人得以有關一定法律關係而生之訴訟，合意定第一審管轄法院，作爲本案管轄法院（民事訴訟法第24條）。準此，因民事訴訟程序包含保全程序，故當事人合意管轄法院時，假扣押之聲請，得由合意管轄法院之地方法院管轄。

第二目　假扣押聲請

一、債權人聲請

假扣押之聲請，應表明下列各款事項，即當事人及法定代理人、請求及其原因事實[9]、假扣押之原因及法院。請求及假扣押之原因，應釋明之（民事訴訟法第526條第1項）[10]。而請求非關於一定金額者，應記載其價額。依假

---

[8] 王甲乙、楊建華、鄭健才合著，民事訴訟法新論，王甲乙、洪惠慈、鄭健才發行，2000年7月，頁664。

[9] 聲請人願提供擔保，請求裁定就債務人所有財產於新臺幣○○○元之範圍內予以假扣押。聲請費用由債務人負擔。

[10] 債務人積欠聲請人債務新臺幣○○○元，迄不給付，有○○○為憑。近聞債務

扣押之標的所在地定法院管轄者，應記載假扣押之標的及其所在地（民事訴訟法第525條）。所謂因釋明而應提出能即時調查之證據，係指當事人於釋明其事實上之主張時，應同時提出可供法院得隨時進行調查之證據而言。倘當事人未同時提出供釋明用之證據，法院自無裁定限期命其補正之必要[11]。

二、釋明請求及假扣押之原因

（一）債權人之釋明責任

債權人應先爲釋明請求及假扣押之原因，否則縱使陳明願就債務人所應受之損害提供擔保者，法院仍不得命爲假扣押，因必須釋明有不足者，並經債權人陳明願供擔保或法院認爲適當者，始得命供擔保後爲假扣押[12]。所謂假扣押之原因，係指假扣押非日後不能強制執行或恐難執行者。申言之：1.不能強制執行者，諸如債務人浪費財產，增加負擔，或就其財產爲不利益之處分，將成爲無資力之情形等；2.恐難執行者，如債務人將移住遠方或逃匿[13]。再者，釋明與證明不同：1.所謂釋明者，係指使法院就某事實之存否，得到大致爲正當之心證；2.所謂證明者，係指當事人提出之證據方法，足使法院產生堅強心證，可確信其主張爲眞實者[14]。

（二）本案訴訟之請求

假扣押爲保全程序之一種，並未審認債權人對於債務人之本案請求是否確實存在。假扣押係在本案訟爭尚未判決確定前，預防將來債權人勝訴後，不能強制執行或難於執行而設。所謂假扣押之債權人，係指主張債權之人而言。受理假扣押聲請之法院，從形式上審查，倘認債權人之請求顯非正

人正將所有財產搬移隱匿，致日後有不能強制執行或甚難執行之虞，聲請人為保全強制執行，願提供擔保以代釋明不足，依民事訴訟法第522條規定，聲請貴院裁定如請求事項所示。

11 最高法院75年度台抗字第453號民事裁定。

12 最高法院94年度台抗字第156號、104年台簡抗字第128號民事裁定。

13 最高法院106年度台抗字第280號民事裁定。

14 最高法院96年度台抗字第585號、104年度台抗字第902號民事裁定。

當時，雖得據以駁回假扣押之聲請。然債權人所主張之債權能否成立，尚待本案辯論後判決者，即非假扣押裁定程序所應先審究與解決之問題，法院不得遽然駁回假扣押之聲請[15]。準此，假扣押制度爲保全債權人將來之強制執行，倘假扣押之原因經釋明而有不足，法院仍得命供擔保以補其釋明之不足，以兼顧債務人權益之保障，所設暫時而迅速之簡易執行程序，並未審認債權人對於債務人之本案債權請求是否確實存在，自毋須高度蓋然性之心證[16]。

（三）假扣押原因

假扣押制度係爲保全債權人將來之強制執行，並得命其供擔保以兼顧債務人權益之保障，所設暫時而迅速之簡易執行程序，是有日後不能強制執行或甚難執行之虞之假扣押之原因者，除不以債務人浪費財產、增加負擔或將其財產爲不利益之處分，致達於無資力之狀態，或債務人移住遠方、逃匿無蹤或隱匿財產等積極作爲之情形爲限外，倘合於有日後不能強制執行或甚難執行之虞之條件，亦屬假扣押原因。例如，債務人對債權人應給付之金錢或得易爲金錢請求之債權，經催告後，仍斷然堅決拒絕給付，且債務人現存之既有財產，已瀕臨成爲無資力之情形，或與債權人之債權相差懸殊，將無法或不足清償滿足該債權，參諸一般社會之通念，自可認其將來有不能強制執行或甚難執行之虞之情事者[17]。職是，法院首應審究聲請人是否已釋明請求及假扣押之原因，並提出可即時調查之證據，以釋明上述事項；繼而探討聲請人就金錢請求之標的，是否有日後不能強制執行或甚難執行之虞；最後判斷有無准予假扣押之必要性。

（四）對普通保證人假扣押

因保證人於債權人未就主債務人之財產強制執行而無效果前，對於債權人得拒絕清償（民法第745條）。故保證債務非因主債務人無資力償還或償

15 最高法院108年度台抗第378號民事裁定。

16 智慧財產及商業法院108年度民抗更(一)字第2號民事裁定。

17 最高法院98年度台抗字第746號、104年度台抗字第643號、104年度台抗字第863號民事裁定；智慧財產及商業法院105年度全上字第1號民事裁定。

還不足時，債權人不得逕向保證債務人請求代償，否則保證人可提出先訴抗辯。職是，債權人向法院聲請假扣押普通保證人之所有財產時，除應釋明請求與假扣押之原因外，自應證明主債務人有無資力償還或償還不足之情事。

三、附條件之假扣押裁定

所謂附條件之假扣押裁定，係指請求及假扣押之原因雖經釋明，法院仍得使債權人供擔保後，命爲假扣押（民事訴訟法第526條第3項）[18]。例如，債權人主張其對債務人有新臺幣100萬元之借款請求權存在，並提出之借據爲憑，雖可認爲有相當之釋明。惟實務大多會令債權人提供欲扣押財產價額1/3之擔保金，作爲執行假扣押之要件。例外情形，係債權人之請求係基於家庭生活費用、扶養費、贍養費、夫妻剩餘財產差額分配者，法院所命供擔保之金額不得高於請求金額1/10（第4項）。而定債務人免爲假扣押之擔保金額，則以債權人請求之金額或價額及程序費用爲準。

四、司法事務官所為假扣押裁定

債務人對地方法院司法事務官依法院組織法第17條之2第1項第1款規定辦理保全程序事件所爲之假扣押裁定提出異議，係屬民事訴訟法第240條之4第1項規定之範疇，其非對假扣押程序之執行方法聲明異議，該異議非本法第12條之異議[19]。申言之，民事訴訟法第240條之4第1項之提出異議與本法第12條之聲明異議，兩者不相同：（一）民事訴訟法第240條之4第1項之提出異議，係對司法事務官處理事件，所爲終局處分不服之方法；（二）本法第12條之聲明異議，係對執行法院違法執行之救濟程序。職是，債務人對司法事務官所爲假扣押裁定之異議，非屬強制執行法第12條聲明異議。故當事人對於司法事務官所爲之假扣押裁定不服，得於處分送達後10日之不變期間內，以書狀向司法事務官提出異議（民事訴訟法第240條之4第1項）。司法事務官認前開異議有理由時，應另爲適當之處分；認異議爲無理由者，應送請法院裁定之

---

18 最高法院106年度台抗字第3號民事裁定。

19 最高法院100年度台抗字第324號民事裁定。

（第2項）。法院認第1項之異議爲有理由時，應爲適當之裁定；認異議爲無理由者，應以裁定駁回之（第3項）[20]。法院所爲裁定，應敘明理由，並送達於當事人（第4項）。

五、對於假扣押聲請之裁定抗告

（一）准予假扣押裁定

對於假扣押聲請之裁定抗告者，除認抗告不合法應予駁回或與保全程序以保全強制執行之目的有違者外，抗告法院於裁定前，爲保障債權人及債務人之程序權，並使法院形成正確心證，防止發生突襲，應就爲債權人及債務人所忽略，且將作爲裁判基礎之事實、證據及法律適用各項，明確賦與雙方充分陳述意見之機會（民事訴訟法第528條第2項）。而抗告程序得提出新事實與證據（民事訴訟法第495條之1第1項、第447條第1項但書第1款至第6款）[21]。準此，債務人對法院准許假扣押之裁定爲抗告，因假扣押裁定之執行，應於裁定送達同時或送達前爲之（本法第132條第1項）。故債務人無法利用抗告程序隱匿或處分其財產而達脫產目的，是抗告法院應賦予當事人陳述意見之機會，其踐行程序始得爲合法。

（二）駁回假扣押裁定

因假扣押係保全程序，假扣押裁定具隱密性，爲防止債務人隱匿或處分財產，以保全債權人之強制執行，法院駁回債權人之假扣押聲請，債權人對駁回裁定提起抗告，因假扣押隱密性應予維持，則無須使債務人有陳述意見之機會[22]。

六、刑事扣押可為證據或得沒收之物

可爲證據或得沒收之物，得扣押之（刑事訴訟法第133條第1項）。對於

20 最高法院102年度台抗字第995號民事裁定。
21 最高法院97年度台抗字第775號民事裁定。
22 最高法院103年度第12次民事庭會議決議，會議日期2014年8月19日。

應扣押物之所有人、持有人或保管人，得命其提出或交付（第3項）。扣押不動產、船舶、航空器，得以通知主管機關爲扣押登記之方法爲之（第4項）。扣押債權得以發扣押命令禁止向債務人收取或爲其他處分，並禁止向被告或第三人清償之方法爲之（第5項）。依本法所爲之扣押，具有禁止處分之效力，不妨礙民事假扣押、假處分及終局執行之查封、扣押（第6項）。

第二項　假扣押之執行程序

第一目　假扣押執行之要件

例題1　假扣押執行期間之限制

甲對乙有債權新臺幣688萬元，先於2023年10月11日向法院聲請假扣押，法院於同日裁定准予假扣押，並於10月15日送達與甲，甲於3個月後提供擔保聲請假扣押之強制執行，法院准予查封乙之不動產，並將假扣押裁定送達與乙。試問乙之其他債權人並聲請法院調假扣押卷宗，拍賣查封物，法院應如何處理？

一、執行要件

債權人向執行法院聲請假扣押裁定，即取得保全程序之執行名義。實務常命債權人提供之擔保金，並以其請求金額或價額之1/3爲準。債權人繼而持假扣押裁定向法院提存所提存裁定所載之擔保金或擔保物。嗣取得提供擔保之提存書後，再據狀向法院聲請假扣押執行，並繳交執行費用，即執行標的物金額或價額之8‰。

二、執行之期限限制（103檢察事務官、三等書記官；92司法官）

（一）第一次聲請執行

債權人收受假扣押裁定後已逾30日，不得聲請執行，執行法院應予裁定駁回，此爲聲請假扣押執行之期間限制（本法第132條第3項）。本法第132條第3項之立法目的，係因保全程序具有緊急性，倘債權人取得准許保全程序之裁定後，遲未聲請執行，則與保全之目的有違，是債權人於第一次聲請執行時，始有30日之限制。至於嗣後追加查封，並無上揭期間之限制。

（二）追加查封

債權人第一次聲請執行時未逾30日並無怠於執行之情形，自與本法第132條第3項之情形不同，債權人雖於聲請執行時僅查封債務人部分之財產，惟所查封之部分不足以保全其債權，自應准許其追加查封。倘不予准許，債權人尚須再行聲請另一假扣押裁定，始得查封債務人其他財產，實有違訴訟經濟原則[23]。

（三）再為聲請假扣押之必要

假扣押裁定之聲請，固不生一事不再理之問題，惟債權人已對債務人取得假扣押裁定，而得據以聲請執行假扣押以保全其債權後，仍爲保全同一請求，再度對該債務人聲請假扣押裁定時，自應先釋明其收受前假扣押裁定後，已逾30日而未聲請執行之事實。否則難認其有再爲聲請假扣押之必要，不應准許其聲請[24]。

三、例題解析

（一）保全程序之緊急性

保全程序之目的，在於保全將來之強制執行，執行法院就假扣押及假處分之聲請，應立即處理，始能確保債權人之權利。是假扣押、假處分執行事件，除須調查或補正者外，應儘速辦理完畢。而關於免爲或撤銷假扣押、假處分之裁定或執行，除須調查或補正者外，亦應儘速辦理完畢。準此，保全執行有期限之限制，故債權人收受假扣押或假處分裁定後已逾30日，不得聲請執行，執行法院應予裁定駁回，此爲聲請保全執行之期間限制（本法第132條第3項）。本法第132條第3項之立法目的，係因保全程序具有緊急性，倘債權

23 司法院第37期司法業務研究會，民事法律專題研究17，頁256至258。

24 最高法院105年度台抗字第429號民事裁定。

人取得准許保全程序之裁定後遲未執行，則與保全之目的相違背。

（二）違法執行之救濟

債權人甲於收受假扣押裁定後，逾30日始供擔保聲請假扣押執行，法院應駁回假扣押執行，法院不應查封債務人乙之不動產，是執行法院所爲查封行爲，係侵害債務人乙利益之違法執行，乙得依據本法第12條規定，而於執行程序終結前，向執行法院聲明異議，請求法院除去違法之查封行爲。

（三）調假扣押卷宗執行

甲逾期聲請假扣押執行，法院依法不得查封乙之不動產，該查封行爲固有瑕疵之執行行爲，然有瑕疵查封行爲未撤銷時，仍屬有效之查封行爲，是債務人乙未聲明法院撤銷查封行爲或法院未撤銷前，該查封效力依然存在，丙自得聲請法院調假扣押卷宗，進行拍賣之換價程序。

第二目　執行應注意事項

例題 2　第三人代位撤銷假扣押執行

試問假扣押債權人，可否為如後行為：（一）假扣押債務人之債權人，是否得代位債務人提供擔保，撤銷假扣押執行？（二）假扣押債權人於本案判決勝訴確定後，可否持確定民事判決執行第三人所提存之擔保金或擔保物？

例題 3　假扣押債權人承受債務人之動產

債權人假扣押債務人所有之新鮮蔬果一批，因假扣押之新鮮蔬果有價格減少之虞或保管需費過多，法院認需為變價之情形，經變賣程序，均無人應買。試問假扣押債權人可否聲明承受該批新鮮蔬果？依據為何？

例題 4 禁止超額查封

債權人甲聲請就連帶債務人乙、丙之財產為假扣押，假扣押裁定所載之債權額為新臺幣（下同）100萬元，甲先扣押債務人乙之存款100萬元，嗣後繼而扣押債務人丙之存款50萬元。試問債務人丙異議執行法院超額查封，聲請撤銷超額扣押之執行命令，是否有理由？

一、秘密性

因假扣押係就金錢債權或得易爲金錢債權之請求保全強制執行，性質具有迅速性及機密性。是假扣押之執行，應於裁定送達同時或送達前爲之（本法第132條第1項）。不得於執行前通知債務人，以免債務人趁機脫產。例如，金融業者之人員因與債務人熟識，其於得悉金融業者收受扣押債務人帳戶存款之執行命令後，立即通知債務人速至金融業者處領取存款，因無法辨識債務人領取存款是否於扣押命令後，導致債權人之權利受損，其債權無法滿足。再者，法院於送達前執行，而於執行後不能送達時，執行法院應將其事由通知債權人，並命其於相當期間內查報債務人之住、居所。倘債權人逾期未爲報明，亦未聲明公示送達或其公示送達之聲請被駁回確定者，執行法院應撤銷假扣押或假處分之執行（辦理強制執行事件應行注意事項第69條第1項）。

二、債務人死亡之處置

假扣押裁定後，債務人雖已死亡，致未能送達，仍不影響假扣押之執行。惟假扣押執行後，債務人之法定繼承人，對假扣押裁定已聲明承受訴訟，得對承受訴訟人爲送達。倘債務人之法定繼承人未聲明承受訴訟，得於債權人依民事訴訟法第175條第2項規定，聲明承受訴訟，或法院依同法第178條裁定命續行訴訟後，對承受訴訟人爲送達[25]。

---

[25] 司法院(75)廳民二字第1251號函。

三、執行法院僅能核發扣押命令或查封標的物

假扣押執行爲保全執行，非終局執行，就債務人對於第三人之金錢債權，法院僅能核發扣押命令，不得核發換價命令，如收取命令、移轉命令及支付轉給命令（本法第115條第1項、第2項）。職是，執行假扣押收取之金錢，應提存之，不得由假扣押債權人領取。

四、禁止重複查封

（一）行政執行機關查封在先（90律師）

1. 禁止重複查封

因債務人之財產爲債權人債權之總擔保，是就同一債務人及同一標的物執行者，應合併其執行程序，即應併案處理，不得再爲查封行爲。職是，執行人員於實施強制執行時，發現債務人之財產業經行政執行署分署查封者，不得再行查封。前開情形，執行法院應將執行事件連同卷宗函送行政執行機關合併辦理，並通知債權人。行政執行署分署就已查封之財產不再繼續執行時，應將有關卷宗送請執行法院繼續執行（本法第33條之1）。例如，行政執行署分署以債務人欠稅爲由，查封債務人之所有不動產後，債權人持清償借款之確定終局判決，聲請管轄之執行法院查封不動產，執行法院應將執行事件連同卷宗，函送行政執行署分署合併辦理。

2. 聲明參與分配

政府機關依法令或本於法令之處分，對義務人有公法之金錢債權，依行政執行法得移送執行者，得檢具證明文件，聲明參與分配（本法第34條之1）。是行政機關對於執行法院所進行之強制執行事件，聲明參與分配，此乃本於債務人財產爲全體債權人共同擔保，且債權不因係公法債權或私法債權，而有所差異，債權人得以私法之債權，向行政執行署分署聲明參與分配。

（二）執行法院查封在先

執行法院已查封之財產，行政執行機關不得再行查封。前開情形，行政

執行署分署應將執行事件連同卷宗，函送執行法院合併辦理，並通知移送機關。執行法院就已查封之財產不再繼續執行時，應將有關卷宗送請行政執行機關繼續執行（本法第33條之2）。準此，行政執行署分署之執行人員於查封前，發現義務人之財產經其他機關查封者，不得再行查封。行政執行署分署已查封之財產，其他機關不得再行查封（行政執行法第16條）。

（三）潛在之查封效力

因強制執行法適用禁止重複查封主義，對於已實施假扣押之債務人財產，他債權人再聲請實施假扣押時，就該財產已實施假扣押之效力，及於該他債權人，對於該他債權人發生潛在之查封效力，而合併於先執行程序，並於先執行程序撤回或被撤銷時，該潛在之查封效力，即溯及顯現[26]。

五、囑託登記查封事由及定期執行（107執行員、執達員）

執行法院應囑託相關機關登記查封事由，並應定期執行。即供強制執行之財產權，其取得、設定、喪失或變更，依法應登記者，爲強制執行時，執行法院應即通知該管登記機關登記其事由（本法第11條第1項）。前開通知，執行法院得依債權人之聲請，交債權人逕行持送登記機關登記（第2項）。茲說明如後：（一）已登記之不動產，執行法院應先通知各地政事務所爲查封登記；（二）以動產擔保交易法所定之機器、工具及車輛作爲擔保交易之標的物者，其登記機關爲經濟部工業局或其各區辦公室；（三）股單、記名股票及記名公司債之登記，應通知發行公司登記；（四）車輛之查封執行，執行機關應將車輛之牌照、引擎號碼通知公路局監理登記所登記其事由。

六、債務人得為不影響假扣押效力之行為

債務人之土地經債權人向法院聲請假扣押查封在案，倘債權人出具同意書，同意債務人於遭假扣押查封之土地上興建建物，即可認爲不影響假扣押查封效力（本法第51條第2項）。準此，債務人土地雖經查封，然有債權人之

[26] 最高法院104年度台抗字第598號民事裁定。

同意，建管機關應准債務人新建、改建、增建或修建[27]。

七、債權人代位行使假扣押（94司法官）

債務人怠於行使其權利時，債權人因保全債權，得以自己名義行使其權利（民法第242條前段）。此項代位權行使之範圍，就民法第243條但書規定旨趣推之，並不限於保存行為，凡以權利之保存或實行為目的之一切審判上或審判外之行為，諸如假扣押、假處分、聲請強制執行、實行擔保權、催告、提起訴訟等，債權人均得代位行使[28]。

八、金錢之提存（103公證人、行政執行官）

（一）專為假扣押債權而提存

假扣押之性質僅許保全而不許清償，是因執行假扣押收取之金錢及依分配程序應分配於假扣押債權人之金額，均應提存之（本法第133條）[29]。在假扣押中之財產，倘經政府機關依法採購或徵收者，執行法院應將其價金或補償金提存之（辦理強制執行事件應行注意事項第70條）。均俟假扣押債權人獲本案勝訴確定判決，或有其他終局執行名義後，始得受償。是有假扣押債權人參與分配者，應依法製作分配表實施分配。而依分配程序，應分配予假扣押債權人之金額，係為假扣押債權人而提存，非為債務人而提存，他債權人就此部分，不得再聲請執行。故提存係專為假扣押債權而提存，使假扣押債權人於本案獲勝訴判決時，因所附停止條件成就，而發生得由該債權人單獨領取受償債權之權利（民法第99條第1項）[30]。

（二）附停止條件之提存

他債權人適本法第32條之參與分配期間，聲明參與分配者，依群團優先

---

[27] 內政部(85)臺內營字第8507442號函釋。

[28] 最高法院69年台抗字第240號民事裁定；最高法院103年度台上字第586號民事判決。

[29] 最高法院104年度台上字第441號民事判決。

[30] 最高法院83年度台抗字第186號民事裁定。

主義之意旨，不得就爲假扣押債權提存之金額聲明分配，除非假扣押債權人於本案獲敗訴判決確定或無法取得其他終局執行名義時，其因所附停止條件發生不成就，他債權人始得就爲假扣押債權提存之金額，聲明分配之。

九、緊急換價

假扣押之動產，如有價格減少之虞或保管需費過多時，執行法院得因債權人或債務人之聲請或依職權，定期拍賣，提存其賣得金（本法第134條）。例如，易腐敗之新鮮食品。倘拍賣無人應買，因假扣押僅爲保全執行，假扣押債權人雖可聲請承受，然不得主張以假扣押債權抵繳價金[31]。

十、動產擔保交易法第17條

債務人不履行契約或抵押物被遷移、出賣、出質、移轉或受其他處分，致有害於抵押權之行使者，抵押權人得占有抵押物。債務人或第三人拒絕交付抵押物時，抵押權人得聲請法院假扣押，倘經登記之契約載明應逕受強制執行者，得依該契約聲請法院強制執行之（動產擔保交易法第17條第1項、第2項）。準此，因動產擔保交易法第17條第1項規定抵押權人占有抵押物之要件，第2項規定假扣押及強制執行，應屬抵押權人占有抵押物之執行名義。其強制執行，僅得解除債務人或第三人之占有，使歸抵押債權人占有，不得進而拍賣抵押物，清償抵押債權[32]。

十一、對人保全執行

債權人依民法第151條、第152條規定，行使自助行爲而拘束、押收或毀損債務人自由或財產，並聲請法院處理，經法院命爲假扣押或假處分者，執行法院得依本法有關管收規定，管收債務人或爲其他限制自由之處分（本法第132條之2）。此項對人之保全執行，係配合民法自助行爲之規定所增訂。

31 臺灣高等法院暨所屬法院101年法律座談會民執類提案第28號。

32 司法院(74)廳民二字第0171號函。

準此，執行法院裁定載明准予提供擔保，而債務人未提供擔保；或者雖未記載，而執行法院依據本法第22條規定命提供擔保，債務人不提供之，是執行法院得就未提供擔保之債務人，爲管收或爲其他限制自由之處分。依據本條規定管收或其他限制自由者，應適用本法總則有關管收或限制住居之規定[33]。再者，有執行名義之債權人依民法第151條規定，自行拘束債務人之自由或押收其財產，而聲請法院處理者，依本法規定有關執行程序辦理之（本法第5條之2第1項）。前開情形，倘債權人尚未聲請強制執行者，視爲強制執行之聲請（第2項）。

十二、核發未執行證明

債權人雖依據假扣押裁定，向法院提存所提存裁定所載之擔保金或擔保物，並據狀向法院聲請假扣押執行及繳交執行費用，惟未聲請假扣押執行或未實際執行債務人之財產，得聲請法院核發未執行證明[34]。而持之逕向提存所聲請領回擔保金或擔保物，毋庸聲請撤銷假扣押裁定，亦無須遵守民事訴訟法第104條第1項第3款規定，定20日以上期間，催告受擔保利益人即債務人行使權利之程序。

十三、查封效力無排除行政權之作用

法院查封債務人之財產，其效力僅在禁止債務人就該財產爲自由處分，並無排除國家基於行政權之作用，對該財產所爲之行政處分之效力，是經法院查封之土地，地政機關依非都市土地使用管制規則規定，核准土地所有人即債務人申請用地變更，編定爲其他用地，自不受查封之限制[35]。

---

[33] 張登科，強制執行法，三民書局有限公司，2004年2月，修訂版，頁591至592。

[34] 查封後始撤回執行者，法官應批示「如撤回狀簽名、印章相符，准予撤回，如無併案及調卷執行者，准予啟封辦理塗銷查封登記」。

[35] 司法院秘書長(84)秘臺廳民二字第16850號函。

十四、時效重行起算

時效中斷者，自中斷事由終止時，重行起算（民法第137條第1項）。消滅時效因假扣押強制執行而中斷者，其於法院實施假扣押之執行程序完成時。例如，查封、通知登記機關爲查封登記、強制管理、對於假扣押之動產實施緊急換價提存其價金或執行假扣押所收取之金錢（本法第133條）。上揭假扣押執行之中斷事由，經法院實施假扣押之執行程序完成時，時效重行起算[36]。

十五、例題解析

（一）第三人代位撤銷假扣押執行

1. 代位權之定義及要件

債務人怠於行使其權利時，且債務人應負遲延責任者，債權人因保全債權，得以自己之名義，行使其非專屬於債務人本身之權利。惟專爲保存債務人權利之行爲，不需債務人已負遲延責任時，債權人亦可爲之（民法第242條、第243條）。職是，債權人行使代位權之範圍，並不以保存行爲爲限，凡以權利之保存或實行爲目的之一切審判上或審判外之行爲，諸如假扣押、假處分、聲請強制執行、實行擔保權、催告、提起訴訟等，債權人均得代位行使[37]。第三人自得代位債務人提供擔保免爲假扣押或撤銷假扣押之擔保[38]。

2. 債權人持確定勝訴判決執行第三人所提存之擔保金

金錢債務之假扣押，第三人代位債務人提供擔保撤銷假扣押，被判決敗訴確定，債權人聲請就擔保金求償時，因第三人所供撤銷假扣押之擔保金，係爲賠償債權人因撤銷假扣押而受之損害，其債權人請求賠償損害時，獲勝訴判決確定時，債權人有與質權人同一之權利。如例題2所示，因債權人對第

---

36 最高法院103年度台上字第344號、104年度台上字第441號民事判決。

37 最高法院69年台抗字第240號民事裁定；最高法院99年度台上字第1107號民事判決。

38 楊與齡主編，強制執行法實例問題分析，郭松濤，第三人可否代位債務人提供擔保撤銷假扣押，五南圖書出版有限公司，2002年7月，初版2刷，頁144至145。

三人所提供擔保撤銷假扣押之擔保金，擔保金之所有權爲第三人所有，非債務人所有，縱使債權人取得本案請求之勝訴確定判決，仍不得執行擔保金執行。

（二）假扣押債權人為執行債權人

1. 換價保存價金

假扣押之執行，除本章有規定外，準用關於動產、不動產、船舶及航空器執行之規定（本法第136條）。而查封物雖應公開拍賣之，然有減少價值之虞或保管困難需費過鉅者，得將查封物變賣之（本法第60條第1項第3款、第5款）。因假扣押裁定，屬執行名義之一種（本法第4條第1項第2款）。且於終局執行分配時，就假扣押債權亦應列入分配，僅係於假扣押債權人未取得終局執行名義前，應提存其所受分配價金。換價程序之目的，不因動產或不動產而有不同，假扣押之動產既有先行換價保存價金之必要，自得准許假扣押債權人承受。

2. 應提出現款繳納價金

假扣押債權人固得爲承受之聲明，惟假扣押程序僅以保全日後權利之實現，確保將來終局執行爲目的，即以查封程序，禁止債務人處分其財產爲已足，而假扣押債權因未經終局確定，執行假扣押收取之金錢，應提存之，不得使其獲得終局滿足，否則顯逾保全程序之目的（本法第133條）。如例題3所示，聲明承受之假扣押債權人，不得主張以假扣押債權抵繳價金，應提出現款繳納價金，並提存該價金[39]。

（三）法院應撤銷超額扣押部分

甲依假扣押執行所欲保全之債權僅新臺幣（下同）100萬元，全體債務人受執行之財產總和，均僅爲保全一宗假扣押債權，而聲請查封債務人之財產，此與民法第273條現實請求給付者不同。倘債權人僅提存一項擔保金，就可對全體債務人各個人發動全部債權之保全，顯非公平。而債權人僅得就全體債務人財產在債權額範圍內，予以查封，不得對每位連帶債務人之財產予以查封

---

39 臺灣高等法院暨所屬法院101年法律座談會民執類提案第28號。

（本法第50條）。如例題4所示，因債權人甲對連帶債務人乙、丙僅有一個假扣押裁定之執行名義，其同時與全部爲保全請求，僅得就數連帶債務人之財產，在執行名義債權額範圍，聲請強制執行。債權人甲之債權額僅爲100萬元，所查封債務人乙、丙之財產合計已達150萬元，顯已逾越執行名義所載之保全金額。職是，債務人丙異議有理由，法院應撤銷超額扣押部分之執行命令（本法第12條）[40]。

第三項　撤銷假扣押

第一目　債務人撤銷假扣押

例題 5　假扣押原因消滅及命假扣押情事變更

債務人以其與債權人間清償債務事件，經法院以假扣押裁定，就債務人所有不動產執行假扣押。嗣本案訴訟已經法院判決債權人之勝訴確定，債權人可據本案勝訴判決取回假扣押擔保金，並持本案執行名義對債務人所有不動產為執行，因債權人見本案執行並無實益可言，而拒不實行其請求，足見假扣押之原因業已消滅或情事業已變更。試問債務人依民事訴訟法第530條第1項規定，聲請撤銷假扣押裁定，法院應如何處理？

一、債權人未於一定期間起訴者

（一）依債務人聲請

法院准爲假扣押，而本案尚未繫屬者，命假扣押之法院應依債務人聲請，命債權人於一定期間內起訴（民事訴訟法第529條第1項）[41]。倘債權人

[40] 臺灣高等法院暨所屬法院102年法律座談會民執類提案第13號；智慧財產及商業法院103年度民著抗字第2號民事裁定。

[41] 為聲請裁定命相對人於一定期間起訴事：相對人向貴院聲請假扣押聲請人之財產，經貴院以○○年○字第○○○○號裁定，將聲請人之財產在新臺幣○○○元之範圍內假扣押查封在案。但相對人尚未向法院提起本案訴訟，為此依民事

不於前開期間起訴者，債務人得聲請命假扣押之法院撤銷假扣押裁定（第4項）。法院命債權人依期限起訴，其期間大多爲10日，命令起訴之裁定，得另分新案。

（二）起訴同一效力者

法院依民事訴訟法第529條規定之期間，係裁定期間，非不變期間，故債權人雖未於裁定所定期間內起訴，其於命假扣押之法院爲撤銷假扣押之裁定前，債權人已起訴者，法院即不得爲撤銷假扣押之裁定[42]。所謂起訴者，係指依訴訟程序提起訴訟，得以確定其私權之存在，而取得給付之確定判決者而言[43]。而如後事由與起訴具有同等效力：1.依督促程序，聲請發支付命令者；2.依民事訴訟法聲請調解者；3.依民事訴訟法第395條第2項爲聲明者；4.依法開始仲裁程序者；5.其他經依法開始起訴前應踐行之程序者；6.基於夫妻剩餘財產差額分配請求權而聲請假扣押，已依民法第1010條請求宣告改用分別財產制者（民事訴訟法第529條第2項）。

二、假扣押之原因消滅或其他命假扣押之情事變更者

有發生假扣押之原因消滅、債權人受本案判決敗訴確定或其他命假扣押之情事變更者，債務人自得聲請撤銷假扣押裁定（民事訴訟法第530條第1項）。舉例說明如後：（一）債務人已清償債務，是債權人之請求權已經消滅；（二）債權人之請求權，經本案判決敗訴確定，已否定債權人之請求權存在；（三）當事人已經和解。

三、債務人提供擔保金或將請求之金額提存者

民事訴訟法第527條規定，假扣押裁定內，應記載債務人供所定金額之擔保或將請求之金額提存，得免爲或撤銷假扣押。即債務人提供擔保金或將請

訴訟法第529條規定，聲請貴院裁定命其於一定期間內起訴。

[42] 最高法院65年台抗字第392號、106年度台抗字第214號民事裁定。

[43] 最高法院65年台抗字第44號、97年度台抗字第524號民事裁定。

求之金額提存，得可撤銷假扣押執行，或免除假扣押執行。故債務人所有標的物遭法院查封後，債務人得提供款項，聲請撤銷查封，以調和債務人與債權人之利益。是標的物非船舶者，債務人得於查封後、拍定前提出現款，聲請撤銷查封（本法第58條第1項）。再者，查封物爲船舶時，債務人或利害關係人，得以債權額及執行費用額或船舶之價額，提供擔保金額或相當物品，聲請撤銷船舶之查封（本法第114條之1第2項）。債務人提供擔保後，假扣押之效力存於債務人提供之擔保金。

四、例題解析

（一）假扣押原因消滅或命假扣押之情事變更

假扣押之原因消滅，或其他命假扣押之情事變更者，債務人得聲請撤銷假扣押裁定。申言之：1.所謂假扣押原因消滅，係指已無日後不能強制執行或甚難執行之虞而言。例如，債權人原以應在外國強制執行爲假扣押原因者，現已得在國內強制執行；或者債務人有隱匿財產之虞，現債務人已爲債權人設定抵押權；2.所謂其他命假扣押之情事變更，係指債權人依假扣押保全執行之請求已消滅經本案判決予以否認，或已喪失其聲請假扣押之權利。

（二）本案訴訟勝訴判決確定之性質

債權人之本案訴訟，已獲勝訴判決確定者，債務人既須依判決內容清償其債務，顯難認爲假扣押之原因消滅或其他命假扣押之情事變更。而對不動產假扣押之執行，倘假扣押查封物賣得價金，其於清償優先債權及強制執行費用後，無賸餘之可能者，執行法院固應撤銷查封，將查封物返還債務人（本法第136條、第113條、第50條之1第2項）。惟其屬執行法院就債務人不動產假扣押執行之繼續實施，是否妥當之問題，自與假扣押之原因消滅，或其他命假扣押之情事變更者有別，債務人不得以此爲理由，依民事訴訟法第530條第1項規定，聲請撤銷假扣押裁定。

第二目　法院處理程序

一、管轄法院

法官處理撤銷假扣押裁定之聲請時，應批示另分新案，並命書記官檢具原假扣押卷宗，以便審查是否符合撤銷假扣押要件。職是，撤銷假扣押裁定須由假扣押之法院爲之。例如，假扣押之法院爲臺灣臺北地方法院，而臺灣臺中地方法院爲執行假扣押之法院，臺灣臺中地方法院不得爲撤銷假扣押裁定。再者，撤銷假扣押裁定確定後，提供擔保金之聲請人，聲請返還擔保金，應向民事庭聲請，因准予返還擔保金並非執行處之職權。

二、債權人撤回假扣押執行之處置

債權人僅聲請撤回假扣押執行，法院僅得撤銷假扣押之執行命令，不得逕行撤銷假扣押裁定。再者，有多數執行債權人之執行要件，其中有債權人聲請撤回假扣押執行，其查封效力依然存在，不得啓封，除非全體債權人均撤回執行，始可啓封。

三、假扣押裁定經廢棄或變更確定

假扣押裁定經廢棄或變更確定者，而於其廢棄或變更之範圍內，執行法院得依聲請撤銷其已實施之執行處分（本法第132條之1；辦理強制執行事件應行注意事項第69條之1）。例如，除去查封標示、塗銷查封登記及查封物交還債務人等。

第三節　假處分

第一項　聲請假處分之程序

例題 6　不行為假處分之競合

債權人甲向法院聲請禁止債務人處分其所有A不動產，試問：（一）禁止債務人處分A不動產假處分之執行方法為何？（二）債權人乙嗣後亦向法院聲請禁止債務人處分A不動產，致有不行為假處分競合時，法院應如何處置？

一、假處分之定義與要件（102三等書記官）

所謂假處分者，係指針對非金錢請求，爲保全將來之強制執行，禁止債務人變更系爭標的之現狀（民事訴訟法第532條）[44]。例如，保全不動產移轉登記請求權、禁止債務人移轉或設定抵押權等處分行爲。所謂非金錢請求之請求，係指其請求之標的爲物之交付、行爲或不行爲，非屬金錢滿足之債權而言。舉例說明如後：（一）親屬法之交付子女之請求，得爲假處分；（二）債權人主張債務人向其承租機器設備一批，並向債權人辦理融資性租賃，嗣債權人已交付機器設備予債務人驗收完畢，則依租賃契約之約定，債務人應按期給付租金，並妥善保管使用租賃標的物，詎債務人停止營業及負債累累，顯已違反合約規定，債權人惟恐債務人將機器設備移轉占有或爲處分之行爲而變更標的現狀，日後無法強制執行取回，爲此聲請本院爲假處分，並選任債權人爲機器設備之管理人。

二、執行法院之認定

債權人究係聲請假扣押、假處分或定暫時狀態處分，法院應按其聲請之本旨認定之，不受債務人所用假扣押、假處分或定暫時狀態處分之名稱拘

---

[44] 最高法院109年度台抗字第416號民事裁定。

束。舉例說明如後：（一）出賣人不依買賣契約履行交付貨物之義務，買受人爲此聲請假處分，禁止出賣人處分其所有房地，因交貨請求權係得易爲金錢之請求，是其聲請本旨爲假扣押，而非假處分；（二）買受人聲請假扣押，禁止債務人處分所有貨物，係就交付貨物請求保全強制執行，而非金錢請求之請求，其聲請本旨係請求爲假處分，並非假扣押。

三、準用假扣押之規定及相異處

假處分與假扣押同爲保全程序，是關於假扣押之規定，其於假處分準用之。但因第535條至第536條規定而不同者，不在此限（民事訴訟法第533條）。職是，關於假處分方法、撤銷假處分原則等事項，其與假扣押規定有異。

四、例題解析

（一）執行方法（111檢察事務官）

假處分之執行，除本法第137條至第139條規定外，準用關於假扣押、金錢請求權及行爲、不行爲請求權執行之規定（本法第140條）。茲將其執行方法分述如後：1.執行名義係命債務人容忍他人之行爲，或禁止債務人爲一定之行爲者，債務人不履行時，執行法院得管收之，或處新臺幣3萬元以上30萬元以下之怠金（本法第129條第1項前段）；2.債務人經管收或處怠金後，仍不履行時，得再處怠金或管收（第1項後段）。而管收後有新的管收原因雖得再行管收，然以一次爲限（本法第24條第2項）；3.債務人違反不行爲義務之同時，併發生物之狀態之有形結果者。例如，禁止債務人於其所有土地上建築，債務人違反其義務而建有建築物。執行法院得因債權人之聲請，以債務人之費用，除去其行爲之結果（本法第129條第2項）；4.執行法院執行後，債務人復行違反其義務時，執行法院得依聲請再爲執行。再爲執行應另分新案，應再徵執行費（第3項、第4項）。除去其行爲之結果範圍，除指禁止債務人爲一定行爲之執行名義成立後，所存在之行爲結果外，執行名義成立前發生者，亦包括在內（辦理強制執行事件應行注意事項第68條第2項）。

（二）不行為假處分之競合

執行法院是否許可兩個不行爲假處分之競合，應視兩個假處分之內容是否牴觸而定，一般應視競合之假處分爲禁止或容忍之內容而定。同屬禁止之假處分，係禁止債務人不得爲某種積極行爲，不包含有容許債權人爲該特定行爲，故兩者可併行執行。舉例說明如後：1.甲聲請假處分，禁止債務人乙不得使用A建築物，債務人乙亦聲請假處分，禁止債權人甲不得使用A建築物，兩者可併行執行；2.先爲容忍之假處分，再爲禁止之假處分，則發生牴觸之效果，執行法院對後者之假處分聲請，自應裁定駁回之。例如，甲先對乙聲請假處分，不得妨害甲進入乙之所有土地。嗣後乙再聲請假處分禁止甲進入該土地，則前後兩個假處分發生牴觸[45]。因乙對甲所爲進入乙地之行爲有忍受之義務，乙自不得禁止甲進入乙地之行爲。

第一目　管轄法院

一、已提起本案訴訟

假處分之聲請應向本案管轄法院提起，倘已提起本案訴訟者，向該法院民事庭聲請假處分。本案管轄法院，爲訴訟已繫屬或應繫屬之第一審法院。但訴訟現繫屬於第二審者，得以第二審法院爲本案管轄法院（民事訴訟法第524條第2項）。

二、未提起本案訴訟

假處分債權人未提起本案訴訟者，得向標的所在地之地方法院民事執行處具狀聲請假處分。假處分之標的係債權或須經登記之財產權，以債務人住所或擔保之標的所在地或登記地，爲假處分標的所在地（準用民事訴訟法第524條第3項）。

[45] 楊與齡主編，強制執行法實例問題分析，張登科，不行為假處分之執行，五南圖書出版有限公司，2002年7月，初版2刷，頁393、404。

第二目　假處分聲請

一、債權人聲請

假處分之聲請，應表明下列各款事項：（一）當事人及法定代理人；（二）請求。例如，債務人就其所有坐落○○市○○段○○地號土地及其上門牌號碼○○市○○路○○號、○○建號建物，除移轉所有權（或設定抵押權）與聲請人外，不得讓與、設定抵押及一切處分行爲；（三）假處分之原因；（四）法院。

二、假處分之原因

所謂假處分之原因，係指因請求標的之現狀變更，有日後不能強制執行或甚難執行之虞（民事訴訟法第532條第2項）[46]。例如，禁止債務人處分買賣標的物。故假處分裁定，禁止債務人設定、移轉或變更不動產上之權利者（本法第139條）。倘債務人不遵守假處分裁定而爲禁止之行爲者，對債權人無效，債權人於本案勝訴判決確定後，得主張其移轉或變更無效。

第三目　法院處理程序

一、原則不得許債務人供擔保而撤銷假處分

依據民事訴訟法假處分所保全之請求，得以金錢之給付達其目的，或債務人將因假處分而受難以補償之重大損害，或有其他特別情事者，法院始得於假處分裁定內，記載債務人供所定金額之擔保後免爲或撤銷假處分（民事訴訟法第536條第1項）[47]。假處分裁定未依前項規定爲記載者，債務人得聲請法院許其供擔保後撤銷假處分（第2項）。法院爲前2項裁定前，應使債權人有陳述意見之機會（第3項）。此與假扣押裁定內，記載債務人可供擔保，得免爲或撤銷假扣押，兩者有所不同（民事訴訟法第527條）。

---

[46] 最高法院109年度台抗字第416號民事裁定。

[47] 最高法院105年度台抗字第310號民事裁定。

二、假處分裁定應定假處分之方法

假處分所必要之方法，由法院酌量定之。假處分，得選任管理人及命令或禁止債務人爲一定行爲（民事訴訟法第535條）。而假扣押係扣押債務人之一般財產，自無定假扣押方法之必要。假處分選任管理人管理系爭物者，應解除債務人占有，使歸管理人占有。假處分係命令或禁止債務人爲一定行爲，債務人不遵其命令履行者，執行法院得依本法第127條至第129條關於行爲、不行爲請求權之執行規定處理，亦可依本法第22條爲拘提或管收。債務人在假處分程序，應不行爲而行爲時，該行爲對債權人不生效力。

三、有終局之執行名義者

債權人已取得終局之執行名義，即可據此執行，毋庸再聲請假處分。例如，債務人依據法院和解筆錄有交付其與債權人所生子女之義務，是債權人得持執行名義向法院請求強制執行，令債務人交付子女。債權人自得據此和解筆錄聲請強制執行，行使探視權，倘其就交付子女事件聲請假處分，應予駁回。

四、原票據權利人聲請假處分

票據爲不得享有票據上權利或票據權利應受限制之人獲得時，原票據權利人得依假處分程序，聲請法院爲禁止占有票據之人向付款人請求付款之處分（票據法施行細則第4條）。申言之：（一）所謂不得享有票據上權利之人，係指無處分權之人。茲舉例說明如後：1.竊取人或拾得人；2.自無處分權人以惡意或重大過失取得票據之第三人；（二）所謂票據權利應受限制之人，係指票據法第14條第2項規定，無對價或以不相當之對價取得票據者而言。票據法施行細則第4條明文規定爲原票據權利人，而非票據權利人，當然包括未喪失票據而得行使票據權利之執票人而言。準此，被竊或遺失票據之原票據權利人，依票據法第14條規定之反面解釋，自得請求不得享有票據上權利之人或票據權利應受限制之人返還票據。而發票人簽發票據後，其未交付他人前，票據尚在其執有中，屬原票據權利人，得聲請法院裁定假處分[48]，禁止占有票據之人向付款人請求付款。

五、票據債務人聲請假處分

民事訴訟法第532條之假處分規定，並未將票據假處分之聲請排除在外。票據法施行細則第4條規定，係原票據權利人就不得享有票據上權利或票據權利應受限制之人獲得票據時，所爲之救濟程序，並無排除民事訴訟法第532條之適用[49]。職是，符合民事訴訟法第532條或第538條規定者，均可向法院聲請對支票假處分，其相對人不限於票據法施行細則第4條所列之人，倘聲請人與債務人間涉有票據法施行細則第4條以外之票據糾紛，是聲請人不限於原票據權利人，亦包含票據債務人。例如，聲請人向債務人購買貨物，並簽發票據支付貨款，因貨物有瑕疵，經聲請人依法解除買賣契約，是債務人負有回復原狀、返還票據之義務，聲請人已提起或擬提起民事訴訟請求債務人返還該票據。而聲請人得請求其願爲債務人提供擔保，請求裁定就支付貨款之票據，而於本案判決確定前，禁止債務人向付款人爲付款之提示及轉讓與第三人。

六、對於票據之假處分執行

禁止占有票據之人向付款人請求付款之處分，其執行方法除應依本法第138條規定，將假處分裁定送達於占有票據之債務人外，亦須依本法第140條準用第135條、第115條第1項規定，對占有票據之債務人及第三人即付款人發執行命令，以禁止債務人向付款人爲付款提示及處分系爭票據，付款人亦不得對債務人或執票人付款。職是，應執行之標的物所在地或應爲執行行爲地，分爲占有票據之債務人住所地與票據付款人之住所地或所在地（本法第7條）。兩者不在同一法院時，債權人得向其中一法院爲之，即占有票據之債務人住所地及票據付款人之住所地或所在地之法院，兩者均爲管轄法院[50]。

---

48 司法院第3期司法業務研究會，民事法律專題研究2，頁370至372。
49 臺灣高等法院87年度抗字第7號民事裁定。
50 司法院(83)廳民二字第14330號函。

第二項　假處分之執行程序

第一目　假處分之要件

一、執行要件

債權人向執行法院聲請假處分裁定，即取得保全程序之執行名義。實務命債權人提供之擔保金，常以其請求標的物之價額全部爲準，其擔保金之數額，得以債權人所受之損害或可得之利益爲準。債權人繼而持假處分裁定，向法院提存所提存裁定所載之擔保金或擔保物，取得提供擔保之提存書後，繼而據狀向法院聲請假處分執行，並繳交執行費用，即執行標的物金額或價額之8‰。

二、執行之期限限制

債權人收受假處分裁定後已逾30日，不得聲請執行，執行法院應予裁定駁回（本法第132條第3項）。此爲聲請假處分執行之期間限制，其與聲請假扣押執行之期間相同。再者，單純不作爲之假處分，倘債務人未違反義務者，並無執行之問題，自無30日期間之適用。

第二目　執行應注意事項

一、秘密性

法院執行假處分，應於裁定送達同時或送達前爲之（本法第132條第1項）。不得於執行前通知債務人，以免債務人趁機脫產，其與執行假扣押裁定相同。準此，法院執行假處分應於執行前，通知債權人知悉，使債權人爲一定必要之行爲（本法第28條之1第1款）。

二、囑託機關登記查封事由與定期執行

法院應囑託相關機關登記查封事由，並應定期執行。即供強制執行之財產權，其取得、設定、喪失或變更，依法應登記者，爲強制執行時，執行法院應即通知該管登記機關登記其事由（本法第11條第1項）。前開通知，執行

法院得依債權人之聲請，交由債權人逕行持送登記機關登記（第2項）。

三、假處分收取之金錢應提存

假處分執行爲保全執行，非終局執行，是執行假處分收取之金錢，應提存之，不得由債權人領取。嗣債權人取得終局執行之執行名義後，始得滿足債權人之債權。準此，保全執行爲係保全日後取得執行名義後，得以實現私權，並非滿足債權之終局執行。

四、禁止重複查封

執行人員於實施強制執行時，發現債務人之財產業經法院或行政執行機關查封者，不得重複查封（本法第33條、第33條之1、第33條之2）。準此，因債務人之責任財產爲全體債權人之總擔保，故就同一債務人及同一標的物執行者，應合併其執行程序。

五、核發未執行證明

債權人雖依據假處分裁定，向法院提存所提存裁定所載之擔保金或擔保物，並據狀向法院聲請假處分執行及繳交執行費用，惟未聲請假處分執行或未實際執行債務人之財產，得聲請法院核發未執行證明，而持之逕向提存所聲請領回擔保金或擔保物，毋庸聲請撤銷假處分裁定，履行民事訴訟法第104條第1項第3款規定，定20日以上期間，催告受擔保利益人即債務人行使權利之程序。

六、假處分不得停止終局執行名義之執行（97司法官）

假處分執行終結後，債務人非取得終局執行名義，不得另聲請假處分裁定，以圖回復執行前之原狀。再者，債務人不得聲請假處分裁定，請求停止終局執行名義之執行，除非有本法第18條第2項規定之執行停止事由。例如，不動產抵押人不得向法院聲請假處分，停止拍賣抵押物裁定執行抵押物。

七、毋庸執行之假處分

假處分裁定僅在於形成法律狀態，假處分裁定送達後，法律狀態業已形成，倘債務人未違反假處分之內容，自無強制執行之問題。例如，禁止票據占有人向付款人請求付款之假處分，債務人與付款人均遵守法院之假處分時，即無執行之問題。

第三項　撤銷假處分

第一目　債務人撤銷假處分

一、有特別情事者

假處分所保全之請求，得以金錢之給付達其目的，或債務人將因假處分而受難以補償之重大損害，或有其他特別情事者，法院始得於假處分裁定內，記載債務人供所定金額之擔保後，免爲或撤銷假處分（民事訴訟法第536條第1項）。假處分裁定未依前項規定爲記載者，債務人得聲請法院許其供擔保後撤銷假處分（第2項）。

二、假處分原因消滅

假處分消滅原因如後：（一）債務人已清償執行名義之債務，是債權人之請求權已經消滅[51]；（二）債權人起訴請求之請求權，經本案判決敗訴確定，已否定債權人之請求權存在；（三）當事人已經和解在案，合意債權人不得再向債務人請求債權。

第二目　債權人撤銷假處分

債權人請求撤銷假處分裁定，毋庸陳明理由，而以供擔保爲假處分之情

---

51 爲聲請撤銷假處分裁定事：聲請人與相對人假處分事件，前經貴院以○○年全字第○○號假處分裁定准許在案，因債務業已清償，假處分之原因消滅，依民事訴訟法第533條、第530條第1項聲請貴院撤銷該裁定。

事最爲常見，俾於領回擔保物。例如，假扣押之裁定，債權人得聲請撤銷之，民事訴訟法第530條第3項定有明文。前開規定依同法第533條，其於假處分準用之。職是，債權人曾向法院聲請假處分裁定，經准予假處分，債權人自得聲請撤銷假處分裁定。

第三目　法院處理程序

撤銷假處分裁定，應由假處分之法院爲之（民事訴訟法第533條準用同法第530條第3項）。倘本案已繫屬者，向本案法院爲之（民事訴訟法第530條第4項）。執行法官處理撤銷假處分裁定之聲請時，應批示另分新案，並命書記官檢具原假處分卷宗，以便審查撤銷假處分要件。例如，假處分之法院爲臺灣臺南地方法院，縱使臺灣臺中地方法院爲執行法院，仍不得爲撤銷假處分裁定。再者，撤銷假處分裁定確定後，提供擔保金之聲請人，聲請返還擔保金，應向民事庭聲請，因准予返還擔保金並非執行處之職權。倘債權人僅聲請撤銷假處分執行，法院僅得撤銷假處分之執行命令，不得逕行撤銷假處分裁定。而撤銷假處分裁定確定後，提供擔保金之聲請人，聲請返還擔保金，應向法院民事庭聲請，因准予返還擔保金，並非執行處之職權。

第四節　定暫時狀態處分

第一項　聲請定暫時狀態之程序

例題7　執行名義之競合

甲男與乙女為夫妻，因就給付未成年子女生活費用發生紛爭，乙女向法院聲請就給付扶養費定暫時狀態處分，經法院作成准予裁定，乙女持之為執行後，繼而於本案訴訟取得假執行判決，乙女亦持之為執行名義，並聲請強制執行。試問兩者範圍不同時，執行法院應如何處理？

例題 8 定暫時狀態處分之擔保金計算

股份有限公司之股東向法院聲請定暫時狀態處分，禁止公司董事長行使職權。試問：（一）債權人之依據為何？（二）倘法院准予定暫時狀態處分，裁定主文應如何諭知？（三）法院命股東提供擔保金之計算基準為何？

例題 9 定暫時狀態處分與反向處分

專利權人甲先以乙製造彩色影像掃描器，侵害其所有新型專利，向法院聲請定暫時狀態處分，禁止乙繼續製造、販賣、使用或進口等侵害專利之行為。甲嗣於乙之產品是否侵害新型專利，其未經法院為終局判決前，逕以發新聞稿方式，對外指摘乙之產品侵害其所有之新型專利，導致媒體大肆報導。試問乙是否得向法院聲請定暫時狀態處分，裁定准許其得繼續製造、販賣、使用或進口等行為，並禁止專利權人甲為危害與干擾行為？

一、定暫時狀態處分要件

（一）本案化之特性（101司法官）

就有爭執之法律關係，爲防止發生重大之損害或避免急迫之危險或有其他相類之情形而有必要時，得聲請爲定暫時狀態之處分（民事訴訟法第538條第1項）[52]。例如，當事人間發生通行權於爭執，或通行權已被侵害，債權人聲請定暫時狀態處分時，得禁止債務人將爲通行權標的物之土地變更現狀，或設置障礙物以阻止通行，或爲其他類似行爲[53]。定暫時狀態處分裁定，以其本案訴訟能確定爭執之法律關係者爲限（第2項）。法院爲定暫時狀態處分，得命先爲一定之給付。法院爲裁定前，應使兩造當事人有陳述之機會（第3項）。例外情形，係法院認爲不適當者，不在此限（第4項）。除別有

---

[52] 最高法院106年度台上字第1230號民事判決。

[53] 最高法院71年台抗字第200號、86年度台抗字第425號民事裁定。

規定外，關於假處分之規定，其於定暫時狀態處分準用之（民事訴訟法第538條之4）。債權人聲請所為定暫時狀態之處分，係衡平救濟手段之保全方法，具有本案化之特性，為避免動輒有預為實現本案請求內容性質之處分，自應以較高度之保全必要性，為其准許要件[54]。

（二）有爭執之法律關係（97律師）

有爭執之法律關係（the legal relation in dispute），包含繼續性與非屬繼續性之法律關係、財產或身分之法律關係。財產之法律關係，亦不以金錢請求以外之法律關係為限[55]。僅要為防止發生重大之損害，或避免急迫之危險或有其他相類之情形而有必要，且得以本案訴訟確定時，即得聲請為該項處分[56]。再者，法院為充足保障債務人程序權，應使其有陳述意見機會，縱為一次性質之給付或滿足性質處分者，仍可聲請定暫時狀態處分[57]。

二、保全之必要性

（一）定暫時狀態之必要

所謂定暫時狀態之必要，係指為防止發生重大損害，或為避免急迫之危險，或有其他相類似之情形發生必須加以制止，而有保全必要性。損害是否重大、危險是否急迫或是否有其他相類之情形，應釋明至何種程度，始得以擔保金補足其釋明，應就具體個案，透過權衡理論及比例原則確認之。法院得考慮如後因素：1.聲請人因許可定暫時狀態處分所能獲得之利益；2.聲請人因不許可定暫時狀態處分所可能發生之損害；3.相對人因假處分之許可所可能蒙受之不利益；4.其他利害關係人之利益或法秩序之安定、和平等公益。而擔保金額究竟如何始為相當，其屬法院職權裁量之行使，除有明顯不當之

54 最高法院97年度台抗字第419號民事裁定。

55 最高法院91年度第7次民事庭會議決議，會議日期2002年7月16日；最高法院104年度台抗字第1071號民事裁定。

56 最高法院98年度台抗字第539號民事裁定。

57 最高法院98年度台抗字第359號民事裁定。

情形外，非當事人所可任意指摘[58]。

（二）防止發生重大損害

所謂防止發生重大之損害，係指使聲請人繼續忍受至本案判時止，其所受之痛苦或不利益顯屬過苛。其重大與否，須視聲請人因定暫時狀態處分所應獲得之利益或防免之損害，是否逾相對人因定暫時狀態處分所蒙受之不利益或損害而定。聲請人因定暫時狀態處分所應獲之利益或防免之損害，大於相對人因定暫時狀態處分所受之不利益或損害，始得謂爲重大而具有保全之必要性[59]。

（三）審酌因素

聲請人聲請定暫時狀態處分，應釋明其原因。聲請之原因縱經釋明，法院仍得命聲請人供擔保後，爲定暫時狀態之處分。申言之，聲請人就有爭執之法律關係聲請定其暫時狀態之處分者，須釋明法律關係存在及有定暫時狀態之必要；其釋明不足者，應駁回聲請，不得准提供擔保代之或以擔保補釋明之不足。聲請人固已爲釋明，法院爲定暫時狀態處分之裁定時，仍得命聲請人提供相當之擔保。法院審理定暫時狀態處分之聲請時，就保全之必要性，應審酌因素如後：1.聲請人將來勝訴可能性；2.聲請之准駁對於聲請人或相對人是否將造成無法彌補之損害；3.權衡雙方損害之程度；4.對公眾利益之影響[60]。

1. 專利權侵權事件

專利權侵權事件，每涉及專利技術之研發及市場之競爭之特質，尚須兼顧專利權人於其專利權受侵害時迅速獲得救濟、相對人被迫退出市場所受衝擊、市場之公平競爭。職是，就侵害專利權爭執事件，酌定暫時狀態假處分之必要性時，自應考量是否造成無法彌補之損害、利益之衡平、是否影響公共利益、受侵害權利之有效性等事實[61]。

---

58 最高法院96年度台抗字第9號民事裁定。

59 最高法院101年度台抗字第497號民事裁定。

60 最高法院98年度台抗字第713號民事裁定。

61 最高法院96年度台抗字第205號民事裁定。

2. 董事與監察人之委任事件

對於爭執之法律關係聲請爲定暫時狀態之處分，須有保全之必要性，始得爲之。股份有限公司之董事、監察人於就任後應向主管機關登記，倘有變更，應聲請變更登記，否則不得以此事項對抗第三人（公司法第12條、第393條第2項第5款）。股份有限公司董事及監察人之職權，限於具有董事及監察人身分者，始得行使之[62]。準此，就公司與董事、監察人間是否委任關係，發生爭執者，得就該委任法律關係聲請爲定暫時狀態之處分。

三、禁止反向定暫時狀態處分

債權人就爭執之法律關係，已聲請爲定暫時狀態之處分，法院進行本案訴訟之審理程序，應善盡職責實質審查定暫時狀態處分要件[63]。不論係單純之不作爲處分，或容忍不作爲處分，經其向法院爲聲請後，債務人僅得對准許裁定，循抗告程序或聲請撤銷定暫時狀態處分裁定之途徑，加以謀救濟，不得於法院未爲准駁之裁定前，再聲請內容相牴觸之定暫時狀態處分，以阻卻債權人之聲請[64]。

四、例題解析

（一）扶養費請求權

兩事件均係基於同一給付扶養費之請求權而爲執行，具有相同之目的，故不能重覆執行，雖應以併案方式處理。惟因處分執行在本案判決確定前，仍有定暫時狀態處分之必要，債權人並已提供處分擔保金。倘定暫時狀態處分之範圍大於假執行範圍，仍應執行定暫時狀態處分。至於假執行範圍大於定暫時狀態範圍，其於債權人符合假執行要件，依法聲請假執行時，本得就假執行範圍執行之。如例題7所示，應將假執行事件併入處分事件，並視定暫

---

[62] 最高法院97年度台抗字第140號民事裁定。

[63] 黃國昌，民事訴訟理論之新開展，元照出版有限公司，2005年10月，頁526。

[64] 最高法院97年度台抗字第651號民事裁定。

時狀態處分及假執行事件何者之範圍較大，依範圍較大者執行之[65]。

（二）禁止公司董事長行使職權

1. 公司與董事長屬委任之法律關係

就爭執之法律關係，為防止發生重大之損害或避免急迫之危險或有其他相類之情形而有必要時，得聲請為定暫時狀態處分（民事訴訟法538條第1項）。如例題8所示，債權人主張債務人擔任公司董事長，有法定無效及不適任之情形，債權人對債務人現為董事長之資格有所爭執，認為應禁止債務人行使職權，基於公司與董事長屬委任之法律關係，具有繼續性，是債權人為公司股東，自得適用定暫時狀態處分之規定，聲請命債務人暫時停止執行職務。命停止執行職務之處分，其裁定生效後，被禁止執行職務之債務人，當然失其執行職務之權限，其所為行為，縱使其後處分之命令被撤銷，仍屬無效[66]。

2. 裁定主文及提供擔保金之計算

公司股東聲請定暫時狀態處分，禁止董事長行使職權，如法院准予處分，其主文諭知為債權人以新臺幣○○○元，為債務人○○○供擔保後，債務人○○○不得行使○○股份有限公司董事長職權。而法院命股東提供之擔保金，得以董事長持有之公司股票市價或任期內之酬勞總數為基準[67]。

（三）專利侵害事件

1. 定暫時狀態處分之目的

定暫時狀態處分為專利權人防止損害發生或擴大之有效方法，由法院命侵害人暫時停止侵害行為，避免嗣後提出專利侵權之民事訴訟後，縱使獲得勝訴判決確定，惟期間曠日費時，侵害人早已於市場大量銷售侵權物品，使專利權人之商機大受影響，甚至受到無法彌補或不能回復之損害。職是，專利權人得向法院聲請定暫時狀態處分，禁止被控侵權人繼續製造、販賣、使

---

[65] 94年第4期及95年第2期民事業務研究會（強制執行專題），民事法律專題研究20，頁113至117。法院辦理民事執行實務參考手冊附錄，頁148至153。

[66] 張登科，強制執行法，三民書局有限公司，2004年2月，修訂版，頁597。

[67] 最高法院88年度台抗字第22號、第339號民事裁定。

用或進口等侵害專利之行爲。

2. 定暫時狀態處分競合

定暫時狀態處分競合時，其效力爲何，法院應先判斷兩者之性質是否相容，倘兩者性質相容，自得併案處理。反之，性質不相容者，先聲請執行者優先。換言之，前後定暫時狀態處分之執行方法，互相牴觸者，先聲請與執行者，其效力優先於後聲請而性質不相容者。準此，在正向與反向定暫時狀態處分，兩者形成差異之法律關係，而有互相牴觸之情事，實無法同時存在。如例題9所示，正向與反向定暫時狀態處分，就有無侵害專利權之主張，顯有相反之爭執，倘正向定暫時狀態處分裁定確定後，當事人再聲請內容牴觸之反向定暫時狀態處分裁定，因正向與反向定暫時狀態處分不得並存，法院應裁定駁回反向定暫時狀態處分之聲請。

第二項　緊急處置

聲請定暫時狀態之處分，其必要性如何，不易爲正確之判斷，法院爲定暫時狀態之裁定前，應使兩造當事人有陳述意見之機會，審理上可能須費時日。爲避免緩不濟急，致危害發生或擴大，法院認有必要時，得依聲請以裁定先爲一定之緊急處置。因該處置僅係暫時之權宜措施，故其有效期間不宜過長，應以7日爲限，當事人雖於期滿前得聲請延長，然延長期間不得逾3日（民事訴訟法第538條之1第1項）。緊急處置之裁定，既於有效期間屆滿時或期間屆滿前因法院另爲裁定而失其效力，當事人自無再向上級法院請求救濟之必要，不得聲明不服（第3項）。緊急處置屬中間處分性質，故於處置之有效期間屆滿前，法院已就聲請事件爲裁定，自應以終局裁定之內容爲準。而法院雖裁定准許定暫時狀態，然其內容與先爲之處置內容相異時，其先爲之處置於相異之範圍內，亦應失其效力（第2項）。

第五節　擔保物之變換及返還

第一項　擔保物之變換

提供擔保之提存物，法院得依供擔保人之聲請，以裁定許其變換，民事訴訟法第106條前段準用第105條第1項定有明文。實務常見者，有提供擔保准予停止執行、假執行、假扣押及假處分後，因提供擔保期間，作爲擔保物之債券或定期存單已到期，提供擔保人得聲請變換擔保物或提存物。例如，提供擔保人向法院民事庭聲請稱其前遵法院假處分民事裁定，爲被擔保人提供擔保物聲請假處分在案，並經法院提存在案，茲以所提存之新臺幣○○○元，因無法作爲現金周轉，聲請准予以同額之○○商業銀行可轉讓定期存單代之。

第二項　擔保物之返還

例題10　聲請變換提存物之管轄法院

債權人前向臺灣臺北地方法院聲請假扣押，經該法院裁定准予假扣押，債權人嗣後向臺灣臺中地方法院提存假扣押擔保金。試問債權人聲請變換假扣押之提存物，應向何法院聲請？

一、裁定返還者

(一) 事　由

有下列各款情形之一者，法院應依供擔保人之聲請，以裁定命返還其提存物：1.應供擔保之原因消滅者（民事訴訟法第104條第1項第1款）。例如，債務人已清償債務或當事人間已和解等；2.供擔保人證明受擔保利益人同意返還者（第2款）。例如，受擔保人出具同意書同意供擔保人領回提存物，經法院審查無誤時，應裁定返還擔保金（物）與供擔保人；3.訴訟終結後，供擔保人證明已定20日以上之期間，催告受擔保利益人行使權利而未行使者

（第3款）。

（二）催告行使權利

訴訟終結後，供擔保人證明已定20日以上之期間，催告受擔保利益人行使權利而未行使者。例如，假扣押債權人聲請撤銷假扣押裁定已確定，假扣押債權人以存證信函定20日以上之期間，催告假扣押債務人行使權利，即行使供擔保人假扣押受擔保利益人財產，所產生之損害賠償請求權，而其未行使者[68]。職是，聲請人應檢附假扣押裁定、撤銷假扣押裁定、裁定確定證明書、提存書、郵局存證信函及郵證回執等文件爲證，作爲催告行使權利之事證。

二、逕向提存所請求還返而毋庸裁定

（一）保全處分於執行程序實施前撤回執行之聲請

債權人雖依據假處分或假扣押裁定，向法院提存所提存裁定所載之擔保物，據狀向法院聲請假處分或假扣押執行，並繳交執行費用，惟未聲請假處分或假扣押債務人之財產，得聲請法院核發未執行證明，而持之逕向提存所聲請領回擔保物（提存法第18條第1項第3款）。

（二）提存法之規定

擔保提存之提存人於提存後，有提存法第18條第1項規定事由，得聲請該管法院提存所返還提存物：1.假扣押、假處分所保全之請求，其本案訴訟已獲全部勝訴判決或確定判決有同一效力者（提存法第18條第1項第5款）；2.假執行、假扣押或假處分所保全之請求，其本案訴訟經和解或調解成立，受擔保利益人應負全部給付義務或負部分給付義務，而對提存物之權利聲明

---

[68] 本人與臺端前因○○○假扣押事件，經臺灣○○地方法院○○年度全字第○○號假扣押裁定，並以○○年存字第○○號提存書，提存擔保新臺幣○○元在案，由於本案業經○○年○字第○○○號撤銷假扣押裁定確定在案，臺端為受擔保之利益人，如因此受有損害，請於文至21日期間內，對擔保金主張行使權利；逾期不行使，本人即向法院聲請發還上開擔保金。

不予保留者（第6款）。

三、訴訟終結

民事訴訟法第104條第1項第3款之訴訟終結，其於就供訴訟費用之擔保而起訴之情形，係指該訴訟程序終結，訴訟費用額已能確定者而言（民事訴訟法第96條）。其他依法令供訴訟上之擔保者，依同法106條準用第104條第1項第3款規定，應指受擔保利益人因該供擔保之原因，所受損害已得確定，且其對供擔保之提存物行使權利，並無障礙而言。故債權人於提供擔保，對債務人財產實施假扣押或執行假處分後，先撤銷假扣押或假處分裁定（民事訴訟法第530條第3項、第533條前段、第538條之4）。繼而撤回假扣押或假處分之執行，債務人因假扣押或假處分執行所受之損害，已確定不再發生，損害可得確定，並得據以行使權利請求賠償時，債權人得以訴訟終結爲由，定期催告受擔保利益人行使權利，而未行使後，聲請法院裁定返還提存物，不以假扣押或假處分之本案訴訟終結爲必要[69]。

四、例題解析

如例題所示有二說：（一）甲說認爲向提存之法院聲請，即向臺灣臺中地方法院聲請變換提存物；（二）乙說則認爲向准予假扣押裁定之法院爲之。而本文認爲臺灣臺北地方法院裁定准予假扣押，是命假扣押之法院，並諭知債權人提供擔保得以假扣押，該卷證係臺灣臺北地方法院保管中，其較易調查相關事證。職是，變換原擔保金之裁定，自應由原假扣押裁定之法院爲之，本件應由臺灣臺北地方法院裁定之。

---

[69] 最高法院102年度台抗字第652號民事裁定。

不動產之強制執行

目　次

關鍵詞：異議、變賣、債權憑證、換價程序、滿足程序、塗銷主義、承受主義、優先購買權、除去租賃權、分配表異議之訴

第一節　金錢債權之執行

例題 1　建築物及其基地得併予拍賣

甲在其所有A地上建有未辦保存登記之B屋，甲以A地設定債權額新臺幣（下同）100萬元之普通抵押權予乙，嗣後因債權額100萬元之普通債權人丙聲請拍賣A地及B屋。經法院核定A地、B屋之拍賣最低價額，分別為A地80萬元、B屋60萬元，A地價格不足清償抵押權所擔保之債權，而乙之抵押債權尚未到期。試問執行法院得否將A地與B屋併附拍賣？理由為何？

一、金錢債權之定義

所謂金錢債權，係指以給付一定數額之金錢爲目的之債權，而金錢債權之執行標的，係以債務人所有之財產爲內容[1]。因不動產價值性較高，不動產執行成爲滿足債權人債權之主要及重要之手段，就法院強制執行處之實務以觀，金錢債權強制執行之種類，大多以不動產爲主。準此，本章先介紹不動產執行，繼而於次章介紹動產執行程序。

二、金錢債權之執行方法

金錢債權之強制執行方法，依據執行之先後可分爲三個時期：（一）第一時期爲查封程序，由執行法院禁止債務人處分財產；（二）第二時期爲換價程序，實施拍賣或變賣債務人財產；（三）第三時期係滿足程序，將換價所得之金錢交與債權人，以滿足債權人之債權。再者，金錢債權強制執行之種類，依據執行之債務人財產，得分動產、不動產、船舶、航空器及其他財產權類型。

1　吳光陸，強制執行法，三民書局有限公司，2007年2月，頁271至272。

三、不動產之執行方法（99律師）

不動產之強制執行之執行方法，以查封、拍賣、強制管理等方法行之（本法第75條第1項）[2]。其中強制管理爲不動產強制執行程序所特有，藉由不動產之使用收益所取得之金錢收入，作爲清償債務之用，倘性質許可並認爲適當者，拍賣及強制管理，得併行之（第2項）。建築物及其基地同屬債務人所有者，得併予查封、拍賣（第3項）[3]。應拍賣之財產有動產及不動產者，執行法院得合併拍賣之（第4項）。合併拍賣之動產，適用關於不動產拍賣規定（第5項）。例如，法院一併查封不動產內之動產與保險櫃內之物品。再者，債務人所有之不動產，係指債務人所有之土地及建物而言，包含土地及其定著物（民法第66條）。不動產之執行與動產之執行，均係滿足金錢債權爲目的之執行，兩者有相通處，是不動產之強制執行，而於性質相同處，準用動產執行規定（本法第113條）。

四、例題解析

建築物及其基地同屬於債務人所有者，得併予查封、拍賣（本法第75條第3項）。如例題1所示，執行法院僅就B屋拍賣時，因B屋坐落之基地未在拍賣範圍，勢必造成應買意願低落，且拍定後，B屋拍定人就B屋坐落之A地發生法定地上權，將來A地換價時，A地之法定地上權負擔，將減損A地之交易價值，對債務人及抵押權人乙同均不利。倘執行法院將A地併付拍賣，相較於乙將來僅對A地行使抵押權之情形，更能提高應買之意願，且拍定後抵押權人乙仍能優先受償，對債權人、抵押權人及債務人均無不利，亦可避免因房屋與基地分別轉讓，造成物權法律關係複雜化，有害社會經濟利益。職是，執行法院得將A地與B屋併付拍賣[4]。

---

[2] 最高法院108年度台抗字第834號民事裁定：違章建築之房屋雖因欠缺行政管理之規定，不許向地政機關辦理第一次所有權登記，然得以之為交易之標的而讓與其事實上之處分權，自得為強制執行拍賣換價之標的。

[3] 最高法院105年度台抗字第554號民事裁定。

[4] 臺灣高等法院暨所屬法院105年法律座談會民執類提案第12號。

第二節　查　封

第一項　概　說

例題 2　債務人之行為違反查封效力

債權人持本票裁定，向執行法院聲請執行債務人所有A土地，經執行法院查封債務人所有A土地後，債務人於地政機關未辦查封登記前，將其A土地所有權移轉登記於第三人。試問債權人應如何救濟？執行法院可否實施拍賣？

一、查封之目的

查封之目的在於禁止債務人處分其所有財產，使債務人喪失占有，由執行法院取得公法上占有之地位，是執行法院將查封物交由債務人、債權人或第三人保管，其等人僅爲執行法院之輔助占有人[5]。執行法院基於占有人之地位，經由換價程序將查封物轉變爲金錢，繼而滿足債權人之金錢債權，職是，查封爲不動產及其他金錢債權執行之第一步執行方法。

二、查封對於債務人之效力（104書記官；98執達員；90司法官）

查封對於債務人之效力於立法例有二說：絕對無效說及相對無效說[6]。本法查封之效力採相對無效說，債務人對查封物所爲之處分行爲，僅對執行債權人不生效力，惟債務人與處分行爲之相對人間依然有效，是執行債權人撤回強制執行或查封經撤銷時，處分行爲完全有效（本法第51條第2項）。而債務人在查封後就查封物所爲之處分，對於債權人不生效力。債權人範圍除指聲請執行查封之債權人外，亦包含參與分配之債權人係採程序相對無效說。

5 楊與齡主編，強制執行法爭議問題研究，陳計男，查封之效力，五南圖書出版有限公司，1999年2月，頁275。

6 絕對無效說認為查封為公法行為，為貫徹禁止債務人處分之查封目的，其行為絕對、確定無效。

例如，債權人持金錢債權確定判決爲執行名義，查封債務人所有之不動產後，債務人將不動產所有權移轉與第三人，該移轉所有權之處分行爲，係查封後所爲，僅對債權人不生效力，而於債權人撤銷查封後，就債務人與第三人間屬有效之處分行爲[7]。

三、執行人員

查封不動產之人員，係由執行法官、或司法事務官命書記官督同執達員爲之，並命債權人到院或特定會合處導往現場執行（本法第76條第1項；法院組織法第17條之2）。執行查封事件，實務上大多僅有書記官與執達員到場執行。

四、不動產之查封方法（91執達員）

不動產之查封方法有三：（一）所謂揭示，係指將查封公告張貼於不動產所在地，俾眾周知。例如，查封建物時，將查封公告貼於其大門或屋內，一經揭示，即生查封效力。已登記之不動產，執行法院並應先通知登記機關爲查封登記，其通知於揭示之執行行爲實施前到達登記機關時，先發生查封之效力（本法第76條第3項）。換言之，揭示在先者，其於完成揭示時生效；登記通知先到達者，則於地政機關收到通知，並登記於不動產登記簿謄本時，發生查封之效力；（二）所謂封閉，係指將不動產封鎖關閉，以禁止或限制債務人或第三人使用管理不動產，或進出該不動產；（三）所謂追繳契據，係指追繳證明不動產所有權之文件。例如，所有權狀（本法第76條第1項）。再者，（一）至（三）所示之方法，而於必要時得併用之（本法第76條第2項）。實務甚少以封閉或追繳契據之方法查封不動產。而於執行之現場，非經執行法官之准許，當事人或關係人不得拍照或攝影，倘當事人或關係人未經准許擅自爲之，執行人員得禁止之，並得令其交出底片、錄影帶或刪除圖檔。

---

7 最高法院51年台上字第156號民事判決；最高法院109年度台上字第1238號民事裁定。

五、例題解析

（一）訴請塗銷其所有權移轉登記

不動產實施查封後，就查封物所爲之移轉、設定負擔或其他有礙執行效果之行爲，對於債權人不生效力（本法第113條、第51條第2項）。執行債務人之不動產，經法院查封後，執行債務人對其所爲之處分行爲，對於債權人固不生效力。然查封後辦妥之移轉登記，在未塗銷登記前，依土地法所爲之登記有絕對眞實公信力，縱使債務人之處分有無效原因，在債權人未提起塗銷登記之訴，並取得勝訴確定判決前，其登記不失效力[8]。申言之，債權人基於查封之效力，得禁止債務人處分責任財產，故債務人不動產所有權移轉登記於第三人，係於法院查封後，債權人得以債務人之處分行爲係無效，而訴請塗銷其所有權移轉登記。嗣取得勝訴之確定判決時，執行法院自應於塗銷移轉登記，恢復爲債務人所有權後，始能繼續拍賣[9]。

（二）續行拍賣程序

不動產實施查封後，債務人就查封物所爲移轉、設定負擔或其他有礙執行效果之行爲，對於債權人不生效力。實施查封後，第三人未經執行法院允許，占有查封物或爲其他有礙執行效果之行爲者，執行法院得依職權或依聲請排除之（本法第113條準用第51條第2項、第3項）。準此，不動產實施查封後，第三人違背查封效力，就查封物取得所有權或其他物權登記，有礙執行效果者，對於債權人不生效力，第三人不得以其所有權或其他物權對抗債權人。是執行法院自得不待塗銷第三人之所有權或其他物權登記，即續行拍賣程序[10]。

---

8 最高法院50年台上字第96號民事判決；最高法院101年度台上字第1935號民事裁定；憲法法庭111年憲裁字第338號裁定。

9 民事法律問題研究彙編第5輯，司法院民事廳編輯，司法院秘書處印行，1987年5月，頁244。

10 最高法院99年度台抗字第340號民事裁定。

第二項　囑託查封及定期執行

一、囑託查封登記

就已登記之不動產，執行法院應先通知登記機關爲查封登記，避免債務人處分所有不動產（本法第76條第3項前段）。法院得命債權人提出不動產登記謄本，以爲查封憑證，俾於通知管轄不動產所在地之地政事務所登記查封事由。

二、定期執行

不動產強制執行之查封，債權人需引導法院之執行人員，通常由書記官督同執達員至不動產所在地爲查封行爲。例如，書記官製作查封筆錄，並於查封之不動產上張貼查封公告。再者，遇當事人阻止執行法院，在不動產上張貼查封公告，應記明筆錄，查封登記到達登記機關時，即生查封之效力（本法第76條第3項後段）。

三、查封效力發生之始點（106執達員、執行員）

通知查封登記於執行行爲實施前，到達登記機關時，亦發生查封之效力（本法第76條第3項後段）。換言之，查封效力之發生始點，視執行人員實施揭示行爲或登記機關登記，何者爲先。因查封之登記，並非查封效力之要件，縱使未辦理查封登記，對查封效力亦不生影響[11]。

第一目　查封筆錄

一、應記載事項

書記官於查封時，應作成查封筆錄，載明下列事項：（一）爲查封原因之權利；（二）不動產之所在地、種類、實際狀況、使用情形、現場調查所得之海砂屋、輻射屋、地震受創、嚴重漏水、火災受損、建物內有非自然死

11 最高法院51年台上字第1819號民事判決。

亡或其他足以影響交易之特殊情事及其應記明之事項；（三）債權人及債務人；（四）查封方法及其實施之年、月、日、時；（五）查封之不動產有保管人者，其保管人（本法第77條第1項）。

二、查封原因與當事人

所謂查封原因之權利，係指執行名義所載之債權。所謂當事人，係指執行名義所載之執行債權人及債務人（本法第77條第1項第1款、第3款）。執行名義爲確定終局判決者，除當事人外，對於左列之人亦有效力：（一）訴訟繫屬後爲當事人之繼受人及爲當事人或其繼受人占有請求之標的物者；（二）爲他人而爲原告或被告者之該他人及訴訟繫屬後爲該他人之繼受人，及爲該他人或其繼受人占有請求之標的物者（本法第4條之2第1項）。前項規定，於第4條第1項第2款至第6款規定之執行名義，準用之（第2項）。

三、不動產

（一）不動產所在地與種類

查封之土地應記載其坐落地號、地目、面積及地上物之使用情況。如爲房屋，應載明坐落地號、門牌、房屋構造、型式、層別、層數、面積、用途、未保存登記建物之稅籍號碼。上揭事項，因須公告之項目甚多，實務上常以附表表示之。

（二）不動產之使用現況

所謂不動產之使用現況，係指查封時之使用狀況而言。例如，債務人自用、空屋、有無借貸關係、租賃關係及第三人占用等，以決定不動產於拍定後，法院是否點交予拍定人。再者，強制執行事件有調查之必要時，除命債權人查報外，執行法官得自行或命書記官調查之（本法第19條）。是所查封不動產之使用情形如何，債權人固有協力義務，然執行法官或司法事務官本得自行或命書記官調查之（本法第113條、第48條第1項）。自不得以債權人未依限查報該不動產之使用情形，而認其強制執行之聲請爲不合法（本法第

28條之1第1款）[12]。

（三）不動產之實際狀況

查封筆錄就增建之建物，須記明有無獨立之出入門戶，以認定該增建部分是否為抵押權效力所及（民法第862條第3項）。增建部分無獨立之出入門戶者，為主建物之附屬建物，始為抵押權效力所及。所謂附屬建物，係指依附於原建築以助其效用而未具獨立性者之次要建築。例如，加蓋之車庫或廚房。再者，建築物被區分之特定部分，其須具備構造上及使用上之獨立性，特定部分得為建築物區分所有權之客體，並非附屬建物。例如，公寓頂樓之加蓋樓層，其具有獨立之出入門戶，因構造上及使用上均有獨立性，並非原頂樓之附屬建物[13]。

（四）現場調查所得

為使拍賣之不動產相關資訊充分揭露，以保障應買人權益，執行人員於實施查封時，查所得之海砂屋、輻射屋、地震受創、嚴重漏水、火災受損、建物內有非自然死亡或其他足以影響交易之特殊情事及其應記明之事項。建物內是否有非自然死亡之情事，得向管轄之警察機關查詢。

（五）調查方式

執行法官或書記官，為調查本法第77條第1項第2款情事或其他權利關係，得依下列方式行之：1.開啓門鎖進入不動產或訊問債務人或占有之第三人，並得命其提出有關文書；2.向警察及其他有關機關、團體調查，受調查者不得拒絕（本法第77條之1第1項）。前開情形，債務人無正當理由拒絕陳述或提出文書，或為虛僞陳述或提出虛僞之文書者，執行法院得依債權人聲請或依職權管收債務人。但未經訊問債務人，並認非予管收，顯難查明不動產狀況者，不得為之（第2項）。第三人有前項情形或拒絕到場者，執行法院得以裁定處新臺幣1萬5千元以下之罰鍰（第3項）。

---

[12] 最高法院84年度台抗字第533號民事裁定。

[13] 最高法院106年度台上字第941號民事判決。

四、方法及期日

執行法院執行查封時，爲明確查封行爲與執行之標的物內容，查封筆錄應記載查封方法及其實施之年、月、日、時。例如，民國112年或2023年10月11日實施查封，並將查封公告張貼於不動產所在地（本法第77條第1項第4款）。

五、保管人

查封之不動產有保管人者，其保管人爲何人應記載於筆錄已查封之不動產（本法第77條第1項第5款）。以債務人爲保管人者，債務人仍得爲不妨礙查封效力之管理或使用。例如，查封時未出租與第三人，不得有出租之情事。由債務人以外之人保管者，執行法院得許債務人於必要範圍內管理或使用之（本法第78條）。

六、簽　名

查封人員及保管人應於查封筆錄簽名，倘有依本法第48條第2項規定之人員到場，亦應簽名。例如，查封之際，倘債務人不在場，應命其家屬或鄰右之有辨別事理能力者到場，而於必要時，得請警察到場協助執行（本法第77條第2項）。

第二目　查封應注意事項

一、債權人之引導義務

債權人聲請強制執行後，其有引導法院執行人員至現場執行之義務，係債權人於執行程序中應爲一定必要之行爲。倘經法院二次定期現場查封債務人所有之不動產，通知債權人到院引導執行，而債權人經合法通知，均無正當理由，並未到院引導，致不能進行強制執行程序，執行法院得以裁定駁回其強制執行之聲請。例如，債權人於執行程序中應爲一定必要之行爲，無正當理由而不爲，經執行法院再定期限命爲該行爲，無正當理由逾期仍不爲者，致不能進行時，執行法院得以裁定駁回其強制執行之聲請，並於裁定確定後，撤銷已爲之執行處分（本法第28條之1）。職是，債權人聲請強制執行後，經法院二次定期現場查封債務人所有之不動產，通知債權人到院引導執行，債權人經合法通知，無正當理由均未到院引導，致不能進行強制執行程序，債權人之強制執行聲請，自應予駁回。

二、執行人員進入不動產調查與囑託測量

執行法官或書記官，爲調查不動產之實際狀況、占有使用情形或其他權利關係，得開啓門鎖進入不動產（本法第77條之1第1項）。申言之，調查查封之不動產其實際狀況如何？是否爲債務人本人占有使用，抑是在第三人占有使用中？倘爲第三人占有，其占有之權源如何？前述情況，均影響該不動產拍定後，能否點交及拍定人應否承受第三人占有權源之負擔。故賦予執行法官或書記官得開啓門鎖進入不動產之權限，以增進強制執行之功能。例如，命債權人僱請鎖匠開啓門鎖，必要時得請管區警員至現場協助執行。準此，區分所有之建築物，債務人爲專有部分之所有人，有使用他專有部分所有人正中宅門之必要者（民法第799條、第800條）。倘正中宅門之專有部分所有人，拒絕法院執行人員通行宅門時，致無法調查債務人所有不動產之實際狀況，執行法官或書記官得開啓該宅門之門鎖，進入區分所有建築物。再者，查封建物之現狀與登記之範圍不符者，執行人員應會同地政事務所進行勘測，以確定將來執行範圍。例如，增建或重建之部分。

三、債務人或第三人占有

執行之不動產有債務人或第三人占有時，執行法院得進行如後程序：（一）執行法官或書記官，爲調查不動產之實際狀況、占有使用情形或其他權利關係，得訊問債務人或占有之第三人，並得命其提出有關文書（本法第77條之1第1項）；（二）債務人無正當理由拒絕陳述或提出文書，或爲虛僞陳述或提出虛僞之文書者，而經訊問債務人，並認非予管收，顯難查明不動產狀況者，執行法院得依債權人聲請或依職權管收債務人（本法第77條之1第

2項）。例如，債務人或第三人主張有租賃或借貸關係，得命其提出租賃契約或借貸契約，以查明占有人之姓名及使用權源，債務人拒絕交出該等契約，亦無相當擔保者，得管收之，以防止其等假造租賃或借貸關係，阻礙執行之進行；（三）執行法院於必要時，得依職權或依聲請，限制債務人住居於一定之地域，但已提供相當擔保者，應解除其限制（本法第77條之1第2項準用第22條）；（四）第三人有無正當理由拒絕陳述或提出文書，或爲虛僞陳述或提出虛僞之文書者，或拒絕到場者，執行法院得以裁定處新臺幣1萬5千元以下之罰鍰（本法第77條之1第3項）。該命罰鍰之裁定，係本法第4條第1項第6款之執行命令。

四、禁止過度查封

（一）比例原則（95執達員；107檢察事務官；109執行員）

比例原則源於法治國原則，具有保護人民基本權性質之憲法原則，其於國家公權力之行使，行政、立法或司法機關均應適用，執行法院之強制執行爲公權力之行使，應受其拘束[14]。故查封不動產應以足以清償債權及債務人應負擔之費用爲限，不得過度查封（本法第50條）[15]。例如，債務人有數筆不動產，倘查封其中部分之不動產，已足以清償債權及債務人應負擔之費用，自不得查封債務人全部之不動產，誠爲比例原則之適用。本法第3條之1之強制力實施與警察協助、第9條之傳訊當事人之限制、第21條之拘提債務人要件、第22條之對債務人之拘提管收、第22條之3之管收限制事由、第24條之管收期限與次數、第50條之1之無益執行禁止、第52條之酌留生活必需物、第53條之禁止查封之動產、第55條之查封時間之限制、第112條之強制管理之終結、第128條之不可替代行爲請求權執行方法、第129條不行爲請求權之執行方法，均屬比例原則適用之明證。

---

[14] 何慧娟，強制執行不動產換價程序之研究，國立中正大學法律學研究所碩士論文，2015年5月，頁17。

[15] 最高法院96年度台抗字第772號民事裁定：所查封之財產是否足額，係執行法院應依職權調查之事項。

（二）以異議裁判時為基準

因查封後須進行拍賣債務人之財產，始能清償債權人之債權，而債務人之財產將來能否拍定？拍定價格多少？有無他人參與分配？均屬未知數，實非查封時即能預知，除非客觀上極爲明顯，否則不宜輕斷有無超額查封，逕認查封之財產遠逾於債權。職是，執行法院評估有無超額查封，不以查封時之價值衡量，應以作爲准許或駁回異議之裁定時，衡量財產之價值，判斷是否超額[16]。倘認有超額查封債務人財產之情形，債務人可依本法第12條第1項規定，對查封命令聲明異議[17]。

第三項　妨害查封效力罪

一、構成要件

查封不動產及動產之強制執行時，執行書記官須督同執達員至不動產所在地爲查封行爲，除應製作查封筆錄，並於查封之不動產上張貼查封公告，或於動產上貼上標封，該等查封公告及標封，均屬查封之標示。倘債務人或第三人故意損壞、除去或污穢執行人員所施之查封之標示，或故意爲違背其效力之行爲，該當刑法第139條規定之污損查封標示及違背其效力罪。故損壞、除去或污穢公務員所施之封印或查封之標示，或爲違背其效力之行爲者，處2年以下有期徒刑、拘役或20萬元以下之罰金。申言之：（一）所謂封印者，係指封存之標示。例如，實施查封之封條。而查封之標示者，係指因查封所發之標記公告。例如，就動產所爲之標封、就不動產所爲之揭示；（二）妨害查封罪之行爲有四：1.損壞行爲，即損傷破壞封條之一部或全部，致其喪失效用[18]；2.除去而變更其所在地，即將封條從查封標的物上除去；3.污穢行爲，即以不潔之物品變更其外觀。例如，在封條上塗油漆，使人無法辨識知悉查封之事；4.違背查封效力行爲，以除損壞、除去或污穢

[16] 最高法院100年度台抗字第392號、98年度台抗字第569號、94年度台抗字第550號民事裁定。

[17] 最高法院48年台上字第1323號民事判決。

[18] 最高法院47年台上字第1280號、86年度台上字第52號刑事判決。

外，凡足以喪失查封之效力者均屬之[19]。例如，在原封條上黏貼他物，原封條雖未損壞，然已足使人無法知悉查封之事。

二、本罪與損害債權罪相異處

債務人於將受強制執行之際，意圖損害債權人之債權，而毀壞、處分或隱匿其財產者，應依刑法第356條處斷，倘在強制執行實施後，僅將公務員所施之封印或查封之標示予以損壞、除去或污穢，並無毀壞、處分或隱匿其自己財產之可能，應構成本條之罪[20]。

第四項　損害債權罪

一、構成要件

本罪爲身分犯，犯罪主體爲將受強制執行之債務人。是執行債務人於將受強制執行之際，意圖損害債權人之債權，而毀壞、處分或隱匿其財產者，處2年以下有期徒刑、拘役或15,000元以下罰金，刑法第356條定有明文。損害債權罪之成立，係以債務人於將受強制執行之際，意圖損害債權人之債權，而毀壞、處分或隱匿其財產爲要件。該罪係以保護債權人之債權受償可能性爲其規範目的。所謂債務人，係指在執行名義上負有債務之人，須以債權人業已取得執行名義爲其前提條件。所謂執行名義，係指以強制執行法第4條第1項各款所定之情形，包括民事確定判決、本票准予強制執行之裁定等。所謂將受強制執行之際，係指債務人對債權人所負之債務，經債權人對之取得強制執行名義後，至強制執行程序尚未終結以前之期間而言[21]。申言之，損害債權罪之構成要件如後：（一）將受強制執行之際爲之，係指得以強制執行，而尚未執行。倘已強制執行完畢後，而爲妨害查封標示者，則構成刑法第139條之罪[22]；（二）債務人須有損害債權人債權之意圖，債務人就將受強制

19 陳煥生，刑法分則實用，自版，1987年2月，修訂9版，頁78。
20 最高法院43年台非字第28號刑事判決。
21 最高法院108年度台上字第798號刑事判決。
22 陳煥生，刑法分則實用，自版，1987年2月，修訂9版，頁516。

執行之建物或土地，而與第三人通謀虛僞出租或出借，以便隱匿，藉以避免強制執行者，應成立損害債權罪，債務人與第三人成立共犯關係（刑法第31條第1項）。債務人或第三人是否會因此而得利，其與本罪之成立無關。

二、告訴乃論

損害債權罪爲告訴乃論之罪，而告訴權屬於執行債權人，其有6個月之告訴期間限制，得於第一審言詞辯論終結前，撤回其告訴（刑法第357條）。而妨害查封效力罪，非屬告訴乃論之罪，除執行債權人得提起告訴或自訴外，任何人均可告發之。

第三節　拍賣之準備

第一項　囑託測量

一、囑託測量之必要性

土地或建築物設定抵押權後，抵押人於土地上營造建築物或於原建築物再行擴建或增建者，除應認爲係抵押物之從物，或因添附而成爲抵押物之一部者外，執行法院於必要時，得就原設定抵押權部分及其營造、擴建或增建部分，分別估定價格，並核定其拍賣最低價額後，一併拍賣之（辦理強制執行事件應行注意事項第42條第3項）。因土地所有人於設定抵押權後，其於土地上營造建築物，經執行法院於必要時，得將其建築物與土地併付拍賣（民法第877條）。就建築物部分，無須再經法院爲許可拍賣之裁定。

二、囑託測量增建建物

（一）未經登記之建物

法院查封不動產時，常遇見查封之建物有增建部分，其中以透天厝及公寓、大樓之頂樓最爲常見。通常該建物之增建部分，爲地政實務上所稱之未保存登記之建物，因該增建之部分，未登載於登記謄本，是建物之構造、型式、層別、層數及面積等事項，均需囑託地政機關至現場測量，以確定法院執行之範圍[23]。而查封未經登記之建物，應先通知地政機關，依據未登記建築改良物辦理查封登記聯繫辦法，辦理查封登記後，始能拍賣。

（二）區分獨立建物與非獨立建物

查封筆錄應記明有無「牆垣、屋頂、可否遮蔽風雨」、「有無獨立之出入門戶」及「何人所出資興建」等事項，以作爲是否爲獨立之建物之參考。所有人於原有建築物之外另行增建者，如增建部分與原有建築物，無任何可資區別之標識存在，而與之作爲一體使用者，因不具構造上及使用上之獨立性，自不得獨立爲物權之客體，原有建築物所有權範圍因而擴張，以原有建築物爲擔保之抵押權範圍亦因而擴張[24]。換言之，增建建物經認定爲非獨立物，而屬不動產之成分，該增建建物爲抵押權效力所及；倘認定爲獨立物，惟非主物之成分，常助主物之效用，而同屬於一人者，則爲從物。除交易上有特別習慣者依其習慣（民法第68條第1項）。因抵押權之效力，及於抵押物之從物與從權利（民法第862條第1項）。是抵押權之效力，亦及於該從物[25]。準此，獨立之增建非屬從物時，始非抵押權效力所及（民法第862條第3項）。

（三）判斷構造上及使用上之獨立性

建築物已足避風雨，可達經濟上使用目的，且具構造上及使用上之獨立性，即屬獨立之建築物，得爲物權之客體。所謂構造上之獨立性，係指建築物有屋頂、四周牆壁或其他相鄰之構造物，以與土地所有權支配之空間區隔遮斷或劃清界線，得以明確標識其外部範圍之獨立空間。再者，所謂使用上之獨立性，係指建築物得作爲一建築物單獨使用，有獨立之經濟效用者而言。判斷建築物有無使用上之獨立性，應斟酌其對外通行之直接性、面積、

---

23 辦理強制執行事件應行注意事項第42條第2項規定：查封房屋之實際構造與登記簿記載不符時，仍應按實際構造情形鑑定拍賣。

24 最高法院88年度台上字第485號民事判決。

25 謝在全，建築物附屬物之研究—最高法院84年台上字第1411號民事判決評釋，法令月刊，49卷8期，1998年8月1日，頁29以下。

價值、隔間、利用狀況、機能、而與其他建築物之依存程度、相關當事人之意思及其他各種情事，依社會一般觀念爲綜合考量[26]。

（四）無權占有

執行法院應查明查封建物有無占用鄰地之情況，以作爲拍賣條件之依據之一，藉以告知應買人應自負占有鄰地之法律責任，鄰地所有人得對拍定人行使物上請求權，主張拆屋還地（民法第767條第1項）。拍定人不得以經由法院拍賣取得建物，而主張其合法占有鄰地。

三、查明有無法定地上權

土地及其土地上之建築物同屬抵押人所有，而僅以土地或僅以建築物設定抵押權者，執行法院拍賣抵押物時，應囑託地政機關至現場測量，先確定建築物使用土地之面積及範圍，應於拍賣公告內載明，並說明建築物占用部分之土地，建築物所有權人享有法定地上權（民法第876條第1項）。以促應買人注意，避免發生紛爭（辦理強制執行事件應行注意事項第40條第5項）。而以土地及建築物爲抵押者，經法院拍賣後，其土地與建築物之拍定人各異時，建築物所有權人享有法定地上權（民法第876條第2項）。執行法院應囑託地政機關至現場測量，作爲點交予拍定人之範圍。

四、查明債務人現實占有共有物之部分

查封債務人之共有不動產，應注意債務人現實占有共有物之部分，是該現實占有部分，執行法院應囑託地政機關測量其範圍及面積，以確定拍定後點交之範圍，此爲分管契約之效力[27]。因執行法院拍賣不動產應有部分時，

---

[26] 最高法院106年度台上字第941號民事判決。

[27] 民法第826條之1第1項規定：不動產共有人間關於共有物使用、管理、分割或禁止分割之約定或依第820條第1項規定所為之決定，經登記後，對於應有部分之受讓人或取得物權之人，具有效力。其由法院裁定所定之管理，經登記後，亦同。第2項規定：動產共有人間就共有物為前項之約定、決定或法院所為之裁定，對於應有部分之受讓人或取得物權之人，以受讓或取得時知悉其情事或可得而知者為限，亦具有效力。

倘於拍賣條件記載債務人現實占有共有物部分，而於拍定後得爲點交，該債務人之應有部分，較易拍定。反之，債務人未現實占有共有物之部分，則於拍定後不點交之。

五、測量費用屬必要之執行費用

執行法院囑託地政機關測量增建建物或共有人現實占有部分，得命債權人於相當期限內，預納增建或共有人現實占有部分之測量費用，該等費用爲必要之執行費用，債權人未於相當期限內預納費用，法院得依未預納必要執行費用之規定，裁定駁回（本法第28條之1第2款）。

六、停止執行之處理

強制執行期間，有本法第18條第2項規定之停止事由時，經法院民事庭法官裁定停止強制執行，執行程序既然已停止，則不得再行囑託地政機關測量增建建物、債務人現實占有共有物之部分及債務人所有建物有無占用鄰地，或者查封債務人所有之不動產，免生無益程序之進行。

第二項　通知關係人

例題3　通知優先承買人

甲、乙共有耕地1筆，所有權應有部分各為1/2，並定有分管契約，各自占有分得之特定部分，而為使用收益。嗣甲依耕地三七五減租條例將其占有耕地之特定部分，出租予丙從事耕作。嗣後乙之債權人A聲請強制執行，拍賣乙所有之該耕地所有權應有部分1/2，由丁投標拍定。試問：（一）承租人丙有無優先承受權？（二）執行法院應否通知承租人丙優先承買？

一、通知抵押權人

(一)目　的

最高限額抵押權之標的物,經第三人之聲請強制執行而查封者,自最高限額抵押權人知悉該事實後,最高限額抵押權所擔保之債權即告確定(民法第881條之12第1項第6款)[28]。是查封後繼續增加之抵押債權,將損及執行之效果,非最高限額抵押權之效力所及。準此,查封之不動產,倘有設定抵押權,因抵押權人就抵押物有優先受償之權利(民法第860條)。而本法對有擔保物權人,採強制參與分配主義[29]。需要通知抵押權人行使抵押權,以知悉實際之抵押債權之金額,其目的有三:1.得作爲訂定拍賣底價之參考;2.認定普通債權人聲請強制執行,有無拍賣實益;3.法院於製作分配表時,列入優先分配之債權(本法第34條第2項)。例如,法官核定之拍賣底價爲新臺幣(下同)200萬元,而抵押債權高達200萬元,因不動產之拍賣最低價額,不足清償抵押債權、土地增值稅、不動產稅及強制執行之費用者,顯屬無益之執行。執行法院應將其事由通知債權人,債權人於受通知後7日內,得證明該不動產賣得價金有賸餘可能,或指定超過該項債權及費用總額之拍賣最低價額,並聲明如未拍定,願負擔其費用而聲請拍賣。逾期未聲請者,執行法院應撤銷查封,將不動產返還債務人(本法第80條之1)[30]。

(二)增建價値之估算

債務人所有之建物,而於抵押權設定後增建之建物,而增建建物在使用上及結構上,並無獨立性,即無獨立之出入門戶,是增建部分爲主建物之附屬建物,得視爲主建物之成分或從物。準此,增建建物應爲抵押權效力所及,建物之抵押權人得就賣得之價金優先受償。故認定有無執行實益時,應

---

28 最高法院78年度第17次民事庭會議決議,會議日期1989年8月1日。

29 楊與齡主編,強制執行法爭議問題研究,楊與齡,拍賣物抵押權人可否提起第三人異議之訴,五南圖書出版有限公司,2002年7月,初版2刷,頁164。

30 最高法院101年度台抗字第370號民事裁定:拍賣最低價額不足清償優先債權及強制執行之費用,不以首次拍賣為限,減定拍賣最低價額再行拍賣,仍受其限制。

將增建之價値估算在內。

二、通知地上權人

(一) 行使優先購買權

所謂地上權，係指以在他人土地上有建築物或工作物爲目的而使用其土地之權（民法第832條）。因土地法第104條關於基地或房屋優先購買權之規定，旨在使房屋與基地之所有權合歸於一人所有，使法律關係單純化，以盡經濟上之效用，並杜紛爭。故必須對於基地有地上權、典權或租賃關係之存在，且地上權人、典權人或承租人於基地上有房屋之建築者，始有優先購買權之適用[31]。土地上之建物，包含登記者與未登記者，均可主張優先購買者。

(二) 地上權無效

抵押權人除於債務人所有之不動產設定抵押權外，並設定地上權，然其在債務人之土地上並無建築物、其他工作物使用土地之情事，其目的係爲確保其債權而設定地上權，屬通謀虛僞意思表示（民法第87條）。是其等設定地上權之法律行爲，應屬無效。嗣後不動產之拍定人得以此原因事實，訴請確認地上權不存在之訴。準此，法院得諭知地上權人是否同意塗銷地上權，其目的有二：1.拍賣之標的物如能塗銷地上權，較易拍定，其債權亦較能獲得滿足；2.縱使地上權未塗銷，拍定人於取得所有權後，亦得對其提起確認地上權不存在之訴，此對抵押權人而言，其地上權之設定，並無實益可言。

---

31 最高法院84年度台上字第83號民事判決。

三、通知有優先購買權人

（一）債權或物權效力

共有人[32]、承租人[33]、地上權人、典權人對拍賣之土地有優先購買權[34]。執行法院應通知該等優先購買權人，以確認其等是否行使優先購買權，免日後發生爭議[35]。是法院應事先命債權人提出優先購買權人之名冊及其戶籍謄本，以利通知作業程序[36]。共有物應有部分第1次之拍賣，執行法院應通知他共有人。但無法通知時，不在此限。最低拍賣價額，就共有物全部估價，按債務人應有部分比例定之（本法第102條）。倘法院漏未通知具有物權效力之優先購買權人優先購買，而逕由買受人或拍定人買受者，不得對抗優先購買權人。故該優先購買權人於執行終結後，仍得主張優先購買之權利。例如，承租人、地上權人、典權人。

（二）形式審查

執行法院於第三人主張優先購買權時，固得就該第三人是否符合優先購買權之資格，從形式上予以審查。然優先購買權是否確實存在，屬實體爭議，應循訴訟程序加以解決，非執行法院於執行程序中所得加以審究者。例如，土地法第104條第1項後段所謂房屋出賣時，基地所有權人有依相同條件優先購買之權，係指基地出租之情形而言。是土地出租人於承租人之房屋出賣時，有依同樣條件優先購買之權。而基地及房屋係屬一人所有，先後分別

---

32 土地法第34條之1第4項、第5項。

33 民法第426條之2、第460條之1；土地法第104條、第107條；耕地三七五減租條例第15條；農地重劃條例第5條。

34 土地法第104條、第107條。

35 最高法院68年台上字第3141號、99年度台上字第1999號民事判決：共有人出賣其應有部分時，依土地法第34條之1第4項規定，他共有人固得以同一價格優先承購，惟此僅有債權效力。非如承租土地建築房屋之人，對於出租人出賣其土地時之優先購買權，具有相對的物權之效力。

36 辦理強制執行事件應行注意事項第44條及提示執行法院查封及點交不動產注意改進事項第5條規定：倘法院已盡調查之能事，仍無法查悉或送達共有人，致不通知其優先承買者，即毋庸公示送達。

出賣與不同之人，亦有適用（民法第425條之1）。

四、共有人於查封後不得為共有物之協議分割

共有物之應有部分經實施查封後，共有人仍得依民法第824條規定之方法，請求分割共有物，是法院自得基於公平原則，決定適當之方法而爲判決分割共有物，自不發生有礙執行之效果，其查封效力及於該債務人因分割而取得之特定部分。至於協議分割之結果有礙執行效果者，對於債權人不生效力（本法第51條第2項）[37]。職是，共有人於查封後，不得爲共有物之協議分割，故通知共有人除有促使其行使優先承買權外，亦有提醒共有人不得再爲協議分割之功能。

五、變價分割共有物判決之拍賣

共有物應有部分第一次拍賣，執行法院應通知他共有人（本法第102條第1項）[38]。其目的在使其他共有人知悉而出價應買，可減少或消滅共有關係。而法院判決命共有物變價分割之場合，其執行債權人可能爲變價分割共有物判決之原告或被告，其均立於執行債權人或執行債務人之地位。本文認爲此變價拍賣，其與清償拍賣不同，全體共有人均得參加應買或承買，共有人買受時，其他共有人無優先承買權。

六、共有人無優先承購權之情形

（一）非簡化共有關係

共有人出賣應有部分時，他共有人得以同一價格共同或單獨優先承購，其立法意旨爲第三人買受共有人之應有部分時，承認其他共有人享有優先承

---

[37] 最高法院69年度第14次民事庭會議決議，會議日期1980年7月29日。

[38] 最高法院96年度台抗字第317號民事裁定：執行法院能通知而未踐行通知他共有人者，即屬未遵強制執行法第12條所稱強制執行時應遵守之程序，當事人及他共有人自均得於強制執行程序終結前聲明異議。

購權，簡化共有關係（土地法第34條之1第4項）。倘共有人間互為買賣應有部分時，即無上開規定適用之餘地。例如，甲為土地共有人之一，則其於執行法院拍賣程序中，買受共有人乙之應有部分，其他共有人不得主張優先承購權。

（二）共有土地之建物

共有人分別於共有之土地興建其等獨有之房屋，嗣後債權人聲請就共有人之一所有之房屋及其土地之應有部分強制執行，其他土地共有人就遭拍賣之房屋，並無優先承買權。因此情形，並無上述基地出租興建房屋，導致基地與房屋之所有權，分屬不同人所有之情形，是土地共有人間就共有人於土地上所有之房屋，遭法院拍賣時，並無優先承買權可言。

七、例題解析

參諸耕地三七五減租條例第15條第1項條文規定內容，耕地出賣或出典時，課以出租人應將賣典條件以書面通知承租人，倘承租人未於15日內以書面表示承受者，視為放棄等情，顯見三七五租約之承租人有優先承受之權，係建立在耕地租賃關係，以出賣耕地之人與承租人間有三七五租賃契約關係存在為前提，倘出賣耕地之人非出租人，無需將出賣條件以書面通知承租人。職是，本題所示耕地所有權應有部分之出賣人，其為執行債務人乙，而乙與丙間並無成立耕地三七五租約關係，丙就乙之應有部分，無主張優先承受之權利，是無庸為優先承買之通知[39]。

第三項　查明拍賣標的物使用現況

一、調查方法

（一）職權調查

法院執行人員於查封不動產時，應調查標的物之現況，並載明於查封筆錄內。即應調查之事項有不動產之實際狀況、占有使用情形或其他權利

[39] 臺灣高等法院暨所屬法院105年法律座談會民執類提案第19號。

關係。執行法官或書記官為調查現況之必要，得訊問債務人或占有之第三人，或命其等提出有關文書。並得開啓門鎖進入不動產（本法第77條之1第1項）。債務人無正當理由拒絕陳述或提出文書，或為虛偽陳述或提出虛偽之文書者，執行法院得依債權人聲請或依職權管收債務人（第2項）。第三人無正當理由拒絕陳述或提出文書，或為虛偽陳述或提出虛偽之文書者，或者拒絕到場者，執行法院得以裁定處新臺幣1萬5千元以下之罰鍰（第3項）。足見債務人及占有人對查封之標的物有陳述現況之義務。茲將具體調查之方法分述要者如後：1.開啓門鎖，進入屋內，將屋內布置情形，製成略圖或照相，如有信件、書本、筆記本，或其他載有姓名之物品者，並將情形記明筆錄；2.向債務人之鄰居或大廈管理員，查詢不動產之占有人；3.向收取水、電、瓦斯等費用之機關或機構，調查繳納費用之人，或向戶政機關函調該住戶之戶籍謄本資料[40]。

（二）債權人陳報

執行人員於查封時未查明或無法查明使用現況，須令債權人陳報不動產現況，以決定該不動產於拍定後，可否點交與拍定人，作為買賣條件之一。倘依法不能點交者，則應詳載其占有之原因及依法不能點交之事由，不得記載「占有使用情形不明，拍定後不點交」類似文字。

二、不動產之實際狀況及占有使用情形

因查封不動產之實際狀況如何，為何人所使用占有，對拍定後之是否點交及物上負擔之處理，其等關係密切，執行法院自應查明之。所謂不動產之實際狀況，係指房屋結構、是否有增建等情事。而占有使用情形係指不動產目前之使用情況。例如，是否係債務人自用、是否空屋、有無借用關係、有無租賃關係或第三人是否有權占用等。因占有乃對物事實之管領力，係屬一種事實，應具備占有之公示外觀，足以供他人辨識占有人為何人，是出租人與承租人訂立租賃契約後，將租賃物交付承租人占有前，經執行法院查封

[40] 提示執行法院查封及點交不動產注意改進事項第3條。

者，承租人不得主張係查封前與債務人訂約承租該不動產，阻止點交（辦理強制執行事件應行注意事項第57條第10項）。例如，債務人與第三人間之租約係2000年5月5日以後所訂定者，如租約超過5年或未定期限者，應查明租約有無經公證，未經公證者則無買賣不破租賃關係之適用（民法第425條）。

第四項　函查農地之三七五租約及都市計畫

例題 4　農地上有違章建築之處理

債務人將其所有農地為債權人設定抵押權後，在該農地上興建違章建築，造成該農地無法核發農業使用證明，嗣後抵押權人聲請拍賣該農地，導致法院無法進行農地拍賣。試問執行法院應如何處理？依據為何？

一、農地之範圍

所謂農業用地，係指非都市土地或都市土地農業區、保護區範圍內，依法供下列使用之土地：（一）供農作、森林、養殖、畜牧及保育使用者；（二）供與農業經營不可分離之農舍、畜禽舍、倉儲設備、曬場、集貨場、農路、灌溉、排水及其他農用之土地；（三）農民團體與合作農場所有直接供農業使用之倉庫、冷凍（藏）庫、農機中心、蠶種製造（繁殖）場、集貨場、檢驗場等用地（農業發展條例第3條第10款）。

二、購買農地之資格及限制

耕地之使用及違規處罰，應依據區域計畫法相關法令規定；其所有權之移轉登記依據土地法及民法之規定辦理（農業發展條例第31條）。職是，農業發展條例就農地承受人之資格限制，自2000年1月28日起，自然人承受農地，僅需符合農地農用之使用規定，出具農業用地作農業使用證明書即可，無庸具備自耕能力[41]。農地亦得共同承受，保持共有關係。私法人雖不得承

[41] 應出具農業用地作農業使用證明書，倘在農地上有建違章建築，則無法取得農

受耕地，然符合第34條規定之農民團體、農業企業機構或農業試驗研究機構經取得主管機關之許可證明者，得購買農地（農業發展條例第33條）[42]。

三、例題解析

（一）農業用地作農業使用證明書

農業發展條例第31條前段規定耕地之使用，應符合區域計畫法相關法令規定。是農業發展條例就農地承受人之資格限制，自2000年1月28日起，自然人承受農地，固無庸具備自耕能力，惟應出具農業用地作農業使用證明書。倘在農地上有建違章建築，依法亦無法核發農業用地作農業使用證明書。

（二）農地有違章建築之處置

執行法院遇債務人將其所有農地爲債權人設定抵押權後，在該農地上興建違章建築，造成該農地無法核發農地農用資格證明時，執行法院應先行查封，以防脫產。再發函詢問鄉鎮市（區）公所，該農地是否得聲請農地農用證明，倘無法核發者，俟違章建築遭建管機關強制拆除後，再續行強制執行，而此方法易延滯執行程序。

（三）繳交土地增值稅

作爲農業使用之農業用地移轉與自然人時，得申請不課徵土地增值稅，經核准不課徵土地增值稅者，倘發現未依法作農業使用之情事者，應追徵土地增值稅（農業發展條例第37條至第40條）。準此，無法核發農業用地農業使用證明書者，法院將土地增值稅列入分配金額，自得拍賣之。

業用地作農業使用證明書。

42 農業發展條例第34條第1項規定：農民團體、農業企業機構或農業試驗研究機構，其符合技術密集或資本密集之類目及標準者，經申請許可後，得承受耕地；技術密集或資本密集之類目及標準，由中央主管機關指定公告。

第五項　函查山地保留地之購買資格限制

一、山地保留地範圍

山坡地範圍內原住民保留地，除依法不得私有外，應輔導原住民取得承租權或無償取得所有權（山坡地保育利用條例第37條第1項）。原住民保留地開發管理辦法，依山坡地保育利用條例第37條第6項規定訂定之。所謂山地保留地，係指原住民保留地。依據原住民保留地開發管理辦法第3條規定，原住民保留地，指爲保障原住民生計，推行原住民行政所保留之原有山地保留地及經依規定劃編，增編供原住民使用之保留地[43]。

二、原住民之定義

所謂原住民，係指山地原住民及平地原住民。前開原住民身分認定標準，依原住民身分法之規定（原住民保留地開發管理辦法第4條）。其主管機關在中央爲原住民族委員會；在直轄市爲直轄市政府；在縣（市）爲縣（市）政府。而執行機關爲鄉（鎮、市、區）公所（同辦法第2條）。原住民保留地之總登記，由直轄市、縣（市）主管機關囑託當地登記機關爲之；其所有權人爲中華民國，管理機關爲原住民族委員會，並於土地登記簿標示部其他登記事項欄註明原住民保留地（同辦法第5條第1項）。

三、購買山地保留地之資格

原住民於原住民保留地取得承租權或無償使用權或依法已設定之耕作權、地上權、農育權，除繼承或贈與於得爲繼承之原住民、原受配戶內之原住民或三親等內之原住民外，不得轉讓或出租（同辦法第15條第1項）。原住民取得原住民保留地所有權後，除政府指定之特定用途外，其移轉之承受人以原住民爲限（同辦法第18條第1項）。準此，原住民保留地之耕作權、地上權、承租權、無償使用權或所有權，其受讓人以原住民爲限。是法院欲拍賣

---

43 原住民保留地開發管理辦法第1條規定：本辦法依山坡地保育利用條例第37條第6項訂定之。

山地保留地時，須函查鄉鎮（市）公所，查明該山地保留地之承買人，有無資格限制。否則由非具備承購條件者得標，無法辦理所有權移轉登記。

第六項　集合住宅土地及建物之移轉限制

例題 5　違反公寓大廈管理條例第4條第2項

拍賣之不動產如為集合住宅，而其停車位有獨立之建號，倘拍賣時未與主建物合併拍賣，依據公寓大廈管理條例規定，如建物及土地同屬一人所有，不得分別拍賣，故停車位未一併拍賣，係違反同條例第4條第2項之禁止規定，將導致主建物及持分土地均無法辦理所有權移轉登記。試問：（一）法院應如何處理？（二）倘執行名義為拍賣抵押物裁定，法院應如何進行？

一、公寓大廈應有部分基地及建物所有權之移轉限制

（一）不得分離移轉或設定負擔

公寓大廈之全部或一部分，具有使用上之獨立性，且爲區分所有權標的之專有部分，不得與其所屬建築物共用部分之應有部分及其基地所有權或地上權之應有部分分離，而爲移轉或設定負擔（公寓大廈管理條例第3條第3款、第4條第2項）[44]。故專有部分不得與其所屬建築物共用部分之應有部分及其基地所有權之應有部分，分離而爲移轉。是公寓大廈之區分所有建物及基地所有權或地上權同屬一人所有，其建物或基地所有權、地上權移轉時，應受上開條例禁止規定之限制。準此，法院應一併拍賣而不得分別拍賣，否

---

[44] 所謂區分所有，係指數人區分一建築物而各有其專有部分，並就其共用部分按其應有部分有所有權。而專有部分係指，公寓大廈之全部或一部分，具有使用上之獨立性，且為區分所有之標的者。另共用部分則指公寓大廈專有部分以外之其他部分及不屬專有之附屬建築物，而供共同使用者（公寓大廈管理條例第3條第2至4款）。

則有違公寓大廈管理條例第4條第2項之禁止規定，無法辦理所有權移轉。倘法院僅單獨拍賣基地所有權之應有部分或區分所有建物時，應發函地政機關查明，可否單獨辦理所有權移轉登記。

（二）施行前取得所有權者

公寓大廈區分所有人於公寓大廈管理條例公布施行前，僅以建物或基地設定抵押權，並於該條例施行後，始行拍定者，拍定人持法院核定之建物或基地權利移轉證書，申辦所有權移轉登記，固有上開條例第4條第2項規定之限制適用，惟已登記之區分所有建物與其基地非屬同一人所有，不受該條項之限制[45]。

二、拍賣停車位之限制

內政部(80)臺內營字第8071337號函釋：區分所有建築物內之法定防空避難設備或法定停車空間，屬建築物之共有使用部分，其移轉承受人應爲該區分所有建築物之區分所有權人等情。是公寓大樓之停車位，縱使得單獨移轉，但其移轉之對象限於該建築物之區分所有權人。再者，依據土地登記規則第76條規定，區分所有建物之地下層或屋頂突出物等，如非屬共同使用部分，並已由戶政機關編列門牌或核發其所在地址證明者，得視同一般區分所有建物，申請單獨編列建號，辦理建物所有權第一次登記。是公寓大樓之地下室或頂樓有編列門牌及獨立建號者，屬區分所有建物，法院定拍賣底價時，應分別標價，而與基地合併拍賣，建物及基地之其他共有人並無優先承買權[46]。

三、車位之分管契約

停車位屬公寓大廈管理條例第3條第5款之約定專有部分，係公寓大廈共有部分經約定供特定區分所有人使用而言，使用人取得車位編號位置，具有

---

45 內政部(85)臺內地字第8506813號函。
46 司法院(82)廳民二字第07714號函。

分管契約效力，是依據分管契約之約定，車位使用人將其車位讓與第三人，其分管契約對知悉或可得而知之受讓人仍繼續存在[47]。反之，受讓人不知有分管契約時，亦無可得而知之情形，受讓人自不受拘束[48]。

四、例題解析

（一）執行法院之處置

拍賣之公寓大廈，而其停車位亦有獨立之建號，如拍賣時未與主建物合併拍賣，依據公寓大廈管理條例規定，如建物及土地同屬一人所有，不得分別拍賣，倘停車位未一併拍賣，係違反同條例第4條第2項之禁止規定，將導致主建物及持分土地均無法辦理所有權移轉登記。法院應撤銷拍定程序，再合併拍賣。即執行法院得以拍定條件與拍賣條件不符爲理由，撤銷拍定程序，將該車位、主建物及持分土地，再定拍賣期日，一併拍賣。

（二）執行名義係拍賣抵押物裁定

債權人之執行名義爲拍賣抵押物裁定時，屬對物之執行名義，該執行名義所載准許拍賣之擔保物，倘不包括停車位建物部分，因該停車位亦有獨立之建號債權人需另取得對人之執行名義，始得併予查封、拍賣停車位，否則該執行程序無從進行。

---

47 大法官釋字第349號解釋。

48 民法第826之1第1項規定：不動產共有人間關於共有物使用、管理、分割或禁止分割之約定或依第820條第1項規定所為之決定，於登記後，對於應有部分之受讓人或取得物權之人，具有效力。其由法院裁定所定之管理，經登記後，亦同。第2項規定：動產共有人間就共有物為前項之約定、決定或法院所為之裁定，對於應有部分之受讓人或取得物權之人，以受讓或取得時知悉其情事或可得而知者為限，亦具有效力。

第七項　拍賣之標的物經公告徵收之處理

第一目　徵收之性質

一、不動產之公用徵收取得所有權之要件

國家因公共事業或國家經濟政策之需要，得依土地法之規定徵收私有土地（土地法第208條、第209條）[49]。被徵收土地之所有權人，對於其土地之權利義務，而於應受補償發給完竣時終止，在補償費未發給完竣前，有繼續使用該土地之權（土地法第235條）。因不動產之公用徵收，非以登記爲國家取得所有權之要件（民法第759條）。是經政府合法徵收之土地，僅須政府對所有人之補償發放完竣，依土地法第235條規定，即由國家原始取得被徵收土地之所有權，至該土地是否已登記爲國有，在所不問[50]。而協議價購土地，性質屬私法上之行爲，其所有權之歸屬，應以所有權移轉登記完竣時，爲物權變動之時點（民法第758條）[51]。

二、提存價金或補償金

經假扣押或假處分之財產，倘經政府機關依法強制採購或徵收者，執行法院應將其價金或補償金提存之[52]。例如，國家因公益需要，興辦交通事業，得徵收私有土地；徵收之範圍，應以其事業所必須者爲限（土地徵收條例第3條第2款）。準此，拍賣標的物經政府公告徵收時，執行法院應函詢徵收機關查明徵收情況。

[49] 土地徵收條例第10條；土地法第221條、第227條、第228條、第232條、第233條、第235條；土地法施行法第59條。

[50] 最高法院80年度台上字第2365號民事判決。

[51] 土地徵收條例第11條規定：需用土地人申請徵收土地或土地改良物前，除國防、交通或水利事業，因公共安全急需使用土地未及與所有權人協議者外，應先與所有權人協議價購或以其他方式取得；所有權人拒絕參與協議或經開會未能達成協議且無法以其他方式取得者，始得依本條例申請徵收。

[52] 辦理強制執行事件應行注意事項第70條；大法官釋字第504號解釋。

第二目　拍賣標的物經徵收之處理

一、補償地價已發放完畢

土地經公告徵收後，登記機關接到法院囑託辦理查封、假扣押或假處分，應向主辦徵收機關查明該土地之補償地價是否已發放完畢。倘補償地價已發放完畢，地政機關應將該土地已經徵收及其補償地價，已發收完畢，由國家取得所有權，自無從辦理查封登記事情，函復法院知悉。

二、補償地價尚未發放完畢

（一）保全行為於公告徵收後

補償地價尚未發放完畢，應視執行法院實施查封、假扣押、假處分之時間作不同方式處理。倘執行法院實施查封、假扣押、假處分時間，在公告徵收當日之後者，因徵收爲公法上所爲之行政處分，自公告徵收當日已發生效力，登記機關應即將該土地業經徵收在案，已無從辦理登記之事實函復法院。

（二）保全行為於公告徵收前

執行法院實施查封、假扣押、假處分之時間，係在國家公告徵收當日以前者，登記機關應依法院之囑託辦理查封、假扣押、假處分登記，除函主辦徵收機關外，並將辦理登記結果及土地已徵收情形，函覆執行法院知悉，俾於進行執行程序。

1.補償款額繳交法院作為執行標的

拍賣之標的物於徵收公告後，而於地價補償、建物補償、補償費及遷移費等補償款額未發放前，遭執行法院查封登記者，執行法院應命徵收機關將補償款額轉交法院，作爲執行之標的物。補償款額應由需用土地人負擔，並繳交該管直轄市或縣（市）地政機關轉發之（土地法第236條第2項）。

2.提存補償款額

直轄市或縣（市）地政機關發給補償款額，如有下列情事：(1)應受補償人拒絕受領或不能受領者；(2)應受補償人所在地不明者，得將款額提存於法院之提存所（土地法第237條第1項）。因提存具有清償之效力，債之關係因之消滅，是縣（市）地政機關應交付之徵收建物補償費，已依土地法第237條規定提存於法院，則其補償費已發給完竣，法院自得執行提存之補償款額[53]。

3.附條件提存

被徵收之土地，而於徵收公告前經法院查封登記者，對於其補償價款爲附條件之提存時，其提存書應註明「本件提存款業經○○法院○年○月○日○○字第○○○號○○文件查封，提存物受取人應憑執行法院撤銷該項查封執行程序或准許領取之文件提領」。同時將辦理提存結果通知執行法院，並洽請法院囑託塗銷查封登記。

4.補償耕地三七五租約之承租人

爲增進耕地三七五租約之承租人權益，徵收之土地訂立耕地三七五租約後，並經執行法院查封者，其補償地價扣除土地增值稅後，應將餘額1/3，補償耕地承租人，其餘2/3交付與執行法院處理（耕地三七五租約條例第17條第2項第3款）[54]。

5.非抵押權效力所及款項

因土地徵收所發給之獎勵金、救濟金或轉業輔導金，非屬土地價值之範圍，是該等款項，非屬抵押權效力所及，抵押權人並無優先受償之權利（民法第881條）。準此，普通債權人得參與分配獎勵金、救濟金或轉業輔導金，法院應製作分配表[55]。

第八項　查明共有土地與建物之關係

一、共有人無優先承買之情形

各共有人按其應有部分，對於共有物之全部有使用、收益之權（民法第818條）。係法院拍賣共有土地時，應查明共有關係及共有人實際占有情

---

53 最高行政法院82年度判字第885號、95年度判字第622號行政判決。

54 土地徵收法令補充規定第3條、第4條及第12條第7款。

55 土地徵收法令補充規定第13條；土地徵收條例第30條。

況，以明瞭共有人使用及收益現況。法院拍賣債務人所有之建物及土地，其中部分土地係共有土地，而債務人所有之建物僅坐落部分土地上，法院應命債權人查報該共有土地與建物之關係，以認定使用共有土地之權源及其他共有人有無優先承買權。詳言之，應查明該共有土地是否為法定空地、道路用地或是公共設施，倘有此等情事，債務人所有之共有土地部分與債務人所有建物、土地間，使用上有關聯性，應一併由拍定人買受，其他土地共有人無優先承買權。例如，社區內之道路，係供社區住戶通行之用，屬社區所有權人共有，倘社區所有人之一之建物及土地，遭法院拍賣，該道路之其他共有人，無優先承買權。

二、共有人有優先承買之情形

債務人所有之共有土地部分與債務人所有建物、土地間，使用上並無關聯性，則土地共有人得以拍定之同一價格，共同或單獨優先承購（土地法第34條之1第4項）。職是，法院應命債權人查報共有土地之共有人名冊及最新之戶籍謄本，以便通知土地共有人是否行使優先承購權。

第九項　查明未保存登記建物之所有權

一、未保存登記建物之定義

未保存登記之房屋或稱違章建築係指建築法適用地區，未經申請主管建築機關審查許可，並發給執照，而擅自建造之建築物。倘該未保存登記之房屋，非屬獨立建物或為附屬建物時，其所有權為主建物所有人所有，可自建物登記謄本得知所有權之歸屬。

二、使用及結構具有獨立性之未保存登記建物

使用上及結構上具有獨立性之未保存登記建物，通常有獨立出入之門戶，非屬主建物之附屬建物，是其所有權非屬主建物所有人所有，因其未登記亦無法登載於建物登記謄本內，自無建物所有權狀可言，無法依據登記知悉所有權人及建物現況。違章建築違反建築法規，固無法辦理保存登記，惟

仍需繳納房屋稅。職是，法院拍賣有使用上及結構上具有獨立性之未保存登記之建物，應函稅捐機關查明該未保存建物之房屋稅籍資料。或者命債權人提出建築許可執照、使用執照、建築承攬人作成之文書，以確認該未保存登記之建物是否為債務人所有，避免執行第三人所有建物。

第十項　補正公司事項登記卡及負責人戶籍謄本

執行債務人係公司組織時，應命債權人提出公司事項登記卡及法定代理人之戶籍謄本，以確定執行債務人及其住所，俾於合法送達及強制執行之進行[56]。申言之，公司以其本公司所在地為住所（公司法第3條第1項）。而對於私法人之訴訟，以其主事務所或主營業所所在地之法院管轄（民事訴訟法第2條第2項）。因強制執行程序，除本法有規定外，準用民事訴訟法規定（本法第31條之1）。是債務人為公司組織者，執行事件由公司主事務所或主營業所所在地之法院管轄（本法第7條第2項）。依據公司法規定，不論何者種類之公司，其章程均應記載本公司所在地（公司法第41條、第101條、第115條、第129條）。公司向主管機關即經濟部或直轄市建設局，聲請設立登記時，均需提出公司章程及股東名簿（公司法第5條）。主管機關依法應送達於公司之公文書，遇有公司他遷不明或其他原因，致無從送達者，改向公司負責人送達之；公司負責人行蹤不明，致亦無從送達者，得以公告代之（公司法第28條之1）。

第十一項　補正債務人之戶籍謄本

一、補正債務人戶籍謄本之原因

執行法院查封債務人所有不動產時，其標的物係空屋或空地，或者債務人去向未明，應命債權人提出債務人之戶籍謄本。倘債權人陳報之債務人住所，無法合法送達時，應按債務人之戶籍所在地送達。依民事訴訟法第138條

---

56 對公司為寄存送達或公示送達，必須送達住所與公司負責人之戶籍登記住所相同，始生合法送達之效力。

規定爲寄存送達，除須將應送達之文書寄存送達地之自治或警察機關外，並須製作送達通知書，記明寄存文書之處所，黏貼於應受送達人住居所、事務所或營業所門首，俾應受送達人知悉寄存之事實，前往領取，兩者缺一均不能謂爲合法之送達[57]。

二、對債務人公示送達

對執行債務人無法寄存送達時，由債權人以應爲送達之處所不明爲事由，向執行法院聲請對債務人准予公示送達，以符合法送達（本法第30條之1；民事訴訟法第149條第1項）。所爲寄存送達，係指將文書寄存送達地之自治或警察機關，並作送達通知書兩份，一份黏貼於應受送達人住居所、事務所、營業所或其就業處所門首，另一份置於該送達處所信箱或其他適當位置，以爲送達（民事訴訟法第138條第1項）。

第十二項　鑑價及詢價

第一目　鑑　價

一、估定價格因素

拍賣不動產，執行法院應命鑑定人就該不動產估定價格，經核定後，爲拍賣最低價額（本法第80條）。是法院核定不動產之拍賣最低價額，除應參考鑑定人所提出之估定價格外，尙須斟酌不動產之實際狀況及債權人、債務人之利益而爲最妥適之決定。例如，地價證明、居民素質、建物用途與建材、都市計畫說明、分區使用證書、交通建設現況及計畫、附近不動產之實際成交價、不動產坐落之地段、房屋之屋齡、債權人之債權金額、抵押權債權額、當事人之表示價格、土地增值稅徵收數額及執行費用等[58]。準此，執行法院參酌上開情事，依職權裁量而核定底價後，當事人自不得任意指

57 最高法院64年台抗字第481號、107年度台抗字第719號民事裁定。
58 張義雄，不動產估價入門，永然文化出版有限公司，1996年7月，頁116至120。

摘[59]。執行法院拍賣不動產時，未命第三人爲鑑定人，就該項不動產估定價格，作爲拍賣之最低價格，僅屬執行程序具有瑕疵之問題。當事人未於執行程序終結前對之聲明異議，自不得於執行程序終結後，指摘拍賣爲無效。

二、鑑價機構

（一）鑑定人之資格

執行法院拍賣不動產，應命鑑定人就不動產估定價格（本法第80條前段）。此不動產價格之估定，應由執行法院選任鑑定人爲之。鑑定人係對不動產價格之估定具有專門知識與經驗及技能之人[60]。關於不動產估價之鑑定人資格，須受不動產估價師法及建築師法規範，執行法院應依司法院所頒地方法院民事執行處選任不動產鑑定人作業參考要點，選任鑑定人[61]。再者，執行法院命鑑定時，應說明鑑定事項，鑑定人依何種方法鑑定不動產價值，應註明於鑑定書[62]。

（二）鑑定機關

實務通常將拍賣之土地部分送縣、市政府估定價格，其價格通常以土地之公告現値爲準。而拍賣建物部分則送鄉鎮公所或各地之建築師公會估定價格，其價格以房屋現値爲準。或者囑託專業鑑定機構，以市價作爲拍賣底價之參考。倘當事人認法院函送之鑑價價格不適當，願自行負擔費用，請求公正之第三人或機構鑑價時，法院得命其陳報第三人或機構之名稱及住所，俾於函送鑑定估定價格，其鑑定費用較高。土地上如有未分離之出產物時，得函請縣市農業局（科）或鄉鎮市（區）公所鑑定出產物之價格。準此，土地及其出產物均應送鑑價，並分別核定拍賣價額。而該等機關鑑定之價格對法院而言，僅供執行法院作爲酌定底價之參考，並無拘束力。再者，拍賣之標

59 最高法院88年度台抗字第13號民事裁定；最高法院54年度台上字第1498號民事判決。

60 陳計男，強制執行法釋論，自版，2002年8月，頁395。

61 法院辦理民事執行實務參考手冊，司法院民事廳，2007年6月8日，頁280。

62 法院辦理民事執行實務參考手冊，司法院民事廳，2007年6月8日，頁256。

的物因故停止拍賣或不進行拍賣，而期間已逾1年者，倘原定拍賣底價顯不相當者，得重新鑑價拍賣，以保障執行當事人之權益，不宜以原鑑價之基準，酌定拍賣底價。

第二目　詢　價

一、通知當事人表示底價之意見

鑑定人將鑑定結果函覆執行法院後，因鑑價結果涉及拍賣標的物之底價，其與拍賣標的物之換價有關，執行法院固應將鑑價結果通知債權人、債務人，請其等到院表示拍賣底價之價格，惟當事人表示之底價價格，對執行法院並無拘束力，係供參考之用。

二、鑑定費用為必要之執行費用

執行債權人不按時繳納鑑定費用，得依本法第28條之1第2款規定，視爲未預納必要之執行費用規定，裁定駁回。準此，執行法院命債權人於相當期限內預納必要之執行費用而不預納者，致強制執行程序不能進行時，執行法院得以裁定駁回其強制執行之聲請，並於裁定確定後，撤銷已爲之執行處分。是債權人聲請強制執行後，經執行法院通知繳納調查鑑定費用，債權人經合法通知，未於期限內預納上開必要之執行費用，致不能進行強制執行程序，其強制執行之聲請，應予駁回。

第十三項　代辦繼承

一、債務人於執行後死亡之處置

強制執行開始後，債務人死亡，得續行強制執行（本法第5條第3項）。土地或建物登記謄本於登記繼承人所有前，已取得被繼承人之不動產物權，例如，繼承人雖繼承遺產之所有權、地上權，惟非經登記，不得處分其物權（民法第759條）。因法院拍賣不動產物權，本質上屬處分行爲，必須不動產物權登記在繼承人之名義，始得對被繼承人即債務人之遺產續行執行。準此，執行法院得因債權人之聲請，准其代債務人繳納稅款、費用（本法第11條第3項、第4項、第28條第2項）。由債權人申繳遺產稅及登記規費後，囑託地政機關將遺產登記爲債務人之繼承人所有時，續行強制執行。

二、代辦繼承之程序

債權人代辦繼承，除應代繳納稅款、登記費用外，債權人向執行法院聲請時，應具聲請書一式二份，記載下列事項及提供下列文件[63]：（一）債權人姓名、年齡、出生地及住居所；（二）被繼承人姓名、年齡、出生地及生前住居所。即被繼承人除戶籍謄本，以證明債務人已死亡及前揭事項；（三）繼承人或遺囑執行人姓名、年齡、出生地及住居所；（四）聲請之原因；（五）繼承系統表或指定繼承人之遺囑及繼承人之戶籍謄本，以證明繼承人之身分；（六）不動產所有權狀。其不能提出者，債權人應陳明理由，聲請執行法院通知地政機關公告作廢。並應提出不動產登記簿謄本代之，以證明遺產之歸屬。

第十四項　通知禁止處分機關及稅捐機關

法院應通知禁止處分機關之目的，在使該機關知悉執行之進行程度，俾於主張權益。亦應通知稅捐機關，使其得以就稅款聲明參與分配。再者，倘有預告登記請求人時，亦應一併通知，因日後拍定塗銷不動產之負擔時，須一併塗銷之。禁止處分機關及預告登記，均會記載於不動產登記謄本內[64]。例如，稅捐機關、檢察署發函地政機關禁止處分之登記。

---

63 未繼承登記不動產辦理強制執行聯繫辦法第1條、第2條。

64 李平勳、林靜芬、張恩賜、陳卿和、賴恭利，民事執行實務操作入門手冊，臺灣臺中地方法院，2001年11月，頁49至50。

第十五項　併案處理及調卷執行

一、併案處理

(一) 要　件

實務就相同或相關之執行事件，常合併執行，以節省人力及流程。故爲求執行程序之一致性及利於製作分配表，是有下列情形之一者，應予併案辦理：1.債務人及執行標的相同者；2.有合併執行之必要者。例如，前案拍賣基地，後案拍賣其上之建物，前後案債務人雖不同，然兩案執行標的有不可分之關係者；3.以合併執行爲適當者。例如，數執行標的，分由數案各執行其中一部分，合併執行較有利於當事人或增加經濟效益者；4.當事人聲請併案辦理，執行法院認爲適當者[65]。

(二) 同股辦理

併案處理之執行事件由執行處同一股處理，即同一執行法官、司法事務官、書記官及執達員處理。準此，就同一執行債務人及同一執行標的物者，得併案處理，即聲明參與分配或實行抵押權者，法官應批示併入「○○案號執行」，併案部分可先爲行政報結，以減少未結之執行事件之數字[66]。例如，債權人甲向法院聲請執行債務人所有坐落某處之不動產，分A號執行事件，經法院查封債務人上開所有之不動產後，債權人乙、丙、丁分別聲請執行時，得分B、C、D號執行事件，因屬同一執行債務人及同一執行標的物者，B、C、D號執行事件得併A號執行事件，此爲併案處理，而併案部分即B、C、D號等三件執行事件，可先爲行政報結。

---

65 屬地方法院民事執行處併案調卷及囑託執行參考要點第2條。

66 聲請強制執行之債權人向法院聲請撤回執行，倘有併案執行時，應通知併案債權人是否繼續執行，不得逕行啟封。

二、調卷處理

債權人持終局執行名義向執行法院聲請執行債務人之財產，倘本案執行前已有保全程序之執行，如假扣押執行、假處分執行。法官應批示「調○○假扣押或假處分事件之卷宗執行」，將保全執行程序併入終局執行程序，自毋庸再爲保全執行，此爲保全執行轉換成終局執行程序[67]。

三、擬制參與分配（91執達員）

對於已開始實施強制執行之債務人財產，他債權人再聲請強制執行者，已實施執行行爲之效力，於爲聲請時及於該他債權人，應合併其執行程序（本法第33條）[68]。例如，債權人甲、乙對債務人丙各有金錢債權，並均取得執行名義，甲先向法院聲請查封丙之不動產，乙再向法院聲請查封該不動產，依本法第56條之重複查封禁止規定，執行法院不得再行查封，執行法院應合併前後之執行程序，並依參與分配之規定辦理。

第四節　定期拍賣

第一項　拍賣條件

第一目　拍賣之性質

一、私法說

關於拍賣之性質有私法說、公法說及折衷說等三說，我國實務上認強制執行法上之拍賣應解釋爲買賣之一種，係以債務人爲出賣人，拍定人爲買受人，執行法院代替債務人立於出賣人之地位，是拍賣之性質採私法說[69]。學

---

67 自債權人之聲請狀所載或不動產登記謄本，即可知有無保全執行，債權人自得聲請法院調閱假扣押或假處分卷宗執行之。

68 最高法院104年度台抗字第598號民事裁定。

69 公法說亦分類似公用徵收之公法處分說、公法契約說及裁判上形成說。折衷說則認為拍賣為公法之處分，並同時具有民法上買賣之性質與效果。

者通說亦採私法說，應有民法第949條及第950條之適用[70]。

二、公法說

此說認爲強制執行法之拍賣行爲係公法行爲，拍賣係執行法院以移轉執行標的物所有權爲目的之公法行爲，出賣人爲執行法院，拍定人原始取得拍定物之所有權，其上之擔保物權、用益物權或其他權利，均因標的物經拍定而消滅。

三、折衷說

此說從強制執行法上拍賣之程序面及實體面分別觀之，認拍賣之程序爲執行法院本於查封物之處分權所爲之公法上處分。而自拍賣之實體關係而言，則與私法上買賣契約關係成立之效果相同。易言之，拍賣之性質，具有私法與公法行爲之雙重性質[71]。

第二目　酌定拍賣條件

例題 6　債務人積欠公寓大廈管理費或公共基金

債務人所有之公寓大廈，有積欠該公寓大廈管理費、公共基金時，經債權人聲請拍賣該公寓大廈。試問：（一）執行法院應如何處理債務人所積欠之管理費或公共基金？（二）拍定人是否承受？

一、拍賣日期、拍賣次數、拍賣最低價額、總價及保證金額（100三等書記官）

茲說明將執行法院所酌定之拍賣條件，舉其要者說明如後（本法第81條

[70] 最高法院80年台抗字第143號民事裁定；最高法院102年度台上字第2056號民事判決。

[71] 楊與齡主編，強制執行法實例問題分析，郭振恭，論第三人之所有物執行，五南圖書出版有限公司，2002年7月，初版2刷，頁181至183。

第2項第2款、第3款）：（一）拍賣日期及拍賣次數，即於拍賣公告上註明拍賣日期、拍賣次數。例如，定民國112年或2023年10月11日上午9時30分，第1次拍賣；（二）拍賣最低價額及總價，即執行法官定拍賣最低價額，應按各筆不動產標的物，分別標價，即所謂之拍賣底價。而建築物及其基地，不得指定單獨拍賣（本法第96條第2項）。倘該數筆不動產標的物於使用上有關聯性時，應合併拍賣[72]。例如，透天房屋及其基地，應合併拍賣。反之，由法院視情況而定是否分別拍賣[73]。例如，債務人坐落不同地段之土地。而債務人有多筆不動產，如其中部分不動產拍賣所得之價金，足以清償債權、增值稅及執行費用，則其餘不予拍定。即拍賣於賣得價金，足以清償強制執行之債權額及債務人應負擔之費用時，應即停止（本法第72條）。倘僅單獨拍賣一筆土地或建物，則爲單獨或分別標價，並單獨或分別拍賣[74]。（三）保證金約爲拍賣底價之10%至30%，其作用在防止拍定人不依約交付價金，導致標的物需再行拍賣，徒生無益之執行程序（本法第68條之2第1項）。

二、不動產之所在地、種類、實際狀況及占有使用情形

不動產之所在地、種類及實際狀況等事項，通常用附表記載之，較清楚易閱覽。拍賣條件除應記載占有使用情形外，亦應記載拍賣後是否點交及其原因。實務上常遇之占有使用，大多爲債務人自住、空屋、空地、租賃關係及借用關係等情形。茲將不動產拍定後點交之標準說明如後：

（一）無人占有與債務人占有

不動產查封時無人占有，屬空屋或空地時，執行法院於拍定後，應點

72 分別標價、合併拍賣之情形，即土地1：新臺幣（下同）500萬元；土地2：100萬元；建物1：10萬元；建物2：50萬元；合計：660萬元；保證金：200萬元。

73 倘債務人有多筆土地及建物，則分別標價、分別拍賣之情形，製作不同附表，俾於進行拍賣。是拍賣條件如後：附表（一）（二）所示不動產分別標價，按序分別（單獨）拍賣，如附表（一）（二）之其中一筆拍得之價金，足以清償債權、增值稅及執行費用，則其餘不予拍定。

74 單獨標價、單獨拍賣之情形，即土地：新臺幣（下同）600萬元；保證金：200萬元。

交與拍定人占有[75]。再者，拍賣之不動產可否點交，以查封時之占有狀態爲準，倘查封時不動產爲債務人現實占有，法院應於拍定後點交之。執行法院於拍定後即應依法嚴格執行點交，不因事後債務人將不動產移轉予第三人占有而受影響（辦理強制執行事件應行注意事項第57條第2項）。

（二）債務人之範圍

本法第99條及第124條所定債務人，包括爲債務人之受僱人、學徒或與債務人共同生活而同居一家之人，或基於其他類似之關係，受債務人指示而對之有管領之力者在內。因債務人之受僱人、學徒、家屬或基於其他類似之關係，係受債務人之指示而對拍賣標的物有管領力者，僅債務人爲占有人（辦理強制執行事件應行注意事項第57條第7項；民法第942條）。是債務人之輔助人占有拍賣標的物，視爲債務人占有。例如，拍賣之標的物，查封時係債務人之父輔助占有，法院於拍定後應點交予拍定人。

（三）第三人於查封前占有（94司法官）

1.無權占有

不動產查封前爲第三人無權占有，倘第三人不爭執，經筆錄記明，並由第三人簽署，可點交予拍定人（本法第99條第2項）。例如，拍賣之土地上有第三人所搭蓋之鐵皮屋，第三人表示係無權占用債務人土地，願自動拆除，是拍賣之土地於查封時，拍定後應點交。反之，不動產查封前，是否爲第三人無權占有，第三人有爭執時，則不點交予拍定人。

2.有權占有

不動產查封前，因第三人與債務人間有買賣契約而占用不動產，拍定後不點交。或建物查封時出租予第三人，租期尚未屆至。因爲承租人有權占有不動產，拍定後不點交予拍定人，此爲買賣不破租賃契約之規定（民法第425條）[76]。

---

[75] 建物於查封時業已崩塌，無人居住其內，拍定後亦應點交。

[76] 建物查封時出租予第三人，係不定期租賃契約，拍定後不點交。

3.查封後租賃期限屆滿

因不動產查封後，債務人對該不動產喪失處分權或設定負擔權，故債務人於查封前將不動產出租與第三人，而查封後租賃期限屆滿，縱使不即表示反對之意思，亦不生民法第451條規定，默示更新不定期繼續租賃效果，原承租人占有不動產，屬無權占有，執行法院於拍定後應點交予拍定人。

（四）第三人於查封後占有

實施查封後，第三人不論是否有權占有或無權占有，其占有查封物或爲其他有礙執行效果之行爲者，執行法院得依職權或依聲請排除之（本法第51條第2項、第3項）。例如，第三人於查封後無權占有債務人不動產，執行法院得排除其占有，於拍定後點交與拍定人。

（五）債務人於查封後有妨礙執行之行為

實施查封後，債務人就查封物所爲移轉、設定負擔或其他有礙執行效果之行爲，對於債權人不生效力（本法第51條第2項）。準此，標的物查封後，債務人已不得處分標的物，是標的物之租賃期間於拍賣程序終結前屆至，自無不定期租賃之問題，執行法院自得於拍定後點交與拍定人。例如，建物查封時曾出租予第三人，租期現於拍賣期間已屆滿，執行法院於拍定後應點交之。

（六）除去租賃或借用關係（109檢察事務官）

不動產所有人設定抵押權後，而於同一不動產上設定地上權或其他權利或出租或出借於第三人，因而價值減少，致抵押權人實行抵押權受有影響者，執行法院得依聲請或依職權除去後拍賣之（本法第98條第2項；民法第866條第2項）[77]。例如，本件建物查封時出租或出借予第三人，該租賃關係業經執行法院裁定除去，該裁定於點交前未經廢棄確定，應點交予拍定人。

（七）共有物應有部分

拍賣債務人之不動產應有部分者，債務人現實占有共有土地之分管部

---

[77] 最高法院100年度台上字第802號民事判決。

分，業經地政機關測量完畢，其面積及範圍均已確定，執行法院於拍賣後應將該債務人現實占有部分，點交於買受人或承受人（辦理強制執行事件應行注意事項第57條第5項）。例如，拍賣土地之應有部分，債務人分管部分，詳如測量成果圖所示部分，拍定後點交。反之，拍賣土地之應有部分，債務人未現實占有，拍定後不點交。

（八）既成道路

拍賣土地為既成道路用地，不論債務人於查封時是否占有，拍定後不點交。因既成道路通常為公眾所通行，其具有公用地役權之公法關係。準此，縱經執行法院拍賣，由拍定人取得土地所有權，仍必須供公眾通行，故拍定後不點交予拍定人。

（九）墓地之拍賣

墳墓所有權與土地所有權，前者為定著物，故兩者為不同之所有權（民法第66條第1項）。故土地所有人將其所有地轉賣於第三人，並未侵害墳墓所有人之權利。職是，債務人墓地之所有權得查封拍賣，債務人所有之墳墓權利，自不生影響[78]。

三、有應買資格或條件者

（一）農　地

1.農業發展條例

私法人固不得承受耕地，然符合農業發展條例第34條規定之農民團體、農業企業機構或農業試驗研究機構，經取得許可者，不在此限。私人取得農地雖無須具備自耕能力，惟其面積合計不得超過20公頃。但因繼承或其他法律另有規定者，不在此限。私人取得之農地面積合計超過20公頃者，其超過部分之轉讓契約或取得行為無效，並不得移轉登記。

---

78 司法院院字第1127號解釋。

2.無自用農舍證明

拍賣不動產之公告應載明定有應買資格或條件者，係使一般投標人預先明瞭應買之資格或條件，促其注意，以避免發生買賣契約爲無效或得撤銷之情形，當不能以其未記載，可認拍賣爲無效。倘該項公告就此漏未記載，而具備有購買之資格或條件者，參與應買時，雖未提出應買資格或條件之證明文件，然得標後已補正，並不損及當事人之權益，其拍賣程序並無瑕疵。倘執行法院拍賣農地時，拍賣公告漏未記載無自用農舍者，始得參與投標應買之資格或條件，致投標人於投標時未提出無自用農舍之證明。因該證明文件屬得命補正之事項，自不得因未提出該證明文件，即認投標無效。故執行法院於應買人得標後，通知其補正，其亦遵期提出證明書。職是，足認應買人於投標時符合應買農地之資格，執行法院應准許拍定[79]。

（二）山地保留地

原住民取得原住民保留地所有權後，除政府指定之特定用途外，其移轉之承受人以原住民爲限（原住民保留地開發管理辦法第18條第1項）。前項政府指定之特定用途，指政府因興辦土地徵收條例規定之各款事業需要（第2項）。不具原住民資格者，原則上不得承買原住民保留地。

四、有優先承買權者

（一）優先承買人

有優先承買權者如後：1.拍賣債務人之土地應有部分，其他共有人得以同一價格共同或單獨優先承購（土地法第34條之1第4項、第5項）[80]；2.地上權人、典權人於拍賣之土地上有建物者，渠等對該土地有優先購買權[81]。應通知該等優先購買權人，以確認其等是否行使優先購買權，免日後發生爭議；3.依據土地法第104條第1項前段規定，基地承租人向債務人租地建屋，

---

79 最高法院97年度台抗字第24號民事裁定。

80 拍賣土地應有部分，共有人有優先承買權。蓋依據土地法第34條之1第4項規定，共有人出賣其應有部分時，他共有人得以同一價格共同或單獨優先承購。

81 土地法第104條、第107條。

而拍賣債務人之所有土地時，承租人有依同一條件優先購買權。同條項後段規定，債務人向基地所有人租地建屋，而拍賣債務人之所有建物時，基地所有人有依同一條件優先購買權。準此，基地出賣時，基地承租人有依同樣條件優先購買之權。基地承租人之房屋出賣時，基地所有人有依同樣條件優先購買之權（土地法第104條第1項）。而共有土地出租之場合，因土地共有人有優先購買房屋之權利[82]。

（二）優先承買權競合之處置

拍賣土地之應有部分，該土地有種植農作物，而土地訂有三七五租約，是土地拍定後不點交，土地承租人有第一順位之優先承買權，土地之共有人有第二順位之優先承買權。因土地法第34條之1第4項之優先購買權，係屬債權性質，而土地法第104條第1項及耕地三七五減租條例第15條第1項、第2項之優先購買權，係屬物權性質[83]。

五、其他應記載事項之拍賣條件

（一）禁止處分之塗銷

行政機關依法囑託地政機關登記禁止債務人處分之命令，並不影響執行法院之執行續行，是禁止處分標的物經拍賣完畢後，執行法院自得發函地政機關，塗銷禁止處分登記，使拍定人俾於辦理權利移轉登記。例如，稅捐機關囑託之禁止處分、檢察官所爲之禁止處分。

（二）他項權利之塗銷

因拍定後應塗銷抵押權，即拍賣之不動產，買受人自領得執行法院所發給權利移轉證書之日起，取得不動產所有權，債權人承受債務人之不動產者亦同，存於不動產上之抵押權及其他優先受償權，因拍賣而消滅（本法第98條第1項、第3項）[84]。再者，地上權人同意拍定時塗銷地上權登記者，經記明

82 最高法院57年度台抗字第155號民事裁定。
83 最高法院66年台上字第1530號、99年度台上字第1999號民事判決。
84 最高法院103年度台上字第1369號民事判決。

於訊問筆錄，應得塗銷之。

（三）他項權利之登記

所謂他項權利，係指不動產物權中，除所有權以外之權利，包含抵押權、地上權、不動產役權、典權、永佃權、農育權、耕作權等權利。倘拍賣標的物有他項權利設定，應加以記載。例如，設定抵押權、地上權、農育權、不動產役權及典權者，均載明於拍賣公告。使欲投標買受之人，知悉拍賣之標的物上，有設定物權之情事，以決定是否應買。

（四）地上權之處理

所謂普通地上權者，係指以在他人土地之上下有建築物或其他工作物爲目的而使用其土地之權（民法第832條）。因土地法第104條關於基地或房屋優先購買權之規定，旨在使房屋與基地之所有權合歸於一人所有，使法律關係單純化，以盡經濟上之效用，並杜紛爭。故必須對於基地有地上權關係之存在，且地上權人於基地上有房屋之建築者，始有優先購買權之適用。準此，實務上拍賣標的物有地上權登記，酌定拍賣條件時有如後二種方式：1.不塗銷地上權，即拍賣之土地查封時爲空地，雖設有地上權，然地上權人並未實際利用該土地，故無優先承買權，土地於拍定後點交，地上權不塗銷。2.塗銷地上權，即拍賣之土地爲第三人設定地上權，而地上權人未實際利用該土地，並無優先承買權，地上權人同意於拍定後塗銷地上權。

（五）管理費之負擔

公寓大廈管理條例第24條雖規定，區分所有權之繼受人應繼受原區分所有權人依本條例或規約所定之一切權利義務。然後手不應承受債務人積欠之管理費及公共基金。是執行法院酌定管理費之負擔，應記載本件拍賣之標的物如有積欠所屬公寓大廈之公共基金、管理費等，應依公寓大廈管理條例第24條規定辦理[85]。

---

[85] 前手已發生之積欠管理費，非公寓大廈管理條例第24條所定繼受義務之範圍。

（六）未保存登記建物

未保存登記建物或違章建築，不論是主建物或者屬增建之附屬建物，無法辦理所有權移轉登記，其有遭建築主管機關拆除之危險，是拍賣此等違章建物，應載明其性質，由應買人承擔其危險。例如，拍賣之建物並未辦理建築物所有權第一次登記，拍定後無法逕持不動產權利移轉證書辦理所有權移轉登記，倘建物經建築主管機關認定係屬違章建築，拍定人應自行承受拆除之危險。

（七）工程受益費之負擔

依據工程受益費徵收條例第6條第3項規定，查封之土地及其改良物拍賣後，應先繳清其全部工程受益費，始得辦理移轉登記。職是，拍賣公告應註明：投標人應注意查明本件拍賣之不動產是否有未繳清之工程受益費，其於辦理移轉登記時，自行處理工程受益費等文字。

（八）占用鄰地之責任負擔

債務人所有建物，有越界占有鄰地之情形，倘無合法之占有權源，易生紛爭，是拍賣條件應載明，由應買人負擔法律上之責任。例如，債務人所有之建物有一部分坐落第三人所有之○○市○○區○○段○○○地號土地，占用責任應由拍定人負責。

（九）其他拍賣條件

其他拍賣條件如後：1.一併拍賣之公寓大廈停車位，應記明該停車位之位置、辨識特徵。例如，拍賣之建物停車位號碼爲○○號；2.應買人爲外國人時，應依土地法第20條第1項規定，檢具向拍賣土地或建物所在地市縣政府申請核准得購買該不動產之資格證明等相關文件。實務上常見者，係外商銀行承受拍賣之抵押物；3.有基地轉租契約者。例如，債務人在出租人向第三人所承租之土地上有建物，成立基地轉租契約；4.不同筆不動產合併拍賣之原因。例如，查封數棟建物係相通者，使用上有一體性，故合併拍賣之；5.依據公寓大廈管理條例第4條第2項規定，公寓大廈之區分所有建物及基地所有權同屬一人所有，其建物或基地所有權，不得分離而爲移轉。準此，法院應一併拍賣，不得分別拍賣。例如，拍賣土地係債務人應有部分，其上有甲向法院拍定買受債務人所有之建物，依公寓大廈管理條例之規定承買人以建物所有人甲爲限，土地共有人無優先購買權；6.拍賣條件中應註明抵押權效力所及或不及之建物。例如，附表編號2之建物無獨立之門戶，爲抵押權效力所及。或編號3之建物有獨立之門戶，非抵押權效力所及。增建部分有獨立之門戶，雖非抵押權效力所及，惟抵押權人亦得以其他執行名義，就此部分受償[86]。

六、應通知者及補正者

（一）應通知債權人與債務人

依據本法第63條規定，執行法院應於拍賣期日通知債權人及債務人到場。債權人包括執行債權人、抵押權人、併案執行債權人、假扣押債權人、假處分債權人、稅捐機關。例如，各縣（市）稅捐稽徵處、財政部所屬之國稅局或其分局。

（二）命債權人補正

實務爲使執行程序進行順利，通常會命債權人補正相關人之戶籍謄本及名冊，茲說明如後：1.補正共有人名冊及其最新戶籍謄本，即命執行債權人提出共有人名冊及其最新戶籍謄本，俾於通知共有人是否行使優先承買權；2.查封之不動產，非債務人使用中，債務人居住於查封不動產以外之處所，執行法院得命執行債權人補正債務人之戶籍謄本，俾於通知債務人；3.無法按不動產登記謄本所載住所通知抵押權人時，得命執行債權人補正抵押權人之戶籍謄本，俾於通知抵押權人。

七、例題解析

在拍賣公告中記載拍定人應依公寓大廈管理條例第24條規定，區分所有權人之繼受人應繼受原區分所有權人依本條例或規約所定之一切權利義務。

[86] 實務上拍賣不動產時，絕大多數均以附表之方式，表示其拍賣標的物之範圍。

債務人所積欠之公寓大廈管理費、公共基金之負擔歸屬，拍定人與管理委員會間發生爭議而起訴請求時，由民事庭法官依據公寓大廈管理條例第24條規定，認定上揭債務之歸屬。再者，公寓大廈管理條例第24條第1項規定，係指規約對於繼受人發生拘束力，不包含已經發生之管理費給付義務，故拍定人不須就債務人欠繳之管理費，負擔清償責任[87]。

第二項　拍賣公告

例題 7　拍賣公告應記載事項與撤銷拍賣程序

債權人甲明知債務人乙在坐落A土地之B建物內自殺死亡，故意不陳報法院而聲請拍賣A土地及B建物，執行法院於查封時，查知B建物內布滿灰塵，為久無人居住之空屋，並經詢問鄰人，鄰人回答B建物自從債務人乙去世後，即無人居住。嗣執行法院於拍賣公告記載本件建物於查封時，室內布滿灰塵，係久無人居住之空屋，拍定後點交。經丙投標拍定後，其經查證始確知債務人乙於B建物內自殺身亡，乃於拍定翌日，向執行法院具狀聲請撤銷拍定。試問：（一）執行法院得否撤銷拍定？（二）拍定人如何救濟？

一、公告期間

執行法院應將拍賣條件公告於外，成爲拍賣公告內容之一部分。職是，拍賣不動產，應由執行法院先期公告，使不特定之一般人得悉拍賣情事，期能多人參予應買。第1次拍賣期日距公告之日，不得少於14日（本法第82條）[88]。

---

[87] 臺灣高等法院暨所屬法院98年法律座談會民執類提案第22號。

[88] 最高法院97年度台抗字第832號民事裁定。

二、載明事項

（一）不動產交易重要事項（103檢察事務官、三等書記官）

俾使應買人瞭解不動產之現況，以斟酌是否爲應買之表示。實務就不動產之所在地、種類，通常均以附表所示之。該附表得命執行債權人提供，以節省執行處之作業時間。拍賣公告應記明不動產之所在地、種類、實際狀況、占有使用情形、調查所得之海砂屋、輻射屋、地震受創、嚴重漏水、火災受損、建物內有非自然死亡或其他足以影響交易之特殊情事及其應記明之事項（本法第81條第2項第1款）。倘拍賣公告應載明事項漏未記載，此屬拍賣程序有無瑕疵之問題，不得僅因拍定人無物之瑕疵擔保請求權，即可治癒原拍賣程序之瑕疵，否則違反本法第81條規定。職是，倘拍賣之不動產屬公共設施用地，土地使用之用途受限制，其屬物之瑕疵，會影響交易價格，拍賣公告應加以載明。若拍賣公告未加以記載，應屬有重大侵害買受人利益之情事，違反本法第81條第2項第1款規定，拍賣程序有重大瑕疵，拍定人得於執行法院未核發權利移轉證書，而於強制執行程序未終結前，依本法第12條規定聲明異議，請求撤銷拍賣程序[89]。

（二）拍賣之原因、日期及場所

以投標方法拍賣者，公告應記載開標之日時、場所及保證金額之金額（本法第81條第2項第2款）。就司法實務而言，拍賣不動產之場所，均在法院執行處之投標室進行。而拍賣動產之場所，得於動產之所在地爲之。例如，機器所在之廠房。

（三）拍賣最低價額與交付價金之期限

執行法院依據鑑價及詢價之結果，所酌定之拍賣底價，應買人所出價格，應高於或等於底價，始符合得標之要件（本法第81條第2項第3款）。再者，實務大多定7日至10日之期限，交付價金期限爲買賣條件之一，執行法院不得再依聲請予以變更，是公告後不得縮短或延長（第4款）。

---

[89] 最高法院90年度台抗字第133號民事裁定。

（四）閱覽查封筆錄之處所及日、時

此乃使應買人有機會瞭解拍賣標的物之情況，係使一般投標人預先明瞭查封之內容，從容決定投標之條件，使投標結果臻於公平，自屬執行法院應遵守之程序（本法第81條第2項第5款）。倘該項公告就此漏未記載，拍賣程序有瑕疵，利害關係人得依本法第12條規定，向執行法院聲明異議[90]。

（五）應買資格或條件

定有應買資格或條件者，其資格或條件，應載明之（本法第81條第2項第6款）。舉例說明如後：1.拍賣債務人就共有土地之應有部分，共有人得行使優先購買權；2.承買原住民保留地，應具有原住民身分。

（六）點交或不點交

拍賣之不動產於拍定後不點交者，多數應買人恐嗣後會有爭議，將影響應買人之出價意願及應買價額。一般而言，不點交之不動產，較不易拍定。故不動產是否點交，自應於拍賣公告中載明，不得由執行法院於拍定後，斟酌情事後，決定是否點交（本法第81條第2項第7款）。

（七）應買人察看拍賣物之期間

執行法院認有必要時，雖得定察看拍賣物之日、時（本法第81條第2項第8款）。因執行法院之執行事件甚多，導致執行法院鮮少定察看拍賣物之日、時之，故此款規定，已形同具文，應買人或拍定人僅能自行負擔拍賣標的物之瑕疵。

三、例題解析

（一）凶宅之定義

所謂凶宅者，係指買賣標的之成屋曾發生自殺或致死等非自然死亡情事。屬於買賣契約成立前應查明及告知之事項，而於簽訂書面契約時，亦為

---

90 最高法院47年台抗字第92號民事裁定；臺灣高等法院102年度抗字第460號民事裁定。

契約應記載之事項，倘未予記載，將影響契約之效力。是非自然死亡因素，雖未對房屋造成直接物理性之損壞或使用效用之降低，惟衡諸我國民情，一般社會大眾對於凶宅，難免有嫌惡、畏懼之心理，對居住其內之住戶，易造成心理之負面影響，礙及生活品質。故凶宅在房地產交易市場之接受度及買賣價格或出租收益，明顯低於相同地段、環境之標的，乃眾所周知之事。準此，自殺雖係行爲人終結生命之自我決定結果，然依現時之社會風俗民情仍應受制約，應認在他人建物內自殺，係屬民法第184條第1項後段規定，背於善良風俗之行爲。職是，故意在他人屋內燒炭自殺，其方式對他人之財產利益可能造成危害，爲一般人可得之認知[91]。

（二）交易認為重要

建物內有非自然死亡者，爲一般社會觀念所稱之凶宅，係拍賣公告應記載事項，爲足以影響交易之特殊情事，屬交易上認爲重要，其影響應買人意願之事項。參諸拍賣物買受人就拍定物，並無物之瑕疵擔保請求權（本法第69條、第113條）。準此，爲保護應買人之權益，建物內有非自然死亡，除爲應記載事項外，亦影響應買人承買意願之重大資訊，執行法院自應於拍賣公告詳實記載。

（三）強制執行法之拍賣為買賣關係

應買人雖就拍賣物之瑕疵無擔保請求權，然強制執行法之拍賣仍應解爲買賣之一環，並以拍定人爲買受人，以拍賣機關代債務人爲出賣人。故關於買賣標的物之各項資訊，債權人與及債務人即有協同陳明之義務，執行法院亦有調查之義務，倘因未能查明致影響拍賣之效力時，其因而衍生之風險，應由債權人及債務人承擔。故應記載足以影響承買意願之重大資訊，未記載致應買人不知此情事而爲應買時，倘於執行程序尚未終結前業已知悉，應認拍定人之利益受有侵害，得依本法第12條規定聲明異議，並由執行法院本於職權爲撤銷拍賣，始得平衡應買人不適用物之瑕疵擔保請求權。準此，買受人於一般買賣關係，可因物之瑕疵而得主張之減少價金及解除契約等權利，

---

91 最高法院104年度台上字第1789號民事判決。

而法院拍賣已無從行使時，對拍定人而言，顯不合理。一般買賣處於買賣雙方均資訊公開透明與詳細之情形，買受人尙有瑕疵擔保請求權可行使。反而在法院拍賣時，因應買人在買賣前，並無完整與適當之機會，可適度查證買受標的物之資訊，僅得信賴執行法院之拍賣公告，益徵拍賣公告之記載應詳實，不得遺漏應記載或有影響交易之重要資訊，未公告之法律效果，不應由拍定人承擔。

（四）拍定人得聲明異議

買賣標的物曾有人自殺之建物，除爲拍賣公告應記載之事項外，依我國社會一般通念，視爲不吉利之場所，並以凶宅視之，影響應買意願及承買價格，自屬物之性質，在交易上認爲重要之事項，故拍賣公告中未載明此項應記載之重大資訊，而應買人於拍定後始知悉時，在執行程序尙未終結前應得撤銷。況債權人故意隱瞞債務人於拍賣建物內自殺之事實，使法院依通常調查方法不知拍賣之房屋爲凶宅，並於拍賣公告記載，致拍定人以較高之價格拍定，債權人即可得較高之受償。反之，債權人據實向法院陳報，法院應於拍賣公告載明，則不易拍定或僅能低價拍定，債權人可獲致之清償數額較少。債權人隱瞞拍賣不動產爲凶宅之事實，其可取得較高之清償數額，導致債權人之僥倖心態，聲請執行時故意隱瞞不利事實。縱使法院於拍定前，依形式觀察或通常之調查方法，不能得知拍賣標的爲債務人於建物內自殺身亡，且債權人或拍定人均不知，其屬不可歸責於雙方之事由，拍定人於拍定後始知悉者，經執行法院經斟酌後，倘認標的物B建物未經載明乙於屋內自殺之情狀，足以達到買賣契約均可解約之程度，而執行法院未適時在拍賣公告中載明時，其執行程序即有瑕疵，應允許拍定人在執行程序終結前聲明異議（本法第12條）。準此，本件拍定於繳納尾款前，藉由撤銷拍賣之方式爲救濟[92]。

---

92 臺灣高等法院暨所屬法院99年法律座談會民執類提案第20號。

第三項　公告方式及效力

一、公告之方法

法院之拍賣公告，應揭示於執行法院及不動產所在地或其所在地之鄉鎮市（區）公所（本法第84條第1項）。拍賣公告，應公告於法院網站；法院認爲必要時，得命登載於公報或新聞紙（第2項）。例如，拍賣公告須刊登於法院、鄉鎮區（市）公所公布欄。拍賣公告僅刊登於法院之公布欄及不動產所在地即生效力，而未刊登於報紙，其強制執行程序固屬合法[93]。惟執行法院認爲必要時，命債權人將拍賣公告登載於報紙，倘有二次不遵登報命令，得視爲債權人於執行程序中應爲一定必要之行爲，無正當理由而二次不爲，執行法院得以裁定駁回其強制執行之聲請（本法第28條之1）[94]。

二、公告之效力

因強制執行程序並非確定私權之訴訟程序，故法院於不動產拍賣公告上所爲之註記，係法院依強制執行法規定，調查不動產使用現狀後所爲之註記。至拍賣公告上註記事項，當事人之權利是否確實存在，則非強制執行程序所應審認之事項。

第四項　酌定保證金

一、預納保證金

拍賣不動產需定保證金，命應買人於開標前繳納（本法第86條）。以防止應買人於拍定後拒不繳納價金，或者作爲未繳足價金時，執行法院再行拍賣時，拍賣差價及費用之負擔（本法第68條之2第1項）。實務定保證金之金額約爲拍賣底價10%至30%（辦理強制執行事件應行注意事項第47條第1項）。執行處所指定之保證金，一般均以金融機構簽發之票據爲主。例如，

---

93 最高法院51年台上字第3631號民事判決；臺灣高等法院105年度上易字第370號民事判決。

94 司法院第37期司法業務研究會，民事法律專題研究17，頁176至178。

命應買人持金融業者所簽發之保付支票，作爲投標之保證金。

二、繳納保證金之票據（111執達員）

票據爲流通之無因證券，對記載有受款人之票據，執票人讓予票據權利，應以背書爲之，使票據上之權利因背書而移轉，故執票人應以背書之連續證明其權利（票據法第37條第1項）。職是，投標人用以繳納保證金之票據，倘受款人爲法院以外之第三人，而未經受款人背書者，因票據背書不連續，致執行法院無法據以行使票據權利，自與投標人未繳保證金相同，無法認投標人在開標前已繳納保證金，該投標應屬無效（本法第89條）[95]。

第五項　通知相關人

例題 8　拍賣之事項未通知當事人

執行法院就拍賣之事項，未通知債務人或債權人，拍賣標的物業經拍定終結後，債務人或債權人始向執行法院聲明異議。試問：（一）其拍定效力如何？（二）異議是否有理由？

一、通知執行當事人係強制執行時應遵守之程序（101三等書記官）

執行法院應通知債權人及債務人於拍賣期日到場，無法通知或屆期不到場者，拍賣不因而停止（本法第63條）。實務除通知執行當事人外，優先承買人、他項權利人及相關第三人，宜一併通知之（辦理強制執行事件應行注意事項第35條）。例如，通知抵押權人、共有人、承租人、地上權人及占有人等，使關係人得知拍賣程序之進行，俾於主張其等之權益。拍賣不動產，依本法第113條準用第63條及辦理強制執行事件應注意事項第35條規定，應通知債權人及債務人於拍賣期日到場。通知須以送達方法行之，作成送達證書

[95] 最高法院89年度台抗字第161號民事裁定；最高法院111年度台上字第636號民事判決。

附卷，倘有應通知而不通知，或通知未經合法送達者，均爲違反強制執行時應遵守之程序，未受通知或未受合法通知之當事人，均得對之聲明異議[96]。

二、例題解析

執行法院未遵守本法第63條規定，而於拍賣期日通知當事人到場。當事人或利害關係人自得依據本法第12條第1項規定，而於拍定終結前，聲請或聲明異議。依據本法第63條規定，債權人及債務人於拍賣期日未到場者，拍賣不因而停止。倘執行人員違背程序，未通知當事人到場，當事人於強制執行程序終結前，固得對之聲請或聲明異議，然強制執行程序一經終結，即不得主張其強制執行爲無效[97]。準此，當事人於標的物拍定後，始以未受通知，應撤銷拍定程序爲由，向執行法院聲明異議。異議不合法，執行法院自應駁回其異議，並不影響拍定之效力。

第六項　執行法院於拍賣期日前應注意事項

例題 9　聲請延緩執行

債權人向執行法院聲請實施強制執行開始後，認暫無拍賣之必要或其與債務人協商，具狀聲請延緩執行債務人經查封之不動產。試問法院應否准許？依據為何？

例題10　拍賣公告期間不足

執行法院第一次拍賣債務人所有不動產，執行法院於2023年10月1日公告，定於同年10月11日拍賣，該拍賣標的物於拍賣期日拍定後，債務人或債權人始向執行法院聲明異議，拍賣公告期間不足。試問：（一）該拍定效力如何？（二）執行法院如何處理？

---

96 最高法院57年台上字第3129號民事判決；最高法院96年度台抗字第317號民事裁定。

97 最高法院51年台上字第2945號民事判決；臺灣高等法院110年度抗字第80號民事裁定。

一、撤回或延緩執行

債權人有撤回執行或聲請延緩執行，經執行法院准許撤回或延緩執行（本法第10條）。執行法院應停止本次拍賣程序，避免發生無益之拍賣程序。倘執行法院未停止拍賣，債權人或債務人得向執行法院聲明異議（本法第12條）。

二、停止執行之事由

強制執行程序開始後，除法律另有規定外，不停止執行（本法第18條第1項）。例如，有回復原狀之聲請，或提起再審或異議之訴，或對於和解爲繼續審判之請求，或提起宣告調解無效之訴、撤銷調解之訴，或對於許可強制執行之裁定提起抗告時，法院因必要情形或依聲請定相當並確實之擔保，得爲停止強制執行之裁定（第2項）。準此，債務人提出停止執行之裁定及擔保物之提存書時，執行法院應停止本次拍賣程序，以保護執行當事人之權益。

三、聲請撤銷查封

債務人得於查封後、拍定前提出款項，聲請撤銷查封（本法第113條、第58條第1項）。職是，債務人於拍定前提出現款，包含執行債權及執行費用，據以聲請撤銷查封，執行法院應不許拍定。因執行法院得直接執行現款，無庸拍賣債務人之責任財產。

四、拍賣公告登報

拍賣公告，應公告於法院網站；執行法院認爲有必要時，依職權命債權人拍賣公告登載於公報或新聞紙，自應審查債權人有無將拍賣公告登載於報紙，倘未登報，得停止本次拍賣程序，命其另行登報（本法第84條第2項）。其已登報者，應審視其登報內容是否正確，倘不正確者，亦同上開處理程序。

五、拍賣公告期間

執行法院應審核拍賣公告期間，是否符合法定期間：（一）第1次拍賣期日距公告之日，不得少於14日（本法第82條）[98]；（二）再行拍賣期日，距公告之日，不得少於10日多於30日（本法第93條）。申言之，對於不動產之執行，拍賣期日係執行法院實施拍賣之時間，應先期公告並於拍賣公告載明。為使不特定之一般人知悉拍賣，期待多人參與應買，兼顧債務人及第三人有充分時間提起異議之訴，並使他債權人亦有參與分配之機會，拍賣期日距公告之日，不得少於10日或14日。當屬執行法院實施強制執行時，所應遵守程序之法定期間，倘未予遵循者，當事人得依本法第12條第1項規定，在不動產經拍賣買受人領得權利移轉證書前，在強制執行程序終結前聲明異議。14日期間之計算，依本法第30條之1準用民事訴訟法第161條及民法第119條、第120條第2項、第121條第1項規定，計算第一次拍賣期間，其拍賣公告始日應不算入，應以自拍賣公告日之翌日起，算至拍賣期日之前1日止，算足14日或14日以上者，始相當之[99]。

六、送達回證附卷

通知當事人或其他相關人之拍賣通知，是否合法送達，應檢視送達證書有無附卷，因事涉執行法院是否遵守強制執行程序（本法第12條）。未經合法送達者，當事人或其他相關人得聲明異議，請求執行法院停止該次之拍賣程序。

七、囑託查封函附卷

執行法院應審閱地政機關查封函是否附卷，否則無法得知拍賣之不動產是否業已查封登記。其目的有三：（一）防止拍賣無效之情事發生，因不動產未經查封登記，將導致執行法院之拍賣程序無效；（二）禁止債務人處分

---

98 最高法院97年度台抗字第832號民事裁定。

99 最高法院97年度台抗字第831號民事裁定。

拍賣未查封之不動產，因債務人於拍賣程序期間，倘處分其所有不動產，將導致拍定之不動產，無法移轉所有權或產生爭議之情事；（三）查明有無誤封第三人之不動產，應審視地政機關查封之回覆函，可知悉有無誤查封第三人所有不動產之情事，得避免誤賣非債務人之標的物。

八、超額拍賣之禁止

（一）拍賣前

查封不動產未經鑑價時，執行人員無法確定不動產之確實價值，是並無超額查封禁止之適用。而鑑價後，拍賣前亦無超額查封禁止之適用，因拍定前仍可能有其他債權人參與分配，是否超額查封，殊難認定。況不動產未必按照鑑定之價格賣出，其有減價拍賣之可能。職是，債務人於拍賣前聲明有超額查封之情事，執行法院仍應拍賣，債務人不得以執行法院超額拍賣爲由，依本法第12條聲明異議。

（二）拍賣實施後

拍賣實施後，始有超額拍定禁止原則之適用。換言之，供拍賣之數宗不動產，其中一宗或數宗之賣得價金，已足清償強制執行之債權額，其包括執行債權人之債權、准許參與分配債權及債務人應負擔之費用時，就其他部分應停止拍賣（本法第96條第1項）。有超額之情形時，債務人得指定其應拍賣不動產之部分，此爲債務人之指定權。例外情形，係建築物及其基地，不得指定單獨拍賣，應合併拍賣，以免影響應買意願及拍賣價格（第2項）。準此，所謂停止拍賣係指不予拍定而言，並非指不予拍賣。是執行法院不應貿然停止拍賣，必須經債權人同意撤回超額部分之執行，倘債權人不同意撤回，執行法院仍應拍賣，債務人不得指摘執行法院拍賣違法，依據本法第12條聲明異議[100]。

---

100 最高法院69年台上字第1920號民事判決。

九、例題解析

（一）延緩執行之職權

本法第10條第1項規定，實施強制執行時，經債權人同意者，執行法院得延緩執行。既然法條規定得延緩執行，而非應延緩執行，執行法院雖自得依職權認定是否准以延緩執行。然本文認爲基於當事人之合意，執行法院應准予延緩執行。

（二）未遵守拍賣公告期間之效力

執行法院未遵守第一次拍賣期日距公告日少於14日，此爲實施強制執行時，所應遵守程序之法定期間（本法第82條）。當事人或利害關係人自得依據本法第12條第1項規定，得於拍定終結前，聲請或聲明異議。執行法院違背實施強制執行時所應遵守程序之法定期間，當事人於強制執行程序終結前，固得對之聲請或聲明異議，然強制執行程序經終結後，則不得主張其強制執行爲無效。準此，當事人於標的物拍定後，始以第一次拍賣期日，距公告日少於14日，應撤銷拍定程序爲由，向執行法院聲明異議，其異議不合法，執行法院自應駁回其異議，並不影響拍定之效力。

第七項　拍賣不動產之現場程序

一、概　說

執行法院應依據拍賣公告既定之期日，拍賣債務人之不動產。而應買人亦應遵守拍賣公告所載明之拍賣條件，進行投標。是應買人即投標人應於公告拍賣期日，而於投標單上載明姓名、年齡、住所、願買之不動產及願出之價格後（本法第87條第2項）[101]。其於公告所記載之時、場所，將投標單密封投入執行法院所設之投標匭，由執行書記官於投標截止時，其於同一時間統一取出投標單，並於整理投標單後，交由執行法官或司法事務官審核投標

[101] 最高法院99年度台抗字第103號民事裁定：執行合夥事業之合夥人得以合夥名義參與投標，應買法院拍賣之不動產。

是否有效。倘應買人未將標單投入法院指定之標匭，而誤投其他標匭者，執行法院應定為廢標。執行法官或司法事務官於有效之標單中，確定出價達拍賣底價及最高者，並應當眾開示標單及朗讀之，而與應買人成立買賣契約，此為確定得標人之程序[102]。

二、認定得標之原則（97司法官）

執行法院認定投標是否有效時，依照投標書各項記載之外觀，為整體與綜合之考量，並依其投標能否確保投標之秘密性及正確性，客觀認定之（辦理強制執行事件應行注意事項第50條第4項）。詳言之，認定得標與否，應注意下列之基本原則：（一）同一性：投標書之記載，足以確定其投標應買之不動產與拍賣之不動產具有同一性者，且無其他無效事由時，其投標即應認為有效[103]。例如，拍賣單獨一筆之土地，投標人僅記載地段、地號，未載面積或權利範圍，倘足以判斷投標人欲購該不動產，自可認定投標有效；（二）立即決斷性：開標時應由執行法官當眾開示，決定是否得標，其須即斷即決之必要，不得任意事後補正。諸如委任狀、私法人承購耕地證明、原住民證明等，應附於投標書內，不許命補正之；（三）秘密性：其係指投標程序而言，故投標書之記載及投入標匭應秘密行之，以避免圍標及減少投機之發生[104]。

三、審查保證金

（一）符合公告條件

審查保證金是否與公告條件符合，其繳交保證金之支票，是否為金融業者所簽發之保付支票，不得以私人簽發之支票或本票代之。如記名式支票之

---

102 林洲富，法院拍賣不動產之現場程序，月旦法學教室，37期，2005年11月，頁16至17。

103 例如，投標書附加投標條件。

104 盧江陽，新強制執行實務，五南圖書出版有限公司，2015年9月，2版2刷，頁221至224。

受款人爲投標人，應命投標人於支票背面背書，否則背書會不連續，將視爲廢標（票據法第37條）。詳言之，投標應繳納保證金而未繳納者，其投標無效（本法第89條）。而執票人應以背書之連續，證明其權利（票據法第37條第1項前段）。是投標人用以繳納保證金之票據，倘有受款人之記載，而未經受款人背書者，因該票據背書不連續，爲執票人之執行法院無從據以行使權利，自難謂投標人於開標前已繳納保證金，而認其投標爲有效[105]。因投標之保證金依法應於開標前繳納，倘許事後補正，則投標人均持載有受款人而未依規定背書之票據投標，俟開標結果，視其投標之金額是否對其有利，再決定是否補正背書，將易滋流弊，故應不許投標人於開標後當場補正，逕依廢標處理[106]。

（二）開標前繳納

實務固由投標人塡據聲請書連同現金或金融機構票據，逕至法院出納室繳納，由出納室製作保證金臨時收據一式三聯，其中一聯黏貼投標書投入標匭（辦理強制執行事件應行注意事項第47條第4項）。然本法第86條僅規定以投標方法拍賣不動產時，執行法院得酌定保證金額命投標人於開標前繳納之，而未定明應繳何處，投標人於開標前，已將應繳之保證金遵命繳交執行法官或書記官，其繳納符合法定要件，不適用本法第89條所謂投標應繳納保證金而未繳納者，其投標無效規定[107]。

四、審查應買之標的物

審查投標單所載之買受標的物是否與公告相符、其之案號是否與本件拍賣案號相同。即自投標書之記載，足以認定投標應買之不動產與拍賣之不動產具有同一性者。倘與公告所載不符，亦不得令其當場更正，以防應買人有投機心態。

---

105 最高法院89年度台抗字第161號民事裁定。

106 司法院第21期司法業務研究會，民事法律專題研究10，頁201至203。

107 最高法院53年台抗字第195號民事裁定。

五、審查應買人

（一）執行債務人不得應買

因執行債務人爲拍賣標的物之出賣人，是執行債務人不得爲拍賣之應買人（本法第113條準用第70條第6項）。執行債務人固不得應買其被拍賣之所有不動產，惟債務人之連帶保證人，縱爲執行名義所載之執行債務人，非不動產之所有權人，連帶保證人仍得投標應買。

（二）拍賣人不得應賣[108]

拍賣人對於其所經管之拍賣，不得應買，亦不得使他人爲其應買（民法第392條）。此規定於強制執行法上之拍賣亦有適用。是執行拍賣之法官、書記官及執達員爲拍賣人，不得應買，亦不得以他人名義買受之（本法第61條、第83條）。例如，書記官以其妻名義買受之。倘執行人員自行應買或使他人爲其應買，主張拍賣無效有法律上利益者，自得起訴確認買賣無效。

（三）抵押人或繼承人

不動產之強制執行，依本法第113條準用第70條第6項規定，債務人不得應買。此規定係基於通說認爲強制執行法之拍賣屬買賣性質，並以債務人爲出賣人，出賣人不得爲買受人之觀點。倘債務人有資力，並求保有名下財產，應逕向債權人清償債務，不許其應買自己財產。因限定繼承或第三人提供抵押物之強制執行，因繼承人對於遺產，或抵押物所有人對於抵押物，均僅負物的有限責任，其與一般負無限責任之債務人性質不同，允許繼承人或抵押物所有人應買，以保有其財產，對於債權人並無不利，自無禁止之必要[109]。

---

108 司法院院字第2568號解釋。

109 最高法院105年度台抗字第381號民事裁定。

六、審查最高價者之應買人代理權

（一）立即決斷性

本法第88條規定開標應由執行法官當眾開示，並朗讀之。拍賣程序係在利害關係對立之不特定多數關係人，注視下公開行之，其執行程序事項具有立即性，須即斷即決之必要，以期其程序明確，有關拍賣行爲之瑕疵如許事後補正，勢必妨礙拍賣程序之進行及安定，滋生紛擾。是應買人雖得委任他人代理應買，惟應即時提出證明書以證明合法授權之事實，倘未提出證明書，其代理權即有欠缺，其投標無效，性質上不許準用民事訴訟法第75條第1項之定期命補正，即准其先行應買，再限期命補正[110]。同理，法人僅記載法人名稱、事務所而未記載其法定代理人之姓名者，屬不可補正之事項，應認爲爲廢標。

（二）執行法官當眾開標

拍賣程序係在利害關係對立之不特定多數關係人注視下公開進行，是開標應由執行法官當眾開示與朗讀。而最高價投標人於開標時或拍賣終結前是否應在場，涉及執行程序事項之立即決斷性，實務雖容有不同見解，然本文認開標時或拍賣終結前，應買人不在場者，其得標應爲無效。

1. 投標人應在場

開標應由執行法官當眾開示，並朗讀之（本法第88條）。拍賣程序係在利害關係對立之不特定多數關係人注視下公開行之，其執行程序事項有即斷即決之必要，以期其程序明確。關於投標人願出之最高價額相同者，以當場增加之金額最高者，爲得標人之所由定（本法第90條第1項）。申言之，不動產拍賣於開標時，倘投標人或其委任之代理人不在場，經執行開標之法官當眾宣示該不動產開標程序終結前，投標人或其委任之代理人仍未到場者，自應認其投標爲無效，該投標應買之買賣契約不成立[111]。倘法院未發現最高標者爲廢標，在未移轉所有權於買受人前，決標程序有無效事由，故強制執行

---

110 最高法院85年度台抗字第553號、95年度台抗字第476號民事裁定。

111 最高法院95年度台抗字第313號民事裁定。

程序尚未終結，符合應買條件之次高標者，可向執行法院聲明異議，主張執行法院所踐行之決標程序，有侵害其得標之權利[112]。

2. 投標人不在場

執行法院未於拍賣公告或投標須知載明開標時投標人不在場，投標無效，最高價投標人於開標時雖不在場，且於拍賣終結前仍未到場，基於投標人信賴保護之必要，參酌執行法院開標時爲防堵圍標情事，並保障債權人能獲最大受償，兼顧債務人得減少最多債務之權益，而予拍定，自應尊重其即決即斷之立即性判斷考量[113]。

七、審查與比較投標者之出價（104執達員；103檢察事務官；99三等書記官）

（一）每宗價額之合計數與其記載之總價不符者

數宗不動產合併拍賣時，投標人記載每宗價額之合計數與其記載之總價不符者，應以其所載之總價額爲準，其總價額高於其他投標人，且達於拍賣最低總價額者爲得標（辦理強制執行事件應行注意事項第50條第1項）。例如，應買人就土地出價新臺幣（下同）1,000萬元，建物出價1,200萬元，總價2,000萬元，雖土地及建物合計爲2,200萬元，高於總價2,000萬元，亦應以總價2,000萬元爲準。

（二）投標人僅記載總價額或僅記載每宗之價額

數宗不動產合併拍賣時，投標人未記載每宗之價額，應以其所載之總價額爲準，其總價額高於其他投標人，且達於拍賣最低總價額者爲得標。投標人僅記載每宗之價額而漏記總價額者，執行法院於代爲核計其總價額後，其總價額高於其他投標人，且達於拍賣最低總價額時，可認定其爲得標者（辦理強制執行事件應行注意事項第50條第1項）[114]。例如，法院拍

[112] 最高法院93年度台抗字第389號民事裁定。
[113] 最高法院97年度台抗字第239號民事裁定。
[114] 最高法院61年台抗字第631號民事裁定。

賣土地及房屋各一筆，公告之拍賣底價爲土地新臺幣（下同）500萬元，房屋400萬元。甲、乙、丙、丁分別投標。甲就土地出價600萬元，房屋550萬元，總價額書寫1,150萬元。乙就土地及房屋各出價600萬元，未寫明總價額。丙就土地及房屋均未分別出價，僅寫總價額1,200萬元。丁就土地出價600萬元，房屋500萬元，總價額書寫1,300萬元。依據投標人僅記載總價額或僅記載每宗之價額時，以記載總價額或每宗價額之加總價額最高者得標之方式處理，以丁之所出總價1,300萬元爲最高，應由丁得標。

（三）執行法院依職權調整拍賣底價

土地與地上建築物合併拍賣者，應於拍賣公告載明，投標人對土地及其建築物所出價額，均應達拍賣最低價額，而投標人所出總價額高於其他投標人，自應由該人得標。惟應買人就土地或建築物所出價額固未達拍賣最低價額，惟所出總價額高於其他投標人，而投標人不自行調整者，執行法院得按總價額及拍賣最低價額比例調整之（辦理強制執行事件應行注意事項第50條第2項）。例如，土地與建物底價各爲新臺幣（下同）1,000萬元，應買人就土地與建物分別出價1,500萬元、800萬元，其爲最高標，而投標人不自行調整，由法院依底價，職權調整之。

八、宣布開始拍賣及進行開標並朗讀投標單

（一）朗讀拍賣之案號

執行法官或司法事務官應於法院投標室，當眾宣布本股開始拍賣，進行開標並朗讀投標單（本法第88條）。例如，執行法官或司法事務官宣布現在爲113年度執春字第1688號開標開始。藉以告知在場人員，本件標的物之拍賣期日開始進行。

（二）確定得標、廢標及落標者

1.認定程序

執行法官在得標者之投標單上註明得標人所出總價、日期，並簽名確認其得標事實。並命得標者繳交身分證及私章，確認其身分。倘投標人未於投

標書上簽名或蓋章者，即無法得知是否爲投標人所爲，應認定爲廢標[115]。投標書記載投標人姓名雖與身分證不符，然與印章相符者，此種情形得認定何人投標，是其投標有效。而投標人於開標時不在場，其於拍賣終結前，投標人仍未到場者，則視爲廢標[116]。依本法第91條第1項規定，倘不動產無人應買時，債權人應於拍賣期日終結前到場表示承受。同理，投標人爲應買之表示，亦應到場爲之。再者，執行法官逐一朗讀落標者，應命其繳交身分證及私章，以據此領回投標之保證金。應買人之投標經執行法院認爲廢標時，倘應買人不服，得於強制執行程序終結前聲明異議[117]。

2.投標人

投標書應記載投標人之姓名，此爲投標要件（本法第87條第2項第1款）。所謂投標人，係指投標效果歸屬者，非指實際爲投標之人。例如，合夥團體負合夥人之補充連帶責任（民法第681條）。確定判決雖僅令合夥團體履行債務，然合夥財產不足清償時，自得對合夥人執行[118]。應認合夥人全體即公同共有人爲其權利主體。故自然人以合夥法定代理人之名義參與投標，其投標之效果應歸屬該合夥團體，即合夥人全體爲投標效果歸屬之權利主體。職是，以合夥團體之名義投標，執行法院核發不動產權利移轉證書予全體合夥人公同共有[119]。

（三）宣布最高標得標

執行法官宣布本件拍賣標的物出價最高者爲某人，出價新臺幣○○元，其他人有無出價更高者，如無出價更高者，則由某人得標。再者，執行法院先宣布最高標者得標，嗣後拍定後予以廢標，並諭知次高標者得標。因廢標爲執行法院之處分，受此不利益處分之原拍定人，依本法第12條規定，在強制執行程序終結前即得聲明異議。而執行法院對聲明異議事件之處置，不生

---

115 民事執行法令彙編，臺灣高等法院，2001年7月，頁198。

116 楊與齡主編，強制執行法爭議問題研究，黃義豐，不動產拍賣之效力，五南圖書出版有限公司，1999年2月，頁349。

117 最高法院74年度第2次民事庭會議決議2，會議日期1985年2月5日。

118 司法院院字第918號解釋。

119 最高法院98年度台抗字第94號民事裁定。

實體確定力，就買賣關係存否之實體上爭執，倘當事人或利害關係人符合民事訴訟法第247條之要件，得提起確認買賣關係存在之訴，尋求救濟[120]。

（四）最高價額相同者

投標人願出之最高價額相同者，得令投標人當場增加價額或抽籤決定，以決定出價最高者，執行法官並在投標單上註明得標者所加價額。無人願增加價額時，則以抽籤定其得標人（本法第90條第1項；辦理強制執行事件應行注意事項第50條第5項）。倘得標人未於公告所定期限內繳足價金者，而未中籤之投標人仍願按原定投標條件依法承買者，應讓其承受之（本法第90條第2項）。

（五）詢問債權人是否承受

1.拍賣期日終結前

所謂承受，係指債權人受讓拍賣之不動產，以執行名義之債權或應受分配之債權抵付價金。是債權人願依該次拍賣所定價額承受，除可使拍賣程序終結外，亦可免再度減價拍賣及再增加執行費用之情事，可謂兼顧執行當事人之利益。準此，法官應於拍賣期日終結前，詢問本股拍賣標的物有無債權人欲承受，倘有債權人聲明承受，其於聲明時即發生承受要約[121]。法院應命書記官記明拍賣筆錄，准其承受不動產。債權人聲明承受之要約，經執行法院核定同意其承受之承諾，因買賣意思合致而買賣關係成立，承受人應負繳納價金之義務。故債權人聲明承受時，經執行法院同意後，買賣契約始可成立。因拍賣之不動產無人應買或應買人所出之最高價未達拍賣最低價額，而到場之債權人於拍賣期日終結前，聲明願承受者，執行法院應依該次拍賣所定之最低價額，將不動產交債權人承受，並發給權利移轉證書（本法第91條第1項）。是於拍賣期日前事先聲明，或於拍賣期日終結後，始聲明承受者，

---

120 最高法院86年度台上字第412號民事判決。

121 臺灣高等法院暨所屬法院83年法律座談會民執類提案第47號。債權人按底價承受時，毋須於承受當天預繳保證金，倘逾期不繳清全部價金或差額者，依強制執行法第94條第2項規定，逕對其強制執行，如係承受人別無其他財產可供執行，執行法院可依同法第116條拍賣其承受權，以資解決。

不得許其買受。

2.得承受之債權人

無執行名義而得參與分配之債權人，僅限於依法對執行標的物有擔保物權或優先受償權之債權人（本法第34條第2項；辦理強制執行事件應行注意事項第51條第4項）。準此，無執行名義之普通債權人不可參與分配，亦不可聲明承受（本法第34條第1項）。假扣押裁定爲執行名義之一種，故假扣押債權人爲有執行名義債權人，其得承受執行標的物（本法第4條第1項第2款）。

3.續行拍賣

無人承受或依法不得承受者，由執行法院定期再行拍賣（本法第91條第1項）。倘債權人有二人以上願意承受者，以抽籤定之（本法第94條第1項）。承受不動產之債權人，其應繳之價金超過其應受分配額者，執行法院應限期命其補繳差額後，發給權利移轉證書；逾期不繳者，雖應再行拍賣。然有未中籤之債權人仍願按原定拍賣條件依法承受者，不在此限（第2項）。

（六）第一順位抵押人聲明承受

第一順位抵押權人聲明承受拍賣不動產，是否應繳交保證金，目前實務有二種處理方式：1.無庸繳納保證金，嗣後需繳交土地增值稅及第三人執行費時，再通知承受債權人繳交必要費用；2.仍需繳交全部之保證金，俟扣除土地增值稅及第三人執行費後，再退還餘額與承受人。

第八項　拍賣無實益及特別變賣

第一目　拍賣無實益

一、定　義

所謂拍賣無實益，係指禁止無益之執行。是普通債權人或後順位之抵押權人持執行名義聲請拍賣債務人之財產，如不動產之拍賣最低價額不足清償優先債權及強制執行之費用者，即將拍賣之最低價額與「優先債權及強制執行之費用」比較[122]，倘前者少於或相等於後者，即屬無賸餘之情形，此際執行法院應將其事由通知債權人。債權人於受通知後7日內，得證明該不動產賣得價金有賸餘之可能或指定超過該項債權及費用總額之拍賣最低價額，並聲明如未拍定願負擔其費用而聲請拍賣；或於文到7日內，查報債務人其他可供執行之財產。逾期未聲請者，執行法院應撤銷查封，將不動產返還債務人，此爲無益拍賣之禁止（本法第80條之1第1項）[123]。

二、普通債權人執行有抵押權之不動產

普通債權人對債務人之執行名義，請求執行債務人所有不動產，經法院以土地新臺幣（下同）320萬元，建物220萬元，合計總價540萬元之底價，而於第1次拍賣，無人應買。倘依前揭底價拍出，因第一順位抵押權人有本金最高限額480萬元之抵押權，陳報之債權有343萬元及其利息、違約金；而第二順位抵押權人之抵押權爲普通抵押權，登記之抵押權有350萬元。再者，強制執行費尚待優先扣除，土地增值稅、房屋稅、地價稅亦應待計入。經執行法院研判，本件標的物再減價，增加執行費用之花費，普通債權人之債權亦未能得到部分清償，乃無實益之強制執行程序，故普通債權人應於受通知後7日內，證明該不動產賣得價金有賸餘之可能，或指定超過該項債權及費用總額之拍賣最低價額，並聲明如未拍定願負擔其費用而聲請拍賣，或另行查報債務人其他可供執行之財產。倘逾期未爲前揭證明或聲明，亦未查報債務人其他可供執行之財產，法院將逕發債權憑證，並予結案。易言之，債權人逾期未爲前開之證明或聲明，亦未查報債務人其他可供執行之財產，執行名義非拍賣抵押物裁定者，執行法院得依據本法第27條第1項規定，逕行核發債權憑證結案，毋庸製作駁回裁定，俾免重複繳納強制執行費用及達到中斷時效之效果。倘執行法院違反拍賣無實益禁止規定，以致侵害當事人之權益，其於

---

122 所謂最低拍賣價額，係指執行法院依本法第80條規定程序，就鑑定人所估定不動產價格，加以核定之拍賣最低價額而言。

123 最高法院101年度台抗字第370號民事裁定：拍賣最低價額不足清償優先債權及強制執行之費用，不以首次拍賣為限，減定拍賣最低價額再行拍賣，仍受其限制。

拍定後，未核發權利移轉證書前，拍賣程序尚未終結，得撤銷拍定程序[124]。

三、保障優先債權人

因無益之執行之禁止規定，乃在保障優先債權人，不因後順位債權人或普通債權人聲請拍賣而受損害。倘由順位在先之抵押權人或其他優先受償權人聲請拍賣，則不生無實益之問題（本法第80條之1第3項）。例如，抵押權人持准許拍賣抵押物裁定，聲請拍賣抵押物，該抵押物設定抵押權擔保新臺幣（下同）500萬元，雖執行法院估定之拍賣最低價額僅爲400萬元，不足清償該優先債權及其執行費用，然不受無益拍賣禁止之限制。

四、變價分割之分割共有物不適用拍賣無實益（96律師）

變價分割之分割共有物判決，係賦予各共有人有變賣共有物，分配價金予各共有人之權利，其於變賣由第三人取得所有權前，各共有人就共有物之所有權並未喪失，仍維持共有關係。倘該不動產之應有部分已經設定抵押權，該設定抵押權之共有人屆抵押債權清償期而未清償，抵押權人自得聲請法院拍賣該應有部分，縱使拍賣之價金不足清償執行費用與優先債權，亦不適用拍賣無實益之問題。因變價分割共有物之情形，係對物之執行名義，不論共有物變價所得數額如何，其重在消滅共有關係判決之目的實現。否則僅因有部分共有人之應有部分所設定之抵押權，而有拍賣無實益問題，致共有物不能拍定，無法消滅共有關係，自與民法第823條第1項規定，共有物除因物之使用目的不能分割或契約訂有不分割期限者外，各共有人得隨時請求分割共有物之規定相違[125]。

五、不得拍賣建造執照

民事強制執行以實現私權爲目的，而金錢債權之執行，旨在求債權全部或一部之獲得清償。倘金錢債權人聲請強制執行之標的本身無財產價值或無

124 司法院第49期司法業務研究會，民事法律專題研究19，頁74至75。
125 臺灣高等法院暨所屬法院93年法律座談會民執類提案第16號。

換價可能，甚者爲無法轉讓之公法上權利，本於無益執行禁止原則，執行法院應將扣押之標的啓封，返還債務人。職是，建造執照僅係表明起造人得爲建築之公文書，起造人名義本身係公法上得建築之權利，無移轉換價之可能性，自無財產權之性質，是債權人陳報債務已無其他財產，經發給債權憑證，法院爲免無益之執行，依職權撤銷原執行命令，不得執行建造執照[126]。

第二目　特別變賣

一、定　義

所謂特別變賣，係指債權人依據本法第80條之1第2項前段規定，聲請拍賣而未拍定，其亦不承受時，執行法院於公告期間，不經公開拍賣競價方式，由應買人直接向執行法院，表示願以拍賣最低價額承買而成立買賣契約。

二、程　序

執行法院公告願買受該不動產者，得於3個月內依原定拍賣條件爲應買之表示，執行法院於訊問債權人及債務人意見後，許其應買，債權人亦得再聲明承受。惟執行法院訊問債務人及債權人之意見，僅供許可與否之參考[127]。逾期無人應買或承受者，執行法院應撤銷查封，將不動產返還債務人（本法第80條之1第2項後段）。

第五節　再行拍賣

第一項　拍賣公告期間

第二次以後之拍賣期日距公告之日，不得少於10日。即再行拍賣之期日，距公告之日，自10日至30日之間（本法第93條）。換言之，第二次與第

126 最高法院96年度台抗字第883號民事裁定。
127 陳榮宗，強制執行法，三民書局有限公司，2000年11月，2版1刷，頁406。

三次之拍賣期日，距公告之日，均不得少於10日，使更多應買人得參與投標，增加得標或拍定價金之機會。

第二項　減價拍賣

拍賣之不動產無人應買或應買人所出之最高價未達拍賣最低價額，亦無債權人承受，或有承受者而依法不得承受，由執行法院定期再行拍賣。再行拍賣時，執行法院應酌減拍賣最低價額，酌減數額不得逾20%（本法第91條）。自第二次至第三次拍賣雖得各減價至多20%，然不宜一律遽減20%，應視情況而定。例如，再行拍賣之際，已除去租賃或除去借貸關係，並得點交者，拍賣不動產較易拍定，是以減價10%為宜，較能兼顧債務人及債權人之權利。

第三項　特別拍賣程序

一、特別拍賣之定義

經二次減價拍賣即第三次拍賣者而未拍定之不動產，債權人不願承受或依法不得承受時，執行法院應於第二次減價拍賣期日終結後10日內公告願買受該不動產者，得於公告之日起3個月內，依原定拍賣條件為應買之表示，執行法院得於詢問債權人及債務人意見後，許其買受。債權人復願為承受者，亦同（本法第95條第1項）。此為第四次拍賣或特別拍賣程序，特別拍賣程序應依第三次拍賣所定條件為應買之表示，是應買人亦應繳交保證金，以防應買人任意事後反悔。

二、公告期間之起算基準

特別拍賣之公告3個月之期限起算，依據司法院民事廳2000年3月10日函發各地方法院「研商有關強制執行法及其相關法案通過統一實務見解事宜」會議第7項決議，所謂公告日，係指公告張貼於法院公告牌而言。倘應買人已繳納保證金，事後不繳納價款，應再行公告3個月，即期間重新起算。

三、未拍定之效果

（一）核發債權憑證

特別拍賣程序未拍定時，應命債權人查報其他財產，倘無效果時，則視爲撤回強制執行。因視爲撤回該不動產之執行，是法院僅得就原執行名義之執行費用，即依據執行金額徵收8‰之執行費用部分核發債權憑證，就其他執行費用，不予列入。例如，登報費與鑑價費等費用，不得核發。而拍賣抵押物之執行，係對特定物執行，視爲撤回該不動產之執行，全部之執行程序即告終結，法院毋庸命抵押權人查報可供執行財產及核發債權憑證。

（二）另行估價或減價拍賣

公告之3個月期限內，無人應買前，債權人亦得聲請停止前開拍賣，而另行估價或減價拍賣[128]。倘仍未拍定或由債權人承受，或債權人未於該期限內聲請另行估價或減價拍賣者，視爲撤回該不動產之執行，而非視爲債權人撤回強制執行之聲請（本法第95條第2項）[129]。倘債權人無其他財產者，自得請求法院核發債權憑證，雖查封之不動產可啓封，惟調他債權之假扣押卷宗拍賣者，因假扣押之執行並不消滅，不得啓封。債權人亦得於公告期間，具狀延緩執行（本法第10條）。延緩期間屆滿後，債權人聲請續行執行，法院另行公告拍賣，該公告期間應接續前開已公告之期間計算3個月。在特別拍賣程序期間，有第三人爲應買之表示，執行法院未許其應買前，基於當事人利益之考慮，暨拍賣性質與買賣行爲無異，執行法院尚未許可其買受之表示前，買賣契約即未成立，債權人固可撤回執行[130]。然基於程序安定之因素，應買人應受其買受要約之拘束，不得撤回應買（民法第154條第1項）[131]。

---

128 臺灣高等法院暨所屬法院89年度法律座談會民執類提案第10號。此公告之日，係指將公告張貼於法院公告牌而言。該3個月期間非屬行為期間，不應扣除在途期間。

129 此與撤回執行不同，因撤回執行係撤銷前已執行之程序及命令，是不發給債權憑證，僅發還原據以聲請之執行文件。

130 最高法院89年度台抗字第354號民事裁定。

131 司法院第49期司法業務研究會，民事法律專題研究19，頁126至128。

四、重新執行之拍賣底價

債權人對同一不動產再度聲請強制執行，並引用前執行事件之鑑價報告，作爲新事件之第一次拍賣底價，執行法院經詢價後，基於程序經濟及避免無實益之浪費，得以鑑價報告及第四次拍賣之流標價格，作爲拍賣底價，人可節省鑑價費用及文書送遞時間[132]。同理，債務人所有不動產未拍定，法院核發債權憑證予債權人，債權人可持債權憑證再度聲請強制執行該未拍定之不動產。本文認爲不宜撤銷該不動產之查封，應至拍定或債權人撤回執行後，始啓封之，避免徒增重複查封與啓封之程序[133]。

五、時效中斷

本法第95條第2項規定，視爲撤回該不動產之執行者，依文義解釋，僅指撤回該不動產拍賣程序之執行，而非撤回強制執行之聲請。倘債權人聲請強制執行，係因無人投標而拍賣不成立，經法官諭知視爲撤回不動產之執行，核發債權憑證或於其上註記而結案，並非主動聲請撤回執行之聲請狀，而債權人已聲請強制執行而表示實現其權利之意思，請求權時效中斷之效力，不應因法律規定擬制撤回該不動產之執行而受影響[134]。

六、變價分割之確定判決

繼承人或共有人持變價分割之確定判決聲請拍賣共有之不動產，因其性質爲執行變價分割之方法，非換價拍賣程序，並無特別拍賣程序之適用，其於第三次拍賣未拍定後，仍應續行拍賣，迄至拍定爲止，不受拍賣次數之限制[135]。

---

132 司法院(89)院臺廳民二字第06305號函檢送「研商有關強制執行法及其他相關法案通過統一實務見解事宜」會議決議13。

133 黃國基，金融機構債權催收相關法律問題研究，國立中正大學法律研究所碩士論文，2011年7月，頁130。

134 最高法院100年度台抗字第334號民事裁定。

135 法院辦理民事執行實務參考手冊，臺灣高等法院，2001年7月，頁112。

第四項　強制管理

一、強制管理之方法

已查封之不動產，執行法院得因債權人之聲請或依職權，命付強制管理（本法第103條）。命付強制管理時，執行法院應禁止債務人干涉管理人事務及處分該不動產之收益，倘收益應由第三人給付者，應命第三人向管理人給付。前開命第三人給付之命令，送達於第三人時發生效力（本法第104條）。所謂不動產收益，係指天然孳息或法定孳息。例如，命承租債務人所有不動產之第三人，將租金給付與管理人。執行法院對於管理人，應指示關於管理上必要之事項，並監督其職務之進行。管理人將管理之不動產出租者，應以書面爲之，並應經執行法院之許可。執行法院爲前開許可時，應詢問債權人及債務人之意見。但無法通知或屆期不到場者，不在此限（本法第107條）。而管理人因強制管理及收益，得占有不動產，遇有抗拒，得請執行法院核辦，或請警察協助（本法第109條）。管理人於不動產之收益，扣除管理費用及其他必需之支出後，應將餘額速交債權人。倘有多數債權人參與分配，執行法院認爲適當時，得指示其作成分配表分配之（本法第110條第1項）。

二、撤銷強制管理

不動產之收益，扣除管理費用及其他必需之支出後，無賸餘之可能者，執行法院應撤銷強制管理程序（本法第112條第2項）。不動產經強制管理者，法院得發函詢問強制管理之情形，確無實益者，應撤銷強制管理程序，再定拍賣期日，倘強制管理已逾1年者，得再送鑑價，作爲再定拍賣底價之參考。就命強制管理之程序，應以裁定爲之，該裁定屬強制執行之方法，倘對裁定不服者，僅得依據本法第12條第1項規定聲明異議，不服異議之裁定時，始得依同條第3項規定，提起抗告。

第五項　除去租賃或借用關係

一、抵押權人聲請除去抵押物之租賃或借用關係

不動產所有人設定抵押權後，嗣於同一不動產上固得設定地上權或其他以使用收益爲目的之物權，或成立租賃關係，然其抵押權不因此而受影響（民法第866條第1項）。倘不動產所有人設定抵押權後，而與第三人訂立租賃或借用契約而致抵押物之價金有所影響，租賃或借用契約對於抵押權人不生效力。抵押權人因屆期未受清償，聲請拍賣抵押物時，執行法院自可依抵押權人之聲請以無租賃或無借用狀態逕予執行[136]。換言之，不動產所有人設定抵押權後，倘與第三人訂立租賃契約或借貸契約，致抵押物之價金有所影響，抵押權人因屆期未受清償，聲請拍賣抵押物時，經拍賣無法拍定，執行法院自得裁定除去租賃或借貸關係，逕予強制執行。例如，抵押權人主張債務人所有之不動產，爲債權人即抵押權人設定新臺幣（下同）400萬元之抵押權，債務人於抵押權設定後將抵押物出租或出借與第三人，而此項不動產經法院以底價340萬元拍賣而無人應買，此項租賃關係已影響其抵押權，依據司法院院字第1446號解釋意旨，抵押權人自得聲請將該租賃權或借貸關係除去後拍賣[137]。

---

136 本法第98條第2項規定；司法院院字第1446號解釋。

137 司法院院字第1446號解釋：抵押權係就抵押物之賣得價金得受清償之權，其效力並及於抵押物扣押後由抵押物分離之天然孳息，或就該抵押物得收取之法定孳息。故不動產所有人於設定抵押權後，雖得依民法第866條規定，復就同一不動產與第三人設定權利，但於抵押物之賣得價金，或該物扣押後由抵押物分離之天然孳息，或抵押權人原得收取之法定孳息，有所影響，則依同條但書之規定，其所設定之權利，對於抵押權人自不生效。如於抵押權設定後與第三人訂立租賃契約而致有上述之影響者，依同條之規定言之，不問其契約之成立在抵押物扣押前或扣押後，對於抵押權人亦當然不能生效，其抵押權人因屆期未受清償，或經確定判決，聲請拍賣抵押物時，執行法院自可依法逕予執行。至於抵押權設定後取得權利之人，因其權利不能使抵押權受其影響，即不足以排除強制執行，除得依民法第226條，向設定權利人求償損害外，自不得提起異議之訴。

二、執行法院除去租賃或借用關係之認定

有出租或出借之不動產，是否因租賃或借用關係而導致抵押物之價金受有影響，其於法院進行拍賣前，實無法預測。是實務之作法，以第一次拍賣有無人應買，作爲有無影響抵押權行使之認定基礎。或者，由執行法院命鑑定人就無負擔或未出租之價額與有負擔或出租之價額，分別估定，以作爲有無影響抵押權行使之認定（辦理強制執行事件應行注意事項第42條第4項）。

三、除去租賃或借用關係之裁定

執行法院認抵押人於抵押權設定後，而與第三人訂立之租賃契約或借用契約，或者爲第三人設定地上權，致影響於抵押權者，得依聲請或職權除去其租賃關係、借用關係或地上權，依無租賃、借用或地上權狀態而逕行強制執行（民法第866條第2項、第3項）。執行法院所爲除去租賃關係、借用關係或地上權之處分，性質上係強制執行方法之一種，倘當事人或第三人有不服，應依本法第12條規定，向執行法院聲明異議，不得逕行對之提起抗告[138]。換言之，該等除去權利之裁定，爲執行法院之處分。倘受處分人對執行方法不服，認爲侵害其權益時，應依本法第12條第1項規定，聲明異議，由執行法院依同條第2項規定裁定，不得逕向上級法院提起抗告。

四、除去租賃或借用之範圍

（一）同意第三人出租或出借不動產

民法第866條所稱之不動產所有人出租或出借不動產，應認包括不動產所有人同意第三人出租或出借不動產之情形在內。因法條規定意旨，在於確保抵押權人，不動產所有人自爲之租賃或出借負擔，而於抵押權有影響者，既得除去之，其同意由第三人爲之，其與不動產所有人自行出租或出借無異，如有影響於抵押權人之利益，自得予以除去，使承租人變成無權占有，始足貫徹保護抵押權人之立法精神。

---

138 最高法院74年台抗字第227號、101年度台聲字第1375號民事裁定。

（二）未同意第三人出租或出借不動產

第三人未經不動產所有人同意，擅行出租之情形，因第三人與承租人間之租賃關係之效力，不及於不動產所有人，拍定人自得對承租人主張無權占有。準此，不動產所有人未同意第三人出租，迄至該不動產查封時，亦未予追認者，即得以無租賃狀態逕付拍賣，並將對拍定人不得主張租賃權存在之情形，通知租約當事人，以促其注意，法院不可爲除去租賃權之裁定[139]。

五、拍定人承受租賃關係

抵押權設定前之租賃權，依據民法第425條第1項規定，出租人即債務人於租賃物交付後，承租人即第三人占有中，縱將其所有權經拍賣讓與拍定人，其租賃契約，對於拍定人仍繼續存在。換言之，買賣不破租賃爲租賃物權化之規定，僅適用於出租人於租賃物交付後，承租人占有中之情形。惟在長期或未定期限之租賃契約，其於當事人之權義關係影響甚鉅，應付公證以求其權利義務內容合法明確，且可避免債務人於受強制執行時，而與第三人虛僞訂立長期或不定期限之租賃契約，以妨礙債權人之強制執行。職是，民法第425條第2項規定，未經公證之不動產租賃契約，其期限逾5年或未定期限者，其租賃關係對拍定人不存在，無買賣不破租賃之適用，法院自得點交之，使拍賣標的物較易出賣[140]。

六、營造建築物之併付拍賣

土地於抵押權設定後，抵押人出租於第三人建造房屋，抵押權人依民法第877條規定聲請將該房屋併付拍賣，執行法院應先審究該租賃關係，是否影響抵押權之實行，並終止租賃關係後，始得拍賣之（民法第866條第2項）[141]。

139 司法院(78)廳民二字第269號函，民事法律問題研究彙編，7輯，頁178。

140 楊與齡主編，強制執行法實例問題分析，吳光陸，拍賣與租賃，五南圖書出版有限公司，2002年7月，初版2刷，頁263。

141 最高法院96年度台抗字第200號民事裁定。

第六項　債務人假造租賃或借用契約之處理

債務人以其所有之不動產，爲債權人設定抵押權，倘債權人係金融業者，通常會要求債務人出具該不動產並無出租或出借狀態之切結書或保證書，以確認設定抵押權時，無出租或出借之狀態。債務人雖於查封時聲明異議，主張其於設定抵押權前，已有承租或借用關係。然依據債務人出具之切結書或保證書之文義記載，足見債務人與第三人串通假造租賃或借用契約，其等之租賃或借用契約，依民法第87條規定，屬通謀虛爲意思表示，應爲無效，法院得以裁定駁回其異議，第三人或債務人得對該裁定提起抗告（本法第12條第3項）。

第六節　拍　定

第一項　拍定之定義

所謂拍定者，係指執行法院將拍賣物歸出價最高之合法買受人之意思表示。投標人願出之最高價額相同者，以當場增加之金額最高者爲得標人；無人增加價額者，以抽籤定其得標人（本法第90條第1項）[142]。而拍賣期日無人應買或應買人所出之最高價未達拍賣最低價額，債權人得以拍賣期日終結前聲明願以拍賣底價承受，同時有二人以上之債權人表示願意承受時，以抽籤決定之（本法第94條第1項）。倘係外國人購買土地者，依據土地法第19條至第20條規定，應經許可，故須附縣、市政府之許可證明[143]。

---

142 最高法院96年度台上字第638號民事判決。

143 土地法第17條第1項規定：下列土地不得移轉、設定負擔或租賃於外國人：1.林地；2.漁地；3.狩獵地；4.鹽地；5.礦地；6.水源地；7.要塞軍備區域及領域邊境之土地。

第二項　通知優先承買人行使權利

第一目　優先承買人之範圍

一、基地承租人與所有人

基地承租人依據土地法第104條第1項前段規定，基地承租人向債務人租地建屋，其於基地上確有房屋之建築者，執行法院拍賣債務人之所有土地時，承租人始有依同一條件優先購買權。反之，倘未於基地上建築房屋，則不得主張優先購買權。再者，基地所有人依據土地法第104條第1項後段規定，承租人向基地所有人租地建屋，而拍賣債務人之所有建物時，基地所有人有依同樣條件優先購買之權。典權人與地上權人之房屋出賣時，基地所有權人有依同樣條件優先購買之權。

二、共有人

共有人依土地法第34條之1第4項規定，共有人出賣其應有部分時，他共有人得以同一價格共同或單獨優先承購。再者，限定繼承人對被繼承人之債務，以遺產為限負清償之有限責任，被繼承人之財產受執行時，限定繼承人僅就遺產受執行之部分，居於債務人地位，非因繼承所得之財產，本屬限定繼承人之固有財產，此時限定繼承人就其固有財產之身分而言，屬本法第15條所指第三人，故限定繼承人與被繼承人同為土地分別共有人，限定繼承人就屬遺產之應有部分受執行拍賣時，應有土地法第34條之1第4項之優先購買權[144]。職是，被繼承人共有土地之應有部分被拍賣，兼債務人之限定繼承人及第三人身分之共有人，得主張優先購買權。

三、地上權人或典權人

土地法第104條關於基地或房屋優先購買權之規定，旨在使房屋與基地之所有權合歸於一人所有，使法律關係單純化，以盡經濟上之效用，並杜紛

144 最高法院98年度台抗字第1001號、99年度台抗字第4641號民事裁定。

爭。故必須對於基地有地上權、典權之存在，且地上權人、典權人於基地上有房屋之建築者，始有優先購買權之適用[145]。

四、共有物繼承人

繼承人就共有土地未辦理遺產分割登記前，繼承人就共有地應有部分，依法屬其全體繼承人公同共有。且多數繼承人共同繼承時，公同共有關係因繼承而當然發生，倘將公同共有關係消滅變爲分別共有，始得爲分別共有之登記，共有土地未辦理繼承登記，亦未將遺產分割爲分別共有之登記，自屬全體繼承人公同共有（民法第830條第1項、第758條）。職是，共有土地之應有部分經拍定後，執行法院通知其他分別共有人優先承購，某共有人於拍定前死亡，在未分割遺產前，倘繼承人就拍定土地欲行使優先承購權，應由全體繼承人共同行使，始爲合法[146]。

五、拍賣限定繼承之遺產

強制執行程序就被繼承人所遺土地之全部爲執行時，限定繼承人雖列爲執行債務人，惟僅就遺產負物的有限責任，其與一般負無限責任之債務人性質不同，允許其應買以保有其財產，不生本法第70條第6項限制債務人不得應買之立法疑慮，對債權人並無不利，自無禁止之必要，應准許限定繼承人得爲應買。準此，執行法院代全體限定繼承人立於出賣人地位，出賣土地之全部於第三人，就各限定繼承人而言，不失爲出賣其應有部分。考量限定繼承人對該財產之感情，或向來之使用狀況，准其行使優先承購權，不影響債權人以最高拍定價清償債務之利益，應認限定繼承人得行使其優先承購權[147]。

第二目　行使優先承買權之期間

法院應通知優先承買人是否於10日內行使優先承買權，並命其提出得行

145 最高法院84年度台上字第83號民事判決。
146 最高法院99年度台上字第457號民事判決。
147 最高法院108年度台抗字第590號民事裁定。

使優先承買權之證明，倘其等逾期不表示者，則由原拍定人得標。法院得命優先承買人提出不動產登記謄本、租賃契約等文件證明優先承買權之存在。而承租人係耕地三七五減租條例之農地承租人，依該條例規定，表示權利行使期間爲15日。

第三目　執行法院應注意事項

一、共有土地應有部分之拍定人為共有人

共有人依土地法第34條之1第4項規定，具有優先承購權之目的，在於減少共有關係。是共有土地之應有部分經拍定，其拍定人爲該土地之共有人者，其他共有人無優先承購權。因已由共有人之一拍定，可簡化共有關係，毋庸賦予其他共有人有優先承買權。

二、優先權人撤回行使優先承買權

優先權人已行使優先承買權之意思，買賣契約即合法成立，其不得任意撤回行使優先承買權。優先權人撤回行使優先承買權之意思時，不生效力，倘優先權人逾期未繳交價金時，應再行拍賣，不得由原拍定人按拍定價金應買之。

三、對優先承買人公示送達

無法按戶籍所在地或當事人陳報之地址，通知優先承買人行使權利時，應命債權人聲請公示送達，俾能合法通知優先承買人，不論其承買權是具有物權效力或債權效力，均應公示送達。倘未經合法送達者，具有物權效力之優先承買人，得主張拍定無效。

四、地上權之設定

（一）地上權無優先承買權

地上權人在債務人所有之土地上無建築物或工作物者，自不得主張地上

權人之優先承買權。法院於拍賣前或拍定後，得諭知地上權人是否同意塗銷地上權，其目的有二：1.無地上權登記者，較易拍定，債權人之債權較能滿足；2.少數之抵押權人，除要求債務人以其所有之不動產設定抵押權外，固要求債務人須設定地上權以擔保債權，然以擔保債權爲目的而設定地上權者，其設定之地上權之意思表示應屬無效（民法第87條第1項）。故地上權人同意塗銷地上權，得免日後發生訟爭。

（二）地上權人有優先承買權

基地出賣時，地上權人有依同條件優先購買之權（土地法第104條第1項）。此規定旨在使基地與基地上之房屋合歸一人所有，以盡經濟上之效用，具有準物權效力。是地上權雖因有礙抵押權人實行其權利而遭除去，拍定時地上權登記未經塗銷而未消滅，然地上權人優先承買，無損抵押權人之利益，亦可避免基地與建物分歸不同人所有，形成複雜法律關係，以准其優先承買爲宜[148]。

五、通知優先承買人繳納買賣價金

優先承買人具狀聲明行使優先承買權，法院應通知優先承買人於一定期間內，繳足全部價金，俟優先承買人於期間內繳足價金後，應將投標之保證金發還拍定人。倘優先承買人未於期間內繳足價金，可認定優先承買人放棄優先承買權，應由拍定人買受。

六、數筆土地合併拍賣

共有人出賣其應有部分時，他共有人得以同一價格共同或單獨優先承購（土地法第34條之1第4項）。所謂優先承購權，係指共有人於共有人出賣土地或建築改良物時，對於該共有人有請求以同樣條件訂立買賣契約之權而言[149]。故出賣之共有人與他人訂立買賣契約之一切條件，優先承買權人均應接受，不得作修正或附加，始得爲合法行使優先購買權。本法之拍賣爲買賣

148 司法院第37期司法業務研究會，民事法律專題研究17，頁213至214。

149 最高法院65年台上字第853號、100年度台上字第432號民事判決。

之一種，出賣人係債務人，執行法院是代理債務人出賣查封物，故執行法院之拍賣公告對查封之數筆共有土地，倘附有合併拍賣之條件，拍定人已依拍賣公告所訂條件拍定買受，共有人僅對其中1筆土地表示行使優先購買權，對執行法院所訂之條件已有修正，而未就其他土地一併行使優先承購權，不生優先承購之效力[150]。準此，數筆共有土地被拍賣，拍賣公告載明數筆土地合併拍賣，倘僅就其中1筆土地主張優先購買，不符合同一條件。

七、優先權之性質

優先購買權爲形成權之一種，經優先購買人合法行使，即生與出賣人按其與第三人約定之同一條件補訂買賣契約之效力。倘無法律特別規定或經當事人同意，自無由法院依職權予以調整買賣價金之可言[151]。優先承買人未於法定期間內繳足價金或行使優先購買權，應由拍定人買受。

第三項　函查土地增值稅及追繳書據

經法院執行拍賣或交債權人承受之土地，執行法院應於拍定或承受後5日內，將拍定或承受價額通知當地主管機關，依法核課土地增值稅，並由執行法院代爲扣繳。職是，執行法院應函稅捐機關函覆土地增值稅之數額，而執行法院應於製作分配表時，依稅捐稽徵法第6條第3項代爲扣繳。並向債務人追繳不動產之書據，債務人拒絕交出者，並得公告宣示未交出之書據無效，另作證明書，發給債權人或買受人（本法第101條）。

第四項　命繳交價金餘款

一、繳納價金之期限

不動產拍賣，經執行法院拍定後，買賣關係成立，拍定人負有繳納價金

---

150 最高法院89年度台上字第125號、98年度台上字第1405號民事判決；最高法院100年度台抗字第432號民事裁定。

151 最高法院104度台上字第1433號民事判決。

之義務。拍定人應按拍賣公告所載之交付價金之期限交付價金餘款，即拍定價金減去保證金之餘額[152]。是執行法院應命拍定人於交付價金之期限內，繳納其餘之買賣價款，不按期繳納者，執行法院應再行拍賣。因繳交價金之期限為拍賣條件之一，是拍定人不得延展（本法第81條；辦理強制執行事件應行注意事項第36條）。

二、債權人承受不動產而逾期不繳納價金

債權人得於拍賣期日終結前聲明承受拍賣之不動產，以該拍賣所定之最低價額承受之。而所謂拍賣期日終結前，得解釋為拍賣當日之法院上班時間。承受不動產之債權人逾期不繳者，應再行拍賣（本法第94條第2項）。執行法院就債權人承受不動產，得令其繳交保證金，以作為抵繳土地增值稅及執行費用；或者僅令其繳納土地增值稅及執行費用。

第五項　塗銷登記

例題11　檢察官扣押命令之性質

債務人所有之不動產，前遭檢察官扣押命令禁止處分，嗣經執行法院拍賣，拍定該不動產在案。試問：（一）執行法院應否發函地政機關塗銷檢察官之扣押命令？（二）地政機關是否應遵守法院之執行命令？

一、囑託塗銷抵押權登記

存在不動產之抵押權及其他優先受償債權，因拍賣而消滅，原則係採塗銷主義（本法第98條第3項本文；民法第873條之2第1項）[153]。是法院應發函地政機關塗銷查封及抵押權登記，俾使拍定人得持權利移轉證書辦理所有權

---

152 拍定人繳足價款後，書記官應將收據附卷，繼而查土地增值稅、追繳書據、塗銷查封登記及抵押權登記、發權利移轉證明書及製作分配表。

153 最高法院103年度台上字第1369號民事判決。

移轉登記。存於不動產上之意定抵押權、法定抵押權（民法第513條）及其他優先受償權，因拍賣而消滅。而抵押權所擔保之債權未定清償期或其清償期尚未屆至，而拍定人或承受抵押物之債權人聲明願在拍定或承受之抵押物價額範圍內清償債務，經抵押權人同意者，例外採承受主義（本法第98條第3項但書；民法第873條之2第3項）。

二、囑託塗銷用益物權登記

不動產經拍定，其上之用益物權原則雖採承受主義，即不動產原有之地上權、農育權、不動產役權、典權及租賃關係隨同移轉（本法第98條第2項本文）。惟發生於設定抵押權之後，並對抵押權有影響，經執行法院除去後拍賣者，不在此限（但書）。例如，倘所有人於其不動產上設定抵押權後，復就同一不動產上與第三人設定典權，抵押權自不因此而受影響。抵押權人屆期未受清償，實行抵押權拍賣抵押物時，因有典權之存在而無人應買，或出價不足清償抵押債權，執行法院得除去典權之負擔，重行估價拍賣。拍賣之結果，清償抵押債權有餘時，典權人之典價，對於登記在後之權利人，享有優先受償權。執行法院於發給權利移轉證書時，依職權通知地政機關塗銷其典權之登記[154]。

三、債務人有二筆以上區分所有建物之所有權

債務人在同一公寓大廈有二筆以上區分所有建物之所有權時，其基地應有部分各別，其設定抵押權時，不論係共同抵押或分別抵押，抵押權人僅就其中一筆區分所有建物及其基地應有部分聲請拍賣者，經拍定後，執行法院塗銷抵押權人之抵押權登記時，應注意「拍賣之土地應有部分」與「塗銷之土地應有部分」，兩者應有部分相同。不得逾拍賣土地之應有部分，否則易造成塗銷未拍定土地之抵押權之情事。

---

[154] 大法官釋字第119號解釋。

四、例題解析

檢察官之扣押命令與稅捐機關之禁止處分命令，均爲行政命令，其效力與法院囑託之查封登記並無不同，而強制執行法就不動產拍賣後，並無明文規定保留檢察官之扣押命令，是債務人所有之不動產遭檢察官扣押命令禁止處分，嗣經執行法院拍定，執行法院應發函地政機關塗銷檢察官之扣押命令，或囑託檢察官發函地政機關塗銷之，俾於拍定人持權利移轉證書至地政事務所辦理不動產所有權移轉登記[155]。

第六項 核發權利移轉證書

例題12 建物共同使用部分之附屬性

當事人就建物辦理抵押權登記，僅就區分所有建物部分設定登記，其共同使用部分並未辦理，抵押權人實行抵押權時，亦僅就抵押建物請求拍賣，致法院辦理強制執行，囑託登記機關查封登記時，並未包括共同使用部分。試問：（一）執行法院核發權利移轉證明書於拍定人，是否應包括共同使用部分？（二）如權利移轉證明書未予包括，地政機關可否一併予以登記[156]？

一、取得不動產所有權時期

拍賣之不動產，拍定人繳足價金後，執行法院應發給權利移轉證書及其他書據（本法第97條）。買受人或承受債權人自領得執行法院所發給權利移轉證書之日起，取得該不動產所有權（本法第98條第1項）。不動產經拍定或交債權人承受並已繳足價金後，應於5日內按拍定人或承受人之名義，發給權利移轉證書。優先承買者亦同（辦理強制執行事件應行注意事項第56條第1項）。

155 臺灣高等法院暨所屬法院105年法律座談會民執類提案第9號。

156 司法院第1期司法業務研究會，民事法律專題研究1，頁127至129。

二、有停止執行之原因

買受人或承受人繳足價金後，縱使強制執行程序有停止之原因，執行法院自不得停止權利移轉證書之發給，執行法院僅能停止價金分配或交付[157]。而拍定人領得權利移轉證書之日起，即取得不動產所有權之日起，負擔不動產之危險（民法第373條）。

三、發還買賣價金與拍定人

執行法院核發權利證書前，拍定人與債務人達成協議，願意放棄拍定權，而債務人亦向債權人清償全部債務，或債權人同意拍定人放棄拍定權。準此，已無拍賣債務人不動產之實益，倘拍定人請求發還已繳價金，法院應予准許。

四、例題解析

抵押權之效力及於抵押物之從物與從權利。且主物之處分及於從物（民法第862條第1項、第68條第2項）。是共同使用部分固未設定抵押權，其屬主建物之附屬建物，仍爲抵押權之效力所及。準此，共同使用部分雖未辦理查封登記，因其性質爲從物，仍應視爲隨同主建物而拍賣，執行法院於核發權利移轉證明書予拍定人時，應將建物共同使用部分一併列入[158]。故權利移轉證書雖未包括共同使用部分，然地政機關可參照土地登記規則第94條規定辦理[159]。

---

[157] 司法院院字第2310號解釋；辦理強制執行事件應行注意事項第56條第8項。

[158] 內政部(70)臺內地字第28831號函；司法院(70)院臺廳一字第04226號函。

[159] 司法院秘書長(70)秘臺廳一字第01618號函。

第七項　撤銷拍賣程序

例題13　標的物利益之承受與危險之負擔

執行法院拍賣債務人所有土地及其上房屋，並由第三人拍定，拍定人已繳交全部價金完畢，雖並經執行法院發給權利移轉證書，然於法院點交前，該建物遭地震震垮全倒。試問：（一）執行法院應如何處理？（二）拍定人如何救濟？

一、必要性

法院之拍賣公告所標示之不動產與實際拍賣之標的物顯有不符，或者拍賣之標的物非債務人所有，足見買賣條件與實際情況顯有出入，法院得撤銷拍賣程序，免生爭議。經執行法院更正拍賣條件，以符合實際之標的物或實際情況後，再另定拍賣期日。

二、拍賣物不符（103三等書記官、檢察事務官）

拍賣不動產，應由執行法院先期公告，公告應載明不動產之所在地、種類及其他記明之事項（本法第81條第2項）。例如，債權人請求拍賣抵押物之強制執行事件，雖曾就附表所示編號1、2之不動產查封，惟其所持之拍賣抵押物裁定，未准予拍賣如附表所示編號1之不動產，法院亦未於拍賣公告載明之。準此，執行法院之拍賣公告所標示之不動產與實際拍賣之標的，顯有不符，已足以影響當事人之權益，此等顯然錯誤，自應以裁定撤銷執行法院就債務人所有如附表所示編號1、2之不動產拍賣程序。

三、拍定物有瑕疵

（一）拍賣程序已終結

拍賣物經拍定而移轉所有權予買受人時，拍賣程序即爲終結，執行法院不得以裁定撤銷查封拍賣程序[160]。故拍賣不動產強制執行事件，不動產經拍定後，執行法院發給拍定人權利移轉證書，拍定人不得以拍定物有物之瑕疵爲由，依本法第12條第1項規定聲明異議，執行法院應爲駁回聲明異議之裁定。申言之，買受人就物之瑕疵無擔保請求權（本法第69條、第113條）。是拍定人於拍得法院標賣之不動產後，縱使發現不動產有瑕疵存在，其不得主張物之瑕疵擔保，聲請執行法院撤銷已終結之拍賣程序。準此，拍定人事後發現拍定之建物已遭嚴重毀損，不得向執行法院主張物之瑕疵擔保，倘執行法院認拍定物確有物之瑕疵，亦不得爲撤銷拍定程序之處分[161]。

（二）拍定人之救濟

執行法院點交時，發現拍定之建物已滅失，可歸責於債務人，導致無法點交予拍定人，執行法院不得裁定廢標。因拍定人交付價金於執行法院時，拍賣所得價金屬出賣人所有，已非買受人所有，拍定人應依據買賣關係請求債務人負出賣人履行債務責任，執行法院無權裁定廢標，命債務人將價金返還拍定人。縱使拍定人已取得對債務人應返還價金之執行名義，亦應爲另案執行，不得認拍定人繳納之價金仍屬拍定人所有，而向執行法院請求返還[162]。

四、確認拍定買賣關係存在或不存在之訴

強制執行程序之拍賣，嗣後經拍定人聲請法院確認與債務人間之買賣或拍賣關係不存在確定時，基於債權人得以分配價金，應以該拍賣所生買賣關係存在爲前提，則於該拍定之買賣關係不存在時，執行法院不得以之代替債務人清償其債務，債權人受領之分配款即無法律上原因，拍定人與受領分配款債權人間成立非給付型不當得利。而本於拍定人爲強制執行當事人以外之第三人，應較受領分配款債權人受法律之保護，就其所受損害自得向受有利

160 司法院院字第2776號解釋7。

161 最高法院92度台抗字第281號民事裁定。

162 吳光陸，強制執行法，三民書局有限公司，2007年2月，頁237至238。

益之債權人請求返還[163]。

五、拍賣已登記之不動產

辦理強制執行事件應行注意事項第56條第7項雖規定，強制執行中拍賣之不動產，經第三人訴由法院判決確定認爲應屬於第三人所有時，原發權利移轉證書失其效力，執行法院應逕予註銷，並通知該管登記機關登記其事由[164]。然土地法第43條之登記有絕對效力，係爲保護因信賴登記取得不動產權利之第三人而設，拍定人信賴登記，經拍賣進而移轉登記取得不動產所有權，縱使登記名義人非眞正權利人，眞正權利人不得訴請塗銷登記[165]。職是，本書認爲辦理強制執行應行注意事項第56條第7項之範圍，僅限於未登記之不動產。因善意拍定人拍賣已登記之不動產，善意拍定人應適用土地法第43條規定，第三人已喪失所有權，不得再行主張拍賣無效，請求回復所有權登記。

六、例題解析

（一）拍定物無物之瑕疵擔保請求權

除契約另有訂定外，買賣標的物之利益及危險，自交付時起均由買受人負擔（民法第373條）。係爲杜絕買賣當事人之間，所生危險負擔之爭論而立法。依本法第98條規定，拍定人於領得權利移轉證書之日起取得拍定不動產之所有權，其就拍定物，並無物之瑕疵擔保請求權（本法第69條）。僅有權利瑕疵擔保請求權，即出賣人應擔保第三人就買賣之標的物，對於買受人不得主張任何權利（民法第349條）。債務人應交出之不動產，現爲債務人占有或於查封後爲第三人占有者，執行法院應解除其占有，點交於買受人或承受人（本法第99條第1項）。

---

163 最高法院102年度台上字第2056號民事判決。

164 最高法院30年上字第2203號民事判決；最高法院106年度台抗字第274號民事裁定。

165 最高法院50年台上字第929號、95年度台上字第1611號民事判決。

（二）標的物利益之承受與危險之負擔（99、90司法官）

點交並非拍定人取得拍定物之要件，拍定人已繳交全部價金並經發給權利移轉證書，而於點交前，標的之建物遭地震震垮全倒，拍定物之利益及危險應已移轉由拍定人承受[166]。倘標的物於核發權利移轉證書前滅失，則屬執行不能，執行法院應將執行程序終結，將買賣價金返還於拍定人，毋庸再製作分配表分配價金；倘執行法院繼續製作分配表分配價金，屬本法第12條第1項規定之其他侵害利益情事，拍定人得以利害關係人之身分，而於強制執行程序終結前，即執行法院將價金分配與各債權人前，聲明異議。職是，拍賣標的物在拍定後，核發權利移轉證書前即已滅失，危險負擔自應由出賣人即債務人負擔[167]。

第八項　拍定人不繳價金之處理

例題14　參與分配之基準日

債權人甲向法院聲請執行債務人所有之不動產，經法院拍定後，拍定人逾期未繳餘款，法院再行拍賣，他債權人乙聲明參與分配。試問：（一）執行法院應如何分配買賣價金？（二）債權人參與分配基準日為何[168]？

一、再行拍賣（103執達員）

買受人應依所定期間繳交價金，此爲拍賣條件之一，除拍定人不得聲請延展外，執行法院亦不得延展，拍定人逾期不繳者，執行法院應再行拍賣。

---

166 最高法院87年度台上字第1987號民事判決。

167 楊與齡主編，強制執行法爭議問題研究，許澍林，論拍定物之危險負擔，五南圖書出版有限公司，1999年2月，頁391。因最高法院對於危險之負擔，均以交付為準，其與買受人已否取得物之所有權無關。最高法院47年台上字第1655號民事判決。

168 林洲富，參與分配之時期與次序，月旦法學教室，51期，2007年1月，頁30至31。

經再拍賣時，因原拍定人有違約之前例，原拍定人不得應買，拍賣公告應載明之，促其注意。

二、原拍定人應負擔再拍賣差價（103執達員、111司法事務官）

再拍賣之價金低於原拍賣價金及因再拍賣所生之費用者，原拍定人應負擔其差額（本法第113條、第68條之2第1項）。前開差額，執行法院應依職權以裁定確定之（本法第68條之2第2項）。原拍定人繳納之保證金不足抵償差額時，得依前開裁定對原拍定人強制執行（第3項）。

三、視為撤回執行之情形

在特別拍賣之3個月期間，無人應買前，債權人亦得聲請停止前項拍賣，而另行估價或減價拍賣，倘仍未拍定或由債權人承受，或債權人未於該期限內聲請另行估價或減價拍賣者，視爲撤回該不動產之執行（本法第95條第2項）。職是，不動產拍定人未於期限內繳足價金，經執行法院進行至特別拍賣程序後，仍未予拍定，而視爲撤回執行者，執行程序即爲終結，且該不動產未再行拍賣，尙無差額之產生，自無命原拍定人負擔差額之問題。故執行法院不得依債權人之聲請，就原拍定人所繳之保證金額，除其得標金額與特別拍賣所定底價之差額後，再行退還其餘保證金[169]。

四、例題解析（100三等書記官；93律師）

不動產拍定後，因拍定人逾期未繳納尾款，而依據本法規定再行拍賣程序而拍定時，應以何次之拍定日，作爲參與分配基準時之認定，其有原拍定日與再拍定日之不同見解。本文認爲第一次拍定之買賣契約已經解除，契約自始歸於消滅，應以再拍賣之拍定日爲基準。

（一）以原拍定日為準

債權人乙拍賣終結後聲明參與分配，僅就第一次拍定前參與分配債權人

169 最高法院92年度台抗字第462號民事裁定。

受償餘額而受償。所謂拍賣終結，指動產、不動產之拍定而言，拍定時即拍賣終結，拍定後因拍定人不繳價金而再行拍賣者，仍以最初之拍定爲拍賣終結，債權人乙僅得就第1次拍定後分配餘額受償。

（二）以再拍賣之拍定日為準

應就再行拍賣價金或不足前次拍定價額時以保證金抵償後，除優先權外，平均受償。因拍定後逾期不繳價金者，應依民法第397條規定，拍賣人得解除契約，再行拍賣。強制執行之拍賣爲買賣之一種，執行法院擔任拍賣人，第一次拍定之買賣契約既經解除，則契約自始歸於消滅，並無第一拍定存在，應以再行拍定時爲拍賣終結，債權人乙於再行拍賣終結前聲明參與分配，應准予列入分配，本文認此說較爲可採[170]。

第七節　分配之實施

第一項　參與分配

例題15　不動產有法定抵押權之處理

債權人主張就執行債務人所有之不動產有法定抵押權，主張拍賣不動產或參與分配。試問：（一）債權人應如何證明其有法定抵押權？（二）執行法院應如何處理？

一、概　說

所謂參與分配之實施，係就執行名義之內容屬金錢債權之支付而言。因金錢債權之執行，始有換價程序，債權人自有同時聲請執行或參與分配之機會。至非金錢債權之執行，依據債權人之聲請，一次執行即行終結，不發生

170 臺灣高等法院暨所屬法院101年法律座談會民執類提案第17號。

同時聲請執行或參與分配之情事[171]。債務人所有之不動產經拍定後，倘有多數之債權人時，其賣得價金應進行分配程序，依照優先次序及債權比例，以滿足各債權人之債權，此爲滿足債權人債權之階段。因我國採平等主義，不論是執行債權人或參與分配債權人，其於標的物拍賣日或變賣日之1日前，均依債權額比例分配之（本法第32條）[172]。而執行法院進行分配之作業流程，依序爲依據參與分配之情形製作分配表、指定分配期日、分配表之交付及閱覽、實施分配及製作分配筆錄。

二、參與分配之要件（105執行員；93律師）

所謂參與分配者，係指債權人依據金錢債權之執行名義，聲請就債務人之財產強制執行後，他債權人向執行法院請求就執行所得之金額，同受清償之意思表示。詳言之，他債權人於執行程序，聲明參與分配，應符合之要件如後[173]：

（一）多數債權人

所謂多數債權人，係指債權人二人以上聲明參與分配而言（本法第32條第1項）。倘僅有單一債權人，縱執行法院誤作成分配表，仍非所謂分配，不適用分配程序。故債務人對於分配表所載單一債權人之債權或分配金額有不同意，向執行法院提出書狀，聲明異議者，執行法院應依本法第12條規定處理[174]。

（二）金錢債權

物之交付、行爲不行爲之強制執行，無查封與拍賣債務人責任財產之執

---

171 楊與齡主編，強制執行法爭議問題研究，莊柏林，參與分配之爭議，五南圖書出版有限公司，1999年2月，頁233。

172 最高法院104年度台抗字第354號民事裁定。有關強制執行程序，對於債權人在聲明參與分配所生之優劣地位關係上，有平等主義、優先主義及群團優先主義等立法例。

173 楊與齡主編，強制執行法實例問題分析，姚志明，強制執行之參與分配，五南圖書出版有限公司，2002年7月，初版2刷，頁197。

174 最高法院94年度台抗字第370號民事裁定。

行程序，並無金錢可供分配，不生參與分配拍定價金之問題。職是，須有多數債權人之債權，均爲金錢債權時，始有參與分配之程序，非金錢債權無參與分配之程序。

（三）終局執行

保全執行程序僅得查封債務人之責任財產，使債務人不得處分其財產，並無拍賣之換價程序，故不得聲明參與分配，以滿足債權人之金錢債權請求權。準此，無債權人聲請終局執行時，執行法院應駁回保全執行聲請參與分配。

（四）同一債務人

因債務人所有之財產爲債權人之總擔保，多數債權人對同一債務人執行時，應按參與分配之程序受償。對執行債務人之部分財產聲明參與分配後，執行所得款項不足清償各債權人之債權，而債務人尚有其他財產可供執行，並經債權人中一人或數人聲請繼續強制執行者，他債權人雖未就該項其他財產聲明參與分配或聲請執行，仍應受分配。

（五）債權屆清償期

須債權人之債權已屆清償期，始得請求參與分配。例如，甲分別簽發面額新臺幣（下同）100萬元、200萬元、300萬元之本票3張，依序持之向乙、丙、丁借款，甲以其所有A土地設定100萬元抵押權予乙。嗣後上開本票分別到期，均無法兌現，丙向法院聲請核發支付令確定在案，丁亦聲請本票裁定強制執行，乙、丙與丁均得於強制執行程序中聲明參與分配。

（六）提出執行名義或證明文件

有執行名義之債權人聲明參與分配時，應提出該執行名義之證明文件（本法第34條第1項）。依法對於執行標的物有擔保物權或優先受償權之債權人，不問其債權已否屆清償期，應提出其權利證明文件，聲明參與分配。假扣押債權人雖非終局執行名義之債權人，仍得參與分配。

三、聲明參與分配者之資格（93律師；106執達員、執行員）

（一）有執行名義之債權人

他債權人參與分配者，以有執行名義爲限。而無執行名義之普通債權人聲明參與分配者，執行法院應即駁回之（辦理強制執行事件應行注意事項第19條第1項、第2項）。有執行名義之債權人聲明參與分配時，應提出該執行名義之證明文件（本法第34條第1項）[175]。例如，債權人應提出支付命令、本票裁定或民事確定判決等執行名義之正本。

（二）依法對於執行標的物有擔保物權或優先受償權之債權人

依法對於執行標的物有擔保物權或優先受償權之債權人，不問其債權已否屆清償期，應提出其權利證明文件，聲明參與分配（本法第34條第2項）[176]。例如，抵押權人應提出他項權利證明書、抵押權設定契約書、債權憑證及不動產登記謄本等文件[177]。

（三）政府機關

政府機關依法令或本於法令之處分，對義務人或債務人有公法上金錢債權，依行政執行法得移送執行者，得檢具證明文件，向執行法院聲明參與分配（本法第34條之1）。例如，土地增值稅、地價稅、房屋稅之徵收及法院、行政執行分署執行拍賣或變賣貨物應課徵之營業稅，優先於一切債權及抵押權（稅捐稽徵法第6條第2項）。

四、通知執行當事人及有擔保物權或優先受償權之債權人

執行法院於有債權人聲明參與分配之情形時，應通知各債權人及債務人（本法第34條第5項）。倘原聲請執行之債權人嗣後撤回執行之聲請，有執行

---

175 聲明人即債權人與債務人間○○事件，業經○○法院判決確定（○○年○字第○○號）。查債務人所有如附表所示之不動產，經鈞院○○年字第○○號查封並定期拍賣在案，為此檢附該判決及其確定證明書，請准予參與分配。

176 最高法院101年度台上字第1450號民事判決。

177 例如，借據、票據及匯款單等借款憑證。

名義之他債權人時，法院應繼續執行之。執行法院知有對於執行標的物有擔保物權或優先受償權之債權人，應通知之。知有債權人而不知其住居所或知有前開債權而不知孰爲債權人者，應依其他適當方法通知或公告之。經通知或公告仍不聲明參與分配者，執行法院僅就已知之債權及其金額列入分配。其應徵收之執行費，應於執行所得金額扣繳之。有擔保物權或優先受償權之債權人不聲明參與分配，其債權金額亦非執行法院所知者，該債權對於執行標的物之優先受償權，因拍賣而消滅，其已列入分配而未受清償部分，亦同（本法第34條第3項、第4項）。

五、參與分配時期及限制（99三等書記官；97、93執達員；93律師）

（一）原　則

依據是否應換價者，參與分配之基準時可分：1.他債權人參與分配者，應於標的物拍賣[178]、變賣終結或依法交債權人承受之日1日前[179]；2.不經拍賣或變賣者，他債權人參與分配應於當次分配表作成之日1日前，以書狀聲明之。逾期聲明參與分配者，僅得就債權人受償餘額而受清償；倘尚應就債務人其他財產執行時，其債權額與債權餘額，除有優先權者外，應按其數額平均受償（本法第32條）[180]。所謂當次分配表作成之日1日前，係指法院書記官製作分配表，經法官核定之日之前1日。法官核定後，縱因債權人對分配表異議，經更正分配表或重新製作分配表，仍應以原分配表作成時爲準[181]。

（二）例　外

參與分配基準時之例外，係依法對於執行標的物有擔保物權或優先受償

---

178 即以動產、不動產拍定之時，作為參與分配之基準。

179 變賣終結係指變賣契約成立之時。

180 最高法院104年度台抗字第354號民事裁定：以特定明確之時點，為多數金錢債權人對同一執行標的物聲請強制執行或參與分配之分配基準，此乃考量公平及強制執行作業流程，以一定期限內之債權平等受償為原則，並避免妨礙強制執行程序之安定與迅速。

181 最高法院101年度台抗字第459號民事裁定。

權之債權人，不問其債權已否屆清償期，應提出其權利證明文件，聲明參與分配（本法第34條第2項）。執行法院知有前項債權人者，應通知之。知有債權人而不知其住居所或知有前開債權而不知孰為債權人者，應依其他適當方法通知或公告之。經通知或公告仍不聲明參與分配者，執行法院僅就已知之債權及其金額列入分配。其應徵收之執行費，而於執行所得金額扣繳之（第3項）。換言之，本法對於拍賣標的物上設有抵押權人，係採強制分配之立法方式，其縱使無執行名義，亦未具狀參與分配，仍應由法院依職權將之列入分配，不受本法第32條規定，參與分配基準時之限制[182]。例如，債權人甲持民事金錢確定判決聲請法院就債務人乙所有A土地查封拍賣，嗣經拍定在案，抵押權人丙及持本票裁定之債權人丁於拍定日聲明參與分配，仍不受參與分配基準時之限制，應由法院列入優先分配，而丁逾期聲明參與分配者，僅得就債權人受償餘額而受清償。

六、雙重聲請執行及查封之效果

對於已開始實施強制執行之債務人財產，他債權人再聲請強制執行者，已實施執行行為之效力，於為聲請時及於該他債權人，應合併其執行程序（本法第33條）[183]。執行人員於實施強制執行時，發現債務人之財產業經行政執行機關查封者，不得再行查封。執行法院應將執行事件連同卷宗函送行政執行機關合併辦理，並通知債權人（本法第33條之1）。反觀，執行法院已查封之財產，行政執行機關不得再行查封。行政執行機關應將執行事件連同卷宗函送執行法院合併辦理，並通知移送機關（本法第33條之2）。上揭合併執行，稱為擬制之參與分配，本質為雙重聲請執行，其於聲請時，發生潛在之查封效力，其於先執行程序撤回時，則潛在之查封效力即告顯現，法院應依職權為後執行者繼續執行。

---

182 本法第34條第4項及第97條第3項對於不動產上之抵押權，採拍定後塗銷主義。
183 最高法院104年度台抗字第598號民事裁定。

七、命參與分配之普通債權人繳納執行費

無優先受償權之債權人聲請強制執行或聲明參與分配應繳納執行費，此爲必須具備之程式，此項程式之欠缺，得以執行法院應定期間先命補正，必須債權人逾期未補正，始得以其聲請或聲明不合法，以裁定駁回之（本法第30條之1；民事訴訟法第249條第1項但書）。而債權人於所定期間內補正者，應認其程式自始未欠缺，縱使已逾法院之裁定期間，然於執行法院未認其不合法予以駁回前，其補正仍屬有效[184]。故債權人於本法第32條第1項所定期日前，以書狀聲明參與分配，而未預納執行費者，執行法院不得因該期日已過，即認無庸裁定命其補正，而得逕以其聲明參與分配爲不合法，予以駁回，或認其逾期始聲明參與分配，僅能就其他債權人受償餘額而受清償。例如，執行法院僅於第1次分配表附註欄記載債權人應補繳執行費，而未定期間裁定命其補正。分配表之記載，非屬執行法院定期間命補正之裁定，執行法院命債權人補正前，不得逕認債權人之聲明爲不合法，而認其未於該分配表作成之前聲明參與分配[185]。

八、例題解析

（一）抵押權登記

民法第513條規定承攬之工作爲建築物或其他土地上之工作物，或爲此等工作物之重大修繕者，承攬人得就承攬關係報酬額，對於其工作所附之定作人之不動產，請求定作人爲抵押權之登記；或對於將來完成之定作人之不動產，請求預爲抵押權之登記。承攬人於開始工作前，亦得請求抵押權之登記。倘承攬契約已經公證者，承攬人得單獨申請之。就修繕報酬所登記之抵押權，而於工作物因修繕所增加之價值限度內，優先於成立在先之抵押權。換言之，法定抵押權之發生，易導致與定作人有授信往來之債權人，因不知不動產有法定抵押權之存在而受不測之損害，得由承攬人請求定作人會同爲

184 最高法院51年台抗字第169號、105年度台抗字第707號民事裁定。

185 最高法院97年度台抗字第127號民事裁定。

抵押權登記，並兼採「預爲抵押權登記」制度，以訂定契約時已確定之「約定報酬額」爲限。爲確保承攬人之利益，承攬人於開始工作前，自得請求抵押權之登記。再者，承攬契約內容業經公證人作成公證書者，雙方當事人之法律關係自可確認，足認定作人已有會同前往申辦登記抵押權之意，承攬人無庸更向定作人請求[186]。準此，建築物或其他土地上之工作物，因修繕而增加其價値，就因修繕所增加之價值限度內，因修繕報酬所設定之抵押權，自有公示作用，當優先於成立在先之抵押權。

（二）提起確認之訴

承攬人因承攬關係取得對於定作人之債權，在未受清償前，固得依民法第873條第1項規定，聲請法院拍賣承攬之工作所附定作人之不動產，然定作人對於債權之存在或數額，有所爭執，應由債務人即定作人提起確認債權不存在之訴。反之，抵押權人聲請法院強制執行拍賣抵押物，應以抵押物現在所有權人爲執行債務人。職是，當事人就抵押物所有權之歸屬、因承攬關係所生債權之存在與否、抵押權及於抵押物之範圍等，有所爭執，應另行提起確認之訴，承攬人始得聲請法院裁定拍賣抵押物。至於無爭執之部分，法院自得就無爭執部分，裁定准許拍賣或准予參與分配[187]。

第二項　製作分配表

第一目　分配表之交付及閱覽

一、多數債權人

強制執行所得之金額，倘有多數債權人參與分配時，執行法院應作成分配表，並指定分配期日，而於分配期日5日前以繕本交付債務人及各債權人，並置於民事執行處，任其閱覽（本法第31條）[188]。倘債權人或債務人對於分

186 民法第513條之修正理由。

187 林洲富，實用非訟事件法，五南圖書出版股份有限公司，2021年6月，13版1刷，頁123至124。

188 最高法院104年度台抗字第354號民事裁定。

配表所載各債權人債權或分配金額，有不同意者，應於分配期日1日前，向執行法院提出書狀，聲明異議（本法第39條第1項）。

二、抵押權人（111檢察事務官）

抵押權係使抵押權人之債權，得以抵押物賣得之金額清償之，以確保其債權得以受清償之物權。是於強制執行程序中拍賣之不動產，倘有抵押權存在，除拍賣公告中已載明抵押權拍賣後不塗銷，就抵押權人得主張優先受償之權利，予以保留者外，抵押權人得隨時實行抵押權。其主張優先受償之聲明，雖係以聲明參與分配之方式為之，然其性質仍為抵押權之行使，自可不受強制執行法關於聲明參與分配所定限制。且此項抵押權之行使，亦不因已否取得准許拍賣抵押物之裁定而有異[189]。而實行分配時，應由書記官作成分配筆錄（本法第37條）。參與分配之債權人，除依法優先受償者外，應按其債權額數平均分配（本法第38條）。

第二目　分配次序及程序

例題16　債務人積欠稅款之處理

稅捐機關之稅款於執行法院實施分配時，未受清償或僅部分清償，而拍定人持權利移轉證書辦理所有權移轉登記，倘稅捐機關要求拍定人必須清償債務人所積欠之稅款，始得辦理所有權移轉登記，拍定人基於迅速過戶之心態，通常會按款繳納。試問倘拍定人不服稅捐機關之通知，應如何救濟之？

189 最高法院75年度台抗字第205號民事裁定。

例題17 執行費用

債務人所有之不動產經拍定後，因債務人拒不搬遷，故執行法院命由買受人僱工將該不動產騰空，解除債務人占有而點交於買受人。試問該買受人因點交執行所支出之費用，得否就拍賣不動產所得價金，主張為執行費用而優先受清償？

例題18 最高限額抵押權擔保範圍

甲以其所有不動產為乙銀行設定本金最高限額抵押權新臺幣（下同）1,000萬元，並借款800萬元，甲嗣後將該不動產出售與移轉登記予丙，因甲未依約清償該債務，乙債權銀行持以聲請法院裁定拍賣抵押物，並聲請強制執行，丙持1,000萬元及執行費至執行法院清償債務，並請求撤銷查封，乙債權銀行以甲所欠債務除本金外，尚有利息、違約金總計1,500萬元，而拒絕受償。試問：（一）執行法院應如何處理？（二）丙之主張是否有理？

例題19 執行費之範圍

債權人甲因債務人乙將其所有之A地移轉登記於第三人丙，遂以乙丙間之移轉A地行為屬通謀虛偽意思表示為由，向法院聲請就登記於丙名下之A地為假處分裁定，經法院裁定准許後，並經假處分執行完畢。嗣取得本案勝訴判決，並辦理A地回復所有權登記與乙。而乙之另一債權人丁嗣後持對乙之本票裁定，聲請對乙名下之A地為強制執行，A地經拍定在案。試問債權人甲主張法院應將上開假處分執行費一併列入優先分配，是否有理由？

一、執行費用及為債權人共同利益之支出（98執達員）

（一）範圍

債權人因強制執行而支出之費用及其他爲債權人共同利益而支出之費

用，得就強制執行之債務人之所有財產，有最優先分配之權利（本法第29條第2項）[190]。例如，因強制執行、假扣押執行或假處分執行所支出之執行費用（本法第28條之2）。至於取得執行名義之費用，係為自己之利益而支出，並非共益費用或執行費用，不應優先受償[191]。例如，債權人提起訴訟而支出之費用。

（二）不同法院

同一執行名義記載之債務人有數人，其財產散居各地，分別由不同法院管轄，債權人先向其中之A法院聲請強制執行某一債務人之財產，再由A法院囑託B法院強制執行另一債務人在B法院轄區內之財產。B法院之強制執行事件先行拍定，並製作分配表，因A法院之執行費用於受託執行之B法院，仍應屬執行費用，可依本法第29條第2項規定優先受償[192]。

二、不動產稅與營業稅

土地增值稅、地價稅、房屋稅之徵收及法院、行政執行分署執行拍賣或變賣貨物應課徵之營業稅，優先於一切債權及抵押權（稅捐稽徵法第6條第2項）。經法院、行政執行分署執行拍賣或交債權人承受之土地、房屋及貨物，執行法院或行政執行分署應於拍定或承受5日內，將拍定或承受價額通知當地主管稅捐稽徵機關，依法核課土地增值稅、地價稅、房屋稅及營業稅，並由執行法院或行政執行分署代為扣繳（第3項）。再者，執行法院製作分配表時漏列土地增值稅，俟分配完畢後始發現之，執行法院應依稅捐機關之聲請，向領取分配款之其他債權人或債務人追繳。而分配完畢後，因稅捐機關改按自用住宅稅率核課土地增值稅，而退還溢徵差額於執行法院，執行法院仍應按該執行事件之原分配次序，進行分配。

---

190 最高法院95年度台上字第1007號民事判決。

191 楊與齡主編，強制執行法爭議問題研究，吳明軒，強制執行法修正對於最高法院判例及民事庭會議決議之影響，五南圖書出版有限公司，1999年2月，頁430。

192 最高法院98年度台上字第1856號民事判決。

三、抵押債權

抵押債權雖優先於普通債權，惟海商法第24條所定優先權，其受償之優先次序，在船舶抵押權前（民法第860條）[193]。因依法對於執行標的物有擔保物權或優先受償權之債權人，不問其債權已否屆清償期，應提出其權利證明文件，聲明參與分配（本法第34條第2項）。職是，抵押權人向法院聲請強制執行時，已同時提出不動產之他項權利證明書及抵押權設定契約書正本，可認其有行使抵押權之意思及行爲[194]。

（一）抵押權之優先次序

抵押權之優先次序，以登記先後定之（民法第865條）。而抵押權人陳報實際債權參與分配，以實際債權作爲計算繳納執行費用之依據。如未聲明參與分配，以分配所得金額作爲計算繳納執行費用之依據。另抵押權人聲明參與分配，未繳納者執行費用者，其於製作分配表分配時，應以國庫之名義扣繳之（本法第34條第3項）。倘後順位之抵押權人未受分配時，不自拍賣價款中扣繳執行費。

（二）最高限額抵押權之債權人

最高限額抵押權之債權人，聲明參與分配時，應提出他項權利證明書、抵押權設定契約書、不動產登記謄本及債權憑證。倘爲普通抵押權之債權人，依據抵押權之從屬性，固不需提出債權憑證，逕以不動產登記謄本所載之抵押債權，作爲抵押債權。惟依本法第6條第1項第5款規定，需提出債權證明，始得分配款項。而有獨立出入門戶之增建物，亦非主建物之從物。倘未設定抵押權，則非抵押權效力所及，抵押權人無優先受償之權利。而依民法

193 海商法第24條第1項各款規定之海事優先權位次在船舶抵押權前：1.船長、海員及其他在船上服務之人員，本於僱傭契約所生之債權；2.因船舶操作直接所致人身傷亡，對船舶所有人之賠償請求；3.救助之報酬、清除沉船費用及船舶共同海損分擔額之賠償請求；4.因船舶操作直接所致陸上或水上財物毀損滅失，對船舶所有人基於侵權行為之賠償請求；5.港埠費、運河費、其他水道費及引水費。

194 最高法院96度台抗字第374號民事裁定。

第877條規定，所併付拍賣之建築物，抵押權人需另有其他執行名義，始得以普通債權人之身分參與分配[195]。

（三）抵押權擔保之範圍

抵押權所擔保者爲原債權、利息、遲延利息、違約金及實行抵押權之費用。但契約另有約定者，不在此限（民法第861條第1項）。故抵押權所擔保債權之範圍，應包括利息、違約金或契約約定者在內。普通抵押權得優先受償之利息、遲延利息、1年或不及1年定期給付之違約金債權，以於抵押權人實行抵押權聲請強制執行前5年內發生及於強制執行程序中發生者爲限（第2項）。所謂最高限額抵押權，係指抵押權所擔保債權之範圍，有其一定之限額。是登記爲「本金最高限額若干元」，而本金連同利息等項超過最高限額者，超過部分即非抵押權所擔保之範圍。依本法第6條第1項第5款規定，不論是最高限額抵押權或一般抵押權，均須提出債權證明，始得分配款項。

（四）利息及違約金之計算

拍賣抵押物之執行事件，如抵押債權人請求之利息，超過最高利率之限制者，即年息16%，超過部分之約定，應爲無效。抵押債權人就此部分之利息並無請求權，執行法院不得列入分配（民法第205條）。至於約定之違約金過高者，執行法院不得依民法第251條及第252條規定酌減違約金。

四、勞工之債權

雇主有歇業、清算或宣告破產之情事時，勞工之下列債權受償順序與第一順位抵押權、質權或留置權所擔保之債權相同，按其債權比例受清償；未獲清償部分，有最優先受清償之權：（一）本於勞動契約所積欠之工資未滿6個月部分；（二）雇主未依本法給付之退休金；（三）雇主未依本法或勞工退休金條例給付之資遣費（勞動基準法第28條第1項）。

---

195 民法第877條第1項規定：土地所有人於設定抵押權後，在抵押之土地上營造建築物者，抵押權人於必要時，得於強制執行程序中聲請法院將其建築物與土地併付拍賣，但對於建築物之價金，無優先受清償之權。

五、稅捐之徵收

稅捐之徵收，優先於普通債權（稅捐稽徵法第6條第1項）。營業稅之分配，亦優先於普通債權（加值型及非加值型營業稅法第57條）。上揭條文就供優先受清償之財產，並未規定以應稅之特定物品爲限，當然包含納稅義務人之一切財產。依法對於執行標的物有擔保物權或優先受償權之債權人，包括有稅捐債權之稅捐稽徵機關（本法第34條第2項）。而本法第34條第3項規定，對於前項債權人應通知或公告之，經通知或公告後，該債權人仍不聲明參與分配，執行法院應就已知之債權及其金額列入分配。足見該第2項規定之債權人，其聲明參與分配之時間，不受參與分配時期之限制（本法第32條第1項）[196]。職是，稅捐債權不受本法第32條第1項規定參與分配時點之限制。

六、工程受益費

各級政府於該管區域內，因推行都市建設，提高土地使用，便利交通或防止天然災害，而建築或改善道路、橋樑、溝渠、港口、碼頭、水庫、堤防、疏濬水道及其他水陸等工程，應就直接受益之公私有土地及其改良物，徵收工程受益費（工程受益費徵收條例第2條第1項）。依工程受益費徵收條例第6條第3項後段規定，查封拍賣後，應先繳清全部工程受益費，始得辦理移轉登記。因工程受益費徵收條例未規定受償順位，並非稅捐，應與普通債權同視，其與普通債權按比例受償。

七、普通債權

一般債權之分配方法，係按債權數額比例分配。清償人所提出之給付，應先抵充費用，次充利息，次充原本（民法第323條）。因違約金之性質與利息不同，民法既無違約金儘先抵充之規定，其抵充之順序，應在原本之後。除當事人另有特別約定外，債權人不得主張違約金優先於原本抵充而受清

---

196 最高法院95年度台上字第534號民事判決；辦理強制執行事件應行注意事項第19條第5項。

償[197]。

八、清償日

執行當事人約定之利息、違約金或法定利息，應計算至全部拍定價金或執行金額交付與執行法院之日止，以該日視為清償日（民法第203條；辦理強制執行事件應行注意事項第16條第3項）。倘係債權人承受者，應以承受日為清償日。

九、保全債權之提存（94執達員）

因假扣押執行係保全執行，非終局執行，是假扣押債權所分配之金額須提存。而依分配程序分配於假扣押債權人之金額予以提存後，他債權人不得再對之聲請執行[198]。應俟本案判決之結果，決定如何分配提存款。即假扣押債權人勝訴確定時，作為停止條件，得就提存款為終局執行（民法第90條第1項）。倘敗訴確定，作為解除條件，其他債權人得就提存款，加以執行（第2項）。

十、整卷歸檔

他法院囑託執行之案件，其拍賣所得價金及卷宗，應一併檢送囑託法院處理。而執行法院就分配價金，應開具送會計室、債權人收執及附卷用之三聯單，俾於領取分配款及建檔保存。職是，執行卷宗整卷歸檔，其為法院書記官之職權與業務。

---

197 最高法院80年度台上字第390號民事判決；臺灣高等法院110年度上易字第545號民事判決。

198 司法院第3期司法業務研究會，民事法律專題研究2，頁605。

十一、例題解析

（一）債務人之專屬債務

如例題16所示，債務人積欠之稅款係屬公法之金錢債務，係債務人之專屬債務，稅捐機關以債務人積欠稅款爲由，向拍定人追討前手之稅款，於法無據，倘拍定人不服者，得以稅捐機關命其繳納稅款之通知書，視爲行政處分，循訴願及行政訴訟之方式，請求法律救濟。再者，拍定人基於迅速過戶之心態，雖可代債務人清償所積欠之稅款後，依據不當得利之法律關係向債務人請求，惟此時債務人已無資力，恐有求償無門之虞。

（二）點交費用（101執達員）

1. 不得優先受清償

如例題17所示，有認爲債權人因強制執行而支出之費用，雖得求償於債務人者，而就強制執行之財產先受清償（本法第29條第2項）。然點交之執行，其與因債權人之聲請而開始之查封拍賣程序分開，構成另一執行程序[199]。拍定人既非查封拍賣程序之債權人，其因點交執行而支出之費用，不得就強制執行之財產先受清償，僅得依本法第32條規定聲明參與分配。

2. 得優先受清償

有認爲債務人應交出之不動產，現爲債務人占有或於查封後爲第三人占有者，執行法院應解除其占有，點交於買受人或承受人（本法第99條第1項）。故執行法院因實施點交執行而命買受人或承受人代爲預納之費用，自屬強制執行之必要費用，應由債務人負擔（本法第28條第1項）。執行債權人，並不限於聲請執行之債權人，即參與分配之債權人亦包括之（本法第29條第1項）。因執行標的物買受人或承受人，亦爲點交執行程序之債權人。是買受人或承受人因點交執行而支出之必要費用，自得就強制執行查封拍賣所得價金先受清償[200]。

---

199 最高法院55年台抗字第327號民事裁定；臺灣高等法院110年度上字第367號民事判決。

200 臺灣高等法院暨所屬法院84年法律座談會民執類提案第14號。

3. 本文見解

拍賣不動產，應由執行法院先期公告（本法第81條第1項）。前項公告，應載明拍賣後不點交者之原因（第2項第7款）。故不動產是否點交，自應於拍賣公告中載明，不得由執行法院於拍定後，斟酌情事以決定是否點交。拍賣之不動產於拍定後不點交者，多數應買人恐嗣後會有爭議，將影響應買人之出價意願及應買價額，是不點交之不動產，較不易拍定。準此，因拍賣公告爲買賣條件，經公告載明有點交不動產，法院有義務執行點交程序。衡諸市場交易常情，有點交之不動產，其價格較高與拍定較易，此有利執行當事人，故因點交執行而支出之必要費用，自應就拍賣所得價金優先受清償。

（三）抵押權之優先清償範圍

如例題18所示，不動產查封後，債務人得於拍定前提出現款，聲請撤銷查封（本法第58條第1項、第113條）。所謂最高限額抵押權，係指爲設定抵押物應擔保債權之最高限額所設定之抵押權，其抵押權所擔保範圍雖包括本金、利息、違約金等，然仍應受最高限額之限制，倘其本金、利息、違約金等總額已逾最高限額，其超過部分即無優先受償權（民法第881條之1、第881條之2）。

（四）本案執行之執行費用

如例題19所示，本案假處分之相對人爲丙，倘甲依本法第29條第1項規定，向法院聲請裁定確定執行費用額，該裁定所列之相對人爲丙，並非列乙爲相對人，而本案執行之債務人爲乙，係執行拍賣乙所有之A地，丙並非債務人，故不得將該假處分執行費用列入本案優先分配，甲之主張爲無理由[201]。

201 臺灣高等法院暨所屬法院105年法律座談會民執類提案第7號。

第三項　對分配表之異議

例題20　對分配表之異議

債務人所有主建築物及增建建物，經法院分別拍定之價金為新臺幣（下同）1,000萬元及200萬元。增建物位於主建物之頂樓即建物之第四層，屬鋼造屋頂，四周均無圍牆，其內置空壓機、空調送風機，有機器管線與上揭主建物之第三層樓相接，而第三、四層樓現均第三人承租使用。增建物與主建物共用相同大門及樓梯，作為對外出入之用。法院執行處製作分配表時，將上開價金200萬元優先分配予抵押權人，普通債權人主張增建物均非抵押權效力所及，被告應無優先受償權，對該金額之分配與抵押權人，對分配表主張異議，惟抵押權人則為反對之陳述，認為增建建物不具獨立經濟價值，僅屬輔助及增加主建築物之經濟及使用效能，其居於從屬之地位，應為抵押權效力所及，是被告就系爭增建物拍賣所得之價金，依法應有優先受償之權利。試問：（一）執行法院應如何認定增建建物，有無獨立性？（二）本件增建建物是否為抵押權之效力所及[202]？

一、對分配表異議之程序

強制執行所得之金額，倘有多數債權人參與分配時，執行法院應作成分配表。分配表可由書記官或法官助理製作後，送由執行法官或司法事務官核定。執行法院作成分配表後，應指定分配期日，而於分配期日5日前，以繕本交付債務人及各債權人，並置於民事執行處，任其閱覽（本法第31條）。債權人或債務人對於分配表所載各債權人債權或分配金額，有不同意者，應於分配期日1日前，向執行法院提出書狀，聲明異議（本法第39條第1項）。聲明異議之書狀，應記載異議人所認原分配表之不當及應如何變更之聲明（第2項）[203]。

---

[202] 臺灣臺中地方法院92年度第2699號民事判決。

[203] 最高法院105年度台上字第1379號、106年度台上字第952號民事判決。

二、執行法院對分配表異議之處理

執行法院認為聲明異議不合法，即未於分配期日1日前提起者，應以裁定駁回之。而執行法院對認異議正當者，而到場之債務人及有利害關係之他債權人不為反對之陳述或同意者，應即更正分配表而為分配（本法第40條第1項）。倘異議未終結者，應就無異議之部分先為分配（第2項）。執行法院更正之分配表，應送達於未到場之債務人及有利害關係之他債權人（本法第40條之1第1項）[204]。債務人及債權人於受送達後3日內不為反對之陳述者，視為同意依更正分配表實行分配（第2項）。

三、適格之分配表異議者

依本法第39條第1項所規定對於分配表聲明異議者，僅為債權人或債務人，不包括利害關係人，其與本法第12條不同。本法第39條之債權人或債務人，係指強制執行事件之執行當事人，應依執行名義記載定之，利害關係人不得對分配表聲明異議[205]。

四、捨棄或不得異議權者不得再異議

債權人或債務人對於分配表上所列債權人之債權不同意而聲明異議，應符合本法第39條第1項、第2項規定，且因其異議未能終結，聲明異議人始得依本法第41條第1項規定，提起分配表異議之訴。倘其異議於法不合，亦無從於分配期日1日前為補正者，其等同於捨棄異議權，執行法院應依原定分配表實行分配。縱使執行法院未於該分配期日完成分配而另指定分配期日，或重新作成仍將異議債權列入分配之分配表，亦不容許前已捨棄異議權之債權人或債務人對已不得異議之債權，再行聲明異議，並提起分配表異議之訴。申言之，債權人或債務人對於分配表所載各債權人之債權或分配金額有不同意者，未於分配期日1日前，向執行法院提出書狀聲明異議，執行法院未更正分

---

204 最高法院104年度台抗字第272號民事裁定。

205 最高法院96年度台抗字第579號、98年度台抗字第934號民事裁定。

配表，而另訂新分配期日實施分配，債權人或債務人於新分配期日前，提起第二次聲明異議，並提起分配表異議之訴，其異議或提起分配表異議之訴，均於法未合[206]。

五、不準用期間終止之延長

強制執行程序，除本法有規定外，準用民事訴訟法規定（本法第30條之1）。故強制執行程序之期日期間準用民事訴訟法有關期日期間之計算，即期間之計算，依民法規定（民事訴訟法第161條）。而法令、審判或法律行爲明定之期日及期間，除有特別訂定外，其計算依本章規定（民法第119條）。因本法第39條第1項特別規定，對分配表聲明異議應於分配期日1日前爲之，自不準用期日或期間之末日爲星期日、紀念日或其他休息日，應以其休息日之次日代之（民法第122條）。準此，對於分配表提出異議，應於分配期日1日前爲之（本法第39條第1項）。倘分配期日前1日爲國定例假日，自不無期日或期間之末日爲星期日、紀念日或其他休息日時，以其休息日之次日代之準用[207]。

六、非代位權行使之範圍

由債務人自爲當事人而於訴訟程序或強制程序開始後，就訴訟法或強制執行法規定之各個權利。例如，攻擊防禦方法之提出、提起上訴、抗告或聲明異議等，僅當事人之債務人始得爲之，依其性質自不能許其債權人代位行使[208]。職是，執行債務人未就分配表所載之債權金額或順序或存在與否，具狀聲明異議並提起分配表異議之訴，參與分配債權人行使其上開權利，爲無理由[209]。

---

206 最高法院100年度台抗字第481號民事裁定。

207 最高法院97年度台抗字第16號民事裁定。

208 最高法院99年度第6次民事庭會議決議，會議日期2010年7月13日。

209 最高法院93年度台上字第1383號民事判決。

七、本法第12條與第39條之聲明異議

執行當事人就製作分配表有程序之瑕疵者，雖依本法第12條聲明異議，執行法院僅得對程序事項之瑕疵予以裁定，並無實質審查之權限。然債權人或債務人就分配表所載各債權人之債權或分配金額不同意，無論係就未將聲明之債權全部或一部列入分配之程序事項，或其他實體事項，執行法院應依本法第39條至第41條規定辦理，無庸裁定，而應通知為異議之債權人或債務人提起分配表異議[210]。

八、例題解析（94司法官）

（一）抵押權效力及於從物或主物之成分

1.構造上及使用上之不具獨立性

抵押權之效力，及於抵押物之從物與從權利。非主物之成分，常助主物之效用，而同屬一人者，為從物（民法第862條第1項、第68條第1項前段）。所有人於原有建築物之外另行增建者，如增建部分與原有建築物無任何可資區別之標識存在，而與之作為一體使用者，因不具構造上及使用上之獨立性，自不得獨立為物權之客體，原有建築物所有權範圍因而擴張，以原有建築物為擔保之抵押權範圍因而擴張。增建部分於構造上及使用上已具獨立性，故獨立之建築物非抵押權效力所及。

2.從物與附屬物

增建部分常助原有建築物之效用，而交易上無特別習慣者，即屬從物，而為抵押權之效力所及。再者，增建部分雖具構造上之獨立性，然未具使用上之獨立性而常助原有建築物之效用者，則為附屬物。其使用上與原有建築物成為一體，其所有權應歸於消滅；被附屬之原有建築物所有權範圍因而擴張，抵押權之範圍亦同而擴張。是從物與附屬物雖均為抵押權之效力所及，惟兩者在概念上仍有不同。

---

210 最高法院98年度台抗字第159號民事裁定。

3.無庸辦理登記

建築物設定抵押後，抵押權人於原建築物再行擴建或增建之建物，倘不具獨立性，而與原建築物構成一體，已爲原建築物之一部分，或爲原建築物之附屬物時，應爲原抵押權效力所及[211]。該等建物究在設定抵押權前或抵押權後所興建，有無辦理保存或建物第一次登記，均在所不問。

（二）獨立增建之認定

1. 構造與使用獨立

建築物必須具有構造上與使用上之獨立性，始能滿足物權客體獨立性之要求。申言之：(1)所謂構造上之獨立性，係指建築物在構造上必須有屋頂及四周牆壁或其他相鄰之構造物，俾與土地所有權支配之空間區隔遮斷或劃清界線；(2)所謂使用上之獨立性，係指在機能上，其於土地所有權支配空間內區隔之空間，必須可使吾人營生活或事業活動之用。準此，從屬於建築物之增建部分，雖具有構造上之獨立性，然在使用功能上，其與建築物作一體利用，欠缺使用上獨立性者，應認爲不具獨立性之建築，性質上屬於建築物之附屬物。而究竟是否欠缺使用上之獨立性，應依該增建部分之經濟目的、其與建築物是否具有物理上之一體性、利用上或機能上之一體性、所有人之意思及其他各種主客觀情事，依社會一般觀念，綜合考量而定之[212]。

2. 抵押權效力所及認定

獨立頂樓增建物雖未經合法登記，倘爲抵押權設定前即存在者，該頂樓增建物爲抵押權效力所及；反之，倘獨立頂樓增建物係於抵押權設定後附加者，準用民法第877條規定，抵押權人對於該增建物之價金，仍無優先受清償之權（民法第862條第3項）。

（三）本件增建非獨立增建

本件增建物位於主建物之頂樓，其爲建物之第四層。增建物屬鋼造屋頂，四周均無圍牆，其內置空壓機、空調送風機，有機器管線與上揭主建物

---

211 最高法院84年度台上字第2334號、88年度台上字第485號民事判決。

212 最高法院106年度台上字第941號民事判決。

之第三層樓相接，而第三、四層樓現均第三人承租使用。增建物與主建物共用相同大門及樓梯，作爲對外出入之用。準此，增建物僅有鋼架屋頂而無四周牆壁，其構造上並無獨立性。參諸本件增建物內置之機器，均有管線連接第三層樓，以作爲空調通風之用，其功用在於輔助主建物之空調功能。況增建物均需利用主建物之大門及樓梯，始能與外界相通，欠缺外部通行之直接性。是增建物，顯係爲輔助主建物之效用而使用，不具使用上獨立性。

（四）動產因附合成為不動產之成分

動產因附合而爲不動產之重要成分者，不動產所有人，取得動產所有權（民法第811條）。土地或建築物設定抵押權後，抵押人於土地上營造建築物或於原建築物再行擴建或增建者，除應認爲係抵押物之從物，或因添附而成爲抵押物之一部者外，執行法院於必要時得就原設定抵押權部分及其營造、擴建或增建部分，分別估定價格，並核定其拍賣最低價額後一併拍賣之（辦理強制執行事件應行注意事項第42條第3項）。故建築物設定抵押權後，抵押人於原建築物再行擴建或增建者，倘係因添附而成爲抵押物之一部，該部分爲抵押權標的物範圍，執行法院應一併拍賣之，且抵押權人就擴建或增建部分，亦有優先受償之權。本件增建物因附屬於原建物而喪失其獨立性，則其所有權自應歸於消滅，而被附屬之建築物所有權之範圍，因二所有權變爲一所有權而有所擴張，抵押權所支配之範圍與所有權者相同，亦隨之擴張，是抵押權之效力，自應及於該增建，且無論增建部分，究係於抵押設定前或設定後所建，有無辦理登記，均不生影響。準此，執行法院將主建物與增建物一併拍賣，並將拍賣所得優先分配予第一順位之抵押權人，其於法有據[213]。

---

[213] 林洲富，抵押權人之優先受償範圍—以增建建物為中心，月旦法學教室，39期，2006年1月，頁14至15。

第四項　分配表異議之訴

例題21　利息逾法定最高利率

債權人向法院聲請對債務人發支付命令，其請求之利息為年息30%。法院並未駁回逾法定最高利率16%部分，債務人亦未於法定期間內提出異議，支付命令遂告確定。債權人執支付命令之裁定聲請強制執行債務人之不動產。試問：（一）債務人有何救濟途徑？（二）執行法院如何處理[214]？

例題22　對不得異議之債權提起分配表異議之訴

債權人甲、乙分別持臺灣臺中地方法院109年度訴字第1號、第2號民事確定判決為執行名義，聲請對債務人丙為強制執行，經查封及拍賣債務人丙之不動產後，作成分配表並指定2021年1月30日為分配期日。債權人甲於同月10日收受分配表及分配通知，遲至分配當日，始對分配表所列債權人乙之執行費債權及票款債權聲明異議，並於同日提起本件分配表異議之訴，請求將債權人乙之債權予以剔除，法院雖認其聲明異議有違本法第39條第1項規定。然執行法院嗣於同年2月10日另通知債權人與債務人於同年3月30日實行分配，債權人甲於同年3月10日再提出異議。試問民事法院審理本件分配表異議之訴，應如何處理？

一、將反對陳述者通知異議人

法院就有反對更正分配表陳述者，應通知聲明異議人（本法第40條之1第2項）。異議未終結者，爲異議之債權人或債務人，得於法定期間內向執行法院對爲反對陳述之債權人或債務人提起分配表異議之訴。但異議人已依同一事由就有爭執之債權先行提起其他訴訟者，毋庸再行起訴，執行法院應依

214 林洲富，債權人持未具備執行要件之支付命令執行債務人財產，月旦法學教室，33期，2005年7月，頁22至23。

該確定判決實行分配（本法第41條第1項）。債務人對於有執行名義而參與分配之債權人為異議者，僅得以第14條規定之事由，提起分配表異議之訴（第2項）。因債權人已有執行名義，自不容債務人任意否認之，延滯分配情事。例如，異議未終結者，執行法院得發函通知聲明異議人，告知其應於分配期日起10日內，或有第41條之1反對陳述之情形，自受通知日起算10日內，向執行法院提起分配表異議之訴[215]。

二、異議人提出起訴證明

（一）提存分配金額

債權人或債務人應於分配期日起10日內，向執行法院證明已提起分配表異議之訴，或就同一事由已先提起其他訴訟，逾期未提者，視為撤回其異議之聲明；經證明提起分配表異議之訴者，該債權應受分配之金額，應行提存（本法第41條第3項）。證明起訴方法，法條並無限制，是法院收受起訴狀之收據、起訴狀繕本、法院言詞辯論或準備程序期日通知書，均無不可。

（二）法定不變期間

聲明異議人於分配期日起10日內向執行法院提出起訴之證明，此為法定不變期間，倘未於10日內為起訴證明者，執行法院應依原定分配表實行分配。故聲明異議人提起分配表異議之訴，已逾法定期限，始具狀向執行法院陳報起訴，而未同時附起訴證明，雖事後再補正起訴證明，然其異議既不復存在，受訴法院應以不備起訴要件，以其訴為不合法為由，裁定駁回之，避免執行與訴訟程序之拖延（民事訴訟法第249條第1項第6款）[216]。

（三）目的性限縮解釋（107行政執行官）

本法第41條第3項規定，為異議之債權人或債務人依同條第1項規定，向

---

215 應受判決事項之聲明，即貴院○○年○字第○○號強制執行事件，對被告所分配新臺幣（下同）○○元之債權額，應減為○○元，並請求將其減少之金額○○元，改為分配與原告。

216 最高法院100年度台抗字第867號民事裁定。

執行法院對已爲反對陳述之債權人或債務人提起分配表異議之訴者，聲明異議之人未於分配期日起10日內，向執行法院爲起訴之證明者，視爲撤回其異議之聲明。揆其立法旨趣，係爲避免強制執行程序及訴訟程序之拖延，而對於不遵期爲起訴證明者使之生失權之效果。聲明異議人及其他債權人或債務人於分配期日均未到場，致執行法院未得依本法第40條之1第1項規定更正分配表，異議程序因而未終結者，倘執行法院未通知聲明異議人提出起訴證明，而聲明異議人已對分配表所載利害關係之債權人或債務人提起分配表異議之訴，並在執行法院爲前述通知前，即時向執行法院爲起訴之證明者，參照本法第41條第4項之法理，爲貫徹同條第3項規範意旨之目的，應作目的性之限縮，依漏洞塡補之方式，本於限縮之剔除作用，將上開不合規範意旨部分之類型排除在該第3項適用範圍之外，受訴法院不得逕認異議之聲明人未依第3項規定，提出起訴之證明，視爲撤回異議之聲明，俾符合程序法上之誠信原則[217]。

三、提起分配表異議之訴期間

（一）分配期日

所謂分配期日，係指合法有效之分配期日而言。倘法院指定之分配期日已經取消或有未合法送達等情形，致無法於該期日依法實施分配程序，異議人起訴證明提出之時點，縱已逾該期日起10日內，亦無本法第41條第3項前段之適用，其所提起之分配表異議之訴，自無逾時提出之不合法可言[218]。

（二）通知聲明異議人

強制執行程序期間，債權人或債務人對於分配表聲明異議，其他債權人或債務人於分配期日未到場，執行法院未依聲明異議更正分配表，而將聲明異議狀送達其他債權人及債務人，其他債權人或債務人就聲明異議爲反對陳述者，聲明異議人對反對陳述之其他債權人或債務人，提起分配表異議之

217 最高法院106年度台抗字第118號、第297號民事裁定。
218 最高法院104年台上字第2333號民事判決。

訴，應適用本法第41條第4項規定，故聲明異議人對其他債權人或債務人，提起異議之訴之10日期間，應自受執行法院通知有反對陳述之日起算，而非自分配期日起算（本法第40條之1）[219]。

四、提起分配表異議之訴之要件

（一）爭執債權存否或分配金額

對於分配表爲異議之債權人，向執行法院對爲反對陳述之債權人，依本法第41條第1項規定，提起分配表異議之訴者，僅得以債權存否等爭執爲限，此觀本法第39條第1項規定自明。其事例如後：1.被告之債權不成立、已消滅、期限未到；2.未受分配之原告債權存在；3.被告分配金額不符、債權無優先權；4.未受分配之原告債權有優先權。準此，繼承人之債權人對被繼承人保證契約之債權存否及其金額並無異議，僅爭執就執行標的物是否爲繼承人固有財產，其應屬聲明異議或提起異議之訴之範疇，究與對保證契約之債權存否及該債權分配金額爲爭執有間，並非分配表異議之訴所得救濟[220]。

（二）賦予反對異議之陳述權

分配表異議之訴，係就分配表有異議之債權人或債務人，對爲反對陳述之債權人或債務人提起之訴訟。除債權人、債務人對分配表有異議之權外，他債務人、債務人對債權人或債務人之異議，亦有爲反對陳述權。換言之，債權人或債務人對分配表聲明異議後，倘未賦予他債權人、債務人表示意見之機會，或他債權人、債務人對於債權人或債務人之異議，未爲反對之陳述者，均無從提起分配表異議之訴[221]。例如，債權人以無資力繳納稅捐機關

219 本法第40條之1規定：依前條第1項更正之分配表，應送達於未到場之債務人及有利害關係之他債權人。前項債務人及債權人於受送達後3日內不為反對之陳述者，視為同意依更正分配表實行分配。其有為反對陳述者，應通知聲明異議人。

220 最高法院103年度台上字2697號民事判決。

221 最高法院88年度台上字第596號民事判決；最高法院104年度台抗字第272號、第64號民事裁定。

所課徵之利息所得稅爲由，而拋棄其利息請求權，就分配表所分配之利息部分，聲明異議，請求法院重新製作分配表。法院以債權人欲拋棄利息請求，應在分配表製作完成後，尙未通知他債權人及債務人前爲之，是其聲明異議要求重新製作分配表，不應准許等情。函覆債權人不准分配表重新製作之通知，並無通知他債權人或債務人，就債權人聲明異議爲反對之陳述或同意。準此，法院於債權人對分配表聲明異議後，並未通知他債權人或債務人爲表示意見之機會，債權人自無從提起分配表異議之訴[222]。

（三）實體問題之異議事由

債務人或債權人於分配期日前對分配表異議，倘異議未能終結，因執行法院對實體問題之異議事由，不得調查認定，有待訴訟解決。故本法第41條第1項規定，爲異議之債權人或債務人，得向執行法院對爲反對陳述之債權人或債務人，提起分配表異議之訴。職是，執行債權人未對其他參與分配債權人提起分配表異議之訴，以判決變更原分配表之金額，或撤銷原分配表重新製作分配表，自不得再以實體事由爭執其他參與分配債權人分配之金額[223]。

五、持有瑕疵之和解筆錄參與分配

和解成立者，其與確定判決有同一之效力（民事訴訟法第380條第1項）。和解有無效或得撤銷之原因，當事人得請求繼續審判（第2項）。未經法院准許而爲判決確定前，除其所載內容有事實上無從執行之情事者外，該和解仍具有效力，執行法院不得經形式審查後而否定之。例如，債權人持和解筆錄所載債權，主張對拍賣之不動產有法定抵押權，而非以和解筆錄爲執行名義，聲明參與分配並聲明承受拍賣之不動產。前債權人之法定代理人雖經刑事判決，認定以和解筆錄使公務員登載不實，據此判處罪刑確定。然執行法院不得就和解筆錄爲實質審查，逕行認定法定抵押權不存在，而駁回其參與分配之聲明。簡言之，債權人或債務人就分配表所載各債權人之債權或

[222] 臺灣臺中地方法院92年度訴字第816號民事判決。
[223] 最高法院106年度台上字第792號民事判決。

分配金額不同意，執行法院應依本法第39條至第41條規定辦理，應通知爲異議之債權人或債務人提起分配表異議之訴[224]。

六、執行法院暫緩核發分配款

本法第41條第1項但書規定所謂就有爭執之債權先行提起其他訴訟，係指爲異議之債權人或債務人就爲反對陳述之債權人之債權，在收受分配表前，已對該債權人提起確認債權存否之訴而言。此訴訟固無排除強制執行之效力，惟同一異議人依同一事由先行起訴，倘再行提起分配表異議之訴，足以影響執行程序之迅速進行，並增加訟累，故特設例外規定，認聲明異議人於分配期日起10日內，就此項訴訟，向執行法院爲起訴之證明者，亦生停止異議部分之分配，執行法院應依該訴訟之確定判決實行分配，毋庸再行提起分配表異議之訴[225]。準此，債權人於執行法院作成分配表前1日參與分配，債務人具狀否認債權人之債權，提起債務人異議之訴，並向執行法院爲起訴之證明，雖未依本法第18條規定，供擔保聲請停止執行，然執行法院應暫緩核發分配款。

七、以本案判決上訴理由提起分配表異議之訴

債權人以假執行判決爲執行名義聲請強制執行，執行法院製作分配表後，債務人以本案判決上訴之相同理由，提起分配表異議之訴。因就有爭執之債權先行提起其他訴訟，係指爲異議之債權人或債務人就爲反對陳述之債權人之債權，已對該債權提起非關於執行名義本案訴訟之其他訴訟，如確認債權存否之訴訟而言，不包含爲執行名義之假執行本案訴訟（本法第41條第1項）。職是，債務人以本案判決上訴之相同理由，提起分配表異議之訴，爲無理由[226]。

---

224 最高法院98年度台抗字第159號民事裁定。
225 最高法院97年度台抗字第327號民事裁定。
226 最高法院100年度台抗字第153號民事裁定。

八、抵押權人就抵押債權存在之事實負舉證責任

所謂參與分配，係指債權人依據金錢債權之執行名義，聲請就債務人之財產強制執行後，他債權人向執行法院請求就執行所得之金額，同受清償之意思表示。最高限額抵押權人參與分配時，固得不提出執行名義，然債務人或他債權人否認抵押權所擔保之債權存在，而依本法第41條規定，提起分配表異議之訴時，應由抵押權人就抵押債權存在之事實負舉證責任。倘最高限額抵押權人不能證明抵押權所擔保之債權存在，法院應爲剔除該債權於分配表外之形成判決[227]。

九、分配表異議之訴舉證責任

本法第41條所定分配表異議之訴，其訴訟標的爲對分配表之異議權。強制執行事件債權人以他債權人聲明參與分配之債權不存在，爲異議權之理由，其含有消極確認債權不存在訴訟之性質，須於確認該有爭議之債權不存在後，始得爲剔除該債權於分配表外之形成判決，依舉證責任分配法則，自應先由主張該債權存在之被告，負舉證之責任[228]。

十、例題解析

（一）支付命令利息逾最高法定利率

1. 無效債務

約定利率，超過年息16%者，債權人對於超過部分之利息，無請求權（民法第205條）。約定利率逾年息16%者，債務人就超過部分之利息，其約定無效，經債權人受領時，應爲不當得利。職是，最高利率之限制，違反該規定者，逾法定最高利率部分無效。

---

227 最高法院104年度台上字第148號民事判決。
228 最高法院101年度台上字第904號民事判決。

2. 非異議事由

本法第12條係針對執行程序有瑕疵，賦予當事人救濟之權利。本件債權人持確定之支付命令聲請強制執行，縱使執行名義內容違反民法第205條規定，仍與執行程序瑕疵無關，執行債務人自不得以前揭事由聲明異議，是其異議顯不合法。

3. 分配表異議

債權人或債務人對於分配表所載各債權人之債權或分配金額有不同意者，應向執行法院提出書狀，聲明異議（本法第39條第1項）。準此，執行當事人對於各債權人之債權之存否、債權金額之範圍及債權之優先次序等實體事由，均得聲明異議。是債務人得提出書狀，記載民法第205條爲強行規定，債權人無權利請求債務人給付逾年息16%之利息，縱使債權人取得執行名義，仍屬無效債務，是分配表應予變更（第2項）。倘執行法院認對債權人之異議正當者，而到場之債務人及有利害關係之他債權人不爲反對之陳述或同意者，應即更正分配表（本法第40條）。或者將更正之分配表送達於未到場之債務人及有利害關係之他債權人，而於受送達後3日內不爲反對之陳述者，視爲同意依更正分配表而爲分配（本法第40條之1）。

4. 非分配表異議之訴之事由

債務人於分配期日前提起分配表異議，倘分配表異議未能終結之事由，係債權人有反對依據該異議更改分配表，債務人雖得向執行法院對爲反對陳述之債權人，提起分配表異議之訴（本法第41條第1項本文）。惟債務人對於有執行名義而參與分配之債權人爲異議者，僅得以本法第14條規定之事由，提起分配表異議之訴（第2項）。因利息逾法定利率之限制事由，係發生於本件執行名義成立前，是債務人提出分配表異議之訴，爲無理由。執行法院認債務人對分配表之異議非正當時，因執行法院對於分配表之實體問題，並無認定之權，執行法院應就無異議部分，先爲分配。

（二）對不得異議之債權提起分配表異議之訴

債權人或債務人對於分配表所載各債權人之債權或分配金額有不同意者，應於分配期日1日前，向執行法院提出書狀，聲明異議。前項書狀，應記載異議人所認原分配表之不當及應如何變更之聲明（本法第39條）。是債權人或債務人對於分配表上所列債權人之債權不同意，而聲明異議，應合於本法第39條規定，且因其異議未能終結，聲明異議人始得依本法第41條第1項規定，提起分配表異議之訴。倘其異議於法不合，亦無從於分配期日1日前爲補正者，其等同於捨棄異議權，執行法院應依原定分配表實行分配，受訴法院應以其訴爲不合法，裁定駁回之，以避免執行與訴訟程序之拖延。縱使執行法院未於該分配期日完成分配，而另指定分配期日，或重新作成仍將異議債權列入分配之分配表，仍不容前已捨棄異議權之債權人或債務人，對已不得異議之債權，再行聲明異議並提起分配表異議之訴[229]。職是，債權人甲就執行法院第一次分配表所列之債權，已不得異議。不因執行法院另指定分配期日，而可再次取得異議權，並得補正本件分配表異議之訴，原有之程式欠缺，民事法院應以起訴不合法，以裁定駁回其人所提起分配表。

第五項　核發債權憑證

一、核發債權憑證之要件

（一）私法之金錢債權

執行法院於分配期日分配價金，需製作分配筆錄，除債權人係持拍賣抵押物或質物裁定聲請執行者外，持金錢債權終局請求之執行名義之債權人得向執行法院聲請就不足額部分發債權憑證。因拍賣抵押物或質物裁定，係針對標的物執行，並非所謂之對人執行，是抵押權人或質權人不得就分配不足額部分，請求發債權憑證（辦理強制執行事件應行注意事項第14條第3項）。

（二）公法之金錢債權

行政機關科處罰鍰之處分，經送法院或行政執行分署強制執行而無效果或仍不足者，此等公法之金錢債權，得發債權憑證結案（行政執行法第26條）。罰金、罰鍰、沒收、沒入、追徵、追繳及抵償之裁判，應依檢察官之

[229] 最高法院100年度台抗字第481號民事裁定。

命令執行之。檢察官命令與民事執行名義有同一之效力（刑事訴訟法第470條第1項本文、第2項）。就罰金部分，得囑託地方法院民事執行處爲之（刑事訴訟法第471條第2項）。檢察官囑託執行無效果者，因罰金可易服勞役（刑法第42條）。故應退案終結執行程序，不得核發債權憑證[230]。而罰鍰、沒收、沒入、追徵、追繳及抵償之刑事確定裁判，均屬公法上金錢給付義務之執行，倘囑託執行無效果者，發債權憑證結案（行政執行法第26條）。

二、再行核發債權憑證

債務人無財產可供強制執行，或雖有財產經強制執行後所得之數額仍不足清償債務時，執行法院應命債權人於1個月內查報債務人財產。債權人到期不爲報告或查報無財產者，應發給憑證，交債權人收執，載明俟發見有財產時，再予強制執行（本法第27條第1項）。債權人聲請執行，而陳明債務人現無財產可供執行者，執行法院得逕行發給憑證（第2項）[231]。毋庸待執行無效果後，始核發債權憑證。債權人取得債權憑證後，嗣後再持之強制執行而仍無效果或部分清償者，得請求重新核發債權憑證，其原有消滅時效期間自重新核發債權憑證日起重行起算（辦理強制執行事件應行注意事項第14條第2項）。例如，持本票裁定執行者，因聲請強制執行而中斷（民法第136條）。其時效自執行法院核發債權憑證日起重行起算3年（票據法第22條第1項）。因本票裁定非與確定判決有同一效力之執行名義，其原有時效，並無民法第137條第3項規定之適用，無法使原有時效延長爲5年[232]。

230 司法院(77)廳民一字第05711號函，民事法令釋示彙編，1994年6月，頁734至735。

231 最高法院100年度台抗字第753號民事裁定。

232 司法院(81)廳民二字第13793號函，民事法律問題研究彙編，8輯，頁346至349。票據法第123條規定，旨在推廣本票之使用，簡化訴訟程序，貴在迅速執行。倘執行無效果，法院自得核發債權憑證。

三、債務人死亡之處理

遇債務人於執行後死亡，應向法院民事科查詢繼承人是否拋棄繼承，以確認繼承人是否爲執行效力所及，將未拋棄繼承之繼承人，列入債權憑證之債務人。而債權人持債權憑證，請求重新核發債權憑證，因係另一執行程序之開始，並非原執行程序之續行，得另分新案處理之。再者，本法並未規定執行程序之當事人能力，依本法第30條之1規定，自應準用民事訴訟法規定，即有訴訟當事人能力者，始有執行當事人能力。因債權人聲請換發債權憑證，其屬強制執行行爲，故債權人對已死亡之債務人，聲請換發債權憑證，並非合法，縱使執行法院准許換發，請求權時效仍不中斷（民法第136條第1項）[233]。

四、對第三人之執行

強制執行之受託法院僅能依囑託代爲特定執行行爲，除於執行程序終結時，將執行結果函覆囑託法院外，不得直接核發債權憑證（本法第7條第4項）。而本法第119條第2項所定對第三人之執行，係原執行事件執行程序之延續，並非獨立之另一執行程序，亦無獨立之執行名義，故對第三人執行不足受清償時，僅能以原執行事件債務人爲債務人，而發給債權憑證，不能以第三人爲債務人名義核發積權憑證[234]。

五、核發債權憑證之原因

核發債權憑證之原因，大致有如後之原因：（一）債務人現無財產可供執行；（二）執行金額不足清償債權，債權人逾期不查報債務人其他可供執行之財產，致未能全部執行；（三）執行金額不足清償債權，債權人聲明債務人無其他可供執行之財產，致未能全部執行；（四）本件拍賣顯無

---

233 最高法院100年度台抗字第403號民事裁定。
234 最高法院97年度台抗字第400號民事裁定。

實益[235]。

第八節　點　交

第一項　法院點交之義務

例題23　拍定人之物上請求權

法院拍賣公告註明債務人之不動產，法院於拍定後不點交，拍定人因執行法院拍賣債務人之不動產，取得不動產在案。試問拍定人是否得基於所有權人之地位，向占有人行使權利，請求返還不動產？

一、概　說

不動產於拍定後不點交，應買人買受後較易產生糾紛，通常較不易拍定。是在強制拍賣程序，點交命令具有強化買受人之地位及促使不動產依適當價格出賣之功能[236]。例如，所有人於抵押權設定後，在抵押物上所設定之地上權或其他使用收益之權利，而於抵押權有影響者，在抵押權人聲請拍賣抵押物時，發生無人應買或出價不足清償抵押債權之情形，抵押權人得聲請須除去該項權利而爲拍賣，執行法院應於拍定後，解除被除去權利者之占有，而點交於拍定人，乃爲使抵押權人得依抵押權設定時之權利狀態而受清償所必要[237]。

---

235 民事執行文書格式例稿目錄暨書記官執達員工作事務分配手冊，臺灣高等法院編輯，司法院秘書處印行，2001年7月，頁157。

236 楊與齡主編，強制執行法爭議問題研究，許士宦，拍賣抵押物上租賃權之除去及點交，五南圖書出版有限公司，1999年2月，頁379。

237 大法官釋字第304號解釋。

二、拍賣條件（97司法官）

執行法院之拍賣公告，如註明拍賣標的物於拍定後點交者，拍定人自得請求執行法院點交[238]。執行法院應按此拍賣條件，將不動產交付拍定人占有。法院點交不動產與拍定人之程序，屬強制執行之方法，倘當事人或利害關係人對於該強制執行之方法聲明異議或抗告時，法院點交不因此而停止（本法第12條第1項）。

三、占有關係之認定

債務人應交出之不動產，現爲債務人占有或於查封後爲第三人占有者，執行法院應解除其占有，點交於買受人或承受人；倘有拒絕交出或其他情事時，得請警察協助（本法第99條第1項）[239]。第三人對其在查封前無權占有不爭執或其占有爲本法第98條第2項但書之情形者，前項規定亦適用之（第2項）。拍定之不動產原有之地上權、農育權、不動產役權、典權及租賃關發生於設定抵押權後，並對抵押權有影響，經執行法院除去後拍賣者，應點交於拍定人（本法第98條第2項但書）。故第三人於查封時或查封前，已有權占有不動產，執行法院不得解除其占有。準此，債務人於查封前，將設定有抵押權之不動產出租予承租人使用，債權人對該抵押物聲請強制執行，實行抵押權，提出債務人及承租人共同立具之切結書，切結書雖載明債權人實行抵押權時，租賃關係即視爲終止，然承租人對租賃關係是否已終止，容有爭執。因執行法院對本於租賃契約占有不動產，是否因行使抵押權而視爲終止，並無權爲實體之審認，執行法院不得依切結書之記載，實體審認租約之效力，已因債權人行使抵押權而終止，而解除承租人占有，予以點交。倘執

238 貴院○○年民執○字第○○號強制執行事件，債務人所有如附表所示之不動產經公開拍賣，由聲請人得標買受，並已繳足全部價金，領取權利移轉證書在案。該不動產現為債務人占有，請求貴院解除其占有，將該不動產點交於聲請人。

239 最高法院94年度台抗字第629號民事裁定。

行法院於拍賣公告載明拍賣之不動產應予點交，則有違誤[240]。

四、例題解析

（一）民法第373條之適用範圍

所有人於法令限制之範圍內，得自由使用、收益、處分其所有物，並排除他人之干涉（民法第765條）。所有人對於無權占有或侵奪其所有物者，得請求返還之（民法第767條第1項）。民法第373條係規範買賣雙方對於買賣標的物之危險及利益之移轉之時點，乃屬債之關係規定。倘拍定人並非向現占有人買受不動產，則占有人並非執行債務人，兩者間並無買賣關係之存在，自無民法第373條規定之適用。

（二）物上請求權之行使

拍定人因執行法院拍賣債務人之不動產，無人應買而承受取得其所有權，自得基於其所有權向占有人行使權利，並不因拍賣公告記載拍定後不點交而有異[241]。例如，第三人無合法之占有權源，拍定人自得基於物上請求權，請求第三人交還不動產，不受拍賣公告記載拍定後不點交之影響。

第二項　點交應注意事項

例題24　第三人於查封後無權占有不動產

債務人所有之土地，經債權人聲請強制執行查封後，遭第三人無占有權，而於債務人所有土地上興建未辦保存登記之房屋，執行法院之拍賣公告載明土地拍定後點交。試問拍定人得標後，得否向執行法院聲請拆除土地上之房屋？

---

240 最高法院100年度台抗字第251號民事裁定。

241 最高法院83年度台上字第695號民事判決；臺灣高等法院93年度重上字第547號民事判決。

一、發自動履行命令

執行法院得先發自動履行命令，命債務人或第三人於一定期間內自動搬遷，期間通常爲10日或15日，以利債務人或第三人有較充裕之時間，進行遷讓不動產之程序。倘債務人或第三人未依自動履行命令，法院應依點交之買賣條件，執行點交程序。

二、履勘拍定之不動產

債務人或第三人未遵命令而自動履行者，法官得履勘不動產現場，其目的有二：（一）可協調拍定人、債務人及第三人間就不動產之搬遷事宜。例如，協調搬遷期間或拍定人願意補助之搬遷費用；（二）作爲實施點交前之準備工作。

三、執行點交人員及協助人員

不動產之點交程序爲公權力之行使，由法官或司法事務官督同書記官、執達員協同到場，不宜逕交書記官處理。點交現場除需要請警員維持秩序，以利點交之進行外，拍定人亦應僱用搬遷工人及卡車協助搬離債務人或第三人所遺留之物品。

四、點交義務人（99律師；97執達員）

負有點交不動產之義務人如後：（一）現占有不動產之債務人，包括占有輔助人。所謂輔助占有人，重在其對物之管領，係受他人之指示。至於是否受他人之指示，應自其內部關係觀之。所謂內部關係，係指民法第942條所指受僱人、學徒、家屬或其他類似關係。倘債務人之女，雖與之住於同一屋內，其本人確已結婚成家獨立生活，而無從自內部，證明其使用被執行之房屋係受債務人之指示時，尚難謂該人爲債務人之輔助占有人，不負點交義務[242]；（二）查封後占有不動產之第三人；（三）查封前無權占有不動產之

---

[242] 最高法院65年台抗字第163號、85年度台抗字第256號民事裁定。

第三人；（四）不動產設定抵押權後，始取得地上權或其他用益物權而被除去者（本法第99條第2項）；（五）查封後喪失合法占有權源者。例如，租賃期間於查封期間屆滿；（六）執行法院交由第三人保管或管理者；（七）債務人與承租人雖於查封前訂立租賃契約，然於查封後始將租賃之不動產交付承租人占有者。因是否點交，是以查封時占有狀態爲認定之標準，而不動產經查封後，債務人對之喪失處分權，不能再爲交付，承租人縱使於查封後占有租賃物，其租賃之效力不及於拍定人（民法第425條）[243]。

五、不動產內之動產處理

不動產內之動產，除應與不動產同時強制執行外，應點交債務人或其代理人、家屬、受僱人、其他占有輔助人（本法第100條第1項）。其等人員均有點交之義務，不得拒絕之。倘不動產之現場有神祇者，爲尊重風俗民情，應按宗教民俗儀式搬遷，免生爭議。

六、無人點交之處理

債務人遺留於不動產處之物品而無人點交時，倘具有財產價値者，應命拍定人或債權人保管之，並製作物品清冊向法院陳報，執行法院定期通知債務人於限期領取之遺留物品，債務人逾期不領取時，執行法院得拍賣之而提存其價金（本法第100條第2項）。不受本法第53條之禁止查封限制，並得繼續減價至賣出爲止。倘尙有債權未獲滿足者，由執行法院定期拍賣該等物品後，將賣得價金實施分配。遺留於不動產所在地之物品，倘屬第三人所有時，應命拍定人保管，並製作清冊向法院陳報，執行法院定期通知第三人於限期領取之遺留物品，債務人逾期不領取時，執行法院得拍賣之，而提存其價金。

---

243 盧江陽，現行不動產執行之研究，臺灣臺中地方法院88年度研究發展項目研究報告，臺灣臺中地方法院，1999年5月，頁244。

七、拍定前排除第三人占有

不動產查封後，拍賣前爲第三人占有，執行法院得依本法第113條準用第51條第3項排除第三人占有（辦理強制執行事件應行注意事項第28條）。倘查封後有第三人未經執行法院允許占有者，固可排除後再拍賣[244]。然實務較少如是處理，多待拍定後，再依點交程序處理。

八、例題解析

不動產實施查封後，第三人未經執行法院允許，占有查封物或爲其他有礙執行效果之行爲者，執行法院得依職權或依聲請排除之。而債務人應交出之不動產，現爲債務人占有或於查封後爲第三人占有者，執行法院應解除其占有，點交於買受人或承受人（本法第113條準用第51條第3項、第99條第1項）。職是，第三人於債務人所有土地查封後，未經執行法院允許，且無占有權源，而於土地上興建房屋占用土地，執行法院應解除其占有，點交於拍定人。執行法院爲解除第三人占有，將房屋占用之土地點交於拍定人，自得拆除房屋[245]。

第九節　船舶及航空器之執行

第一項　船舶之執行

一、概　說

因海商法之船舶，其主要目的在於藉航行而獲利，雖准許債權人任意聲請查封，對船舶所有人、託運人、受貨人均有負面之影響。惟不許查封，對債權人之債權保障，顯屬不公平，是本法第114條針對相關人之權益，加以規範。

244 最高法院91年度台抗字第406號民事裁定。
245 臺灣高等法院暨所屬法院92年法律座談會彙編民執類提案第26號。

二、適用不動產執行之船舶範圍（93執達員）

船舶雖屬民法之動產，然因海商法上之船舶具有特殊性，是本法規定海商法所定之船舶及建造中之船舶，其強制執行，除本法另有規定外，準用關於不動產執行之規定（本法第114條第1項）。適用不動產執行之船舶，茲分述如後（海商法第1條、第3條）：（一）海船，係在海上航行，或在與海相通水面或水中航行之船舶；（二）大船，即動力船舶總噸位20噸以上，非動力船舶總噸位50噸以上；（三）商船，即非軍事建制之艦艇或專用於公務之船舶；（四）主要目的供航行之用；（五）建造中之船舶，即指自安放龍骨或相當於安放龍骨之時起，至其成爲海商法所定之船舶時爲止之船舶而言（辦理強制執行事件應行注意事項第61條第1項）。

三、適用動產執行之船舶範圍（93執達員）

海商法以外之船舶拍賣，適用動產執行程序。其包括非海船、小船、軍事建制之艦艇或專用於公務之船舶（海商法第3條；辦理強制執行事件應行注意事項第61條第12項）。準此，海商法所定之船舶，適用不動產執行程序，非屬海商法規範之船舶，適用動產執行程序。

四、管轄法院

船舶執行之管轄法院，其立法例有三：船舶所在地主義、船舶停泊港主義及船籍港主義。我國採船舶所在地主義，係以執行標的之船舶所在地之法院爲管轄法院（本法第7條第1項）[246]。例如，船舶停泊在臺中港，應由臺灣臺中地方法院管轄。

---

246 楊與齡主編，強制執行法實例問題分析，張新平，船舶強制執行之範圍、管轄法院及執行方法，五南圖書出版有限公司，2002年7月，初版2刷，頁280至281。

五、船舶查封之方法

(一)揭 示

國境內航行船舶之保全程序，得以揭示方法爲之（海商法第4條第2項）。以揭示方法執行假扣押時，應同時頒發船舶航行許可命令，明示准許航行之目的港、航路與期間，並通知當地航政主管機關及關稅局（辦理強制執行事件應行注意事項第61條第2項）。其於揭示行爲完成時，發生查封效力。

(二)封 閉

海商法所定之船舶，其強制執行，除本法另有規定外，準用關於不動產執行之規定；建造中之船舶亦同。故查封船舶，得適用封閉方式（本法第76條第1項第2款）。職是，法院得命令禁止進入船舶，以防不相關之第三人隨意進出，影響執行之成效。

(三)追繳船舶應具備之文書

就船舶之終局執行，或非航行國內船舶之假扣押，應予揭示，於揭示行爲完成時，發生查封效力。船舶於查封後，應取去證明船舶國籍之文書，使其無法自由行駛各國港口，防止其逃逸。其應追繳船舶之文書有（船舶法第9條）：1.船舶國籍證書或臨時船舶國籍證書；2.船舶檢查證書或依有關國際公約應備之證書；3.船舶噸位證書；4.船員名冊；5.載有旅客者，其旅客名冊；6.訂有運送契約者，其運送契約及關於裝載貨物之文書；7.設備目錄；8.航海記事簿；9.法令所規定之其他文書。

(四)停泊指定處所

查封之船舶，應阻止其航行，自應指定其停泊處所，俾於應買人查看及拍賣後交付。如爲我國船舶查封，應通知船籍港之航政主管機關爲查封登記（本法第114條之1第1項）。準此，對於船舶之查封，除爲查封之標示及追繳船舶文書外，應使其停泊於指定之處所，並即通知當地航政主管機關。但國內航行船舶之假扣押，得以揭示方法爲之。

六、船舶查封之限制[247]

（一）終局執行之查封

僅須債務人之船舶位於我國領域內，不問何時及何種債務，債權人均得聲請執行法院實施強制執行。職是，對於船舶之強制執行，自運送人或船長發航準備完成時起，以迄航行完成時止，僅要船舶位於我國領域內，均得爲之（本法第114條第2項）。

（二）保全執行

原則對於船舶之查封，自運送人或船長發航準備完成時起，以迄航行完成時止，不得爲之。例外情形，使航行可能發生之債權或船舶碰撞之損害賠償，可爲保全程序（本法第114條第2項、第3項）。詳言之，就船舶爲保全程序之執行，僅得於運送人或船長發航準備完成前或於航行完成後，始得爲之。例外情形，保全程序之目的，係保全爲使航行可能所生之債權及船舶碰撞所生之債權者。爲使航行可能所生之債權，包含爲備航而購置燃料、糧食及修繕等所生債權。

（三）發航準備完成適用實質主義[248]

所謂發航準備完成者，係指法律上及事實上得開始航行之狀態而言。例如，船長已取得當地航政主管機關核准發航與海關准結關放行及必需品之補給已完成，並已配置相當海員、設備及船舶之供應等事項，即具備開始航行之狀態。

（四）航行完成適用航段主義[249]

所謂航行完成，係指船舶到達下次預定停泊之商港而言（辦理強制執行事件應行注意事項第61條第3項）。對債權人保障較佳，避免船舶離開我國領

247 楊與齡主編，強制執行法實例問題分析，張新平，船舶查封之限制，五南圖書出版有限公司，2002年7月，初版2刷，頁169至271。

248 形式主義者認為船長已取得當地航政主管機關核准發航與海關准結關放行，即屬發航準備完成。

249 航程主義者，認為航行完成係指船舶抵達預定之最後目的港。

域，導致無法查封。例如，船舶自高雄港開往目的港日本橫濱，中途在臺中港停泊，臺灣臺中地方法院爲管轄法院。

七、供擔保撤銷船舶之查封

債務人或利害關係人，得以債權額及執行費用額或船舶之價額，提供擔保金額或相當物品，聲請撤銷船舶之查封（本法第114條之1第2項）。前項擔保，得由保險人或經營保證業務之銀行出具擔保書代之。擔保書應載明債務人不履行義務時，由其負責清償或併賠償一定之金額（第3項）。撤銷船舶之查封時，得就該項擔保續行執行。倘擔保人不履行義務時，執行法院得因債權人之聲請，逕向擔保人爲強制執行（第4項）。就債權額及執行費用額提供擔保者，而於擔保提出後，他債權人對該擔保不得再聲明參與分配（第5項）。

八、船舶之拍賣與變賣

拍賣船舶之公告，除記載本法第81條第2項第2款至第5款事項外，並應載明船名、船種、總噸位、船舶國籍、船籍港、停泊港及其他事項，揭示於執行法院、船舶所在地及船籍港所在地航政主管機關牌示處（本法第114條之2第2項）。船舶得經應買人、債權人及債務人同意變賣之，並於買受人繳足價金後，由執行法院發給權利移轉證書（第3項）。而變賣所賣得價金足以清償債權人之債權者，無須得債權人同意（第4項）。

九、外國船舶之執行

外國船舶經中華民國法院拍賣者，關於船舶之優先權及抵押權，依船籍國法。當事人對優先權與抵押權之存在所擔保之債權額或優先次序有爭議者，應由主張有優先權或抵押權之人，訴請執行法院裁判；在裁判確定前，其應受償之金額，應予提存（本法第114條之3）[250]。

---

250 最高法院104年度台上字第2197號民事判決。

第二項　航空器之執行

一、航空器之範圍及執行

所謂航空器，係指任何藉空氣之反作用力，而非藉空氣對地球表面之反作用力，得以飛航於大氣中之器物（民用航空法第2條第1款）。航空器於實體法上雖有動產之性質，惟其價値甚高，是航空器得爲抵押權之標的（民用航空法第19條第1項）。準此，民用航空法所定航空器之強制執行，除本法另有規定外，準用關於船舶執行之規定（本法第114條之4第1項）。

二、航空器查封之限制

航空器除法律另有規定外，自開始飛航時起，至完成該次飛航時止，不得實施扣押或假扣押（辦理強制執行事件應行注意事項第61條第13項）。所謂飛航時起至完成該次飛航時止，係指航空器自一地起飛至任何一地降落之一段航程而言。

三、航空器查封之保管

因航空器之保管維護需有特殊設備、儀器及技術人員，非一般人所能勝任。是查封之航空器，得交由當地民用航空主管機關保管之。航空器第一次拍賣期日，距公告之日，不得少於1個月（本法第114條之4第2項）。拍賣航空器之公告，除記載本法第81條第2項第2款至第5款事項外，並應載明航空器所在地、國籍、標誌、登記號碼、型式及其他事項（第3項）。前開公告，執行法院應通知民用航空主管機關登記之債權人。但無法通知者，不在此限（第4項）。

第四章

動產之強制執行

目次

關鍵詞：戶長、標封、占有、有價證券、瑕疵擔保、天然孳息、金錢債權、物之瑕疵擔保、超額查封之禁止、無益查封之禁止

第一節　概　說

例題1　不動產與動產之執行區別

因債務人不依約清償債務，債權人聲請法院執行查封債務人如後之責任財產。試問應依不動產或動產程序執行：（一）債務人所有尚未建築完成之房屋，其牆壁屋樑雖已完成，然未蓋屋瓦；（二）債務人所有之組合式之小木屋。

一、對於動產執行之定義

所謂對於動產執行，係指執行機關爲實現債權人之金錢債權，而對於債務人所有之動產實施強制執行而言[1]。強制執行法上對於動產之執行，所指之動產範圍，其與民法所稱之動產並非完全一致（民法第67條）[2]。因動產執行標的不包含海商法之船舶與航空器，該等動產適用不動產執行程序（本法第114條第1項、第114條之4第1項）。

二、對於動產執行之方法

對於動產執行之方法，以查封、拍賣或變賣方法行之（本法第45條）。換言之，經保全、換價及滿足三階段。拍賣與變賣之區別，在於前者以公開競價之方式出賣動產。後者不經公開競價之方式，以市價出售動產。例如，對有價證券之強制執行，係執行該證券所表彰之權利，其爲無記名之有價證券或未禁止背書轉讓之記名有價證券，因依法得以交付或背書之方法而爲轉讓，且經交付或背書後，其於當事人間即生移轉之效力，而得對抗公司以外之第三人，倘以此種有價證券爲執行標的物時，非剝奪債務人對有價證券之占有，使其不能以交付或背書轉讓之方法，將有價證券轉讓與他人，勢必無法達到強制執行之目的，故類此有價證券之執行自應依動產執行之方法，以

[1] 楊與齡，強制執行法論，自版，2007年9月，修正13版，頁349。
[2] 稱動產者，為土地及定著物以外之物。

查封占有該有價證券而爲開始強制執行，不能逕依本法第117條所定關於其他財產權之執行方法爲之[3]。

三、不動產執行準用動產執行

不動產之強制執行，除有特別規定外，準用關於動產之執行（本法第113條）。職是，動產與不動產之執行程序，除本法有特別規定外，大致上相同處甚多。例如，動產執行中關於債權人聲請強制執行書狀、管轄法院、通知當事人於拍賣期日到場、價金分配、結案及整卷歸檔等程序，大多均與不動產之強制執行程序相同。

四、例題解析

（一）定著物之範圍

所謂定著物，係指非土地之構成部分，繼續附著於土地而可達經濟上使用之目的者而言。例如，房屋、燈塔、橋樑等。未建築完成之房屋，倘不足以遮蔽風雨，而達經濟上使用之目的，則不能認爲房屋，不能稱爲房屋以外之定著物。

（二）動產附合之效力

動產因附合於不動產而歸不動產所有人取得其所有權者，以動產因附合而成爲不動產之重要成分爲要件。倘附合後仍獨立於不動產之外者，不動產所有人不能取得動產之所有權（民法第811條）。職是，倘債務人爲不動產所有人，其不能取得附合後之動產所有權，該動產不得視爲債務人之責任財產。

（三）對未建築完成建物之執行

尚未建築完成之房屋並非不動產，而建築房屋原即在土地之外，另創獨立之不動產標的物，故定著物在未完成前，亦非土地之重要成分，依民法第

---

3 最高法院90年度台抗字第444號民事裁定。

67條規定，應按照動產之執行程序處理[4]。倘繼續建築已達於獨立定著物之程度時，應轉換爲不動產之執行程序。同理，債務人以組合式之小木屋數座，放置於休閒區內供住宿之用。債權人請求對於此等小木屋執行，因組合式之小木屋隨時可拆卸，亦可移動至別處放置，非土地及其定著物，屬於動產，應依對於動產之執行方法執行之[5]。

第二節　查　封

第一項　定期執行

例題2　動產所有權之認定

債權人指封債務人住居所内之動產，而債務人為該戶之戶長，債務人之前妻主張該住居所係其所承租，其與前夫已分居，債務人僅寄籍於該住居所，且動產查封後，渠等業已離婚，是債務人之前妻聲明該動產，係其所有為由，執行法院不得查封。試問：（一）執行法院應如何處理該聲明異議？（二）債務人之前妻應如何救濟？

例題3　查封之效力

普通債權人甲持確定判決為執行名義，聲請對債務人乙所有之動產為強制執行，經執行法院辦理查封後，乙就同一動產設定動產抵押權予第三人丙，並依動產擔保交易法施行細則規定，向登記機關辦理動產抵押登記完竣，丙並於上開執行程序中合法聲明參與分配，且主張之債權金額大於動產之鑑價金額。甲嗣後雖向執行法院具狀表明動產抵押權之設定，會使甲之債權無法完全受償而有礙執行效果，依本法第51條第2項規定對其不生效力，甲於動產拍定前未對丙提起塗銷訴訟。試問動產拍定後之價金，丙得否優先受償？

4　最高法院75年度台上字第116號民事判決；司法院(76)廳民二字第1878號函。

5　司法院(79)廳民二字第461號函。

一、查封之定義（92執達員）

所謂查封，係指保全債權人執行名義所載債權之實現，限制債務人對於執行標的物之處分權之執行行爲。爲換價程序之前置行爲，動產經查封後，債務人對於執行標的物不得爲事實及法律上之處分行爲。再者，對於動產之執行程序，自查封而開始。因動產容易滅失及隱匿，非不動產固定而無法隨意攜帶，是債權人請求法院查封債務人之動產時，執行法官應速定執行期日，倘有應囑託登記者，亦應從速爲之，俾於禁止債務人處分其所有之動產。法院於查封債務人所有動產前，爲能順利查封標的物，得命債權人查報欲查封之標的物現狀。例如，標的物現在何處，係何人所占有。

二、執行人員

因新科技工商產品日新月異，其名稱、內容及價値，非執行人員所能盡悉，執行查封時，自需有專門知識經驗之人爲事實之協助。故查封動產由執行法官、司法事務官命書記官督同執達員爲之，其於必要時，得請有關機關、自治團體、商業團體、工業團體或其他團體，或對於查封物，有專門知識經驗之人協助（本法第46條）。例如，請警察至現場維持秩序，法官或司法事務官雖得不到場或親自查封，惟書記官必須督同執達員到場。

三、認定動產所有權歸屬之依據

（一）占有為公示方法（92執達員）

1.行政上管理登記

動產所有權之移轉，以占有爲公示方法（民法第761條）。倘外觀足以認定係債務人占有者，即可認定爲其所有。動產於法令上須登記者，因登記有公示作用，原則以登記名義人爲動產所有人[6]。汽車、機車轉讓時，雖應由讓與人與受讓人共同向監理機關申請汽車過戶登記（道路交通安全規則第22

---

6 盧江陽，法院拍賣動產、不動產實務，李慶松發行，1997年5月，頁59。

條）。然該項過戶登記，其目的在於行政上之管理，便於認定牌照稅、燃料稅之納稅義務人，或於發生違規或肇事時，易於查獲違規者或肇事者。倘當事人對機、汽車之所有權之歸屬，發生爭議時，應依民法規定認定之，不得逕以監理機關之過戶登記爲準[7]。

2.推定戶長或公司所有

查封非公司之商店內物品時，應先查明該商店之營業登記證，其記載之負責人是否係債務人，倘非債務人，則不得查封。準此，查封動產時，得命債權人提出債務人之戶籍謄本或公司事項登記卡，查明債務人是否爲戶長或公司所在地，倘無反證證明，應推定戶內或公司內之動產爲戶長或公司所有。

（二）動產附合

動產因附合於不動產而歸不動產所有人取得其所有權者，以動產因附合而成爲不動產之重要成分爲要件。倘附合後仍獨立於不動產之外者，不動產所有人不能取得動產之所有權（民法第811條）。是債務人建築房屋未至完成爲獨立之定著物前，其不足遮蔽風雨而達經濟上使用目的者，該未完成之建物非不動產，依民法第67條規定，應認爲動產[8]。

四、超額查封之禁止

查封動產，以其價格足清償強制執行之債權額及債務人應負擔之費用者爲限，此稱超額查封之禁止（本法第50條）[9]。所謂強制執行之債權額，係指債權人依執行名義聲請執行之債權額。所謂債務人應負擔之費用，係指債權人取得執行名義之費用及強制執行之費用。所查封之財產是否足額，爲執行

---

7 詹森林、馮震宇、林誠二、陳榮傳、林秀雄，民法概要，五南圖書出版有限公司，2015年9月，12版1刷，頁12。

8 最高法院75年度台上字第116號民事判決。

9 最高法院96年度台抗字第772號民事裁定：所查封之財產是否足額，係執行法院應依職權調查之事項。

法院應依職權調查之事項[10]。

五、無益查封之禁止

查封前發現應查封動產之賣得價金，清償強制執行費用後，無賸餘之可能者，執行法院不得查封（本法第50條之1第1項）。而查封後發現查封物賣得價金，其於清償優先債權及強制執行費用後，無賸餘之可能者，執行法院應撤銷查封，將查封物返還債務人，此爲無益查封之禁止（第2項）。申言之，債權人聲請強制執行係以實現其債權爲目的，倘查封物之賣得價金，顯不足以清償執行費用及優先債權時，其債權既無實現可能，爲無實施執行之實益。對有利害關係之優先債權人而言，有被迫提前實現其債權，而未能獲得滿足之虞，是以執行法院未依本法第50條之1第2項規定撤銷查封，利害關係人得聲明異議[11]。

六、禁止查封之動產

（一）原　則（92執達員）

強制執行之目的固於滿足債權人之債權，然應兼顧債務人之最低限度生活之維持。是下列之物品不得查封：1.生活必需之食物、燃料及金錢，即查封時，應酌留債務人及其共同生活之親屬2個月間生活所必需之食物、燃料及金錢。執行法官審核債務人家庭狀況，固得伸縮之。然不得短於1個月或超過3個月（本法第52條）[12]；2.衣服、寢具及其他物品，即債務人及其共同生活之親屬所必需之衣服、寢具及其他物品；3.職業或教育上必需之器具、物品，即債務人及其共同生活之親屬職業上或教育上所必需之器具、物品。所謂職業上所必需之器具、物品，係指缺少此等物品，即無從爲業者而言，非謂有關職業之一切器具、物品，均不得查封。例如，醫師之診斷器及急救藥

---

[10] 最高法院96年度台抗字第772號民事裁定。

[11] 最高法院91年度台抗字第690號民事裁定。

[12] 最高法院106年度台抗字第353號刑事裁定。

品，屬職業上必備之器具及物品[13]；4.勳章及其他表彰榮譽之物品，係債務人所受或繼承之勳章及其他表彰榮譽之物品；5.其他祭祀禮拜所用之物，即遺像、牌位、墓碑及其他祭祀、禮拜所用之物；6.未成熟之天然孳息，未與土地分離之天然孳息不能於1個月內收穫者；7.尚未發表之發明或著作；8.消防用機械等物品，即附於建築物或其他工作物，而為防止災害或確保安全，依法令規定應設備之機械或器具、避難器具及其他物品（本法第53條第1項）。

（二）例　外

法院斟酌債權人及債務人狀況，有顯失公平情形，仍以查封為適當者，執行法院得依聲請查封其全部或一部。倘經債務人同意者，則無限制（本法第53條第2項）。例如，靈骨塔位使用權，不論由何人受領給付，均可達清償債權之目的，應無個人信用關係之存在。況依目前一般之經濟社會感情，靈骨塔位使用權，已成為流行之投資商品，具有高度之融通性與交換價值，自得查封拍賣。所稱祭祀、禮拜所用之物，不得查封，應以動產為準，不包括權利在內（第1項第4款）[14]。

七、查封時間之限制（105執行員）

為保障債務人居住之安寧平靜，星期日或其他休息日及日出前、日沒後，不得進入有人居住之住宅實施關於查封之行為。但有急迫情事，經執行法官許可者，不在此限。日沒前已開始為查封行為者，得繼續至日沒後。法官之許可命令，應於查封時提示債務人（本法第55條）。

八、實施查封之方法（95、92、91執達員）

查封動產，由執行人員實施占有，其占有查封物之性質，屬公法上之占有。執行人員將查封物交付保管者，並應依下列方法行之：（一）標封，通常係將蓋有法院印之封條黏貼於查封之動產上；（二）烙印或火漆印；

---

[13] 最高法院75年度台抗字第164號民事裁定；臺灣高等法院110年度抗字第838號民事裁定。

[14] 司法院第27期司法業務研究會，民事法律專題研究13，頁200至202。

（三）其他足以公示查封之適當方法。執行法院於必要時得併用之（本法第47條）。再者，為避免債務人將可供查封之財產隱匿，以逃避執行，是執行人員實施查封時，得檢查、啓視債務人居住所、事務所、倉庫、箱櫃及其他藏置物品之處所（本法第48條第1項）。例如，開啓債務人承租之銀行保管箱。法院搜索之對象，除債務人之住居所、事務所、倉庫、箱櫃外，尚包括其他藏置物品之處所，故債務人身上之衣服亦得搜索。執行人員搜索得為檢查、啓視。所謂啓視者，係指將上鎖之住居所、箱櫃等開啓檢查。倘無法開啓，自得於必要限度內毀壞其門鎖。因搜索須以債務人占有使用之居住所為限，如係第三人占有使用，因第三人無忍受義務，故不適用本法第48條規定。

九、查封筆錄及查封物品清單

執行法院查封債務人所有之動產時，執行書記官應攜帶執行卷宗、執行命令、查封筆錄、封條、指封切結、查封物品清單及保管收據等物品至動產所在地進行查封行為。而書記官於查封時，應作成查封筆錄及查封物品清單。查封筆錄，應載明下列事項（本法第54條第1項、第2項）：（一）為查封原因之權利，即執行名義所載之金錢債權；（二）動產之所在地、種類、數量、品質及其他應記明之事項。例如，家電製品之廠牌、規格；（三）債權人及債務人；（四）查封開始之日時及終了之日時，以便確定查封效力發生之始點；（五）查封之動產保管人；（六）保管方法。再者，查封人員，應於查封筆錄簽名，倘有保管人及到場之債務人家屬、鄰右有識別事理能力者、警察，亦應簽名（第3項）。因債務人及其共同生活之親屬所必需之衣服、寢具及祭祀禮拜所用之物品，或職業上、教育上所必需之器具、物品，依據本法第53條第1項規定，均不得查封之。是該等物品，毋庸記載於查封筆錄。

十、債權人指封與動產保管人

（一）債權人指封

執行人員至動產之所在地爲查封行爲，除應製作查封筆錄、張貼查封公告外，並應命債權人指定查封物品，此爲指封行爲，並應書立切結書爲憑。再者，執行人員就查封之動產除自行占有外，得酌定保管人，即命債權人、債務人或第三人保管，並命保管人出具收據（本法第59條第4項）。

（二）動產保管人（104執達員）

查封物經執行法院委託第三人或債權人保管時，保管人即負有保管查封物，維持其現狀，以待拍賣之義務，非有執行法院之命令，不得交付於任何人[15]。而查封物交付保管人時，應告知刑法所定損壞、除去或污穢查封標示或爲違背其效力之行爲之處罰（本法第59條第3項）。例如，假扣押債務人電腦，其受扣押之目的，係基於確保侵權行爲損害賠償請求權，其屬金錢債權，查封之目的在於使債務人或其他人不能處分或將之藏匿，倘僅操作遭扣押之電腦，不致減損電腦之交易價值，對於日後拍賣或變賣所得之價格並無影響，無礙於查封目的，非屬違背查封效力行爲。再者，查封物交由債務人保管時，債務人及其家屬不得拒絕。查封物以債務人爲保管人時，得許其於無損查封物之價值範圍內，使用查封物（第5項）。

（三）保管處所

查封之動產，應移置於該管法院所指定之貯藏所或委託妥適之保管人保管之。認爲適當時，亦得以債權人爲保管人（本法第59條第1項）。酌定動產保管人執行人員就查封之動產除自行占有外，得酌定保管人，即命債權人、債務人或第三人保管，並命保管人出具收據（第4項）。

十一、法院應占有有價證券及貴重物品（104執達員）

有價證券及貴重物品不得由債務人保管，免生滅失或隱匿之虞（本法第

---

[15] 最高法院81年度台上字第430號民事判決。

59條第2項）。查封之動產係票據、股票、債券及其他有價證券，倘在債務人處，應令債務人交出，由法院現實占有，再擇定拍賣或變賣期日，不宜交付債權人、債務人或第三人保管[16]。

十二、例題解析

（一）動產所有權之認定

1.動產推定係戶長所有

債務人爲該戶之戶長，故推定置於該住居所內之動產係債務人所占有，此係就占有之權利外觀，作爲所有權之歸屬認定。倘債權人對於非戶長之債務人爲執行，其應提出債務人進行交易之憑證，作爲法院認定動產所有權之歸屬[17]。

2.提起第三人異議之訴以排除執行

債務人之前妻主張查封動產爲其所有，而爲指封之債權人所否認，是債務人之前妻係基於所有權爲由，主張足以排除強制執行，依據本法第15條規定，應向法院之民事庭提出第三人異議之訴，以認定遭查封之動產所有權歸屬。準此，債務人之前妻聲明異議，爲無理由，應予駁回。

（二）查封之效力

執行法院依本法第47條規定實施查封，不論係由執行人員實施占有或將查封物交付保管者，查封係屬公法上之處分行爲，其效力不待於登記即發生，任何人均應受其拘束。倘認執行債權人需另提塗銷訴訟解決，不僅侵害執行債權人之程序利益，亦使本法第51條規定形同虛設。是依本法第51條第2項、第3項規定，乙於執行法院辦理查封後，再將查封之動產，依動產擔保交易法施行細則規定，登記抵押權予第三人丙，動產抵押權雖有效，然於本件強制執行程序，並不得對抗債權人甲。職是，縱使甲未提起塗銷訴訟，丙就

16 最高法院90年度台抗字第444號民事裁定。

17 陳明智，銀行不良債權管理機制及法制研究，國立臺中技術學院事業經營研究所，2010年5月，頁85。

系爭動產拍定後之價金，並無優先受償之權[18]。

第二項　囑託登記

一、機關登記

執行法院查封車輛，應記明該車輛之牌照及引擎號碼，並發函囑託各地之公路監理所登記其查封事由（辦理強制執行事件應行注意事項第4條第2項）。再者，有設定動產擔保交易登記之車輛、機器、工具、原料及農林漁牧等產品，囑託經濟部商業司、經濟部○○辦事處或○○市政府建設局登記查封事由。

二、公司股票

（一）上市或上櫃之股票

上市、上櫃之股份有限公司股票均須透過證券經紀商進行買賣，即上市有價證券之買賣，應於證券交易所開設之有價證券集中交易市場為之（證券交易法第150條本文）[19]。故目前上市、上櫃股票均由臺灣集中保管結算所股份有限公司保管，此為股票無實體交易制度[20]。是執行法院查封債務人所有之上市、上櫃公司股票，得以證券經紀商為第三人而核發扣押命令，並將副本抄送集保公司。倘執行法院不知債務人開戶之證券經紀商，得命債權人查報證券經紀商之名稱、地址，或者依職權發函臺灣集中保管結算所股份有限公司，查詢往來之證券經紀商。

（二）未上市或未上櫃之股票

未上市、上櫃之股份有限公司，其是否有發行股票，執行法院得發函向

---

18 臺灣高等法院暨所屬法院105年法律座談會民執類提案第11號。

19 張登科，強制執行法，三民書局有限公司，2004年2月，修訂版，頁291。對有價證券之執行原則上應依動產之執行方法執行，剝奪債務人對有價證券之占有，以阻止債務人將有價證券轉讓。

20 廖大穎，公司法原論，三民書局有限公司，2002年2月，頁134。

經濟部查詢，並得請經濟部檢送公司登記事項或變更登記（卡）資料。倘有發行股票，得發函向經濟部爲查封登記。

第三項　查封之效力

一、禁止處分標的物之效力（94執達員）

債務人於標的物遭執行法院查封後，再爲處分行爲，其效力係相對無效。即實施查封後，債務人就查封物所爲移轉、設定負擔或其他有礙執行效果之行爲，對於債權人不生效力（本法第51條第2項）。換言之，債務人之處分行爲固對債權人不生效力，惟債務人與處分相對人間之處分行爲依然有效。

二、查封效力所及之物

天然孳息爲查封效力所及，債務人不得處分（本法第51條第1項）。所謂天然孳息，係指果實、動物之產物及其他依物之用法所收穫之出產物（民法第69條第2項）。例如，果樹所生產之果實、母牛所生之小牛。再者，查封效力亦及於查封物之成分及從物。

三、排除第三人之占有

查封係執行法院關於金錢債權之強制執行，剝奪債務人對於特定財產之處分權，而拘束於國家支配之下，以阻止債務人爲有害於債權人換價及滿足其債權之執行行爲。職是，實施查封後，第三人未經執行法院允許，占有查封物或爲其他有礙執行效果之行爲者，執行法院得依職權或依聲請排除之（本法第51條第3項）。

第三節　拍賣之準備

第一項　拍賣公告

一、公告期間

拍賣動產，應由執行法院先期公告。是動產之拍賣期間距查封日，不得少於7日之期間，但經債權人及債務人之同意或因查封物之性質，須迅速拍賣者，不在此限（本法第57條第2項）。該期間比不動產之公告期日爲短，俾能迅速拍賣。所謂因查封物之性質，須迅速拍賣者，係指其物不適合久存，如鮮果、蔬、魚、肉，或者非迅速處理即有價值減少之虞，如年節貨物。查封物是否具此性質，執行法院應就具體個案依職權認定之範圍。而債權人認爲適當時，自亦可爲變賣或迅速拍賣之聲請，以供執行法院爲職權發動之參考[21]。

二、公告事項

拍賣公告，應載明下列事項：（一）拍賣物之種類、數量、品質及其他應記明之事項。以表明拍賣動產之特徵及功用；（二）拍賣之原因、日時及場所。拍賣之原因係指強制執行之事由；（三）閱覽拍賣物及查封筆錄之處所及日時。使應買人決定是否應買；（四）定有拍賣價金之交付期限者，其期限。此交付價金之期限於拍定後，不得任意延展之；（五）定有應買之資格或條件者，其資格或條件。促使應買人注意，免生損害。例如，查封物有欠繳稅捐、規費或其他費用者，應於拍賣公告內載明，由買受人自行處理之文字，以免滋生爭議；（六）定有保證金者，其金額爲何（本法第64條第2項）。未照納者，其應買無效（本法第70條第1項）。

---

21 民事法令釋示彙編，1994年6月，頁765。

三、公告方式

拍賣公告，應揭示於執行法院及動產所在地之鄉鎮市（區）公所或拍賣場所。因法院均有設置網站，倘認為必要或因債權人或債務人之聲請，並得公告於法院網站；法院認為必要時，得命登載於公報或新聞紙（本法第65條）。

第二項　指定拍賣場所

一、拍賣場所

拍賣動產由執行法官或司法事務官命書記官督同執達員，而於執行法院或動產所在地行之（本法第61條第1項；法院組織法第17條之2）。例如，未上市、上櫃之股份有限公司，有發行股票者，得在執行法院處拍賣。再者，執行法院認為必要時，得委託拍賣行或適當之人行之，並派人監督（第2項）。例如，查封物為書畫、古董或其他藝術品者，委由具有專門知識之人拍賣，故委託拍賣行拍賣較為妥適。

二、有價證券之權利移轉

執行法院於有價證券拍賣後，得代債務人為背書或變更名義與買受人之必要行為，並載明其意旨（本法第68條之1）。例如，記名股票之股份轉讓，非將受讓人之姓名或名稱及住所或居所，記載於公司股東名簿，不得以其轉讓對抗公司（公司法第165條第1項）[22]。

第三項　通知關係人

一、通知執行當事人於拍賣期日到場

執行法院應通知債權人及債務人於拍賣期日到場，無法通知或屆期不到場者，拍賣不因而停止（本法第63條）。通知須以送達方法行之，作成送達

---

[22] 執行法官得於股票背面註明本股票經法院拍賣等文字。

證書附卷，倘有應通知而不通知，或通知未經合法送達者，均爲違反強制執行時應遵守之程序，未受通知或未受合法通知之當事人，均得對之聲明異議（本法第12條）[23]。

二、通知行使抵押權及海關

因動產抵押爲擔保物權，抵押權人可優先受償，是債務人所有之動產有設定動產抵押，應通知動產抵押權人行使抵押權，此與不動產拍賣，亦應通知不動產抵押權人行使抵押權相同。再者，經查封之動產爲進口機器者，應發函海關查明有無積欠關稅。

第四項　鑑價及詢價

查封物爲貴重物品或價格不易確定者而有必要者，執行法院應命鑑定人鑑定之（本法第62條）。例如，未上市或上櫃股票、機器、車輛、珠寶、南北貨及古董等物品時，得發函相關之職業公會或鑑價公司鑑價，並命債權人向鑑價單位洽繳鑑價費用。俟函覆鑑價結果後，再通知債權人、債務人詢問其等意見，進行詢價程序（本法第70條第2項）。

第五項　核定底價及酌定保證金

執行法院拍賣動產，原則毋庸酌定底價及保證金，除執行法院認爲有必要，或執行當事人聲請，始依職權酌定底價、保證金（本法第70條第1項）。例如，貴重物品或價格不易確定者，執行法院應參考鑑價、詢價及債權額度等因素，酌定拍賣底價，較能符合當事人之權益（本法第62條）。

第六項　異議之處理

定期拍賣前，倘有第三人主張查封之動產爲其所有，而向法院聲明異

[23] 最高法院57年台上字第3129號民事判決；臺灣高等法院105年度上易字第370號民事判決。

議，法院應暫緩執行，並發函通知第三人謂其主張就執行標的物有足以排除強制執行之權利者，應向法院民事庭提起第三人異議之訴（本法第15條）。因非程序事項，不適用對執行程序聲明異議（本法第12條）。第三人欲停止執行者，應向法院民事庭聲請供擔保停止執行（本法第18條）。倘未於一定期間內提起第三人異議之訴者，經查封之動產將繼續執行程序。

第四節　拍賣或變賣

第一項　拍　賣

例題4　拍賣未定底價之動產

債務人所有之花梨木製之仿古家具一組，經執行法院查封後，定期拍賣該組查封家具時，因執行法院未定底價，第一次拍賣無人應買，債權人亦不願承受。因拍賣物顯有賣得相當價金之可能性。嗣經二次拍賣，而應買人所出最高價顯不相當。試問執行法院是否應讓債權人承受該動產，或者繼續拍賣？

一、第一次拍賣

（一）有應買人

拍賣應於公告5日後行之。但因物之性質須迅速拍賣者，不在此限（本法第66條）。例如，拍賣蔬果魚肉等易腐敗物品，應儘速拍賣之。第一次拍賣動產時，應買人所出之最高價，倘低於底價，或未定底價而執行當事人對應買人所出最高價，認爲不足而爲反對之表示，執行法院應詢問債權人是否願依底價承受，倘債權人不願承受，執行法院應再定期拍賣（本法第70條第4項）。

（二）無應買人

拍賣物無人應買時，執行法院應作價交債權人承受，債權人不願承受或依法不能承受者，表示無法經由拍賣方法取償，應由執行法院撤銷查封，將拍賣物返還債務人（本法第71條本文）。第一次拍賣動產時，有上開情事者，不用進行第二次拍賣程序。

二、第二次拍賣（99律師）

（一）第一次拍賣有應買人

動產第二次拍賣，得減價50%，第二次拍賣無人應買，或未定底價，而其最高價顯不相當者，執行法院應作價交債權人承受，倘債權人不願承受，執行法院應撤銷查封，將拍賣物返還債務人（本法第70條第5項）。因債務人為出賣人，依法不得應賣（第6項）。職是，動產至多僅能拍賣2次。

（二）第一次拍賣無應買人

拍賣物無人應買時，執行法院應作價交債權人承受，債權人不願承受或依法不能承受者，因拍賣物顯有賣得相當價金之可能者，拍賣物得再行拍賣（本法第71條但書）。職是，拍賣物顯有賣得相當價金之可能者，法院得依職權進行第二次拍賣。

三、執行法院撤銷查封返還拍賣物

（一）第一次拍賣

拍賣物第一次拍賣，無人應買時，執行法院應作價交債權人承受，債權人不願承受或依法不能承受者，而拍賣物顯無賣得相當價金之可能者，應由執行法院撤銷查封，將拍賣物返還債務人（本法第71條本文）。職是，顯無拍賣之實益者，無庸進行第二次拍賣。

（二）第二次拍賣

動產依據本法第70條第4項規定或本法第71條但書，再行拍賣時，應拍歸出價最高之應買人。但其最高價不足底價50%；或雖未定底價，而其最高價顯不相當者，執行法院應作價交債權人承受；債權人不承受時，執行法院應撤銷查封，將拍賣物返還債務人（本法第70條第5項）。

四、善意受讓

拍賣或變賣須以有效查封爲前提，因而標的物未經查封，或者查封無效者，嗣後所爲之拍賣或變賣，雖均屬無效，惟動產之拍賣或變賣，拍定人或買受人應受民法善意受讓規定之保護，拍賣標的物雖爲第三人所有，拍定人仍取得所有權（民法第948條）。

五、例題解析

拍賣物第一次拍賣，無人應買時，執行法院應作價交債權人承受，債權人不願承受或依法不能承受者，因拍賣物顯有賣得相當價金之可能者，拍賣物得再行拍賣（本法第71條但書）。再行拍賣時，應拍歸出價最高之應買人。倘其最高價顯不相當者，執行法院應作價交債權人承受；債權人不承受時，執行法院應撤銷查封，將拍賣物返還債務人（本法第70條第5項）。

第二項　變　賣

一、變賣之要件（102執達員）

（一）範　圍

原則上查封物雖應公開拍賣，惟下列動產執行法院得變賣之，不經拍賣程序：1.債權人及債務人聲請；2.當事人對於查封物之價格有協議者；3.有易於腐壞之性質者；4.有減少價值之虞者；5.爲金銀物品或有市價之物品者。6.保管困難或需費過鉅者（本法第60條）。

（二）有價證券

執行法院查封有價證券，如認爲適當時，得不經拍賣程序，準用本法第115條至第117條，得發扣押命令、收取命令、移轉命令或支付轉給命令，不經拍賣程序（本法第60條之1）。執行法院執行上市、上櫃之股份有限公司股票，得委託臺灣證券集中保管股份有限公司買賣，而於證券交易所集中買賣或證券商營業處所，依據市價賣出股票[24]。因上市、上櫃股票均有收盤價格，是執行法院均以變賣期日前1日之收盤價格，作為第1次拍賣價格之參考，並以拍賣當日開盤時即予賣出[25]。

二、代行權利或保全行為

查封之有價證券，須於其所定之期限內為權利之行使或保全行為者，執行法院應於期限之始期屆至時，代債務人為該行為（本法第59條之1）。例如，執行法院代債務人提示發票日屆至之支票，避免支票遭封後，未於所定期限內為權利之行使或保全，而生失權之效果。

三、天然孳息之換價

查封未與土地分離之天然孳息者，於收穫期屆至後，始得拍賣或變賣。拍賣或變賣該天然孳息，得於採收後為之，其於分離前拍賣或變賣者，應由買受人自行負擔費用採收之（本法第59條之2）。例如，拍賣或變賣果樹之成熟果實或成熟而未收割之稻米。

第五節　拍　定

第一項　概　說

一、拍定之定義與效力

所謂拍定者，係指賣定之意思表示。即應買人所出之最高價，已高於底價；或未定底價，而債權人或債務人對於應買人所出之最高價，並未認為不足而為反對之表示者，法院就應買人所出之最高價，高呼3次後，即完成拍定程序（本法第70條第3項、第4項）。換言之，強制執行程序中之拍賣，為買

24 吳光明，證券交易法論，三民書局有限公司，2001年9月，增訂4版1刷，頁201。

25 盧江陽，新強制執行實務，五南圖書出版有限公司，2015年9月，2版2刷，頁128至134。

賣方法之一種，關於出賣人所爲允爲出賣之意思表示或拍定，應由執行法院爲之。倘執行法院於拍賣時，就應買之出價未爲拍定之表示，雙方之意思表示自未合致，不能認以拍賣爲原因之買賣關係業已成立[26]。再者，拍定後買賣契約成立，應買人成爲買受人，其有支付價金之義務及取得所有權之權利（民法第348條、第367條）。

二、拍賣筆錄之記載

拍賣終結後，書記官應作成拍賣筆錄，載明下列事項：（一）拍賣物之種類、數量、品質及其他應記明之事項；（二）債權人及債務人；（三）拍賣之買受人姓名、住址及其應買之最高價額；（四）拍賣不成立或停止時，其原因；（五）拍賣之日時及場所；（六）作成拍賣筆錄之處所及年、月、日。拍賣筆錄，應由執行拍賣人簽名（本法第73條第1項）。一般均由執行法官、司法事務官及執行書記官簽名（第2項）。

三、超額拍賣之限制

拍賣於賣得價金足以清償強制執行之債權額及債務人應負擔之費用時，應即停止（本法第72條）。例如，法院查封債務人2筆不動產，經拍賣其中1筆不動產，賣得價金足以清償強制執行之債權額及債務人應負擔之費用，法院應啓封另1筆不動產。

第二項　價金交付

一、價金之交付

拍賣物之交付，應於價金繳足時行之（本法第68條）。是執行法院不得同意買受人他日再爲點交之請求。而執行法院於有價證券拍賣後，得代債務人爲背書或變更名義與買受人之必要行爲，並載明其意旨（本法第68條之1）。

---

[26] 最高法院64年台上字第2200號、96年度台上字第638號民事判決。

二、未繳足價金之效果

拍定人未繳足價金時，執行法院應進行程序如後：（一）拍定人未繳足價金者，執行法院應再拍賣。再拍賣時原拍定人不得應買（本法第68條之2第1項前段）；（二）再拍賣之價金低於原拍賣價金及因再拍賣所生之費用者，原拍定人應負擔其差額（第1項後段）；（三）原拍定人繳納之保證金不足抵償差額時，執行法院應依職權以裁定確定之。並以該裁定爲執行名義對原拍定人強制執行（第2項、第3項）。

三、拍賣價金清償之順序

拍賣動產所賣得價金，扣除強制執行之費用後，應將餘額交付債權人，其餘額超過債權人取得執行名義之費用及其債權所應受償之數額時，始將超過數額交付債務人（本法第74條）。在拍賣實務上，顯少有因清償債務完畢，將受償餘額交付債務人之情事。

第三項　囑託塗銷登記

例題 5　動產抵押權之擔保範圍

甲以其所有車輛為乙銀行設定本金最高限額抵押權新臺幣（下同）120萬元，並借款100萬元，甲嗣後將該車輛出售與移轉登記予丙，因甲未依約清償該債務，乙銀行持以聲請法院裁定拍賣抵押物，並聲請強制執行，丙持120萬元及執行費至執行法院清償上開債務，並請求撤銷查封，乙銀行以甲所欠債務除本金外，尚有利息、違約金總計150萬元，而拒絕受償。試問：（一）執行法院應如何處理？（二）何人主張有理由？

一、辦理過戶手續

倘查封標的物有囑託查封登記者，經執行法院拍定後，應通知查封登記之機關，塗銷查封登記，俾能辦理過戶手續。茲說明如後：（一）查封車輛經拍定後，應通知監理機關塗銷查封登記；（二）查封有設定動產擔保交易登記之車輛、機器、工具、原料及農林漁牧等產品，通知經濟部工業局塗銷查封登記；（三）未上市、上櫃之股份有限公司，而有發行股票者，通知經濟部塗銷原先之查封登記。

二、例題解析

動產查封後，債務人得於拍定前提出現款，聲請撤銷查封（本法第58條第1項）。動產擔保交易，依本法規定，本法無規定者，適用民法及其他法律之規定（動產擔保交易法第3條）。動產抵押契約，以一定期間內所發生之債權作爲所擔保之債權者，應載明所擔保債權之最高金額（動產擔保交易法第16條第2項）。所謂最高限額抵押權，係指爲設定抵押物應擔保債權之最高限額所設定之抵押權，其抵押權所擔保範圍雖包括本金、利息、違約金等，然仍應受最高限額之限制，倘其本金、利息、違約金等總額已逾最高限額，其超過部分即無優先受償權（民法第881條之1、第881條之2）。準此，丙提出抵押物所擔保之最高限額120萬元及執行費向乙銀行清償，已達清償目的，乙銀行拒絕受領，執行法院即應將該款項提存，並撤銷查封[27]。

第四項　拍賣物之交付

例題 6　拍賣物之瑕疵擔保

甲經由法院拍賣而應買壹臺電視機，並已繳交價金完畢，嗣後甲發現該電視畫質不清楚，主張要解除買賣契約或減少價金。試問法院應如何處理？拍定人主張有無理由？

一、現實交付（96執達員）

拍賣物之交付，應於價金繳足時行之（本法第68條）。原則上採現實交

[27] 司法院第11期司法業務研究會，民事法律專題研究5，頁177至179。

付，並於執行法院交付拍賣物時取得所有權。因強制執行之拍賣，係違反債務人之意思而爲拍賣，而債權人亦非拍賣物之所有人，是執行法院對拍賣物之情況，難期瞭解，故拍賣物之買受人就物之瑕疵無擔保請求權，應自行負擔物之瑕疵存在危險（本法第69條）。

二、例題解析

法院所拍賣之動產，買受人就該動產並無物之瑕疵擔保請求權。故甲不得因其應買之電視機物畫質不清晰之瑕疵，向法院主張物之瑕疵擔保效力，請求解除買賣契約或減少其價金（民法第359條）。職是，甲應自行負擔物之瑕疵存在的危險，不得請求解除買賣契約或減少其價金，法院應駁回其解除買賣契約或減少價金之聲請。

第五章 其他財產之強制執行

目 次

關鍵詞：異議、換價程序、扣押命令、收取命令、收取訴訟、移轉命令、給付訴訟、智慧財產權、支付轉給命令、繼續性給付債權

第一節　其他財產之概念

一、其他財產之定義及要件

所謂其他財產，係指債權及債權以外之其他財產，合稱其他財產[1]。其與動產、不動產、船舶及航空器，均屬債務人之責任財產。而其他財產權得爲執行標的，必須爲獨立之權利、具有財產價值及得讓與之要件[2]。例如，薪資債權、存款債權。

二、其他財產之種類

（一）債務人對於第三人之金錢債權

債務人對於第三人之金錢債權爲本法第115條、第115條之1規定，債務人對於第三人金錢債權之執行與其方法。例如，股息請求權、薪資債權、存款債權。實務最常見之執行標的，係執行債務人對於第三人之金錢債權。本法第115條之第三人，係指執行當事人即債權人及債務人以外之第三人而言。如執行債權人兼第三人時，可對債務人直接主張抵銷即可，毋庸向法院聲請發扣押收取令，即可滿足其債權[3]。再者，對於薪資或其他繼續性給付之債權所爲強制執行，其於債權人之債權額及強制執行費用額之範圍內，其效力及於扣押後應受及增加之給付（本法第115條之1第1項）。例如，全民健保特約診所、醫院基於委任關係得向健保之主管機關領取醫療費用，屬給繼續性給付之債權，得作爲執行之標的[4]。

（二）第三人交付或移轉動產或不動產

債務人基於債權或物權得請求第三人交付或移轉動產或不動產之權利爲

---

1 張登科，強制執行法，三民書局有限公司，2004年2月，修訂版，頁423。

2 楊與齡，強制執行法論，自版，2007年9月，修正13版，頁557至558。

3 司法院第11期司法業務研究會，民事法律專題研究5，頁211至213。

4 楊與齡主編，強制執行法爭議問題研究，吳光陸，對於全民健保特約診所得向主管機關領取之醫療費用之執行，五南圖書出版有限公司，1999年2月，頁409至410。

本法第116條、第116條之1規定，對於物之交付或移轉請求權之執行。例如，不動產交付請求權、船舶交付請求權、航空器交付請求權。

（三）其他財產權

債務人所有動產、不動產、金錢債權、請求交付或移轉動產、不動產之權利以外之財產權，非專屬性，具有獨立性而可移轉者，諸如著作權、商標使用權及專利權等智慧財產權或高爾夫球場會員權。智慧財產的價値，得囑託專家鑑定其價値。

第二節　債務人對於第三人之金錢債權

第一項　概　說

一、債務人對於第三人之金錢債權之定義

所謂債務人對於第三人之金錢債權，係指債務人得請求第三人給付金錢爲標的之債權。債務人對於第三人之金錢債權，實務上常見者爲存款、薪資、津貼及租金等債權之執行[5]。本法第115條所稱金錢債權，並不以民法上發生之債權爲限，公法關係所生之請求權亦屬之。例如，公務員之俸給請求權、議會議員之研究費、里長於三節所領取之慰問金，均得爲強制執行之標的[6]。而國家機關或地方自治機關，本於公權力或行政權之作用所有之權利或給付，依其財產之性質，不得強制執行。例如，機關之行政經費。

二、管轄法院

就債務人對於第三人之金錢債權爲執行時，該第三人住所地，即爲執行標的物所在地，由執行標的物所在地之法院管轄（本法第7條第1項）。例

5 債權人聲請對具有軍人身分之債務人扣薪，應函國防部查明債務人服務單位及支薪單位，以確認法院管轄權。

6 最高法院55年台上字第281號民事判決；臺灣高等法院95年度上字第594號民事判決。

如，執行扣押軍人薪俸，宜先向國防部財務中心函查其服役支薪單位，再向支薪單位核發執行命令，倘支薪單位在其他法院轄區，應移送或囑託該管法院管轄。

三、執行方法（105執行員）

（一）扣押與換價程序

債權人就債務人對於第三人之金錢債權之執行程序分爲二階段：1.核發扣押命令，禁止債務人爲處分及禁止第三人向債務人清償（本法第115條第1項）；2.換價程序，得詢問債權人意見決定核發收取命令、移轉命令或支付轉給命令（第2項）。並於性質許可範圍內，先後頒發二種命令。例如，先發收取命令後，得再發移轉命令，而已發移轉命令者，不得再發其他命令。因執行法院所發之，收取命令與移轉命令不同：1.收取命令爲債權人取得以自己名義，向第三人收取金錢債權之收取權，債務人僅喪失其收取權，而未喪失其債權；2.移轉命令爲債務人對於第三人之金錢債權已移轉於債權人，債務人喪失其債權[7]。

（二）核發移轉命令之限制

金錢債權因附條件、期限、對待給付或其他事由，致難依前述之命令換價者，執行法院得依聲請，準用對於動產執行規定拍賣或變賣之（本法第115條第3項）。將來發生之債權，亦得爲執行之標的。因移轉命令係使債權人取得債務人對第三債務人之債權人地位，其與民法之債權讓與無異，而於移轉命令生效時，他債權人即不得聲明參與分配。是強制執行債務人對第三債務人之債權時，除其債權明確，且無他債權人聲明參與分配外，不宜將移轉命令與扣押命令，合併記載於同一命令而同時核發[8]。

---

7 最高法院63年台上字第1966號民事判決；臺灣高等法院112年度上易字第93號民事判決。

8 司法院(71)廳民一字第245號函。

第二項　執行命令之種類

例題 1　債務人提供擔保請求免為假執行

債權人持假執行判決，向執行法院聲請對第三人發扣押命令，扣押債務人對於第三人之存款債權或薪資債權。試問債務人是否得提供擔保，請求法院免為假執行？

例題 2　金融業與客戶間抵銷約款之效力

金融業者與消費借貸之借款人約定，倘借款人於該金融業者處之存款遭第三人向法院聲請執行扣押時，金融業者得主張以消費借貸之債權抵銷該消費寄託或即存款之債權。試問：（一）該抵銷約定效力如何？（二）執行法院是否受其約束？

例題 3　執行薪資債權

執行法院就債務人對於第三人之薪資債權為執行，而將該金錢債權移轉於執行債權人，因薪資債權有已到期薪資債權與未到期薪資債權之分。試問：（一）執行債務人就已到期薪資債權，是否得再為爭執及請求撤銷該部分之執行程序？（二）未到期薪資債權，是否發生清償效力？

一、扣押命令（99執達員）

（一）定　義（107檢察事務官）

所謂扣押命令或禁止命令，係指禁止債務人收取該債權或爲其他處分，並禁止第三人向債務人清償（本法第115條第1項）。是扣押命令之種類有三：1.禁止收取命令；2.禁止處分命令；3.禁止清償命令[9]。再者，扣押命令

---

[9] 即第三人對債務人所有○○公司股權在○○股範圍內禁止移轉或設定其他權利登記。

應以書面爲之，除載明債權人、債務人、第三債務人、執行債權、被扣押債權及其數額外，應禁止債務人收取該債權或其他處分，並禁止第三人向債務人清償。執行法院僅發扣押命令，債權人尚未取得對第三人請求給付之權利，僅得對該第三人提起確認債權或其他財產權存在之訴。

（二）效　力（96司法官；107司法事務官）

1.第三人異議權

扣押命令與換價命令，不宜同時核發，使第三人依據本法第119條第1項規定，有二次異議之機會。因第三人雖未對執行法院先核發之扣押命令聲明異議，惟對後核發之換價命令有聲明異議，執行法院不得因債權人之聲請，逕向第三人爲強制執行（本法第119條第2項）。第三人始終均未聲明異議，債權人聲請對其逕爲強制執行，第三人亦可不承認債務人之債權或其他財產權之存在，或於數額有爭議或有其他得對抗債務人請求之事由，作爲異議事由，提起異議之訴（第3項）。

2.繼續性給付債權（107檢察事務官）

對於薪資或其他繼續性給付之債權所爲強制執行，其於債權人之債權額及強制執行費用額之範圍內，其效力及於扣押後應受及增加之給付（本法第115條之1第1項）[10]。所謂繼續性給付之債權，係指以特定之法律關係爲基礎，將來確實繼續發生，並具有某程度週期性及規則性之債權而言。例如，繼續性供給契約係約定賣方於一定或不定期間，將一定種類、品質之物，以一定價金或以一定標準所定價金，繼續供給買方之契約，性質上屬單一之買賣契約，並非數個獨立買賣契約之結合；且其債權之發生，有相當週期性與規則性。故以繼續性供給契約爲基礎，其於將來繼續發生之債權，屬繼續性給付之債權[11]。扣押命令有第三債務人者，而於送達第三債務人時發生效力；無第三債務人者，原則上於送達債務人時固發生效力，然於送達前已爲扣押登記者，其於扣押登記時發生效力（本法第118條第2項）。金錢債權附有已登記之擔保物權者，執行法院扣押時，應即通知該管登記機關登記其事由

---

[10] 例如，薪水、租金、終身定期金、利息或分期付款之債權。

[11] 最高法院106年度台抗字第161號民事裁定。

（本法第115條第4項）。職是，執行債務人於扣押後，不得行使對第三人之抵押權。

3.債權保存行為（95律師）

債務人對於第三人之金錢債權，經執行法院發扣押命令禁止債務人收取或爲其他處分後，債務人雖喪失處分權，仍爲被扣押債權之主體，得爲債權之保存行爲。準此，債務人對第三人之債權固遭扣押，債務人仍得提起確認訴訟或給付訴訟，因該等訴訟行爲，僅屬保存債權之行爲，無礙執行效果，債務人自得爲之[12]。

（三）提存債權脫離執行關係

第三人於執行法院發本法第115條第2項之換價命令前，得將對債務人之金錢債權全額或扣押部分提存於清償地之提存所（本法第115條之2第1項）。所謂提存，係指將金錢、有價證券或其他財產提存於國家機關之提存所，透過提存所使他人得隨時受領之制度[13]。申言之，債務人對於第三人之債權經扣押後，第三人已不能向債務人爲清償，其於清償期屆至後，亦不能免除清償責任。對第三人實不公平，故其有爲提存之權利，以保其權益。是第三人依上開規定所爲之提存，應認係清償提存。例如，工程業主已依本法第115條之2第1項規定，提存工程尾款，提存書雖未記載受取人姓名、名稱、住所、事務所等資料，然於提存原因及事實，載明係依法院執行命令，扣押被上訴人工程尾款等詞，並以扣押命令爲證明文件，表明係依上開強制執行法規定爲提存，執行債務人爲被上訴人，即生清償效力[14]。

（四）將債權之全額支付扣押在先之執行法院

第三人於依執行法院准許債權人收取或向執行法院支付轉給債權人之命令辦理前，復收受扣押命令，而其扣押之金額超過債務人之金錢債權未受扣押部分者，應將該債權之全額支付扣押在先之執行法院，始符合平等主義

---

12 最高法院91年台上字第812號民事判決。

13 楊與齡主編，強制執行法實例問題分析，雷萬來，就債務人對於第三人債權之執行，五南圖書出版有限公司，2002年7月，初版2刷，頁301至302。

14 最高法院104年度台上字第215號民事判決。

（本法第115條之2第2項）。職是，債務人對第三人之金錢債權，而於執行法院依第115條第1項規定發扣押命令後，其於執行法院依同條第2項規定發收取命令、移轉命令或支付轉給命令前，第三人得就被扣押之金錢債權，有提存之權利。嗣於執行法院依第2項規定發收取命令或移轉命令、支付轉給命令後，第三人就被執行之金錢債權，不得再依本法第115條之2第1項規定爲提存[15]。再者，第三人已爲提存或支付時，應向執行法院陳明其事由（第3項）。第三人依據前開規定向執行法院爲支付行爲後，其對執行債務人之債務，發生清償之效力。

（五）不得對第三人公示送達（98司法事務官）

對於其他財產權之執行，依本法第118條規定，應送達於債務人及第三人之執行命令，倘無法送達時，對於債務人部分，得依本法第30條之1準用民事訴訟第149條規定辦理公示送達。至於第三人部分，因第三人並非當事人，自不得辦理公示送達。準此，法院對於其他財產權之執行，倘該財產權無第三人，債務人無法送達時，得以公示送達方法送達。倘該財產有第三債務人，而該第三人無法送達時，則屬執行不能[16]。

（六）扣押命令不生時效中斷或不完成之效力

執行法院依本法第115條第1項規定所發之扣押命令，並依第118條規定送達於債務人及第三人者。因扣押命令所扣押債權之債權人爲債務人因執行事件之債權人，非扣押命令所扣押債權之債權人，第三人亦非執行事件之債務人，依民法第138條規定，應不生時效中斷之效力。而發扣押命令係執行行爲，並非因不可避免之事變，致不能中斷時效，難認爲民法第139條規定之時效不完成事由。依本法第119條第2項規定，執行法院因債權人之聲請，逕向第三人爲強制執行時，始合於民法第129條第2項第5款規定，在向第三人爲強制執行時前，該債權之消滅時效並不中斷[17]。而債務人對於第三人之金錢債權，經執行法院發扣押命令禁止債務人收取或爲其他處分後，債務人對第三

---

15 最高法院90年度台上字第2443號民事判決。

16 司法院(75)廳民二字第1256號函。

17 最高法院64年度第5次民庭庭推總會議決議4，會議日期1975年7月8日。

人提起給付訴訟，僅屬保存債權之行爲，無礙執行效果，自得爲之[18]。

（七）上市或上櫃之股票

對債務人送交臺灣證券集中保管股份有限公司（下稱集保公司）集中保管之股票執行，應對債務人交易之證券公司發扣押命令。因集保公司保管投資人之股票，目前係採二階段保管之方式，由投資人與證券公司、證券公司與集保公司分別訂立契約，投資人將股票交與證券公司保管，證券公司再以其名義送交集保公司保管，集保公司與投資人間不直接發生股票送存或領回之關係，是集保公司對投資人不具有股票保管人之地位。準此，扣押債務人股票應對債務人交易之證券公司發扣押命令[19]。

二、收取命令（99執達員）

（一）定　義

所謂收取命令，係指執行法院以命令授予執行債權人收取權，以收取被扣押之債權，由執行債權人直接向第三人收取債權[20]。職是，執行法院所發之收取命令，係准許債權人直接收取債務人對於第三人之金錢債權，以清償自己之債權，故債權人取得以自己名義向第三人收取金錢債權之收取權，債權人基於此收取命令，對第三人有請求權[21]。

（二）效　力

1.執行程序之終結

收取命令之程序，其於收取債權金額後始終結之。是他債權人得於債權人未收取前或分配表作成之日前1日，主張聲明參與分配。換言之，執行債

18 最高法院105年度台上字第1564號民事判決。

19 司法院第27期司法業務研究會，民事法律專題研究13，頁249至250。

20 債務人現服務於第三人〇〇〇處，每月應領薪水新臺幣〇〇〇元，在該薪水1/3之範圍內予以扣押，並准由債權人自民國〇〇年〇月份起按月逕向第三人收取。

21 最高法院63年度台上字第1966號民事判決；最高法院94年度台抗字第606號民事裁定。

務人對第三人之債權，經執行法院發收取命令准許債權人收取者，係以收取執行債務人之債權金額，以清償自己之債權。須收取債權金額後，其執行程序始爲終結。在債權人收取前，執行程序未終結，他債權人仍得參與分配，債權人嗣後收取之債權金額，應繳交法院實施分配[22]。債務人自得提供反擔保，聲請免爲假執行（民事訴訟法第392條）。對於債務人將來之財產請求權，法院得發附條件之收取命令，以執行該財產請求權。例如，債務人於某機關繳納保證金或工程款若干元，該項保證金或工程款，應於一定期限或一定條件完成後，始得領回或收取。執行法院得對該機關發附條件之收取命令，而於收取命令中載明於期限屆至或條件成就，債務人得將保證金或工程款領回或收取時，應交由債權人收取[23]。

2.提起收取訴訟（107司法事務官）

所謂收取訴訟者，係指第三人不承認債務人之債權或其他財產權之存在，或於數額有爭議或有其他得對抗債務人請求之事由，第三人於接受執行法院之收取命令、支付轉給命令或交付命令後10日內，以書狀向執行法院聲明異議（本法第119條第1項）。而債權人認爲不實時，以第三人爲被告，向管轄法院起訴，請求法院以判決命第三人爲給付之訴訟，其訴訟標的爲執行債權人對第三人之收取權。債權人除應向執行法院提出起訴之證明外，並應將提起收取訴訟之情事，告知債務人，俾於債務人參加訴訟（本法第120條第2項）。職是，法院核發係收取命令，倘第三人於法定期間聲明異議而拒絕給付時，債權人基於對第三人債權具有收取權人之地位，以第三人爲被告，向第三人提起收取訴訟，其訴訟標的，係執行債權人自己對於第三人之收取權，債權人不得聲請執行法院逕向第三人爲執行[24]。

---

22 最高法院80年度台抗字第87號民事裁定；臺灣高等法院111年度抗字第76號民事裁定。

23 臺灣高等法院暨所屬法院58年度法律座談會民事類提案第5號。

24 張登科，強制執行法，三民書局有限公司，2004年2月，修訂版，頁468。

三、移轉命令（99執達員）

（一）定　義

所謂移轉命令，係指執行法院以命令將扣押之金錢債權，依券面面額或債權金額移轉於債權人以代支付。執行法院所發之收取命令與移轉命令不同：1.收取命令係債權人僅取得以自己名義向第三人收取金錢債權之收取權，債務人僅喪失其收取權，並未喪失其債權；2.移轉命令爲債務人對於第三人之金錢債權，已移轉於債權人，債務人喪失其債權[25]。

（二）效　力

1. 執行程序之終結（101執達員；109執行員）

移轉命令將使執行債務人喪失第三人之債權人資格，執行債權人成爲第三人之債權主體，並於命令送達第三人時生效（本法第118條第2項）。不論債權人是否收取，執行程序已終結，他債權人不得參與分配。例如，法院於移轉命令送達第三人後，宣告債務人破產，因債務人破產前，執行債權人已成爲債權主體，第三人應向債權人爲清償。反之，法院於移轉命令送達第三人前，宣告債務人破產，因債務人破產在前，債權人應依破產程序對債務人行使權利，是強制執行程序應即停止（破產法第99條；辦理強制執行事件應行注意事項第9條第1項）。移轉命令自不生效力，債務人對第三人之金錢債權屬破產財團，第三人應向破產管理人爲清償。

2. 準物權行為與代物清償

移轉命令係將一定金錢數額之債權，移轉於債權人代替金錢之支付，以清償執行債權及執行費用所核發之移轉命令，乃使債權人取得債務人對於第三人之債權人地位，性質爲民法第294條第1項前段規定之債權讓與，相當於法律行爲之準物權行爲，自須具備法律行爲之生效要件，始生效力。而法院核發移轉命令後，其於移轉之債權範圍內，有使執行債權消滅之效力，具有代物清償之效果，縱債權人嗣未獲清償，其已消滅之執行債權，不能再行回復[26]。

---

[25] 最高法院63年台上字第1966號民事判決；臺灣高等法院112年度上易字第93號民事判決。

[26] 最高法院102年度台上字第1605號民事判決。

3.發給移轉命令之限制

債務人對於第三人之金錢債權，經扣押後，欲使債權人之債權獲得清償，須爲換價之處分。而換價之方法有收取命令、移轉命令、支付轉給命令與準用對於動產執行之拍賣或變賣。該等方法，其性質及效果互有不同，究以何種命令爲當？執行法院雖有裁量之權，然何者對債權人最爲有利？因事件之各別情況而異，故法院於核發前，除應審酌具體情形外，並得詢問債權人之意見，以保護債權人之利益（本法第115條第2項、第3項）。而扣押之債權因法院核發移轉命令，由債務人移轉與債權人，具有代物清償之性質，執行債權於移轉範圍內因清償而消滅，縱因第三人無資力致未獲清償，已消滅之執行債權，不再回復，債權人應負擔第三人無資力之危險。準此，第三人無資力或其資力顯難以清償債權人之債權時，均不適於發給移轉命令，避免使債權人承擔不能獲償之危險[27]。

4. 提起給付訴訟

法院核發移轉命令後，使債權人取得債務人對於第三人之債權人地位，第三人拒絕給付時，債權人基於第三人之債權人身分，以第三人爲被告，向第三人提起請求給付之訴訟，不得聲請執行法院逕向第三人爲執行，其屬一般給付之訴訟[28]。

5. 執行繼續性給付之債權

(1)效力及於扣押後應受及增加之給付

對於薪資或其他繼續性給付之債權所爲強制執行，而於債權人之債權額及強制執行費用額之範圍內，其效力及於扣押後應受及增加之給付（本法第115條之1第1項）。債務人於扣押後應受及增加之給付，執行法院得以命令移轉於債權人。例外情形，債務人喪失其權利或第三人喪失支付能力時，債權人債權未受清償部分，移轉命令失其效力，得聲請繼續執行，並免徵執行費（第2項）。職是，執行法院對於所扣押之債務人之薪資債權核發移轉命令時，就未屆期之薪資債權部分，須於該債權成爲現實之債權時，始生使執行

---

27 最高法院100年度台抗字第522號民事裁定。

28 吳光陸，強制執行法，三民書局有限公司，2007年2月，頁431。

債權消滅之效力。

(2)已屆期而可領取之薪資債權

就已到來而可領取之薪資債權部分，業經執行法院依法核發移轉命令，已發生消滅執行債權之效力，不論債權人是否已據以領取或實際獲償，該部分之執行程序應告終結，債務人自不得對已消滅之債權，再爲爭執及請求撤銷該部分之執行程序[29]。

四、支付轉給命令（99執達員）

（一）定　義

所謂支付轉給命令或間接收取命令，係指執行法院命第三人即債務人之債務人，將扣押之債權，向執行法院支付，繼而由執行法院轉給債權人之命令。因支付轉給命令爲執行法院就執行方法所核發之命令，當事人或利害關係人，得於強制執行程序終結前，爲聲請或聲明異議（本法第12條）。

（二）效　力

1.滿足債權時期

第三人雖已向法院支付，然債權人尚未領取前，他債權人得否參與分配，學說有甲、乙二說：(1)甲說認爲應視爲債務人已向債權人清償，他債權人不得參與分配；(2)乙說認爲在執行法院分配表作成前，他債權人仍得參與分配。本書認爲金錢轉給債權人前，執行債權尚未滿足，亦未取得債權主體之地位，是應以乙說爲當。

2.併案處理

第三人於依執行法院許債權人收取或向執行法院支付轉給債權人之命令辦理前，而復收受扣押命令，其扣押之金額超過債務人之金錢債權未受扣押部分者，應將該債權之全額支付扣押在先之執行法院（本法第115條之2第2項）。俾能兩案合併，適用參與分配之規定。第三人已爲提存或支付時，應向執行法院陳明其事由（第3項）。

---

[29] 最高法院104年度台上字第1468號民事判決。

3.撤銷移轉命令

假扣押之財產，係債務人對第三人之金錢債權時，該金錢債權之終局執行債權人聲請執行而為換價後，假扣押之債權人就其保全之債權，發生參與分配之效果，其應受分配之金額並應予提存。準此，因移轉命令有使執行債權人獨占扣押債權，以滿足其債權之效果，復以假扣押債權人已成為參與分配之債權人，倘終局執行債權人與假扣押執行債權人之債權總和，逾債務人對第三人之金錢債權金額者，執行法院應發支付轉給命令，不得發移轉命令，法院核發之移轉命令應屬無效，不生債權移轉之效力，執行法院應依職權撤銷此無效之移轉命令[30]。

五、特別換價命令

所謂特別換價命令，係指債務人對於第三人之金錢債權因附條件、期限、對待給付或其他事由，致難依核發一般之換價命令辦理者，執行法院得依債權人之聲請，準用對於動產執行規定拍賣或變賣之（本法第115條第3項）。申言之，附有對待給付之金錢債權，是否具有該券面額？因該對待給付能否確實履行，難以預料，自不能單純以其現在形式債權額定之。倘執行法院因未行使形式審查權，或經行使後仍未能發現債務人對第三人之金錢債權，確附有對待給付；或於債權人知悉有對待給付之場合，未詢問債權人意見並經其同意，即逕予核發移轉命令者，均應認為移轉命令，違反公共秩序所蘊含之交換正義等值原則，而歸於無效。職是，金錢債權附對待給付，無法依移轉命令之換價命令辦理，執行法院得依債權人之聲請，準用對於動產執行規定拍賣或變賣[31]。

六、例題解析

(一) 提供擔保免為假執行之期間

法院得依聲請或依職權，宣告被告預供擔保，或將請求標的物提存而免

---

30 最高法院101年度台抗字第136號民事裁定。
31 最高法院102年度台上字第1605號民事判決。

爲假執行（民事訴訟法第392條第2項）。如例題1所示，法院依據前開規定宣告免爲假執行，倘被告據此預供擔保或將請求標的物提存，其得向執行法院聲請免爲假執行，不限於假執行程序實施前聲請，其於假執行程序實施後，亦得聲請之。

（二）消費借貸之債權抵銷消費寄託債權

1.抵銷之效力

抵銷爲消滅債務之單獨行爲，僅需與民法第334條所定之要件相符，一經向他方爲此意思表示即生消滅債務之效果，原不待對方之表示同意[32]。職是，抵銷制度之本旨，在求具有相互同種債權人間之簡易清償及圓滿公平之處理，同時就行使抵銷權之債權人一方而言，在債務人資力不足之場合，仍能爲自己之債權受到確實及充分清償利益，此時主動債權人對於被動債權有類似於擔保權地位之機能，是抵銷之目的爲簡易及公平，其機能爲擔保。抵銷制度之目的與機能，在現在經濟社會，有益於交易之助長。故能依抵銷制度受保護之當事人地位，應依法保障之，即使被動債權有受扣押之情形，亦不得輕易否定。

2.第三債務人對其債權人取得之債權與受扣押之債權為抵銷

債權被扣押時，被扣押債權之債權人雖禁止處分被扣押之債權（本法第115條第1項）。然依第三債務人一方之意思表示之抵銷權行使，不得因扣押之事而當然被禁止。而受債權假扣押命令之第三債務人，其於扣押後始得對債權人取得債權者，不得以其所取得之債權與受扣押之債權爲抵銷，此爲第三債務人對扣押債權人得行使抵銷爲前提之例外規定（民法第340條）。準此，執行法院之禁止命令，並不影響第三債務人以扣押時或扣押前，對其債權人取得之債權（主動債權），主動債權其與受扣押之債權（被動債權）爲抵銷，縱使執行法院之禁止命令送達時，主動債權未屆清償期，甚至後於被動債權者，亦得主動抵銷。

---

[32] 最高法院50年台上字第291號民事判決；臺灣高等法院110年度上字第1101號民事判決。

3.主動債權抵銷被動債權

如例題2所示，第三債務人非在被動債權之受扣押後，始對債務人（被動債權人）取得債權，可不問主動債權及被動債權清償之先後，僅要符合抵銷之條件時，縱使被動債權遭受扣押，仍得以主動債權對受扣押後之被動債權主張抵銷。例如，金融業者常與消費借貸之借款人約定，倘借款人於金融業者處之存款遭扣押時，金融業者得主張以消費借貸之債權抵銷消費寄託或存款之債權。

（三）執行薪資債權

1.已到期薪資債權

已到期而可領取之薪資債權部分，經執行法院依法核發移轉命令，發生消滅執行債權之效力，不論債權人是否已據以領取或實際獲償，該部分之執行程序應告終結，債務人自不得對該已消滅之債權再爲爭執，並請求撤銷該部分之執行程序，該部分之執行程序應告終結。

2.未到期薪資債權

債務人對於第三人之金錢債權，係將來之薪資請求權者，就尙未到期之薪資債權部分，應於該債權成爲現實之債權時，始生使執行債權消滅之效力。職是，尙未到期之薪資債權，常因債權人自第三人處離職，導致無法繼續執行。

第三項　執行命令之生效始點

一、通知或登記

執行命令應送達債務人及第三人，已爲送達後，應通知債權人。執行命令，送達於第三人時發生效力，無第三人者，送達於債務人時發生效力。而送達前已爲扣押登記者，其於登記時發生效力（本法第118條）。對於第三人無法送達者，第三人無從知悉，欠缺執行之實益，則屬執行不能，執行法院不得對其爲公示送達。

二、對違法扣押命令聲明異議

受訴法院為准許債務人供擔保停止執行之裁定，並經債務人供擔保後，債權人聲請執行扣押債務人對第三人之債權，執行法院嗣將扣押命令送達予第三人，該扣押命令送達第三人後，始生扣押之效力。因執行法院所發之扣押命令，係停止執行之裁定生效後，故扣押命令顯然違法，債務人得依本法第12條規定聲明異議，法院應裁定撤銷執行法院所發之扣押命令[33]。

第四項　薪資執行

一、扣押薪資債權之限制

外國立法例有明確規定，對薪資債權不得扣押之比例[34]；或對薪資債權許可執行之限度，作詳細之規範[35]。債務人對於第三人之債權，係維持債務人及其共同生活之親屬生活所必需者，不得為強制執行（本法第122條第2項）。債務人生活所必需，以最近1年衛生福利部或直轄市政府所公告當地區每人每月最低生活費1.2倍計算其數額，並應斟酌債務人之其他財產（第3項）。債務人共同生活親屬生活所必需，準用前項計算基準，並按債務人依法應負擔扶養義務之比例定其數額（第4項）。執行法院斟酌債務人與債權人生活狀況及其他情事，認有失公平者，雖不受前三項規定之限制。然應酌留債務人及其扶養之共同生活親屬生活費用（第5項）。例如，為確保未成年子女之生存及發展，債務人之未成年子女關於其扶養費債權之執行雖不受本法第122條之限制，得就債務人對於第三人之債權全部為之，然須酌留債務人及受其扶養之其他未成年子女生活所需[36]。扣押薪資之範圍，包括薪金、獎金、津貼、補助費及紅利等[37]。

---

33 最高法院91年度台抗字第348號民事裁定。

34 日本民事執行法第152條規定：薪資就相當於支付應受之給付3/4部分不得扣押。

35 德國民事訴訟法第850條以下，有詳盡規定薪水之範圍及扣押之限制。

36 最高法院106年度台抗字第652號民事裁定。

37 民事執行文書格式例稿目錄暨書記官、執達員工作事務分配手冊，臺灣高等法院，2001年7月，頁210。

二、屬繼續性給付債權之執行

（一）扣押之效力

執行法院核發扣押命令之標的，爲債務人對第三人之承攬報酬或薪資債權，均屬繼續性給付之債權，其扣押之效力自及於扣押後應受及增加之給付（本法第115條之1第1項）。執行法院嗣後核發移轉命令，須待將來薪資債權發生時，始生債權移轉之效力。例如，債權人甲聲請執行法院核發扣押命令，執行法院繼而對債權人甲核發移轉命令後，另有債權人乙聲明參與分配。因債務人對第三人每月之承攬報酬或薪資債權，均應待將來到期時，始生債權讓與效力[38]。基於債權人平等主義之原則，每月繼續性之給付而未到期債權，因尚未發生移轉效力，債權人乙自得聲明參與分配，始符合平等原則。職是，利害關係人得就移轉命令聲明異議，而於執行法院撤銷移轉命令確定前，債權人甲業經受償債權應屬有效[39]。

（二）扣押命令之範圍

對於下列債權發扣押命令之範圍，不得逾各期給付數額1/3：1.自然人因提供勞務而獲得之繼續性報酬債權；2.以維持債務人或其共同生活親屬生活所必需爲目的之繼續性給付債權（本法第115條之1第2項）。前項情形，執行法院斟酌債務人與債權人生活狀況及其他情事，認有失公平者，得不受扣押範圍之比例限制。例外情形，應預留債務人生活費用，不予扣押（第3項）。

（三）核發移轉命令

本法第115條之1第1項對於薪資或其他繼續性給付之債權所爲強制執行，債務人於扣押後應受及增加之給付，執行法院雖得以命令移轉於債權人。然債務人喪失其權利或第三人喪失支付能力時，債權人債權未受清償部分，移轉命令失其效力，得聲請繼續執行，並免徵執行費（本法第115條之1第4項）。

---

38 最高法院63年度第3次民庭庭推總會決議6，會議日期1974年5月28日。

39 最高法院100年度台上字第41號民事判決。

三、執行程序之終結

（一）參與分配

將來之薪資請求權，可能因債務人之離職，或職位變動，或調整薪資，而影響其存在或範圍，屬非確定之債權，倘執行法院已就此種債權發移轉命令，在該債權未確定受清償前，執行程序尚不能謂已終結[40]。是執行法院依本法第115條之1第2項規定，對債務人之薪資爲扣押後，就債務人於扣押後應受及增加之給付發移轉命令予債權人，是執行程序尚未終結，倘有他債權人對債務人同一薪資聲請執行或參與分配，自應准許之。因債務人之財產爲債權人之共同擔保，倘不許參與分配，有失公平，除造成先執行之債權人得先滿足其債權外，亦誘發債務人串通假債權人搶先聲請執行之機會[41]。

（二）改發其他命令（95司法官）

就多數債權人之執行事件，基於債權人平等主義之原則與債務人責任財產爲債權人之總擔保，倘執行法院先核發移轉命令，嗣後陸續有其他債權人聲明參與分配時，執行法院可撤銷未到期部分之移轉命令，改發收取命令或支付轉給命令，依債權人之債權比例分別收取或依債權比例分配。

（三）債權人得聲請繼續執行

有鑑於繼續性給付之債權，債務人有喪失權利之可能，故本法第115條之1第2項但書規定，債務人於扣押後應受及增加之給付，執行法院雖得以命令移轉於債權人。然債務人喪失其權利或第三人喪失支付能力時，債權人債權未受清償部分，移轉命令失其效力，得聲請繼續執行，並免徵執行費，以保障執行債權人之權益。

---

40 楊與齡主編，強制執行法爭議問題研究，張登科著，薪水債權之強制執行，五南圖書出版有限公司，1999年2月，頁401。已撥入金融帳戶之薪水，執行法院自得核發移轉命令。

41 臺灣高等法院暨所屬法院89年法律座談會民執類提案第18號。

四、第三人主張抵銷薪資

債權之發生與清償期之屆至本屬兩事。繼續性給付債權之僱傭契約，當事人互相表示一致契約成立時，權利義務關係即已發生，雙方未來陸續發生之勞務及報酬給付義務，係未屆履行期之債務。倘受僱人屆期不履行，僅僱用人得否終止契約之問題，並非雙方債之關係尚未發生（民法第482條、第486條、第488條、第489條）。抵銷有法定抵銷與約定抵銷，抵銷契約之成立及其效力，除法律另有規定外，並不受民法第334條所定抵銷要件之限制，即給付種類不同或主張抵銷之主動債權已屆清償期，而被抵銷之被動債權雖未屆滿清償期，惟債務人就其所負擔之債務有期前清償之權利者，得於期前主張抵銷之。就民法第340條規定之反面解釋，並爲減免交互給付之煩累，兼顧公平與利益之平衡，第三債務人於扣押前，已對其債權人取得債權者，自得以其所取得之債權與受扣押之債權爲抵銷。是有約定抵銷之情形，執行法院之扣押命令，不影響第三債務人以扣押時或扣押前，對其債權人取得之債權與受扣押之債權相抵銷，不問其爲一般債權或繼續性之給付債權而有不同，且與本法第115條之1第1項規定，就繼續給付性債權所爲執行效力範圍無涉，不影響第三債務人行使其對債務人薪資債權之抵銷權[42]。

五、管轄法院之認定

強制執行由應執行之標的物所在地或應爲執行行爲地之法院管轄（本法第7條第1項）。例如，債務人於第三人之分公司上班，其分公司位於臺中市，而總公司位於臺北市中正區，債務人之薪資係由總公司發放，扣薪應由第三人總公司所在地之管轄法院管轄，即由臺灣臺北地方法院管轄。

第五項　存款執行

一、存款債權之性質（93執達員）

所謂薪資或其他繼續性給付之債權，係指基於同一法律關係繼續所發生

[42] 最高法院50年台上字第1852號、97年度台上字第2516號民事判決。

之債權，即債權發生原因之基礎法律關係，其於扣押時已存在，本於此法律關係有繼續收入之債權而言（本法第115條之1）。例如，薪資、租金、利息等。債務人對於金融機關之存款債權，除另有約定外，非屬繼續性給付之債權。

二、扣押命令所及之範圍

存款並非繼續性給付之債權，原則上金融機關收受扣押命令後，債務人始存入之存款，非扣押命令之效力所及[43]。例外規定，法院核發扣押命令有載明債務人嗣後存入之存款，在若干範圍爲扣押命令之效力所及。執行法院於扣押命令中載明，扣押之效力及於扣押後債務人新存入之存款，屬執行法院之執行方法，當事人或利害關係人認執行方法得依本法第12條規定，聲明異議[44]。對於同一金融業之分行發存款扣押命令，其效力不及同一金融業之其他分行。同理，就總行扣款不及金融機構之其他分行[45]。

三、定期存單

可轉讓銀行定期存單，因存單上權利之發生、移轉或行使，須占有存單，其性質應屬有價證券，故其執行方法，應依對有價證券之執行，依對動產之執行方法爲之。而不可轉讓存單，因性質僅係定期存款之債權憑證，應依本法第115條規定強制執行[46]。

第六項　提存物執行

一、執行之標的

債務人提存之擔保金，其於供擔保原因消滅，依法得領回時，債權人自得就提存物作爲強制執行之標的。例如，債務人因免爲假執行、假扣押或假

43 司法院秘書長(87)秘臺廳民二字第05721號函。
44 司法院秘書長(87)秘臺廳民二字第05721號函釋。
45 司法院第49期司法業務研究會，民事法律專題研究19，頁186至187。
46 司法院(74)廳民二字第0164號函，民事法律問題研究彙編，4輯，頁465。

處分所提供之擔保金，供擔保原因消滅後，債務人得領回擔保金成爲其責任財產。

二、假扣押收取之金錢

因執行假扣押收取之金錢，依分配程序分配於假扣押債權人之金額，應提存之（本法第133條）[47]。其立法目的，係爲保障假扣押債權人於本案獲勝訴判決確定後，得就提存款而受清償。故其提存係專爲假扣押債權而提存，使假扣押債權人於本案獲勝訴判決時，因停止條件成就，由假扣押債權人單獨領取受償債權之權利，其他債權人不得就此提存金額，再聲請強制執行或聲明分配[48]。

三、訴訟費用或依法供訴訟之擔保

當事人因訴訟費用或依法供訴訟之擔保者，受擔保人對提存之擔保物，其與質權人有同一權利（民事訴訟法第103條、第106條）。例如，原告提供擔保准爲假執行，嗣後本案判決敗訴確定，被告固就因假執行所受之損害賠償，對該擔保物有優先受償之權利，然並不生排除他人持執行名義參與分配之權利。

四、執行債務人或第三人違反扣押命令

執行法院所核發之扣押命令，其對於債務人及第三人之效力，係發生禁止執行債務人收取對於第三人金錢債權或爲其他處分，並禁止第三人向執行債務人清償之效果。倘執行債務人或第三人違反扣押命令之內容，對於執行債權人不生效力（本法第115條第1項）。是執行債務人或第三人爲有礙執行效果之行爲，適用同法第51條第2項規定，對於執行債權人不生效力。例如，第三人向債務人承租房屋，第三人於訂約同時，簽發租金支票多張交予債務

---

47 最高法院104年度台上字第441號民事判決。

48 最高法院83年度台抗字第186號民事裁定；臺灣高等法院109年度抗字第1283號民事裁定。

人。嗣債權人以債務人積欠其借款及利息、違約金，聲請法院強制執行，法院民事執行處以執行命令，將債務人對第三人之租金債權在債權人對債務人之債權及執行費之範圍，予以扣押，債務人不得爲收取，第三人亦不得爲清償，債務人與第三人收受執行命令在案。執行債務人於收受法院民事執行處執行命令送達後，將租金支票提示兌領，屬有礙執行效果之行爲，對債權人自不生效力。而第三人於收受執行命令後，未向付款銀行爲止付之通知，而任由租金支票兌領，無異以消極不作爲之方式，達到向債務人給付租金之結果，對債權人不生效力，債權人仍得主張債務人對第三人之租金債權仍然存在[49]。

第七項　對票據上權利之執行

一、概　說

票據之執票人爲債務人時，可對執票人就票據本身實施扣押，扣押之票據應由執行法院實施占有及保管（本法第47條第1項、第59條第2項）。票據爲有價證券，執行法院認爲適當時，得不經拍賣程序，準用本法第115條至第117條規定處理（本法第60條之1）。

二、執行方法（99律師）

對票據權利之執行方法如後：（一）核發扣押命令：執行法院應發扣押命令禁止債務人收取或爲其他處分，並禁止第三人即票據債務人向執行債務人即票據債權人清償（本法第115條第1項）；（二）核發換價命令：執行法院得核發收取命令、移轉命令或支付轉給命令，以滿足債權人之債權（第2項）；（三）拍賣或變賣票據債權：匯票、本票之到期日或支票發票日未屆至，尚無法實現票據債權，無法依核發換價命令辦理者，執行法院於核發扣押命令得依債權人聲請，準用對於動產執行規定拍賣或變賣之（第3項），而以賣得價金清償債權[50]。

---

[49] 最高法院94年度台上字第1719號民事判決。

[50] 楊與齡主編，強制執行法實例問題分析，莊柏林，對於票據上權利之執行，五南圖書出版有限公司，2002年7月，初版2刷，頁212至213。

第八項　禁止扣押之金錢債權

例題 4　信託財產之執行

債權人甲聲請對債務人乙名下之A地號土地為假扣押查封登記，A地號土地於甲聲請假扣押查封登記前，已於2019年4月8日登記為信託財產，登記名義人為受託人丙，執行法院依財產登記形式外觀審查，現登記名義人非假扣押裁定相對人，不允許甲之假扣押執行聲請，甲聲明異議，主張其執行債權係土地買賣契約解除後，所生之損害賠償請求權，買賣契約於2018年12月30日成立，早於A土地設定信託與第三人丙之時點，屬信託前存在於該財產之權利，合於信託法第12條第1項但書，例外許可執行之情形，且丙為乙之母親，顯係為求脫產之信託行為，其與交易安全之保障無涉。試問：（一）債權人甲之異議是否有理由？（二）執行法院應如何處理？

一、概　說

法律規定禁止強制執行之金錢債權，其條文內容有不得扣押、扣留、假扣押、讓與、供擔保、抵銷、抵充、檢查、徵用、徵收、設定負擔、行使其他權利等文字。禁止強制執行之金錢債權，分別爲實體法、程序法、財產性質及信託法所規定。

二、實體法之禁止規定

（一）公務人員（102三等書記官）

1.公務人員退休資遣撫卹法

公務人員或其遺族請領退撫給與之權利，不得作爲讓與、抵銷、扣押或供擔保之標的。但公務人員之退休金依第82條規定被分配者，不在此限（公務人員退休資遣撫卹法第69條第1項）。退撫給與之領受人，得於金融機構開立專戶，專供存入退撫給與之用。前項專戶內之存款，不得作爲抵銷、扣押、供擔保或強制執行之標的（第2項）。所謂請領退撫給與之權利，係指公務人員或遺族尚未領取之退撫金，對其退休前任職之機關得請求領取之權利，係屬一身專屬權利，雖不得扣押之。然退撫金經領取後，請領退撫金之權利因已行使而不存在，故將領取之退撫金存入非專戶之金融機構銀行或郵局，已變成其對存款之一般金錢債權性質，係存款人之權利，而非請領退撫金之權利，除有其他不得強制執行之情形外，尚難僅以其為公務員退撫金而謂不得強制執行[51]。再者，國營事業機關人員並非依公務人員任用法律任用之現職人員，亦非現職經銓敘機關審定資格登記有案者。是其領取退休金之權利或撫卹金之權利，並無公務人員退休資遣撫卹法第69條第1項規定，不得扣押、讓與或供擔保之適用[52]。

2.公教人員保險法

被保險人或其受益人領取各項保險給付之權利，不得作為讓與、抵銷、扣押或供擔保之標的。但被保險人欠繳之保險費、欠繳依法遞延繳納之自付部分保險費、溢領或誤領保險給付，承保機關得自其現金給付中扣抵（公教人員保險法第37條）。

（二）公立學校教職員

公立學校教職員退休資遣撫卹條例有禁止扣押之規定如後：教職員或其遺族請領退撫給與之權利，不得作為讓與、抵銷、扣押或供擔保之標的（公立學校教職員退休資遣撫卹條例第69條第1項本文）。職是，其與公務人員退休資遣撫卹法有相同之規範。

（三）軍人與替代役

軍人保險條例、軍人撫卹條例、替代役實施條例均有禁止扣押之規定如後：1.軍人請領保險金之權利，法院不得扣押或供債務之執行，亦不得抵押、轉讓或擔保（軍人保險條例第21條）；2.軍人領受撫卹金之權利及未經具領之撫卹金，不得扣押、讓與、抵銷或供擔保（軍人撫卹條例第29條）；3.替代役役男領受撫卹金之權利及未經具領之撫卹金，不得扣押、讓與或供

[51] 最高法院73年度台抗字第253號、97年度台抗字第348號民事裁定。
[52] 最高法院72年度台上字第4454號民事判決。

擔保（替代役實施條例第27條）；4.替代役役男一般保險請領保險給付之權利，不得扣押、讓與或供擔保（替代役實施條例第48條）。

（四）勞工方面（104檢察事務官、三等書記官）

1.勞工保險條例

被保險人、受益人或支出殯葬費之人領取各種保險給付之權利，不得讓與、抵銷、扣押或供擔保（勞工保險條例第29條第1項）。被保險人或受益人依本條例規定請領年金給付者，檢具保險人出具之證明文件，得於金融機構開立專戶，專供存入年金給付之用（第2項）。前項專戶內之存款，不得作爲抵銷、扣押、供擔保或強制執行之標的（第3項）。

2.勞動基準法

勞工請領退休金之權利，不得讓與、抵銷、扣押或供擔保（勞動基準法第58條第2項）。勞工依本法規定請領勞工退休金者，檢具證明文件，得於金融機構開立專戶，專供存入勞工退休金之用（第3項）。前項專戶內之存款，不得作爲抵銷、扣押、供擔保或強制執行之標的（第4項）。再者，勞工依據勞動基準法第59條之受領補償權，自得受領之日起，因2年間不行使而消滅。受領補償之權利，不因勞工之離職而受影響，且不得讓與、抵銷、扣押或供擔保（勞動基準法第61條）[53]。

（五）智慧財產權方面

著作權法與營業秘密法均有禁止扣押之規定如後：1.未公開發表之著作

---

[53] 勞工因遭遇職業災害而致死亡、失能、傷害或疾病時，雇主應依下列規定予以補償。但如同一事故，依勞工保險條例或其他法令規定，已由雇主支付費用補償者，雇主得予以抵充之：1.勞工受傷或罹患職業病時，雇主應補償其必需之醫療費用。職業病之種類及其醫療範圍，依勞工保險條例有關之規定；2.勞工在醫療中不能工作時，雇主應按其原領工資數額予以補償。但醫療期間屆滿2年仍未能痊癒，經指定之醫院診斷，審定為喪失原有工作能力，且不合第3款之失能給付標準者，雇主得一次給付40個月之平均工資後，免除此項工資補償責任；3.勞工經治療終止後，經指定之醫院診斷，審定其身體遺存障害者，雇主應按其平均工資及其失能程度，1次給予失能補償。失能補償標準，依勞工保險條例有關之規定；4.勞工遭遇職業傷害或罹患職業病而死亡時，雇主除給與5個月平均工資之喪葬費外，並應1次給與其遺屬40個月平均工資之死亡補償。

原件及其著作財產權，除作為買賣之標的或經本人允諾者外，不得作為強制執行之標的（著作權法第20條）；2.營業秘密不得為質權及強制執行之標的，避免營業秘密外洩（營業秘密法第8條）。

（六）其他法令

其他法令有禁止扣押之規定如後：1.農民健康保險之給付，即被保險人或其受益人領取各種保險給付之權利，不得讓與、抵銷、扣押或供擔保（農民健康保險條例第22條）；2.依本法請領各項現金給付或補助之權利，不得扣押、讓與或供擔保（社會救助法第44條）；3.受領犯罪被害補償金及暫時補償金之權利，不得扣押、讓與或供擔保（犯罪被害人保護法第26條）；4.全民健康保險對象受領核退自墊醫療費用之權利，不得讓與、抵銷、扣押或供擔保（全民健康保險法第59條）；5.區分所有權人對於公共基金之權利應隨區分所有權之移轉而移轉；不得因個人事由為讓與、扣押、抵銷或設定負擔（公寓大廈管理條例第19條）；6.投資型保險契約之投資資產，非各該投資型保險之受益人不得主張，亦不得請求扣押或行使其他權利（保險法第123條第2項）。

三、程序法之禁止規定

（一）社會福利津貼、社會救助或補助

債務人依法領取之社會福利津貼、社會救助或補助，屬政府照護社會弱勢族群之措施，俾於維持其基本生活。故債務人依法領取之社會福利津貼、社會救助或補助，不得為強制執行（本法第122條第1項）。所謂社會福利津貼者，係指低收入老人生活津貼、中低收入老人生活津貼、身心障礙者生活津貼、老年農民福利津貼、榮民就養給付及其他依社會福利法規所發放之津貼或給付。社會救助或補助者，係指生活扶助、醫療補助、急難救助及災害救助（辦理強制執行事件應行注意事項第65條第1項）。

（二）維持債務人及其共同生活之親屬生活所必需者

1.社會保險給付

債務人依法領取之社會保險給付，係維持債務人及其共同生活之親屬生活所必需者，亦不得爲強制執行（本法第122條第2項）[54]。所謂社會保險者，係指公教人員保險、勞工保險、軍人保險、農民保險及其他政府強制辦理之保險（辦理強制執行事件應行注意事項第65條第2項）。

2.對於第三人之債權

債務人對於第三人之債權，係維持債務人及其共同生活之親屬生活所必需者，不得爲強制執行（本法第122條第2項）。債務人應領之薪資、津貼或其他性質類似之收入，得依本法第122條第3項規定酌留債務人生活所必需後，發扣押命令扣押之；除酌留債務人及其他共同生活之親屬生活所必需者外，得發收取命令、移轉命令或支付轉給命令爲換價之執行（辦理強制執行事件應行注意事項第65條第3項）。

3.債務人生活所必需之計算基準

債務人生活所必需，以最近1年衛生福利部或直轄市政府所公告當地區每人每月最低生活費1.2倍計算其數額，並應斟酌債務人之其他財產（本法第122條第3項）。債務人共同生活親屬生活所必需，準用前項計算基準，並按債務人依法應負擔扶養義務之比例定其數額（第4項）。執行法院斟酌債務人與債權人生活狀況及其他情事，認有失公平者，不受前三項規定之限制。但應酌留債務人及其扶養之共同生活親屬生活費用（第5項）。

（三）未成年子女扶養費債權之執行

未成年子女扶養費債權之執行，雖不受本法第122條規定之限制。然應酌留債務人及受其扶養之其他未成年子女生活所需（家事事件法第193條）。參諸家事事件法第193條之立法理由說明，可知依本法第122條規定，債務人對於第三人之債權，雖係維持債務人及其共同生活之親屬生活所需者，不得爲強制執行。惟扶養債務人之經濟能力，已在執行名義作成過程中予以相當之

[54] 最高法院103年度台上字第1745號民事判決。

考量，有別於一般金錢債權之執行名義。準此，關於未成年子女扶養費債權之執行，無需重複考量債務人及其共同生活親屬之家庭生活需要，不受本法第122條規定之限制。而為維護債務人之基本生活需要及其他未成年子女受債務人扶養之權利，執行法院仍應酌留債務人及受其扶養之其他未成年子女生活所需。是為確保未成年子女之生存及發展，債務人之未成年子女關於其扶養費債權之執行，不受強制執行法第122條之限制，得就債務人對於第三人之債權全部為之，僅須酌留債務人及受其扶養之其他未成年子女生活所需，該有執行名義之未成年子女扶養費債權、受債務人扶養之其他未成年子女生活所需及債務人與其共同生活之親屬生活所必需部分，一般債權人不得為強制執行。除上開部分外，一般債權人仍得對之為強制執行，債務人其餘親屬之扶養費，不得再依本法第122條第2項規定，主張優先於一般債權人受償[55]。

四、依財產性質不得為執行之客體

該等財產權依其性質無法讓與、處分或無財產利益，故無法作為強制執行之客體，茲分述如後：（一）不融通物：不融通物本質上無法成為交易客體，舉其要者有公用物、禁制物。例如，機場、港口、安非他命、槍械；（二）專屬性權利：此類權利之性質具有一身專屬性，或以一定身分存在為前提之權利不得移轉與他人，不得成為強制執行之客體。例如，終身定期金之領取權、人格權受侵害之慰撫金請求權、繼承權、撫養請求權等；（三）依法須經第三人同意始得讓與之權利：此類權利基於當事人間之信任關係，未經第三人同意前，不得成為執行之客體。例如，使用借貸契約之借用人或租賃契約之承租人之使用收益權，僱傭契約之雇主對受僱人之勞務請求權，在未經貸與人、出租人、僱用人同意前，不得為執行之標的[56]；（四）不得離開特定身分而獨立之權利，諸如繼承人應繼分、祭祀公業派下權。至於撤

---

55 最高法院106年度台抗字第652號民事裁定。

56 最高法院49年度台上字第381號民事判決；最高法院75年度台抗字第153號民事裁定。

銷權、解除權、選擇權因無財產價值，故非屬其他財產權[57]。

五、信託財產

所謂稱信託者，係指委託人將財產權移轉或爲其他處分，使受託人依信託本旨，爲受益人之利益或爲特定之目的，管理或處分信託財產之關係（信託法第1條）。受託人因信託行爲取得之財產權爲信託財產，是委託人已非信託財產之歸屬主體，委託人之債權人不得對信託財產加以執行（信託法第9條第1項）。而信託財產雖形式歸屬於受託人，然信託財產具有獨立性，其與受託人之自有財產分離，故受託人之債權人，不得對信託財產強制執行[58]。準此，信託法第12條第1項本文規定，所謂信託財產不得強制執行，係指信託契約之當事人即委託人及受託人之債權人，不得對信託財產強制執行而言。違反前開規定者，委託人、受益人或受託人得於強制執行程序終結前，向執行法院對債權人提起異議之訴（第2項）。強制執行法第18條規定，其於委託人、受益人或受託人提起議異之訴時，亦準用之（第3項）[59]。

六、例題解析

基於信託前存在於該財產之權利，得強制執行者，應限於抵押權或其他物權（信託法第12條第1項但書）。債權人主張所憑之信託前存在於該財產之權利，係契約債權，自不該當信託法上得對信託財產強制執行之例外情形。再者，保全程序之債權人所持之假扣押裁定屬於對人之執行名義，須取得對

57 楊與齡主編，強制執行法實例問題分析，趙德樞，公司設立登記未滿1年之發起人股份應否成為強制執行客體，五南圖書出版有限公司，2002年7月，初版2刷，頁232至233。

58 謝哲勝，對信託財產之強制執行—最高法院89年度台抗字第555號裁定評析，2003年4月，月旦法學雜誌，95期，頁244至245。

59 本法第18條第1項規定：強制執行程序開始後，除法律另有規定外，不停止執行。第2項規定：有回復原狀之聲請，或提起再審或異議之訴，或對於和解為繼續審判之請求，或提起宣告調解無效之訴、撤銷調解之訴，或對於許可強制執行之裁定提起抗告時，法院因必要情形或依聲請定相當並確實之擔保，得為停止強制執行之裁定。

物之執行名義，始得對信託之不動產聲請執行。本件信託行爲是否係出於詐害債權之目的，而設立屬於實體爭議，執行法院無從判斷，債權人應依信託法第6條規定，行使撤銷權循訴救濟之。形式審查債權人之執行名義類型、不動產登記之外觀、假扣押裁定理由欄所載買賣契約相關請求權之釋明後，本件債權人之執行聲請未合於信託法第12條第1項但書，例外許可執行之規定，應予以駁回執行聲請。職是，債權人甲未對丙取得執行名義，且其對乙取得執行名義之效力，亦不及於丙，不得對丙執行。至於甲主張聲請查封登記前之信託行爲是否有效，係屬本案訴訟爭執問題，不能執此擴張執行名義之效力[60]。

第三節　就債務人之其他各種財產為執行

第一項　對於物之交付或移轉請求權之執行

第一目　執行標的

一、概　說（109三等書記官）

就債務人基於債權或物權，得請求第三人交付或移轉動產或不動產之權利爲執行時，執行法院除以命令禁止債務人處分，並禁止第三人交付或移轉外，倘認爲適當時，得命第三人將該動產或不動產交與執行法院，依關於動產或不動產執行之規定執行之（本法第116條第1項）。

二、債務人責任財產

對於物之交付或移轉請求權之執行標的如後：（一）債務人得請求第三人交付動產、不動產之權利：債務人基於債權或物權得請求第三人交付動產、不動產之權利。例如，因租賃關係請求承租人返還租賃物、基於所有權人之物上請求權；（二）債務人得請求第三人移轉動產、不動產之權利：債

60 臺灣高等法院暨所屬法院105年法律座談會民執類提案第22號。

務人基於債權或物權得請求第三人交付動產、不動產之所有權。例如，債務人基於買賣契約之關係，以買受人之身分得請求第三人或出賣人，將買賣標的所有權移轉與債務人之債權；（三）債務人得請求第三人交付或移轉船舶或航空器之權利：就債務人基於債權或物權，得請求第三人交付或移轉船舶或航空器之權利爲執行時，準用本法第116條規定辦理，並依關於船舶或航空器執行規定執行之（本法第116條之1）。

第二目　執行程序

一、依關於動產或不動產之規定執行（109檢察事務官）

就債務人基於債權或物權，得請求第三人交付或移轉動產或不動產之權利爲執行時，依關於動產或不動產執行規定執行之（本法第116條第1項前段）。申言之，執行法院先發扣押命令，命令禁止債務人處分，並禁止第三人交付或移轉動產或不動產後，倘認爲適當時，繼而核發交付命令，命第三人將該動產或不動產交與執行法院，依關於動產或不動產執行規定執行之（第1項後段）。所謂認爲適當者，係指第三人將債務人權利之標的物交與執行法院時，得將該物所有權拍賣或變賣；或者於債務人之權利拍賣或變賣後，得將標的物交付買受人之情形而言[61]。再者，就債務人基於債權或物權，得請求第三人交付或移轉船舶或航空器之權利爲執行時，依關於船舶或航空器執行規定執行之（本法第116條之1）。

二、禁止第三人移轉

禁止第三人移轉之扣押命令或稱禁止命令，目的在於確保將來債權人權利之實現，是扣押命令對第三人有禁止處分之效力，能確保扣押命令在強制執行程序之查封功能（本法第116條第1項前段）。而債務人對第三人之不動產移轉請求權實施扣押，在法院撤銷扣押命令前，登記機關應停止與其權利有關之新登記。準此，債務人就不動產已喪失處分之權能，其處於給付不能

[61] 楊與齡，強制執行法論，自版，2007年9月，修正13版，頁584。

之狀態[62]。

三、登記為債務人所有後執行之

基於確定判決，或依民事訴訟法成立之和解、調解，第三人應移轉或設定不動產物權於債務人者，執行法院得因債權人之聲請，以債務人之費用，通知登記機關登記爲債務人所有後執行之（本法第116條第2項）。例如，所有權、地上權、不動產役權、農育權及典權等物權。

第二項　就其他各種財產爲執行

例題 5　執行公司發起人之股份

甲與乙發起成立A醫藥股份有限公司，因甲積欠債權人丙新臺幣100萬元之借款，丙取得持執行名義後，向法院聲請執行A公司發起人甲於公司設立登記未滿1年之未公開發行股份。試問：（一）執行法院否查封或拍賣？（二）依據為何？

例題 6　著作財產權之執行程序

甲著有強制執行法概要一書，並交由乙圖書公司出版，因甲積欠丙銀行信用貸款新臺幣10萬元，債權人丙銀行為此向法院聲請對甲核發支付命令，因甲未異議而確定在案。試問丙銀行持該執行名義向法院聲請執行甲之上開著作，執行法院應如何執行？

例題 7　不動產公同共有權利之執行

債務人甲因繼承關係，而與其他繼承人乙就A土地為公同共有關係，債務人甲之債權人丙持執行名義，聲請就債務人甲之A土地公同共有權利為強制執行。試問：（一）執行法院應如何處理？（二）理由為何？

62 最高法院97年度台上字第644號民事判決。

一、概　說

其他財產種類繁多，不限於債務人對於第三人之金錢債權、物之交付或移轉請求權，故換價方式不一，執行法院得核發收取命令、支付轉給命令、移轉命令、拍賣、變賣、命令讓與及命令管理等換價方式，以滿足債權人之債權[63]。

二、電話租用權

所謂電話租用權或稱電話使用權，係指一方支付對價，使用他方供給之電話機，而與各方通話之權利，屬於財產權之一種，得爲強制執行之標的[64]。執行法院對於債務人之電話租用權之強制執行，應依本法第117條規定準用第115條、第116條規定辦理，並於實施查封後，除命令禁止債務人處分外，應開列債務人姓名、住居所，倘係法人或團體者，其名稱、事務所或營業所電話號碼、裝機地點，通知該電信公司登記其事由，並禁止過戶。對於電信公司應退還債務人之租用電話保證金爲執行者，應依本法第115條規定辦理[65]。易言之，執行債務人之電話租用權或使用權，係就電信公司應退還債務人之租用電話之保證金執行。執行法院應先核發扣押命令，繼而核發收取命令、移轉命令或支付轉給命令等換價命令。再者，電話租用權雖經法院禁止轉讓，在禁止轉讓期間，用戶與電信公司間之租用契約仍有效存在，電信公司有收取通話費權利及提供通話義務，此項權利義務依法存在電信公司與用戶間，執行法院不得禁止債務人使用電話[66]。

---

63 張登科，強制執行法，三民書局有限公司，2004年2月，修訂版，頁459至460。

64 辦理電話租用權強制執行事件注意要點第1點。

65 司法院(69)院臺廳一字第02707號函；辦理電話租用權強制執行事件注意要點第1點、第2點。

66 劉清景，強制執行法，學知出版社有限公司，1996年1月，頁277。

三、智慧財產權（103執達員）

（一）執行命令送達經濟部智慧財產局及債務人

債務人所有專利權及商標權得爲執行標的，其登記主管機關爲經濟部智慧財產局（專利法第3條；商標法第3條）[67]。雖應將執行命令一併送達經濟部智慧財產局及債務人，惟登記主管機關並非執行命令之所稱第三人（本法第115條、第117條）。

（二）商標權

因商標之註冊，具有表彰自己營業商品，確有使用該商標之意思。故於拍賣公告應載明：買受人承買後申請商標權移轉登記，應符合商標法第2條、第42條規定，未符合者，危險由拍定人負擔[68]。職是，債權人爲滿足其對債務人之執行名義上所載金錢債權，得向地方法院聲請查封拍賣債務人之商標權，地方法院得依債權人之聲請，拍賣債務人之商標權，嗣拍定後，並通知經濟部智慧財產局移轉予拍定人（本法第7條第1項）。

（三）專利權

專利權之執行標的，包括專利申請權及專利權（專利法第6條第1項）。另對專利共有權之執行，因專利法第65條規定，發明專利權共有人未得共有人全體同意，不得以其應有部分讓與、信託他人或設定質權。是執行法院欲拍賣發明專利權之共有應有部分，應得其他全體共有人同意，始得拍賣之。地方法院得以債權人之聲請，拍賣債務人之專利權，嗣拍定後，並通知經濟部智慧財產局移轉予拍定人（本法第7條第1項）。

---

67 著作權法第20條規定：未公開發表之著作原件及其著作財產權，除作為買賣之標的或經本人允諾者外，不得作為強制執行之標的。商標法第33條、第39條及專利法第52條、第63條規定，商標權及專利權均採註冊主義及登記對抗主義。

68 商標法第2條規定：欲取得商標權、證明標章權、團體標章權或團體商標權者，應依本法申請註冊。第42條規定：商標權之移轉，非經商標專責機關登記者，不得對抗第三人。

（四）著作財產權

未公開發表之著作原件及其著作財產權，除作爲買賣之標的或經本人允諾者外，不得作爲強制執行之標的（本法第53條第1項第5款；著作權法第20條）。而著作人格權專屬於著作人本身，具有專屬性，不得讓與或繼承（著作權法第21條）。是作爲執行標的之著作權，係指著作財產權，不包含著作人格權（著作權法第36條第1項）。

四、未發行股票或有限公司出資額

（一）有價證券之執行方法

查封之有價證券，執行法院認爲適當時，得不經拍賣程序，準用本法第115條至第117條規定處理之（本法第60條之1）。詳言之，有價證券之執行方法，應視其著重權利之交換價值或重在權利之行使，以決定執行之方法。倘著重交換價值，得以動產之拍賣或變賣方法行之。例如，未上市之公司股票。反之，重在權利之行使，則核發收取、移轉或命令讓與等執行命令，較爲便捷。例如，票據。

（二）禁止命令與換價程序

執行股份有限公司之未發行股票、有限公司出資額，執行法院應先對該公司發扣押命令，禁止債務人處分股份或出資額。並通知經濟部商業司或○○市（縣）建設局登記其事由[69]。倘經公開拍賣程序者，原則上以債務人之出資額或股份面額爲其拍賣底價[70]。一般而言，拍賣場所在法院爲之。或不經拍賣程序，而由執行法院核發移轉命令，將股票或出資額之所有權移轉與債權人。

（三）通知有限公司及其他全體股東

有限公司股東之出資憑證爲股單，性質非屬有價證券，故對有限公司股

[69] 法院得命債權人提出公司事項登記卡及股東名冊，以確認債務人為該公司之股東及其股份或出資額。

[70] 股東股權之價值不明時，亦得發函鑑價之。

東之出資強制執行，應依對於其他財產權之執行程序辦理。依本法第117條規定，準用第115條對債務人發禁止處分命令，並通知公司，繼而依第117條規定，酌量情形，命令債務人讓與其出資，在命令讓與出資時，應將公司得指定受讓人之意旨，作爲讓與之條件，法院將股東出資轉讓第三人或債權人時，應通知公司及其他全體股東於20日內，依公司法第111條第1項或第3項規定方式，指定受讓人，其他股東不依上開程序指定受讓人或指定之受讓人不依同一條件受讓時，視爲同意法院之命令讓與，並同意修改章程有關股東及其出資額事項（公司法第111條第4項）[71]。換言之，股東出資經強制執行程序執行完成後，已發生轉讓及變更章程之效力，法院應通知主管機關爲變更登記。倘屬已發行股票者，其爲有價證券，依照動產執行程序辦理。

五、天然孳息

債務人向第三人承租土地種植農作物，債權人得向執行法院聲請，以債務人之天然孳息收取權作爲強制執行之客體。可先查封未與土地分離之天然孳息者，嗣於收穫期屆至，始得拍賣之（本法第59條之2第1項）。未與土地分離之天然孳息，不能於1個月內收穫者，不得查封之（本法第53條第1項第5款）。

六、法定孳息（97司法官）

查封之效力，僅及於查封物之天然孳息（本法第51條第1項）。故債權人持執行名義，查封債務人承租與第三人之不動產，其效力不及第三人應給付之租金債權，欲就租金債權強制執行，自應依據本法第115條以下規定，其他財產執行方法爲之。

七、當舖經營權

爲健全當舖業之經營輔導與管理，特制定本法。本法未規定者，依其他

---

71 拍賣有限公司股東股權時，應於拍賣公告內載明之。

法律之規定（當舖業法第1條）。債務人所有之當舖經營權，得爲強制執行之標的，其執行方法應先發函縣（市）政府即其主管機關，禁止債務人轉讓其當舖經營權。而執行法院核發扣押命令禁止債務人轉讓當舖經營權，執行人員應至現場查扣營業執照。

八、共有不動產

（一）分別共有（97司法官；93執達員）

共有之不動產類型，可區分爲分別共有與公同共有（民法第817條第1項、第827條）。分別共有之情形，共有人有應有部分，應適用本法第102條規定，對債務人共有物爲第一次之拍賣，執行法院雖應通知他共有人，然無法通知者，不在此限。就共有物全部估價，按債務人應有比例部分定之。其應適用不動產執行程序。

（二）公同共有（101三等書記官）

公同共有之場合，公同共有人對於公同共有物並無應有部分，無法適用本法第102條規定。其最低拍賣價額係就共有物全部估價，按債務人潛在應有部分比例定之。是債權人對於公同共有物之共同權利，其向法院聲請執行，應適用對於其他財產權執行規定（本法第117條）。

九、合夥之股份（95律師）

合夥人之債權人，就該合夥人之股份，得聲請扣押。執行機關扣押實施後2個月內，如該合夥人未對於債權人清償或提供相當之擔保者，自扣押時起，對該合夥人發生退夥之效力（民法第685條）。發生退夥效力後，繼而就合夥人因退夥事由，所得行使之出資返還請求權及利益分配請求權，而爲執行。例如，甲、乙約定合資興建房屋一批出售，由甲出地，乙出資金，獲利後二人平均分配，在獲利結算分配前，甲之債權人得向法院聲請對甲之利益分配請求權加以執行。

十、租賃權或使用借貸權

因租賃權或使用借貸權之當事人間具有信任關係，是租賃權或使用借貸權爲執行之標的者，雖應得出租人與貸與人之同意，始得發換價命令。惟爲保障執行債權人之債權，得先發扣押命令，倘出租人或貸與人不同意，則應撤銷扣押命令[72]。

十一、藥品許可證

製造、輸入藥品，應將其成分、原料藥來源、規格、性能、製法之要旨，檢驗規格與方法及有關資料或證件，連同原文與中文標籤、原文與中文仿單及樣品，並繳納費用，申請中央衛生主管機關查驗登記，經核准發給藥品許可證後，始得製造或輸入（藥事法第39條第1項）。職是，中央衛生主管機關所核發之藥品許可證，性質屬行政處分之證明文件，藥商取得許可證雖得以製造或輸入藥品，以獲取利益，惟藥品許可證本身不具有財產之交易價值，而得爲強制執行之標的[73]。

十二、要保人之保險契約權利

（一）債權人行使代位權執行解約金

保險契約爲要保人與保險人所訂立之債權契約，其爲發生債權效果之財產行爲，保險法屬商業保險之範疇，其權利客體與權利主體無不可分之關係，除保險法第123條第2項規定外，不具有專屬性，自得轉讓或繼承。而保單價值準備金係於危險事故發生前，係用以作爲保險人墊繳保費、要保人實行保單借款、終止契約等保險法上原因，保險人應給付要保人金額之計算基準，實質上利益由要保人享有，由保險人爲要保人累積之財產上權利[74]。倘

---

72 債務人之使用借貸權、經理權及僱用權等有信任基礎之權利，在未經第三人同意前，亦不得執行之。

73 最高法院95年度台抗字第792號民事裁定。

74 最高法院105年度台上字第157號民事裁定；最高法院108年度台上字第639號民事判決。

要保人怠於行使其對保險人之權利時，債權人因保全債權，得以自己之名義，行使其權利。債權人行使代位權時，得終止要保人與保險人之保險契約，並聲請強制執行及受領保險人之給付，以滿足債權。基於保險契約請求保險人給付保單價值準備金、解約金或保險費等金錢債權，該金錢債權係基於民事關係所發生，其性質爲本法第115條規定，債務人對於第三人之金錢債權。法院或行政執行署分署，得執行要保人對於保險契約可行使之各項權利，而執行機關於強制執行要保人之責任財產時，所採取之執行方法應有助執行目的之達成，經權衡執行方法所造成之要保人、損害與欲達成執行目的之利益，符合比例原則，並無權利濫用之情事，自得核發扣押命令、收取命令、移轉命令及支付轉給命令，以滿足債權人之債權。保險人對執行名義有異議時，得聲明異議或提起異議之訴，加以救濟，兼顧保險人或要保人之權利[75]。

（二）執行保單質借權

強制執行應依公平合理之原則，兼顧債權人、債務人及其他利害關係人權益，以適當方法爲之，不得逾越達成執行目的之必要限度（本法第1條第2項）。終止保險契約取得解約金與行使保單質權取得可質借金額，雖同屬要保人利用保險契約之權利，然前者須終止保險契約，而後者可繼續維持保險契約之效力。準此，就要保人利用保單價值之權利，債權人爲強制執行時，基於利益衡量原則，應就要保人之保單質借權爲強制執行之方法，使保險單仍保有效力，以兼顧債權人、債務人及其他利害關係人權益[76]。

---

[75] 林洲富，論保險契約與強制執行要保人之權利，保險專刊，32卷3期，2016年9月，頁217至235；最高法院108年度台抗大字第897號民事裁定。

[76] 梁玉芬，再論保單價值之強制執行，司法周刊，2020年6月5日，2006期，2版至3版。

十三、例題解析

（一）未公開發行股票之執行

1.核發扣押命令

公司股份之轉讓，除本法另有規定外，不得以章程禁止或限制之。股份非於公司設立登記後，不得轉讓（公司法第163條）。違反此項禁止規定之股份轉讓，應屬無效[77]。如例題5所示，發起人之股票於公司設立後，自可轉讓之，執行法院得先爲保全程序而核發扣押命令，繼而進行換價程序。

2.換價程序

股份有限公司股東之股份換價程序如後：(1)有發行股票：股份有限公司已發行股票者，因股票爲有價證券，參照本法第59條第2項規定，應依對於動產之執行程序辦理。故執行法院應查封、占有股票，後依拍賣動產之程序拍賣，倘爲有市價之股票，得逕依市價變賣（本法第60條第1項第4款）；(2)未發行股票：股份有限公司未發行股票，應適用對於其他財產權之執行程序執行，即先對債務人發禁止處分命令，並通知公司後，酌量情形發讓與命令或移轉命令，而以讓與價金或移轉債權作爲清償之用（本法第60條之1）[78]。

（二）執行著作權財產權或版權金

1.執行程序

執行著作財產權之程序分爲二階段：(1)核發扣押命令，禁止債務人爲處分及禁止第三人向債務人清償（本法第117條前段準用第115條第1項）；(2)換價程序，法院應核發收取命令、移轉命令、支付轉給命令、特別換價命令、讓與命令及管理命令（本法第117條前段準用第115條第2項、第3項、第117條後段）。

(1)扣押命令

法院核發扣押命令應以書面爲之，除載明債權人、債務人即著作財產權

[77] 最高法院70年台上字第458號民事判決。

[78] 楊權進，銀行不良放款收回相關法律問題之研究，國立中正大學法律研究所碩士論文，2011年7月，頁93至94；司法院第3期司法業務研究會，民事法律專題研究2，頁111至113。

人、第三債務人即出版人、執行債權、被扣押之著作財產權或版權外，應禁止債務人向出版人收取版權、禁止債務人處分或行使版權或著作財產權，並禁止出版人向債務人清償版權。扣押命令有第三債務人者，其於送達第三債務人時發生效力；無第三債務人者，原則上於送達債務人時發生效力（本法第118條）。

(2)換價命令

法院可核發換價命令如後：①收取命令：執行法院以命令授與執行債權人收取授權金之權利，以收取被扣押之授權金債權。簡言之，由執行債權人直接向被授權人收取版權（本法第115條第2項前段）；②移轉命令：執行法院以命令將扣押之版權，依債權金額移轉於債權人以代支付（第2項中段）；③支付轉給命令：支付轉給命令或間接收取命令，即執行法院命第三債務人將扣押之授權金債權，向執行法院支付，再由執行法院轉給債權人之命令（第2項後段）；④特別換價命令：執行法院得依債權人之聲請，準用對於動產執行之規定拍賣或變賣著作財產權，並將賣得價金分配予債權人（第3項）。因著作財產權爲無體財產權，故其價値不易確定，執行法院應命鑑定人鑑定，酌定拍賣底價（本法第62條）。並得因當事人聲請或依職權認爲必要時，酌定保證金額，命應買人於應買前繳納之。未照納者，其應買無效（本法第70條第1項）；⑤讓與或管理命令：執行法院得酌量情形，命令讓與或管理著作財產權，而以讓與價金或管理著作財產權之收益清償債權人（本法第117條後段）。

2.取得著作財產權

如例題6所示，拍賣、變賣或命令讓與之債務人著作財產權，買受人或受讓人自領得執行法院所發給權利移轉證書日起，取得該著作財產權，債權人亦得承受債務人之著作財產權，成爲著作財產權人（本法第117條前段準用第98條第1項）。

（三）執行繼承之不動產之公同共有部分

1.依強制執行法第117條規定之其他財產權執行程序扣押

分割遺產前，各繼承人對於遺產全部爲公同共有（民法第1151條）。是公同共有物未分割前，公同共有人其中一人之債權人，雖不得對於公同共有物聲請強制執行，然對於該公同共有人公同共有之權利，則得請求執行[79]。故執行法院不得以因繼承之不動產公同共有權利，在辦妥遺產分割前，尙不得爲聲請強制執行標的爲由，裁定駁回強制執行之聲請[80]。因本件執行標的爲公同共有人之權利，而非公同共有人之不動產，應依強制執行法第117條規定之其他財產權執行程序扣押。

2.拍賣程序

公同共有物未分割前，公同共有人其中一人之債權人，對於該公同共有人公同共有之權利，雖得請求執行[81]。然執行法院依債權人之聲請，查封債務人因繼承取得不動產公同共有之權利，未待債務人分割遺產前，是否得拍賣之，容有不同意見：(1)肯定說：公同共有物未分割前，公同共有人其中一人之債權人，雖不得對於公同共有物聲請強制執行，然得對於該公同共有人公同共有之權利，請求執行之。倘債務人因繼承而取得不動產公同共有之權利，可依其應繼分估算出潛在之應有部分，自得類推適用對於不動產之執行方法換價[82]；(2)否定說：扣押之公同共有人之權利，不得逕行拍賣。因執行標的之公同共有人之權利，係繼承之應繼分。而公同共有人對於公同共有物，並無所謂之應有部分。所謂應繼分，係指各繼承人對於遺產上之一切權利義務所得繼承之比例，並非對於個別遺產之權利比例[83]。債務人公同共有之權利，係基於繼承關係，因繼承人於遺產分割完畢前，對特定物之公同共有權利，無法自一切權利義務公同共有之遺產，單獨抽離而爲執行標的，故應俟辦妥遺產分割後，始得進行拍賣[84]。職是，執行法院應命債權人補正繼承人已辦妥遺產分割之資料，或命債權人代位提起分割遺產訴訟，俟公同共

---

79 司法院院字第1054號解釋。

80 最高法院83年度台抗字第389號民事裁定；臺灣高等法院臺南分院98年度重抗字第6號、98年度抗字第15號、97年度重抗字第63號民事裁定。

81 司法院院字第1054解釋。

82 最高法院96年度台抗字第492號、97年度台抗字第355號、98年台抗字第18號民事裁定。

83 最高法院77年度台上字第107號民事判決。

84 法院辦理民事執行實務參考手冊，司法院民事廳，2007年6月8日，頁243；最高法院99年度台抗字第392號民事裁定。

有關係消滅後，繼而對債務人所分得單獨所有或分別共有執行之。

3.本文見解

如例題7所示，繼承人繼承遺產，渠等雖成立公同共有關係，然就各個遺產標的而言，其一物一權之本質仍未改變，並非全部遺產成立單一之公同共有關係，係各標的物均成立公同共有。準此，公同共有人就特定公同共有物之權利，具有財產價值，就具體特定之權利，自得爲強制執行之標的，其他公同共有人得行使其優先購買權，以簡化共有關係。經拍定後，應買人與他公同共有人形成新公同共有關係，得就該標的物請求分割共有物[85]。

第四節　第三人異議程序

第一項　第三人無異議

一、第三人異議之定義

所謂第三人異議，係指執行法院依本法第115條至第117條所爲之命令，第三人不承認債務人之債權或其他財產權之存在，或於數額有爭議或有其他得對抗債務人請求之事由時，應於接受執行法院命令後10日內，提出書狀，向執行法院聲明異議（本法第119條第1項）[86]。

二、依債權人聲請逕向第三人為強制執行（96執達員）

第三人不於10日期間內聲明異議，亦未依執行法院命令，將金錢支付債權人，或將金錢、動產或不動產支付或交付執行法院時，執行法院得因債權人之聲請，逕向該第三人爲強制執行（本法第119條第2項）。換言之，第三人不於其期限內異議，亦未依執行法院所爲收取命令、支付轉給命令及交付命令履行時，執行法院得依債權人之聲請，逕對第三人強制執行，另行分新

[85] 馮善詮，強制執行之優先購買權研究，國立中正大學法律研究所碩士論文，2013年7月，頁99、130至131。

[86] 最高法院101年度台抗字第136號民事裁定。

案[87]。執行法院於執行前，得命第三人及債權人到院協調債務履行事宜，俾於減免強制執行程序。執行法院於執行期間，得命債權人陳報第三人依執行命令執行情況，作爲認定其履行債權之基準。

三、第三人提起異議之訴

因第三人未於法定期間聲明異議，並不發生承認債務人之債務存在或數額之效力。故第三人對於執行命令之執行，得以不承認債務人之債權或其他財產權之存在，或於數額有爭議或有其他得對抗債務人請求等事由，提起異議之訴（本法第119條第3項）。並得依據本法第18條第2項規定，聲請停止強制執行（第4項）。準此，債權人認第三人聲明不實，雖得依本法第120條提起收取訴訟。然其訴有無理由，應以債務人對於第三人是否有債權存在爲斷，不能僅因執行法院已發收取命令，而應爲其勝訴之判決[88]。

第二項　第三人聲明異議

例題 8　第三人對扣押命令異議

乙積欠甲借款新臺幣100萬元，債權人甲向法院聲請對債務人乙之責任財產假扣押，經甲取得本票裁定後，持該裁定聲請執行乙在丙公司之薪資債權。試問丙公司於收受扣押命令15日後，聲明異議不承認債務人乙之薪資債權執行法院應如何處理？

一、第三人異議（106司法事務官；99三等書記官；98司法事務官；96執達員）

第三人不承認債務人之債權或其他財產權之存在，或於數額有爭議或有

87 本法第115條第2項所為之移轉命令及第117條規定之讓與或管理命令者，均不得逕對第三人強制執行。

88 最高法院72年度台上字第3662號民事判決；臺灣高等法院108年度勞上字第141號民事判決。

其他得對抗債務人請求之事由時，應於接受執行法院命令後10日內提出書狀，向執行法院聲明異議（本法第119條第1項）。職是，當事人或第三人就法院核發之執行命令，僅得依法聲明異議，不得逕行抗告（本法第12條第1項）。再者，第三人所為之聲明異議，逾10日或未以書面為之者，其異議不合法，執行法院應以裁定駁回之。

二、債權人起訴

第三人於收受執行法院命令後10日內，向執行法院提出異議之書面，執行法院應轉知債權人，倘認第三人之聲明不實者，得於收受通知後10日內向管轄法院提起訴訟，並應向執行法院為起訴之證明，暨經由法院以書狀對債務人為訴訟之告知（本法第120條第1項、第2項；民事訴訟法第66條第1項）。申言之：（一）債權人於法定期間起訴，而嗣後敗訴確定，此時已無強制執行之依據，執行法院應撤銷前核發之執行命令，並結案之；（二）債權人於法定期間起訴，而嗣後取得勝訴判決確定，債權人得具狀，聲請繼續強制執行第三人之財產，第三人再不依執行命令履行，執行法院應另分新案，執行第三人之財產；（三）債權人未於收受通知後10日內，為起訴之證明者，執行法院得經第三人聲請，撤銷所核發之執行命令（本法第120條第3項）。撤銷所核發之執行命令，不包含移轉命令。因移轉命令之執行程序已終結，不得撤銷之[89]。

三、本法第12條與第119條之聲明異議

本法第12條與第119條之聲明異議，兩者要件之區別如後：（一）本法第12條聲明異議之人，包括債務人、債權人、第三人及其他利害關係人；本法第119條聲明異議人僅為第三人；（二）本法第12條之聲明異議，係對執行行為違背執行程序規定，所提出之救濟，應由執行法院裁定該異議有無理由。本法第119條之聲明異議，係第三人對於執行命令執行之債權或其他財產權

---

[89] 最高法院101年度台抗字第136號民事裁定。

有爭議，藉以確定債務人對第三人是否有權利存在之程序，涉及權利有無等實體爭執，執行法院不得為實體審查，僅得通知債權人，倘認第三人之聲明不實，應對第三人起訴；（三）第三人對支付轉給命令聲明異議，非以本法第119條所定不承認債務人之債權或其他財產權存在、就數額有爭執、或有其他得對抗債務人請求之事由等實體事項為理由時，執行法院應依本法第12條規定為裁定，認定聲明異議是否有理由。而非依本法第120條規定，通知債權人，倘認為異議不實，應對第三人起訴。職是，債權人聲請執行債務人對第三人之金錢債權，執行法院對第三人發扣押命令，債務人及第三人均以扣押之標的，為禁止執行之財產而聲明異議，執行法院應依本法第12條規定處理[90]。

四、例題解析

丙公司不承認債務人乙之薪資債權，應於接受法院扣押命令後10日內，提出書狀，向執行法院聲明異議（本法第119條第1項）。該10日期間為法定不變期間，丙公司於接到執行法院扣押命令後，已逾10日始為聲明者，應認其異議不合法，而以裁定駁回之，繼而決定核發收取命令、移轉命令或支付轉給命令。丙公司嗣後接獲執行法院所核發之換價命令後，得對執行命令聲明異議。倘有聲明異議情事，執行法院應通知債權人甲知悉（本法第120條第1項）。債權人甲對於丙公司之聲明異議認為不實時，得於收受通知後10日內，向管轄法院提起訴訟，並應向執行法院為起訴之證明及將訴訟告知債務人乙（第2項）。債權人甲未於10日內為起訴之證明者，執行法院得依丙公司之聲請，撤銷所核發之執行命令（第3項）[91]。

---

[90] 最高法院87年度台抗字第144號民事裁定。

[91] 林洲富，第三人對扣押命令異議，月旦法學教室，84期，2009年10月，頁32至34。

第五節　對於公法人財產之執行

一、概　說（90執達員）

國家機關或公法人，除因私法關係為而成為民事執行之債務人外，國家機關或公法人亦有違反行政法上之義務，成為行政秩序罰之處罰客體之情事[92]。是對公法人財產之執行，可分私法及公法之金錢給付義務兩種類型。就公法人私法上金錢之給付義務之執行，係依據本法第二章第六節，是本法第122條之1以下規定，就公法人適用之對象、執行名義之範圍、禁止執行之財產及執行方法等特設規定。而就公法人公法上金錢給付義務之執行，其於行政訴訟法及行政執行法，另有規定。

二、公法金錢給付執行

（一）行政訴訟

依行政訴訟法規定而論，行政訴訟之裁判命債務人為一定之給付，經裁判確定後，債務人不為給付者，債權人得以之為執行名義，聲請高等行政法院強制執行（行政訴訟法第305條第1項）。其中債務人為中央或地方機關或其他公法人者，並應通知其上級機關督促其如期履行（第3項）。地方法院行政訴訟庭應先定相當期間通知債務人履行；逾期不履行者，強制執行之（第2項）。地方法院行政訴訟庭為辦理強制執行事務，得囑託民事執行處或行政機關代為執行（行政訴訟法第306條第1項）。執行程序，除本法別有規定外，應視執行機關為法院或行政機關，分別準用強制執行法或行政執行法規定（第2項）。

（二）行政法院或行政執行署分署為執行機關

行政執行所指公法上金錢給付義務之執行，不僅人民應適用之，對公法

---

[92] 最高行政法院78年度判字第703號行政判決：醫療法所規範之對象，包括公立、私立及財團法人之醫療機構在內，如其違反該法規定，均得據以處罰。

人並無排除之規定（行政執行法第2條）[93]。因人民得請求法院判命行政機關應爲行政處分以外之一定作爲、容忍、不作爲等非行政處分之高權行爲之給付訴訟[94]。舉例說明如後：1.人民對於授與利益之違法行政處分經撤銷後，請求信賴保護之補償（行政程序法第120條）；2.人民基於行政契約於締約後，因締約機關所屬公法人之其他機關於契約關係外行使公權力，致相對人履行契約義務時，顯增加費用或受其他不可預期之損失者，相對人得向締約機關請求補償其損失（行政程序法第145條）；3.行政機關爲防止或除去對公益之重大危害，其於必要範圍內，調整契約內容或終止契約時，應補償人民所受之財產損失（行政程序法第146條）。準此，人民基於公法關係所生之補償爭議及補償之金額，倘有不服者，得向行政法院提起給付之訴，經取得勝訴判決確定後，持該執行名義，向行政法院或行政執行署分署，聲請執行公法人或行政機關之財產。

（三）執行機關之分工

就金錢之給付義務，分爲私法上與公法上之給付義務。就公法人私法上金錢之給付義務之執行，應由地方法院依據本法執行之。而公法上金錢給付義務之執行，應由行政執行署分署及高等行政法院所設執行處妥善分工，並非地方法院執行處之職權範圍[95]。

三、公法人之範圍

債務人爲中央或地方機關或依法爲公法人或有關人民生活必需之公用事業者，原則上適用金錢請求權之強制執行規定，不論係終局執行或保全執行，均有適用。申言之：（一）中央或地方機關：中央機關不以行政機關爲限，包括立法、司法、考試及監察等機關，各級政府及其所屬之公立學

---

93 行政執行法施行細則第2條規定：本法第2條所稱公法上金錢給付義務如下：1.稅款、滯納金、滯報費、利息、滯報金、怠報金及短估金；2.罰鍰及怠金；3.代履行費用；4.其他公法上應給付金錢之義務。

94 李震山，行政法導論，三民書局有限公司，2002年10月，修訂4版2刷，頁493。

95 李震山，行政法導論，三民書局有限公司，2002年10月，修訂4版2刷，頁324。

校、公立醫院均屬之（行政程序法第2條第2項、第3項）[96]；（二）依法爲公法人：所謂依法爲公法人，係指一定團體組織依據法律具有公法人之資格者。例如，主管機關得視地方區域之需要，核准設立農田水利會，秉承政府推行農田灌溉事業。農田水利會爲公法人，其組織通則另定之（水利法第12條）[97]；（三）有關人民生活必需之公用事業：各級政府所經營之公用事業，除採公司或社團組織者外，因其經營之業務與人民日常生活關係密切，爲人民生活所必需者，足以影響大眾之生活利益者。例如，交通部臺灣鐵路管理局。至於債務人爲金融機構或其他無關人民生活必需之公用事業者，則不適用之（本法第122條之1）。例如，菸酒專賣事業。

四、禁止執行之財產範圍（96執達員）

（一）原　則

債務人管有之公用財產，爲其推行公務所必需或其移轉違反公共利益者，屬非融通物之性質，債權人不得爲強制執行，此爲禁止執行之財產之範圍（本法第122條之3第1項）。關於是否爲公用財產，執行法院有疑問時，應詢問債務人之意見或爲其他必要之調查（第2項）。國有財產區分爲公用財產與非公用財產兩類（國有財產法第4條第1項）。公用財產可分下列三種：1.公務用財產：各機關、部隊、學校、辦公、作業及宿舍使用之國有財產均屬之，而營造物所有之財產，亦屬公務用財產；2.公共用財產：國家直接供公用使用之國有財產均屬之。例如，道路、橋樑、廣場及河川等；3.事業用財產：國營事業機關使用之財產，均屬事業用財產[98]。例外情形，國營事業爲公司組織者，公用財產僅指股份部分，其事業使用之財產不屬公用財產。

---

96 本法所稱行政機關，係指代表國家、地方自治團體或其他行政主體表示意思，從事公共事務，具有單獨法定地位之組織。受託行使公權力之個人或團體，於委託範圍內，視為行政機關。

97 李震山，行政法導論，三民書局有限公司，2002年10月，修訂4版2刷，頁101。

98 所謂國營事業，係指國家對公眾服務，或提供物質，以收取費用為手段，並以私經濟經營方式所設置之組織體，其通常採公司之組織型態。

（二）例　外

國有財產依其分類，區分爲公用財產與非公用財產兩類（國有財產法第4條第1項）。所謂非公用財產，係指公用財產以外可供收益或處分之一切國有財產（國有財產法第4條第2項）。準此，非公用財產，係指公用財產以外可供收益或處分之一切國有財產，均得爲強制執行之客體（第3項）。

五、非公用財產之執行（96執達員）

債務人管有之公用財產，爲其推行公務所必需或其移轉違反公共利益者，債權人不得爲強制執行（本法第122條之3第1項）。關於前項情形，執行法院有疑問時，應詢問債務人之意見或爲其他必要之調查（第2項）。故債務人管有之非公用財產及不屬於第122條之3第1項之公用財產，縱使爲其推行公務所必需或其移轉違反公共利益者，仍得爲強制執行，不受國有財產法、土地法及其他法令有關處分規定之限制（本法第122條之4）。例如，議會對外聯絡之公務電話或公務車，爲議會公務用財產，爲其推行公務所必需，依本法第122條之3第1項規定，債權人不得強制執行。倘公務電話或公務車之數量逾公務所需時，執行法院得斟酌部分確非爲公務所必需者，依實際情形，予以准許或不予准許[99]。

六、執行之方法

（一）核發自動履行命令

執行法院對公法人執行時，應先發執行命令，促其於30日內依照執行名義自動履行或將金錢支付執行法院轉給債權人（本法第122條之2第1項）。例如，債權人對於債務人臺中市政府請求給付金錢之強制執行，執行法院未先發執行命令，促債務人於30日內，依照執行名義自動履行或將金錢支付執行法院轉給債權人。而逕依本法第115條第1項規定，以執行命令禁止債務人臺

[99] 楊與齡主編，強制執行法實例問題分析，許澍林，對公法人財產之執行，五南圖書出版有限公司，2002年7月，初版2刷，頁345。

中市政府收取對第三人臺北富邦商業銀行股份有限公司之存款債權或爲其他處分，第三人亦不得對債務人清償，並扣押債務人臺中市政府在臺北富邦商業銀行股份有限公司之存款債權。職是，因執行命令顯有未遵守本法第122條之2第1項之執行程序，債務人臺中市政府自得據以聲明異議，請求執行法院撤銷扣押命令（本法第12條）[100]。

（二）逕向公庫執行

公法人應給付之金錢，列有預算項目而不依自動履行命令履行者，執行法院得適用本法第115條第1項、第2項規定，由執行法院核發扣押命令、收取命令、移轉命令及支付轉給命令，逕向該管公庫執行之（本法第122條之2第2項）。債務人爲政府機關或其他公法人時，倘其應給付之金錢，不在原列預算項目範圍內，應由該機關於原列預算內之預備金項，支付或另行辦理預算法案撥付（辦理強制執行事件應行注意事項第65條之1第3項）。

（三）排除對人之強制處分

本法第20條至第25條有關命債務人報告1年內之財產狀況、拘提及管收之規定，係就債務人爲私人所規定，性質不適用於公法人，是本法明文排除之（本法第122條之1第2項）。例如，除不得要求機關首長報告公有財產之狀況外，亦不得拘提或管收機關首長。

---

[100] 最高法院88年度台抗字第136號民事裁定。

第六章 非金錢債權之強制執行

目　次

關鍵詞：占有、怠金、管收、間接執行、直接執行、可代替行為、自動履行命令、不可代替行為、變價分割執行

第一節　概　說

一、定　義

所謂非金錢債權之強制執行，係指非以滿足債權人之金錢債權請求為目的。因無換價程序，是非金錢債權之強制執行，並無查封、拍賣及金錢分配等執行程序。例如，執行名義之和解筆錄內容記載被告應將某戲院經營權交付標賣，決定由當事人之何方經營。性質屬非金錢債權之執行，應屬行為請求權之執行，且此項行為，非他人所能代為履行，應依本法第128條規定強制執行[1]。

二、類　型

非金錢債權之強制執行依據執行之標的，可分為四種類型：（一）物之交付請求權執行；（二）行為及不行為請求權之執行；（三）意思表示請求權之執行；（四）繼承財產或共有物分割之執行。例如，判決主文為債務人應將合夥帳冊交付債權人查閱，其執行方法係不行為請求權之執行[2]。再者，非金錢債權請求權之執行名義內容不一，執行程序呈現多樣化。準此，執行法院應依執行名義所示之債權請求權內容，選擇或併用適當之執行方法，以滿足執行名義所示之債權人私法上請求權[3]。

第二節　物之交付請求權執行

一、定　義

所謂物之交付請求權，係指債權人對於債務人得請求特定之動產或不動

---

1 民事法律問題研究彙編，2輯，頁641。
2 臺灣高等法院暨所屬法院100年法律座談會民執類提案第30號。
3 最高法院103年度台抗字第959號、第961號民事裁定。

產爲給付之標的物之權利而言，包括物權請求權及債權請求權在內[4]。準此，物之交付請求權之強制執行，係指執行法院依其實力，強制將債務人應交出之標的物，交與債權人現實支配，使債權人取得動產或不動產之占有。

二、執行標的及方法

物之交付請求權執行，依據執行之標的，可分交付動產及不動產執行二種。而其執行方法有二：（一）直接執行方法，執行法院將標的物直接取交予債權人占有；（二）間接執行方法，係以強制力宣告債務人持有之標的物無效，另以代替物爲之。

第一項　交付動產執行

一、定　義

執行名義係命債務人交付一定之動產而不交付者，執行法院得以強制力將該動產取交債權人現實占有。所謂動產者，係指不動產以外之物（民法第67條）。交付之標的物有特定物、代替物、不可代替物及有價證券等四種（民法第200條第1項）。

二、交付特定物動產之執行（91執達員）

（一）債務人占有

1.動產取交債權人

執行法院定期命債權人到院引導執行人員前往動產所在地取交，倘債務人或其輔助占有人占有應交付之特定之動產而不交付者（民法第942條），執行法院得行使公權力將該動產取交債權人（本法第123條第1項）。例如，債權人聲請強制執行所應交付之物品，經行政執行署分署查封，債權人之強制執行目的，在法律上已無從完成，執行法院自屬無從執行[5]。

4 楊與齡，強制執行法論，自版，1996年10月，修正8版，頁719。
5 最高法院97年度台抗字第425號民事裁定。

2.動產與不動產執行之區別

債務人於解除占有後，復占有該動產者，債權人需另取得執行名義，始得再行聲請執行。此與債務人交出不動產後再行占有，執行法院得依聲請再爲執行不同，債權人聲請續行執行並無期限或次數之限制，僅須債務人於解除占有後，復占有該不動產，債權人即得聲請執行法院續爲執行（本法第124條）[6]。

（二）執行名義效力所及之第三人占有

執行標的物係於訴訟繫屬後爲債務人之繼受人及爲債務人或其繼受人占有請求之標的物者，亦爲執行名義之效力所及（本法第4條之2）。所謂執行力之主觀範圍，係指執行名義之執行力應及於何人。基於職權探知之旨趣，執行法院應依職權爲形式上調查事實及必要之證據。例如，依本法第124條第1項規定，命債務人交出不動產之執行名義，執行法院首應就其執行力之主觀範圍，爲形式上之調查，究明不動產現由何人占有？是否爲執行名義所載之債務人或其執行力所及之人？以決定應否解除債務人或執行力所及之人之占有，使歸債權人占有[7]。

（三）有交付債務人義務之第三人占有

應交付之動產爲第三人占有者，執行法院應以命令將債務人對於第三人得請求交付之權利移轉於債權人（本法第126條）。職是，法院核發之移轉命令生效後，債權人取得債務人對於第三人之權利主體地位，得訴請第三人交付動產。

三、書據憑證之執行

書據憑證之執行，屬不可代替物之執行，應先採直接強制之方法，如無效果時，則採間接強制之方法。詳言之，債務人應交付之物爲書據或其他相

---

6 最高法院83年度台抗字第543號民事裁定。

7 最高法院97年度台抗字第83號民事裁定。

類之憑證[8]，執行法院發執行命令，命債務人交出而拒絕者，先依直接強制之方法將書據取交債權人，倘執行無效果時。可採公告宣示書據無效或可代替行爲請求權之執行。

（一）公告宣示書據無效

得以公告宣示未交出之書據無效，通知債權人登報，並另作證明書發給債權人（本法第123條第2項準用第121條）。例如，執行債權人請求債務人交付所有權狀，債務人不依據執行名義之內容交付，得據以向地政機關機關申請核發新所有權書據。

（二）不可代替行為請求權之執行

依據不可代替行爲請求權之執行方法，迫使債務人履行其交付之義務。即定債務人履行之期間，債務人不履行時，得管收之或處新臺幣3萬元以上30萬元以下之怠金。其續經定期履行而仍不履行者，得再處怠金（本法第123條第2項準用第128條）。

四、交付代替物之執行

債務人占有執行標的物時，由執行法院將該特定物取交與債權人；倘債務人對第三人有請求交付之權利，法院核發移轉命令將該權利移轉與債權人。因債務人本應購買代替物而交付之，債務人不爲此項行爲者，依本法第127條規定，執行法院得以債務人之費用，命第三人代爲購買交付，此項費用，由執行法院斟酌該代替物現時價格及其他情事定其數額，命債務人預行支付。命支付費用之裁定，而於債務人不支付時，得以之爲執行名義，對於債務人之一切財產爲執行[9]。

8 相關憑證如不動產之所有權狀。不包括有價證券，因有價證券，應依公示催告、除權判決程序辦理。

9 司法院院字第2109號解釋。

五、動產擔保交易法所定抵押物之交付

（一）抵押物之交付

債權人向法院聲請債務人交付有設定動產擔保之車輛及機器，債權人常具狀聲請交還車輛或取回機器之強制執行（動產擔保交易法第15條、第17條）。債權人應提出主管機關登記證明[10]、契約書、依動產擔保交易法第18條第1項之通知證明、標的物明細表及契約書[11]。契約書須載明應逕受強制執行之文字。而法院執行前，應先令債權人陳報欲執行交付之車輛或機器之所在地。其目的有二：1.確認執行之動產之所在地，必須在執行法院轄區，該法院始有管轄權；2.知悉執行標的物之所在，俾於強制執行。例如，債權人經執行而取回車輛後，執行法院應函車籍所屬之監理站告知已將車輛解除債務人占有，點交予債權人接管之事實。

（二）交付抵押物與拍賣抵押物

動產抵押權人向法院聲請占有抵押物，應繳交執行費用。動產抵押權人嗣後再聲請拍賣抵押物，須再繳交執行費用。因兩者執行目的不同，前者爲交付動產之執行，屬非金錢債權之執行；後者爲動產之執行，係金錢債權之執行。

---

10 經濟部工業局動產擔保交易登記證明書。

11 動產擔保交易法第17條第1項規定：債務人不履行契約或抵押物被遷移、出賣、出質、移轉或受其他處分，致有害於抵押權之行使者，抵押權人得占有抵押物。第2項規定：前項之債務人或第三人拒絕交付抵押物時，抵押權人得聲請法院假扣押，如經登記之契約載明應逕受強制執行者，得依該契約聲請法院強制執行之。第18條第1項規定：抵押權人依前條第1項規定實行占有抵押物時，應於3日前通知債務人或第三人。第2項規定：前項通知應說明事由並得指定履行契約之期限，如債務人到期仍不履行契約時，抵押權人得出賣占有抵押物，出賣後債務人不得請求回贖。

第二項　交付不動產執行

第一目　執行方法

一、定　義

所謂交付不動產之執行，係指執行名義命債務人交出特定之不動產而不交出，而由執行法院以強制力令其交付而言。所謂不動產者，係指土地及其定著物（民法第66條第1項）。實務常見者爲執行事項，遷讓房屋、拆屋還地及返還土地。

二、執行之方法（91執達員；108行政執行官）

（一）債務人占有

執行法院先發履行命令，命債務人於一定期限內自動履行，使債務人有充裕時間準備搬遷及尋覓居住之場所。倘債務人未自動履行，則定期履勘現場，俾以查明不動產現況，並瞭解債務人心態及進行居間協調。履勘現場後，債務人仍不交出該不動產者，執行法院得發執行命令定期執行，並於執行期日至現場強制執行，以解除債務人或其輔助占有人之占有，使歸債權人占有（民法第942條）。債務人於解除占有後，復行占有該不動產者，其時間具有接續性，執行法院得持同一執行名義，聲請再爲執行，而法院應另分新案辦理（本法第124條第1項）。法院再爲執行時，應徵執行費（第2項）。執行名義係命債務人交出船舶、航空器或建造中之船舶，亦準用前述執行方法（第3項）。

（二）執行名義效力所及之第三人占有

執行名義之主觀範圍，包含執行標的物係於訴訟繫屬後爲債務人之繼受人及爲債務人或其繼受人占有請求之標的物者，亦爲執行名義之效力所及（本法第4條之2）。倘主張非執行名義效力所及者，得於強制執行程序終結前，向法院對債權人提起異議之訴[12]。

---

[12] 最高法院99年度台上字第1524號民事判決。

（三）有交付債務人義務之第三人占有

應交付之不動產爲第三人占有者，執行法院應以命令將債務人對於第三人得請求交付之權利移轉於債權人（本法第126條）。執行法院核發之移轉命令生效後，債權人取得債務人對於第三人之權利主體地位，得訴請第三人交付不動產。分割共有物之民事判決，固具有拆屋還地之效力，然於起訴前，共有人之地上建築物已爲第三人合法占有使用，執行法院不得僅憑分割共有物判決，解除第三人占有而將建築物拆除[13]。

三、留置物之處置

房屋內或土地上之動產，除應與不動產同時強制執行外，應點交與債務人或其代理人、家屬或受僱人。倘無前述之人接受點交時，應將動產暫付保管，向債務人爲限期領取之通知，債務人逾限不領取時，得拍賣之而提存其價金，或爲其他適當之處置（本法第125條、第100條）。

四、命返還土地之執行名義（99三等書記官；108司法事務官）

執行名義命債務人返還土地，雖未明白命其拆卸土地上之房屋，而由本法第125條所準用第100條法意推論，該執行名義當然含有債務人拆卸房屋之效力[14]。申言之，執行名義命債務人返還土地予債權人，因債務人在其上所建造之地上物無法與土地分離而獨立存在，是命債務人返還土地確定判決執行力之客觀範圍，除債務人於該確定判決事實審言詞辯論終結前，在土地上所建造而有處分權之地上物外，亦包括債務人於確定判決事實審言詞辯論終結後，始新建造之地上物。確定終局判決之執行名義，係命債務人返還土地者，其執行力及於強制執行時，債務人在土地上有處分權之地上物。至於債務人主張返還土地之該執行名義成立後，有足以使執行名義之請求權及執行力消滅之事由發生，或執行名義所命給付有暫時不能行使，致發生妨礙債權

---

[13] 例如，共有人與第三人間有租賃、借用之關係。

[14] 最高法院100年度台抗字第482號民事裁定。

人執行請求之事由者，僅屬其是否依本法第14條第1項規定，提起債務人異議之訴以資救濟之問題，就確定判決執行力之客觀範圍不生影響，執行法院不得就上開權利義務關係，爲實體事項之認定，並拒絕強制執行，進而駁回債權人強制執行之聲請[15]。

五、執行名義係公證書

債權人係房屋出租人，持公證書爲執行名義，聲請執行法院解除債務人即房屋承租人之占有，使債權人占有該租賃房屋。執行法院就請求遷讓房屋之執行事件，應注意其租賃期限是否已屆滿，倘未屆滿者，不得執行。一般而言，債權人以公證書爲執行名義，請求遷讓房屋者，大多均會附帶請求執行租金給付。

六、承租人於訴訟繫屬前占有不動產

債務人之房屋越界建築在債權人之土地內，債權人訴請拆屋還地，獲勝訴判決確定，嗣以確定判決爲執行名義，聲請拆屋還地強制執行。第三人於上開訴訟繫屬前，已向債務人承租執行標的之房屋，該執行名義之債務人僅爲拆屋還地事件之被告，且其於訴訟繫屬前已占有房屋，非執行名義效力所及之人，不得對其強制執行，第三人得向執行法院聲明異議（本法第12條）[16]。

第二目　執行程序

一、執行費之徵收標準

遷讓房屋之執行費之徵收以該房屋之課稅現值爲依據，而附帶請求租金給付亦應另徵收8‰之執行費用[17]。惟有主張附帶請求租金給付部分，不需徵

15 最高法院100年度台抗字第482號民事裁定。

16 最高法院100年度台抗字第705號民事裁定。

17 債務人應自坐落○○縣（市）○○鄉（鎮、市）○段○小段○○號土地上建物

收8‰之執行費用（民事訴訟法第77條之2第2項）。而拆屋還地之執行費之徵收，以債務人占有土地之公告現値作爲依據。

二、發自動履行命令

實務上就遷讓房屋或拆屋還地之執行，通常均先發自動履行命令，命債務人於10日或15日內自動履行。其目的有二：（一）可催促債務人自動拆除或遷讓房屋，以節省執行之勞費；（二）可使債務人有相當時間尋覓新住所，以免增加執行之困難。自動履行命令副本應同時送達執行債權人，命其於期限屆至時，向執行法院陳報債務人是否已依命令自動履行。

三、履勘標的物現場

債務人未自動履行命令者，應定期履勘現場，查明執行標的物目前爲何人所占有，倘拆除或遷讓範圍不明時，應會同地政人員測量現況，協商執行事宜，確定拆除或遷讓之範圍。執行人員履勘現場時，得勸諭兩造是否和解處理，或命債務人自動拆除。

四、現場執行

（一）前置作業

執行法院至現場執行前，應命債權人準備拆除所需工作，並請憲警人員或消防人員，至現場維持執行秩序及預防火災發生，俾於定期執行。申言之：1.債權人應準備搬遷工人、車輛、鎖匠、裝箱物件及保管物品之場所[18]；2.執行法院發函水、電、瓦斯與電話公司屆時會同至現場爲拆除或切斷工作；3.現場人員之管制；4.僅拆除債務人所有之部分房屋，倘有傾倒之虞，應

即門牌編號○○縣（市）○○鄉（鎮、市）○段○○號房屋遷出，將房屋交付債權人。

[18] 執行遷讓之標的物為工廠者，應命債權人備妥專門拆卸機器之人員及器具，並覓妥安置保管之場所。

作好補強措施。例如，加撐支柱、牆垣等設施，始得進行拆除，免生損害賠償之爭議；5.債務人或其家屬有年事已高或罹患疾病者，或預期債務人有激烈之反抗，應命債權人準備醫療設施及人員或請警察協助執行。

（二）繼續執行

遇債務人激烈抗拒時，執行法院雖應量力而為，避免造成無謂之人員、物品損害，未執行之部分，待準備更充分後，再予執行。法院執行應命相關人員將水、電及瓦斯供應切斷，使債務人無法繼續居住，有利持續執行之進行。執行法院執行結束後，應將不動產交由債權人接管，並命債權人簽具接管切結，執行程序始告完成[19]。

五、執行費用之裁定

債權人支出拆除或遷讓房屋之執行費用，得聲請執行法院裁定，俟裁定確定後，得作為執行名義，就債務人所有之財產執行之。當事人強制執行事件，經法院執行完畢，依本法第29條第1項規定，債權人因強制執行而支出之費用，得求償於債務人者，得準用民事訴訟法第91條第1項規定，向執行法院聲請確定其數額。例如，經執行法院查閱與審查執行卷宗後，認債務人應賠償債權人之執行費用額，連同裁定聲請費用在內，依如後計算書所示金額：（一）執行費用新臺幣（下同）1千元；（二）抄錄費用1千元；（三）員警出差費1千元；（四）鑑價費用7千元。職是，上開費用合計1萬元。

六、債務人再度占有之處置

執行法院拆除或遷讓房屋完畢後，債務人再度占有債權人之土地或建物時，債權人得持原執行名義，向執行法院聲請執行，由法院分案，再強制執行之（本法第124條第1項、第2項）。債權人雖不須取得另一執行名義，然應再繳納執行費用。

---

19 郭毓洲，強制執行法實務問題研究，司法周刊雜誌社，1990年10月，再版，頁86。

第三節　行為及不行為請求權

第一項　行爲請求權

例題 1　交付印鑑章之執行

民事確定判決命債務人應將公司之印鑑章交付與債權人，倘債務人拒絕交付印鑑，債權人聲請法院執行。試問：（一）執行法院應如何處理？（二）應適用何執行程序？

例題 2　執行未成年子女之探視權

法院判決夫妻離婚確定，由夫取得未成年子女之親權，妻則取得探視權，妻依據該民事判決執行未成年子女之探視權，夫雖對未成年子女與妻之會面交往已盡協調或幫助，然未成年子女仍無意願與其母會面。試問：（一）探視權之執行方法為何？（二）法院應如何處理？

例題 3　執行不可代替行為

司法事務官依本法第128條第1項規定對債務人裁定處怠金後，經債務人聲明異議後，司法事務官認異議為無理由者。試問是否應依本法第30條之1準用民事訴訟法第240條之4第2項規定，送請法官裁定？

一、定　義

所謂關於行爲請求權之行使，係指執行機關依據執行名義，使債權人得請求債務人爲一定行爲之權利，而發生履行效果之強制執行。其執行標的係債務人單純之行爲，包含可代替行爲與不可代替行爲，原則以間接強制之方法，命債務人履行其義務，例外始採直接強制之方法。

二、執行可代替行為請求權（100三等書記官；106執達員、執行員）

（一）以債權人之費用命第三人代為履行

依執行名義，債務人應爲一定行爲而不爲，屬可代替行爲者，執行法院得先發自動履行命令，命債務人於期限內自動履行，倘債務人逾期不爲履行，則以債務人之費用，命第三人代爲履行，此債務標的係可代替作爲之執行方法，即命債務人應爲一定之積極行爲者[20]。例如，拆屋還地、債務人登報道歉、修繕房屋及道路施工。該履行費用由執行法院酌定數額，命債務人預行支付或命債權人代爲預納，必要時，並得命鑑定人鑑定其數額（本法第127條）。債權人代爲預納後，繼而依本法第29條第1項規定，聲請確定費用之數額，得持之對債務人之財產求償。

（二）拆屋還地事件

執行拆屋還地事件，係以房屋所占用土地面積之公告現值總額，作爲執行費用之徵收標準。執行面積或位置不明確時，應函請地政機關至現場測量，以確定占用之位置、面積。其執行程序與交付不動產之執行方法相同，應取交債務人占有。

（三）侵害著作權判決登報事件（108三等書記官）

侵害著作權之民事或刑事判決命債務人應於報紙、雜誌刊登判決書全部或一部（著作權法第89條、第99條）。以登報費用作爲執行費用之徵收標準，是債權人應提出登報費用之計算。不適用執行非財產案件，徵收執行費新臺幣3,000元（本法第28條之2第3項）。

（四）協同辦理清算合夥財產事件

依執行名義，債務人應爲一定行爲而不爲者，執行法院得以債務人之費用，命第三人代爲履行（本法第127條第1項）[21]。例如，執行名義之主文爲「被告應協同辦理清算兩造間出資經營之甲醫院合夥財產」，關於完結甲醫

---

[20] 命第三人代為履行之第三人，包括債權人在內。

[21] 最高法院101年度台上字第1719號民事判決。

院之事務之行爲，屬執行債務人應爲之一定行爲，其行爲固非他人所能代履行（本法第128條第1項前段）。惟就清算系爭合夥財產之會計帳冊蒐集、整理或結算等相關事務行爲，倘債務人不爲者，執行法院自得債務人之費用，命第三人代爲履行。職是，法院爲執行合夥清算之強制執行程序，命會計師公會指派之會計師代債務人爲履行清算合夥財產事務，洵屬正當[22]。

三、執行不可代替行為請求權（103檢察事務官；103、100三等書記官；103、99執達員）

（一）定　義

所謂不可代替行爲請求權之執行，係指依執行名義，債務人應爲一定之行爲，而其行爲非他人所能代爲履行者。舉例說明如後：1.交付子女之執行[23]；2.子女探視權之執行[24]；3.債務人應向債權人鞠躬道歉；4.命某一知名歌手於某酒店自某日起演唱其成名歌曲[19]。因不可代替行爲之給付內容，不具代替性，債務人本身不爲該行爲時，則不能達原來請求之目的，故以間接強制之方法，對債務人施以心理壓迫，促使其自行履行[25]。

（二）執行方法

1.定債務人履行債務之期間

依執行名義內容，債務人應爲一定之行爲，而其行爲非他人所能代爲履行者，債務人不爲履行時，執行法院得定債務人履行之期間（本法第128條第

---

[22] 最高法院103年度台抗字第961號民事裁定。

[23] 最高法院89年度台抗字第367號民事裁定：請求行使負擔對於未成年子女權利義務事件之確定判決，經判命未成年子女權利義務之行使負擔由一造任之，而未為他造應交付子女之宣示者，倘子女猶在他造保護下，該一造將無從行使或負擔對其子女之權利義務，故解釋上即應認該確定判決所命由一造行使負擔對於未成年子女權利義務之內涵，當然含有他造應交付其保護下子女以使另一造得行使監護權之意義。倘其不交付子女，該一造自得依上開確定判決聲請強制執行交付子女，始符該確定判決之意旨。

[24] 本法第28條之2第3項規定：屬執行非財產事件，徵收執行費用新臺幣3千元。

[25] 最高法院90年度台抗字第551號民事裁定。

1項前段）。而執行法院所爲之執行，必要時，應通知相關機關協助維持執行之效果。例如，禁止債務人爲建築行爲之強制執行，須函請主管工務或建設機關協助。

2.管收或處怠金

債務人不爲履行時，執行法院得定債務人履行之期間。債務人不履行時，或處新臺幣3萬元以上30萬元以下之怠金。法院續經定期履行而仍不履行者，得再處怠金或管收之（本法第128條第1項）。職是，以發生心理壓迫之效果，促使債務人履行債務。

四、夫妻同居判決（104檢察事務官、三等書記官）

夫妻同居之判決，不適用替代行爲請求權之執行，以維護人性尊嚴及人身自由（本法第128條第2項）。不適用本法第128條第1項之間接執行方法，除以和平方法勸諭使其等自行調解外，別無執行方法，此類判決自不得爲強制執行。

五、交出子女或被誘人之執行（104檢察事務官；104、100三等書記官；95執達員）

執行名義係命債務人交出子女或被誘人者，除前述之間接執行方法外，在符合家事事件法第195條第1項規定，得用直接強制方法，將該子女或被誘人取交債權人（本法第128條第3項）。所謂子女範圍，係指強制執行時，尙未成年之子女而言。

六、股東名冊變更登記

債權人起訴請求債務人公司應辦理股東名簿變更登記，並獲勝訴判決，執行名義係命債務人將債權人所持有之債務人股票辦理過戶登記，屬債務人應爲一定行爲而其行爲非他人所能代爲履行者，非僅由債務人爲一定之意思表示，即可使債權人達到表彰與取得債務人股東權益之執行目的，債務人除承認債權人爲其股東外，併應將債權人之本名或名稱及住所或居所，依公司法第169條規定記載於股東名簿，以發生公司法第165條第1項得對抗債務人之效果。債務人應爲之前開行爲，具有不可代替性，倘拒不爲履行，執行法院應依本法第128條第1項規定爲執行行爲[26]。職是，執行名義內容爲股東名冊變更登記，執行法院依執行名義所載內容命債務人履行，債務人不得以股票已經轉讓他人爲由，依本法第12條規定聲明異議[27]。

七、個人臉書網頁刊登侵害他人權利聲明

法院命債務人於其個人臉書網頁刊登侵害他人權利聲明，核屬命其爲一定之行爲，且該行爲非他人所能代替，債務人不爲履行時，執行法院得定債務人履行之期間。債務人不履行時，得處3萬元以上30萬元以下之怠金。其續經定期履行而仍不履行者，得再處怠金或管收之（本法第128條第1項）[28]。

八、相關機關協助執行

執行法院於執行不可代替行爲請求權時遭遇困難，得請求相關機關協助之（本法第129條之1）。始易維持執行效果，以因應實務上之需要。例如，禁止債務人爲建築行爲之執行時，需地方政府主管工務或建設機關或警察之協助。

九、例題解析

（一）交付特定印鑑章

命債務人交出印鑑章之執行程序，其與交付書據執行程序不同，因印鑑爲動產，無從依據法院之公告宣示無效或喪失所有權。如例題1所示，債務人拒將公司之印鑑交付與債權人，執行法院不得公告宣示應交出之印章爲無效或另發給印鑑章之證明（本法第101條）。職是，執行法院之執行方法如後：1.定自動履行期，即執行法院得定債務人履行之期間；2.處怠金，倘債務人不依限自動履行時，得管收或處新臺幣3萬元以上30萬元以下之怠金；3.再處怠

---

[26] 最高法院90年度台抗字第551號民事裁定。

[27] 最高法院93年度台抗字第897號民事裁定。

[28] 最高法院107年度台上字第2351號民事判決。

金，法院續經定期履行而債務人仍不履行者，得再處怠金或管收之（本法第128條第1項）；4.命債權人逕行登報聲明該印鑑作廢後，再向主管機關聲請新印鑑之登記。

（二）執行方法之採擇

1.本法第128條

依執行名義，債務人應爲一定之行爲，而其行爲非他人所能代履行者，債務人不爲履行時，執行法院得定債務人履行之期間。債務人不履行時，得處新臺幣3萬元以上30萬元以下之怠金。其續經定期履行而仍不履行者，得再處怠金或管收之。執行名義，係命債務人交出子女或被誘人者，除適用第1項規定外，得用直接強制方式，將該子女或被誘人取交債權人（本法第128條第1項、第3項）。關於現行探視權之行使，在民事判決中雖均以進行探視之一方即債權人應於特定時日至有親權或監護權之他方債務人住所進行探視，自文字觀之，惟並非債務人單純消極不作爲，即能達成債權人探視權之行使，債務人除不得阻撓債權人依判決進行探視外，還應有配合其探視之進行於指定時日，留置於住居所內，等待債權人前來。並於探視時間結束後，等待債權人送回未成年子女。此等均與容忍或禁止債務人爲一定行爲之執行名義有所不同。職是，法院強制執行時，應適用本法第128條規定辦理。

2.未成年子女有接受探視之義務

如例題2所示，未成年子女固不願與債權人進行探視，然債權人持執行名義依法請求法院強制執行，法院無駁回之事由，自應依法執行。且探視權屬於父母，未成年子女有接受探視之義務，自不得僅憑其個人意願拘束法院之執行與否。倘未成年子女抗拒探視，得依本法第128條第3項規定，得用直接強制方式，將該子女取交債權人妻。

3.家事事件法第195條

直接強制與間接強制各有優缺點，爲因應交付子女或會面交往事件之多樣需求、謀求子女之最佳利益，並避免執行者之恣意，故執行名義係命交付子女或會面交往者，執行法院應綜合審酌下列因素，決定符合子女最佳利益之執行方法，並得擇一或併用直接或間接強制方法：(1)未成年子女之年齡及有無意思能力；(2)未成年子女之意願；(3)執行之急迫性；(4)執行方法之實效性；(5)債務人、債權人與未成年子女間之互動狀況及可能受執行影響之程度（家事事件法第194條）。法院必須以直接強制方式交付子女時，通常係因間接強制方法已無效果。故以直接強制方式將子女交付債權人時，先擬定執行計畫；法院認必要時，得不先通知債務人執行日期，並請求警察機關、社工人員、醫療救護單位、學校老師、外交單位或其他有關機關協助（家事事件法第195條第1項）。直接強制執行過程，應妥為說明勸導，儘量採取平和手段，並注意未成年子女之身體、生命安全、人身自由及尊嚴，安撫其情緒（第2項）。

（三）執行方法之聲明異議

當事人或利害關係人，對於執行法院強制執行之命令，或對於執行法官、書記官、執達員實施強制執行之方法，強制執行時應遵守之程序，或其他侵害利益之情事，得於強制執行程序終結前，為聲請或聲明異議（本法第12條第1項）。司法事務官依本法第128條第1項規定對債務人處怠金，性質上為促使債務人履行之執行方法，債務人就間接強制執行方法聲明異議，應循本法第12條第1項規定聲明異議程序救濟，先由司法事務官依本法第12條第2項規定為裁定，非逕依本法第30條之1準用民事訴訟法第240條之4第2項規定，送請法官裁定[29]。

第二項　不行為請求權

例題4　執行名義競合

甲所有土地與乙所有之土地相鄰，甲地為袋地，故甲必須通行乙地，始得至對外聯絡之道路，因乙不讓甲通行乙地，甲起訴請求通行乙地，甲於本案判決勝訴前，甲對乙聲請定暫時狀態處分，請求乙不得妨害甲進入乙地，法院裁定准予定暫時狀態處分，乙不遵守定暫時狀態處分裁定，阻止甲通行乙地。試問：（一）法院應如何處理？（二）乙得否於法院准許甲之定暫時狀態處分聲請後，另行聲請定暫時狀態處分，禁止甲通行乙地？

---

29 臺灣高等法院暨所屬法院106年法律座談會民執類提案第10號。

例題5 通行權之執行

債權人持確定民事判決為執行名義，執行名義記載：確認原告就被告所有土地内之A部分土地有通行權存在，並得開設3公尺寬道路；被告應容忍並不得為妨礙原告。因A部分土地上於起訴時，即有債務人所有之B建物存在，非經拆除，無法開設3公尺寬道路。試問債權人持該執行名義，向執行法院聲請強制執行，請求債務人容忍其開設3公尺道路，並拆除B建物，執行法院就拆除B建物部分，應否准許？

一、定　義

所謂不行爲請求權，係指執行名義命債務人容忍他人行爲或禁止債務人爲一定之行爲者。例如，債務人不得妨害債權人通行其土地之義務、股東制止董事會違法行爲之權利（公司法第194條）。再者，袋地通行權之執行事件，以供通行土地面積之公告現值總額，作爲執行費用之徵收標準。倘執行面積或位置不明確時，應函請地政機關至現場測量，以確定占用或通行之位置與面積。

二、間接執行方法（98執達員）

執行名義係命債務人容忍他人之行爲，或禁止債務人爲一定之行爲者，債務人不履行時，執行法院應爲如後之處置：（一）處新臺幣3萬元以上30萬元以下之怠金（本法第129條第1項前段）；（二）債務人仍不履行時，得處怠金或管收之（第1項後段）；（三）除去債務人行爲之結果，即執行法院於必要時，得因債權人之聲請，以債務人之費用，除去其行爲之結果（第2項）。所謂除去其行爲之結果，除指禁止債務人爲一定行爲之執行名義成立後存在之行爲之結果外，亦包括執行名義成立前發生者（辦理強制執行事件應行注意事項第68條第2項）；（四）再爲執行，即執行完畢後，債務人復行違反時，執行法院得依聲請再爲執行，並應徵執行費（本法第129條第3項、第4項）；（五）假處分裁定內容，係命債務人容忍他人之行爲，或禁止債務人爲一定之行爲者，執行假處分應適用間接執行方法，倘執行債務人違反假處分時，執行法院自得依本法第129條，關於不行爲請求之執行，予以處理[30]；（六）執行法院於執行債務人應容忍他人之行爲，或禁止債務人爲一定行爲時遭遇困難，得請求相關機關協助之（本法第129條之1）。例如，請求警察機關協助執行。

三、管收或處怠金之要件

執行名義命債務人容忍他人之行爲，或禁止債務人爲一定之行爲，債務人有不爲一定行爲之義務，其屬爭執之法律關係定暫時狀態之處分，爲事前預防違反不行爲債務，倘債務人不履行，即已發生違反義務之結果，執行法院對債務人即得管收或處怠金（本法第129條第1項）。準此，執行法院爲管收或處怠金時，不以本法第22條第1款規定之故意違反情形爲限（辦理強制執行事件應行注意事項第68條第1項）[31]。

四、例題解析

（一）定暫時狀態處分

甲所有土地與乙所有之土地相鄰，因甲地爲袋地，甲必須通行乙地，始得至對外聯絡之道路，乙禁止甲通行乙地，甲依據袋地通行權起訴請求通行乙地，甲於本案判決勝訴前，向法院聲請定暫時狀態處分，請求准許暫時通行乙地。法院認爲有理由時，應作成乙應容許甲通行乙地之定暫時狀態處分，乙有遵守該處分所定執行方法之義務。因乙違反該執行方法，甲得聲請法院強制執行，法院應依不行爲請求之執行規定處理（本法第140條），其執行方法有管收、處怠金及以乙之費用除去其行爲之結果（本法第129條）。乙雖於法院准許甲之定暫時狀態處分聲請後，另行聲請定暫時狀態處分禁止甲通行乙地，然前後聲請定暫時狀態處分之內容，發生牴觸效果時，執行法院對乙之定暫時狀態處分聲請，應裁定駁回之[32]。

---

30 最高法院63年台抗字第429號民事裁定。

31 最高法院96年度台抗字第250號民事裁定。

32 林洲富，不行為假處分之執行與競合，月旦法學教室，81期，2009年7月，頁16至17。

（二）除去債務人行為之結果

執行名義係命債務人容忍或禁止爲一定行爲者，債務人不履行時，除對債務人處以怠金或管收之執行方法，間接從心理上迫使債務人履行其義務外，倘因債務人違反不行爲義務所生之行爲結果，留有殘留物，致其違反義務之狀態繼續存在，僅處以怠金或管收，仍無法達到強制執行之目的時，得因債權人之聲請，以債務人之費用，除去行爲之結果，以保護債權人之利益（本法第129條第2項）。所謂除去其行爲之結果，係指以直接強制方法恢復債務人違反義務前之原狀。就本件而言，係指強制拆除債務人所有B建物之全部或一部，用以開設3公尺寬之通行道路。其執行方法，可先限期命令債務人自行除去，其不遵從時，由債權人或由第三人代爲履行，其費用由債務人負擔。本法第129條第2項規定，所稱除去其行爲之結果，包含執行名義成立前與執行名義成立後發生者。職是，本件可直接除去債務人行爲之結果，強制拆除B建物用以開設3公尺寬道路之執行方法，須以確有此必要，且已無其他損害較小之方式爲前提[33]。

第四節　意思表示請求權之執行

例題 6　移轉專利權之意思表示

甲向智慧財產及商業法院起訴請求乙應將「馬桶外殼」設計專利移轉登記為甲所有，經智慧財產及商業法院判決被告乙應將「馬桶外殼」設計專利移轉登記為原告甲所有，本判決於原告甲以新臺幣（下同）100萬元供擔保後，得假執行之。甲嗣後依該執行名義，提存100萬元供擔保，並向臺灣臺北地方法院聲請假執行。試問：（一）執行法院是否應為強制執行？（二）理由為何[34]？

---

33 臺灣高等法院暨所屬法院105年法律座談會民執類提案第15號。

34 林洲富，專利移轉登記之請求權執行，月旦法學教室，213期，2020年7月，頁28至30。

一、定　義（111檢察事務官）

所謂意思表示請求權之執行，係指執行名義所載債權人之請求權，以債務人爲一定之意思表示爲標的，而使其實現之執行[35]。係以法律擬制之方法達成執行之目的，自無聲請強制執行程序之必要。例如，債權人持有判令債務人應辦理所有權移轉登記之民事確定判決，得依本法第130條規定單獨向地政機關申請辦理登記，執行法院對此確定判決，除依本法第130條發給證明書外，並無開始強制執行程序之必要（土地登記規則第28條）[36]。

二、執行方法（102執達員）

命債務人爲一定之意思表示之判決確定或其他與確定判決有同一效力之執行名義成立者，視爲自其確定或成立時，債務人已爲意思表示（本法第130條第1項）。以法律擬制之方法，發生與債務人現實已爲意思表示具有相同之效果。茲說明如下：（一）命債務人將所有土地之所有權移轉與債權人之確定民事判決；（二）依據民事訴訟法成立之和解筆錄或調解筆錄，該等筆錄與確定判決有同一效力（民事訴訟法第380條第1項、第416條）。當事人持該和解筆錄或調解筆錄，視爲債務人已爲意思表示；（三）外國確定判決經我國判決宣示許可執行者，有本條之適用（本法第4條之1）。

三、對待給付判決之意思表示（106執達員、執行員）

債權人得以三種方式，證明已爲對待給付之意思表示：（一）債權人將對待給付已向法院提存；（二）執行法院就債權人已爲對待給付給予證明書；（三）公證人就債權人已爲對待給付予以公證（本法第130條第2項；辦理強制執行事件應行注意事項第68條之1）。準此，命債務人移轉不動產所有權之確定民事判決，倘債權人已爲對待給付時，即生視債務人已爲其意思表

---

[35] 楊與齡，強制執行法論，自版，2007年9月，修正13版，頁648。

[36] 最高法院49年台上字第1225號民事判決；最高法院101年度台抗字第330號民事裁定。

示之法律效果，債權人得持各該提存書、證明書或公證書向地政機關辦理不動產所有權移轉登記[37]。

四、有關機關或第三人之協助

執行法院實施強制行爲時，得請求有關機關或第三人之協助。例如，債權人持令債務人應辦理不動產所有權移轉登記之確定民事判決，得依本法第130條之規定單獨向地政機關申請辦理登記（土地登記規則第100條）。地政機關應辦理不動產所有權移轉登記，不須債務人協同辦理登記[38]。

五、不得以假執行判決為之

以命債務人爲意思表示之判決，自該判決確定時，視爲已爲意思表示，使其與債務人現實上已爲意思表示具有相同之效果（本法第130條）[39]。無需另爲任何的執行行爲，故於訴請移轉權利登記之訴訟，債權人僅需持確定判決，向主管機關辦理權利移轉登記即可[40]。倘許宣告假執行，使意思表示之效力提前發生，則與法條規定未合。舉例說明如後：（一）法院命債務人協同辦理不動產所有權移轉登記之假執行判決，並不具有確定判決同一效力，雖已供所定之擔保，惟無本法第130條之適用[41]；（二）專利權讓與人依據專利權轉讓契約，雖負有協同受讓人向智慧財產局爲移轉專利之意思表示之義務，然受讓人向法院請求讓與人辦理移轉專利登記之聲明，其性質上無從宣告假執行，自可認假執行之聲請，爲無理由[42]；（三）債權人得持命商標權移轉之民事勝訴確定判決，至智慧財產局辦理商標權移轉登記，辦理移轉商

37 例如，債務人於債權人交付新臺幣100萬元時，應將土地1筆移轉登記與債權人所有。

38 最高法院49年台上字第1225號、101年度台抗字第330號民事判決。

39 最高法院103年度台抗字第340號民事裁定。

40 智慧財產及商業法院106年度民商上更一字第1號民事判決。

41 張登科，強制執行法，三民書局有限公司，2004年2月，修訂版，頁568；臺灣高等法院93年度重家上字第19號民事判決。

42 智慧財產及商業法院100年度民專上字第20號民事判決。

標登記之聲明，其性質上無從宣告假執行。

六、例題解析

以命債務人爲意思表示之判決，自該判決確定時，視爲已爲意思表示，使其與債務人現實上已爲意思表示具有相同之效果。無需另爲任何之執行行爲，故於訴請移轉權利登記之訴訟，債權人僅需持確定判決向該管機關辦理權利移轉登記即可。倘許宣告假執行，使意思表示之效力提前發生，顯有違本法第130條第1項規定，其不具執行程序及實質要件。準此，法院民事判決雖命被告負有協同原告，向經濟部智慧局爲移轉專利之意思表示之義務，然原告向法院請求讓與人辦理移轉專利登記之聲明，其性質上無從宣告假執行，執行法院應認假執行之聲請，爲無理由[43]。

第五節　繼承財產或共有物分割之執行

例題 7　和解筆錄之效力

土地共有人甲、乙於法院成立訴訟和解後，共有人甲持分割共有物之訴訟和解書，聲請法院執行其分得部分之點交。試問執行法院應否准許對共有人乙執行，將甲分得部分，取交予甲占有？

例題 8　共有土地有關共有道路之執行

共有土地經分割判決後，共有人之一仍占用，經分歸為共有人共有之道路部分，共有人持分割共有物之判決，向法院聲請執行點交該道路。試問：（一）執行法院應否准許？（二）理由何在？

---

[43] 智慧財產及商業法院106年度民專抗字第3號民事裁定；智慧財產及商業法院105年度民專上字第38號、106年度民專上字第9號民事判決。

例題 9 共有物抵押權人之參與分配

甲、乙、丙三人共有A土地，應有部分各1/3，甲以其應有部分為債權人丁設定抵押權，嗣該共有土地經乙訴請分割共有物，經法院判決應變價分割變賣共有物，以價金分配於各共有人確定後，乙依本法第131條第2項規定聲請法院拍賣，在執行程序中抵押權人丁以其抵押債權已屆清償期，聲明實行抵押權參與分配。試問：（一）法院應否准許丁參與分配？（二）理由為何？

例題10 變賣分割共有物

甲以變賣分割共有物之確定判決為執行名義，聲請就其與乙、丙共有之不動產強制執行，嗣經共有人乙投標應買，並主張以其將來應受分配金額抵繳尾款。試問：（一）執行法院應否許其抵繳？（二）理由為何？

一、共有物分割執行之方法（108三等書記官；96司法官；94執達員）

共有物分割執行之方法，係指共有人持共有物分割裁判爲執行名義，由執行法院使各共有人占有分得部分（本法第131條第1項前段），或執行有金錢補償義務者之財產（第1項後段），或變賣共有物將價金分配予共有人（第2項）。依本法第131條第1項聲請強制執行者，僅限於民事確定判決，不包含訴訟上和解或法院調解。因分割共有物之訴爲形成之訴，其訴訟標的之形成權，須以法院之判決直接發生、變更或消滅當事人間之權利義務關係。而分割共有物之訴所成立之訴訟上和解或法院調解，則係基於當事人之協議，以自治方式解決其分割方法之爭執，僅生協議分割之效力，不發生分割判決之效力，應無本法第131條第1項規定之適用。準此，除和解或調解內容約定交付義務或給付補償金外，共有人不得本於協議分割之和解筆錄或調解筆錄，就其協議分得部分聲請執行點交，或就金錢補償部分，對於補償義務人之財產執行[44]。

二、執行方法（105檢察事務官；90執達員）

（一）現物分割執行

本法第131條第1項規定，關於繼承財產或共有物分割之判決，執行法院得將各繼承人或共有人分得部分點交之，因繼承財產或共有物分割之判決，具有形成判決及給付判決之性質，故由本法特別賦予執行力。關於共有物分割之判決，執行法院得將各共有物分得部分點交之。其點交之方法，仍應適用本法第123條至第126條規定。法院命分割共有物之判決，雖僅載明各共有人分得之部分，而未爲交付占有之宣示，然其內容實含有互爲交付之意義，故當事人得依本條規定請求點交[45]。職是，繼承人或共有人請求點交分得部分之土地，倘土地上有他共有人之建築物者，執行名義雖未明白命其拆除，亦當然含有義務人拆除之效力，共有人或繼承人均得按其分得部分，請求予以拆除[46]。是聲請強制執行者，不以民事判決所載原告爲限，被告亦得聲請強制執行。

（二）變價分割執行（96司法官）

執行名義係變賣繼承財產或共有物，以價金分配於各繼承人或各共有人者，執行法院得予以拍賣，並分配其價金，其拍賣程序，準用關於動產或不動產之規定（本法第131條第2項）[47]。詳言之，變價分割之執行，應踐行查封、鑑價、詢價、拍賣及價金分配等執行程序。就變價分割之執行名義而言，各共有人之地位均相同，除得持執行名義聲請法院拍賣共有物外，均

---

44 司法院第21期司法業務研究會，民事法律專題研究10，頁279至282；最高法院57年度台上字第3476號、80年度台上字第1471號、86年度台上字第289號民事判決。

45 最高法院66年度第3次民庭庭推總會決議；最高法院95年度台上字第2617號民事判決。

46 司法院院解字第3583號解釋。

47 最高法院105年度台抗字第554號民事裁定。

可參加應買或承買，除買受人爲共有人外，共有人有依相同條件優先承買之權，有二人以上願優先承買者，以抽籤定之（民法第824條第7項）。此消滅共有關係之執行名義，並非共有人間存有金權請求權，故無特別變賣程序之適用，是於第三次拍賣未拍定後，仍應續行拍賣，迄至拍定爲止。而變賣繼承財產或共有物分配價金之分割判決，而於分割判決確定時，尚不生共有物或繼承財產之當然變賣效果。是各繼承人或各共有人據以聲請強制執行，執行法院應囑託地政機關，就被繼承財產或包括聲請執行債權人應有部分在內之共有物，全部爲查封登記。

（三）金錢補償之執行

應以金錢補償者，得對於補償義務人之財產執行。此項執行係命債務人給付金錢，應適用金錢債權執行程序強制執行。而不動產分割者，應受補償之共有人，就其補償金額，對於補償義務人所分得之不動產，有法定抵押權（民法第824條之1第4項）。前項法定抵押權，其於向地政機關申請共有物分割登記時，應一併申請登記之。其次序應優先於因共有物分割訴訟而移存於特定應有部分之抵押權，始足以確保應受金錢補償之共有人之利益，並兼顧交易安全（第5項）[48]。

（四）分割登記

不動產共有人之一人或數人，經法院判准爲原物分割確定者，當事人之任何一造均得依該確定判決單獨爲全體共有人申請分割登記，毋待法院特爲判命對造協同辦理分割登記而後可（土地登規則第81條、第100條）[49]。職是，共有人得持分割共有物之確定判決，至地政機關辦理分割登記，自毋庸聲請法院執行之。

---

[48] 最高法院100年度台上字第1055號民事判決。

[49] 最高法院80年度第1次民事庭會議決議，會議日期1991年3月19日。

三、例題解析

（一）本法第4條第1項第3款之執行名義

訴訟和解在民事訴訟法雖規定與確定判決有同一效力，然其本質係基於當事人之協議，以自治方法解決分割之方法，僅爲共有人之協議分割，不生形成判決之效力，兩者各依據本法第4條第1項第1款、第3款規定，分爲不同之執行名義。如例題7所示，是此實質爲協議分割之訴訟和解，除已在和解成立內容約定交付義務外，自不得據爲聲請執行點交之執行名義[50]。

（二）維持共有部分不點交

共有土地經分割共有物判決後，執行法院得將各共有人分得部分點交之（本法第131條第1項前段）。如例題8所示，當事人雖得依確定之分割共有物判決請求點交者，然僅限於該當事人之分得部分。該道路部分，仍依共有人之應有部分維持共有，並非當事人分得部分，自不得請求點交[51]。

（三）應有部分抵押權人實行抵押權

本法第131條第2項規定執行名義係變賣共有物，以價金分配共有人者，執行法院得予拍賣，並分配其價金，其拍賣程序，準用關於動產或不動產之規定。倘不動產上有抵押權時，執行法院應通知抵押人實行抵押權，且依民法第873條第1項規定抵押權人，其於債權已屆清償期而未受清償者，得聲請法院拍賣抵押物，就其賣得價金而受清償及同法第874條規定抵押物賣得之價金，按各抵押權人之次序分配之。是抵押物經法院拍賣，而共有人之抵押權人願意實行抵押權，法院自應准許。否則不准實行抵押權，則於拍賣後，抵押權仍予以保留，法院於定拍賣底價時，勢必扣除抵押權額，而減低共有物之拍賣價金，顯然影響其他共有人之權益[52]。如例題9所示，在執行程序中抵押權人丁以其抵押債權已屆清償期，聲明實行抵押權參與分配，法院自應准

---

50 司法院第21期司法業務研究會，民事法律專題研究10，頁275至278。

51 司法院第27期司法業務研究會，民事法律專題研究13，頁240至241；最高法院95年度台上字第2617號民事判決。

52 司法院第11期司法業務研究會，民事法律專題研究13，頁226至228。

許抵押權人丁參與分配。

（四）變賣分割判決之當事人兼具債權人與債務人

承受不動產之債權人，其應繳之價金超過其應受分配額者，執行法院應限期命其補繳差額後，發給權利移轉證書；逾期不繳者，再行拍賣；執行名義係變賣繼承財產或共有物，以價金分配於各繼承人或各共有人者，執行法院得予以拍賣，並分配其價金；其拍賣程序，準用關於動產或不動產規定（本法第94條第2項、第131條第2項）。如例題10所示，變賣分割之判決，因共有物變賣所得，性質上爲共有財產之變形，仍屬原不動產共有人所共有，依確定判決，應按所諭知之一定比例分配予各共有人，就共有之賣得金錢，應相互移轉應有部分而互負給付義務，判決雖有原告與被告，執行程序亦有債權人與債務人之別，然應認爲各當事人均兼具債權人與債務人之性質。職是，變賣分割共有物事件之執行債務人兼具債權人地位，且於執行程序中應買時，類推適用承受時抵繳規定，依本法第131條第2項準用同法第94條第2項之結果，自應許其以將來應受分配金額抵繳尾款[53]。

---

[53] 臺灣高等法院暨所屬法院105年法律座談會民執類提案第14號。

參考文獻

BIBLIOGRAPHY

壹、中文部分

王甲乙、楊建華、鄭建才，民事訴訟法新論，洪惠慈、王甲乙、鄭建才發行，2000年7月。

民事法律問題研究彙編第1輯，司法院民事廳編輯，司法院秘書處印行，1982年12月。

民事法律問題研究彙編第3輯，司法院民事廳編輯，司法院秘書處印行，1984年11月。

民事法律問題研究彙編第4輯，司法院民事廳編輯，司法院秘書處印行，1986年6月。

民事法律問題研究彙編第5輯，司法院民事廳編輯，司法院秘書處印行，1987年5月。

民事法律問題研究彙編第6輯，司法院民事廳編輯，司法院秘書處印行，1988年6月。

民事法律問題研究彙編第8輯，司法院民事廳編輯，司法院秘書處印行，1993年6月。

民事法律專題研究1，司法院司法業務研究會第1期，司法院民事廳編輯，司法院秘書處印行，1982年12月。

民事法律專題研究2，司法院司法業務研究會第3期，司法院民事廳編輯，司法院秘書處印行，1984年4月。

民事法律專題研究5，司法院司法業務研究會第11期，司法院民事廳編輯，司法院秘書處印行，1988年6月。

民事法律專題研究10，司法院司法業務研究會第21期，司法院民事廳編輯，司法院秘書處印行，1994年6月。

民事法律專題研究13，司法院司法業務研究會第27期，司法院民事廳編輯，司法院秘書處印行，1997年6月。
民事法律專題研究15，司法院司法業務研究會第31期，司法院民事廳編輯，司法院秘書處印行，1998年6月。
民事法律專題研究17，司法院司法業務研究會第37期，司法院民事廳編輯，司法院秘書處印行，1999年4月。
民事法律專題研究19，司法院司法業務研究會第49期，司法院民事廳編輯，司法院秘書處印行，2001年8月。
民事執行文書格式例稿目錄暨書記官、執達員工作事務分配手冊，臺灣高等法院編輯，司法院秘書處印行，2001年7月。
行政執行法裁判要旨彙編，法務部編印，2017年12月。
李平勳、林靜芬、張恩賜、陳卿和、賴恭利，民事執行實務操作入門手冊，臺灣臺中地方法院印行，2001年11月。
吳光陸，強制執行法，三民書局有限公司，2007年2月。
吳光明，證券交易法，三民書局有限公司，2001年9月增訂4版1刷。
李震山，行政法導論，三民書局有限公司，2002年10月修訂4版2刷。
林洲富，實用非訟事件法，五南圖書出版有限公司，2023年5月14版1刷。
林洲富，民法案例式，五南圖書出版有限公司，2020年9月8版1刷。
林洲富，家事事件之理論及實務研究，司法院研究年報，23輯，6篇，司法院，2003年11月。
林家祺、劉俊麟，民事訴訟法，書泉出版社，2014年3月。
姚瑞光，民事訴訟法論，大中國圖書公司，2000年11月修正版。
陳榮宗，強制執行法，三民書局有限公司，2000年11月2版1刷。
陳世榮，強制執行法詮解，陳世榮發行，1991年修訂版。
陳煥生，刑法分則實用，自版，1987年2月修訂9版。
郭毓洲，強制執行法實務問題研究，司法周刊雜誌社，1990年10月再版。
郭松濤，強制執行法問題研究，三民書局有限公司，1986年10月。
張登科，強制執行法，三民書局有限公司，2004年2月修訂版。
張義雄，不動產估價入門，永然文化出版股份有限公司，1996年7月。
強制執行法、國際私法歷屆試題詳解，高點文化事業有限公司，2002年2月2

版。
詹森林、馮震宇、林誠二、陳榮傳、林秀雄，民法概要，五南圖書出版有限公司，2015年9月12版1刷。
楊與齡，強制執行法論，自版，2007年9月修訂13版。
楊與齡主編，強制執行法實例問題分析，五南圖書出版有限公司，2002年7月初版2刷。
楊與齡主編，強制執行法爭議問題研究，五南圖書出版有限公司，1999年2月。
廖大穎，公司法原論，三民書局有限公司，2002年2月。
鄭雲鵬，公證法新論，元照出版公司，2000年4月。
劉清景，強制執行法，學知出版社有限公司，1996年1月。
謝哲勝，信託法總論，元照出版公司，2003年6月。
盧江陽，新強制執行實務，五南圖書出版有限公司，2015年9月2版2刷。
盧江陽，現行不動產執行之研究，臺灣臺中地方法院88年度研究發展項目研究報告，臺灣臺中地方法院，1999年5月。
盧江陽，法院拍賣動產、不動產實務，李慶松發行，1997年5月。
王秀美，公司清算完結之研究，指導教授林洲富博士，國立中正大學法律研究所碩士論文，2011年1月。
何慧娟，強制執行不動產換價程序之研究，指導教授林洲富博士，國立中正大學法律研究所碩士論文，2014年5月。
陳明智，銀行不良債權管理機制及法制研究，指導教授林洲富博士，國立臺中技術學院事業經營研究所，2010年5月。
陳見明，消費者債務清理條例更生制度之研究，指導教授林洲富博士，國立中正大學法律研究所碩士論文，2012年1月。
陳炳霖，鄉鎮市調解制度之研究，指導教授林洲富博士，國立中正大學法律系研究所2014年6月。
黃國基，金融機構債權催收相關法律問題研究，指導教授林洲富博士，國立中正大學法律研究所碩士論文，2011年7月。
章展華，鄉鎮市調解制度功能擴張可能性之研究，指導教授林洲富博士，國立中正大學法律研究所，2012年1月。
馮善詮，強制執行之優先購買權研究，指導教授林洲富博士，國立中正大學法律研究所碩士論文，2013年7。
楊權進，銀行不良放款收回相關法律問題之研究，指導教授林洲富博士，國立中正大學法律研究所碩士論文，2011年7月。
謝禎祥，論金錢債權強制執行債務人責任財產報告制度——兼論德國財產開示制度，指導教授羅俊瑋與林洲富博士，國立中正大學法律研究所，2019年1月。

112年公務人員特種考試司法官考試暨112年專門職業及技術人員高等考試律師考試第一試試題

（D）1. 已經假扣押執行之財產，受政府機關依法強制徵收。下列敘述，何者錯誤？ (A)假扣押之執行效力，繼續存在於該財產因政府機關強制徵收後之代替利益 (B)執行法院應將其補償金額提存 (C)假扣押債權人之債權，不因強制徵收而受影響 (D)假扣押債權人以其債權對於政府機關強制徵收後之代替利益爲終局執行時，毋須另行取得執行名義。

（D）2. 債權人甲持對債務人乙之執行名義，向臺灣彰化地方法院民事執行處（下稱彰化地院）聲請查封拍賣乙所有A地，於民國112年6月6日進行第一次拍賣，丙出價最高，但未於記載受款人爲丙之保證金記名支票背書。彰化地院諭知丙之投標爲廢標，由次高標之丁得標，丙當場聲明異議。下列敘述，何者正確？ (A)彰化地院應以拍賣程序業已終結，丙聲明異議不合法爲由，裁定駁回其聲明異議 (B)彰化地院應詢問丙是否同意於保證金支票補正背書，經其補正背書後，諭知由丙得標 (C)彰化地院應不詢問丙之意見，逕認其投標爲有效，依強制執行法第13條第1項規定更正處分，由丙得標 (D)彰化地院應以丙之保證金支票背書不連續，於開標後不能補正，其投標爲廢標爲由，裁定駁回其聲明異議。

（C）3. 債權人甲持金錢債權執行名義，聲請法院就債務人乙所有之A屋爲強制執行，該屋拍賣由丙拍定繳清價款後，法院發給權利移轉證書。下列敘述，何者正確？ (A)如點交時發現A屋係海砂屋，丙得請求法院撤銷拍賣 (B)如點交時發現A屋係海砂屋，丙得請求法院減少拍賣價金 (C)如點交時發現A屋於法院核發權利移轉證書前已滅失，丙得請求法院撤銷拍賣　(D)如點交時發現A屋於法院核發權利移轉證書後滅失，丙得請求法院解除拍賣。

(C) 4. 甲於民國112年5月5日以其所有A地，設定第一順位最高限額抵押權新臺幣（下同）600萬元予乙，供其向乙借款500萬元之擔保。嗣丙持法院對甲核發之確定支付命令，聲請臺灣彰化地方法院民事執行處（下稱彰化地院）強制執行A地後，復由甲之另一債權人丁持確定終局判決，聲請彰化地院對該地爲強制執行。彰化地院合併其執行程序，嗣由戊拍定並繳清價金。下列敘述，何者錯誤？　(A)倘彰化地院已知乙之借款500萬元未受清償，應將其金額列入分配，應徵收之執行費，於執行所得金額扣繳之　(B)丙繳交之執行費，得就A地拍賣所得價金優先受清償　(C)丙取得支付命令之費用，得就A地拍賣所得價金優先受清償　(D)丁屬再聲請強制執行之債權人，其繳交之執行費，得就A地拍賣所得價金優先受清償。

(D) 5. 甲訴請乙應容忍其通行乙所有之A地，獲勝訴判決確定後，乙在該地上設置路障，阻礙甲之通行，甲聲請法院強制執行。下列敘述，何者錯誤？　(A)執行法院得處乙怠金　(B)乙經執行法院處怠金後，仍不履行時，執行法院得再處怠金或管收之　(C)甲得聲請法院拆除乙在A地上所設置之該路障　(D)執行法院得定期命乙拆除路障，於不履行時，逕予管收。

(C) 6. 有關假處分之執行，下列敘述，何者錯誤？　(A)假處分之執行，應於假處分之裁定送達同時或送達前爲之　(B)債權人收受假處分裁定後，應於30日內聲請強制執行　(C)假處分之裁定一經廢棄，執行法院不待債務人聲請，即應撤銷其已實行之執行處分　(D)假處分裁定爲禁止債務人爲一定之行爲者，執行法院應將該裁定送達於債務人。

(B) 7. 甲分別向乙、丙、丁各借款新臺幣（下同）100萬元，屆期均未清償。乙持假扣押裁定向法院聲請查封甲所有之A地，丙取得確定之支付命令後執以向法院聲請對A地爲強制執行。A地經法院拍賣得價金200萬元。下列敘述，何者錯誤？　(A)乙就該拍賣價金得受分配，惟其分配之金額應予提存　(B)丁於A地拍定前即已取得執行名義，惟於A地拍定後始聲明參與分配，就該地拍賣價金仍得受分配　(C)執行法院就丙所聲請之強制執行，無庸重覆進行查封程序，得逕行換價程序　(D)乙之假扣押執行程序並不妨礙丙之終局執行程序。

(B) 8. 爲執行名義之確定判決主文爲：「甲應於乙給付新臺幣二千萬元之同時，將A地所有權移轉登記予乙。」下列何項時點，視爲甲已爲移轉A地所有權登記之意思表示，而無開始強制執行之必要？(A)判決確定時　(B)乙已將新臺幣（下同）2,000萬元向提存所提存時　(C)強制執行聲請時　(D)銀行核發乙已給付2,000萬元之證明書時。

(B) 9. 債權人甲聲請臺灣臺北地方法院民事執行處（下稱臺北地院）對債務人乙所有A地爲假扣押執行後，乙之另一債權人丙復持假扣押裁定，聲請臺北地院對A地爲假扣押執行，臺北地院即將丙聲請假扣押執行事件，合併於甲聲請假扣押執行程序。其後，甲撤回對A地之假扣押執行。下列敘述，何者正確？　(A)臺北地院應將A地之查封登記或揭示除去，另爲丙進行假扣押執行之查封程序　(B)甲聲請假扣押執行之查封效力及於丙，臺北地院不得將A地之查封登記或揭示除去　(C)臺北地院應詢問丙之意見，得其同意後，對A地再爲假扣押執行之查封程序　(D)臺北地院應得乙之同意後，對A地再爲假扣押執行之查封程序。

(A) 10. 債權人甲對債務人乙有新臺幣（下同）50萬元之執行債權，聲請法院就乙對雇主丙之每月薪資債權額三分之一爲強制執行，執行法院對丙發扣押命令。下列敘述，何者錯誤？　(A)乙於扣押3個月後離職，對丙無薪資債權，該扣押命令一律失其效力　(B)該扣押命令之效力僅及於執行債權額50萬元及其執行費用額之範圍，超過部分不生扣押之效力　(C)該扣押命令之效力及於扣押後每月薪資，並包括嗣後調薪而增加之部分　(D)丙收受扣押命令後，仍得與乙合意終止僱傭契約。

附錄一　強制執行法

民國108年5月29日總統令修正公布

第一章　總則

第1條

民事強制執行事務，於地方法院及其分院設民事執行處辦理之。

強制執行應依公平合理之原則，兼顧債權人、債務人及其他利害關係人權益，以適當之方法為之，不得逾達成執行目的之必要限度。

第2條

民事執行處置法官或司法事務官、書記官及執達員，辦理執行事務。

第3條

強制執行事件，由法官或司法事務官命書記官督同執達員辦理之。

本法所規定由法官辦理之事項，除拘提、管收外，均得由司法事務官辦理之。

第3-1條

執行人員於執行職務時，遇有抗拒者，得用強制力實施之。但不得逾必要之程度。

實施強制執行時，為防止抗拒或遇有其他必要之情形者，得請警察或有關機關協助。

前項情形，警察或有關機關有協助之義務。

第4條

強制執行，依左列執行名義為之：

一、確定之終局判決。

二、假扣押、假處分、假執行之裁判及其他依民事訴訟法得為強制執行之裁判。

三、依民事訴訟法成立之和解或調解。

四、依公證法規定得為強制執行之公證書。

五、抵押權人或質權人，為拍賣抵押物或質物之聲請，經法院為許可強制執行之裁定者。

六、其他依法律之規定，得爲強制執行名義者。

執行名義附有條件、期限或須債權人提供擔保者，於條件成就、期限屆至或供擔保後，始得開始強制執行。

執行名義有對待給付者，以債權人已爲給付或已提出給付後，始得開始強制執行。

第4-1條

依外國法院確定判決聲請強制執行者，以該判決無民事訴訟法第四百零二條各款情形之一，並經中華民國法院以判決宣示許可其執行者爲限，得爲強制執行。

前項請求許可執行之訴，由債務人住所地之法院管轄。債務人於中華民國無住所者，由執行標的物所在地或應爲執行行爲地之法院管轄。

第4-2條

執行名義爲確定終局判決者，除當事人外，對於左列之人亦有效力：

一、訴訟繫屬後爲當事人之繼受人及爲當事人或其繼受人占有請求之標的物者。

二、爲他人而爲原告或被告者之該他人及訴訟繫屬後爲該他人之繼受人，及爲該他人或其繼受人占有請求之標的物者。

前項規定，於第四條第一項第二款至第六款規定之執行名義，準用之。

第5條

債權人聲請強制執行，應以書狀表明左列各款事項，提出於執行法院爲之：

一、當事人及法定代理人。

二、請求實現之權利。

書狀內宜記載執行之標的物、應爲之執行行爲或本法所定其他事項。

強制執行開始後，債務人死亡者，得續行強制執行。

債務人死亡，有左列情形之一者，執行法院得依債權人或利害關係人聲請，選任特別代理人，但有遺囑執行人或遺產管理人者，不在此限：

一、繼承人有無不明者。

二、繼承人所在不明者。

三、繼承人是否承認繼承不明者。

四、繼承人因故不能管理遺產者。

第5-1條

債權人聲請強制執行之執行名義係命債務人分期給付者，於各期履行期屆至時，執行法院得經債權人之聲請，繼續執行之。

第5-2條

有執行名義之債權人依民法第一百五十一條規定，自行拘束債務人之自由或押收其財產，而聲請法院處理者，依本法規定有關執行程序辦理之。

前項情形，如債權人尚未聲請強制執行者，視爲強制執行之聲請。

第6條

債權人聲請強制執行，應依左列規定，提出證明文件：

一、依第四條第一項第一款聲請者，應提出判決正本並判決確定證明書或各審級之判決正本。

二、依第四條第一項第二款聲請者，應提出裁判正本。

三、依第四條第一項第三款聲請者，應提出筆錄正本。

四、依第四條第一項第四款聲請者，應提出公證書。

五、依第四條第一項第五款聲請者，應提出債權及抵押權或質權之證明文件及裁定正本。

六、依第四條第一項第六款聲請者，應提出得爲強制執行名義之證明文件。

前項證明文件，未經提出者，執行法院應調閱卷宗。但受聲請之法院非係原第一審法院時，不在此限。

第7條

強制執行由應執行之標的物所在地或應爲執行行爲地之法院管轄。

應執行之標的物所在地或應爲執行行爲地不明者，由債務人之住、居所、公務所、事務所、營業所所在地之法院管轄。

同一強制執行，數法院有管轄權者，債權人得向其中一法院聲請。

受理強制執行事件之法院，須在他法院管轄區內爲執行行爲時，應囑託該他法院爲之。

第8條

關於強制執行事項及範圍發生疑義時，執行法院應調閱卷宗。

前項卷宗，如爲他法院所需用時，應自作繕本或節本，或囑託他法院移送繕本或節本。

第9條

開始強制執行前，除因調查關於強制執行之法定要件或執行之標的物認爲必要者外，無庸傳訊當事人。

第10條

實施強制執行時，經債權人同意者，執行法院得延緩執行。

前項延緩執行之期限不得逾三個月。債權人聲請續行執行而再同意延緩執行者，以一次爲限。每次延緩期間屆滿後，債權人經執行法院通知而不於十日內聲請續行執行者，視爲撤回其強制執行之聲請。

實施強制執行時，如有特別情事繼續執行顯非適當者，執行法院得變更或延展執行期日。

第11條

供強制執行之財產權，其取得、設定、喪失或變更，依法應登記者，爲強制執行時，執行法院應即通知該管登記機關登記其事由。

前項通知，執行法院得依債權人之聲請，交債權人逕行持送登記機關登記。

債務人因繼承、強制執行、徵收或法院之判決，於登記前已取得不動產物權者，執行法院得因債權人之聲請，以債務人費用，通知登記機關登記爲債務人所有後而爲執行。

前項規定，於第五條第三項之續行強制執行而有辦理繼承登記之必要者，準用之。但不影響繼承人拋棄繼承或限定繼承之權利。

第12條

當事人或利害關係人，對於執行法院強制執行之命令，或對於執行法官、書記官、執達員實施強制執行之方法，強制執行時應遵守之程序，或其他侵害利益之情事，得於強制執行程序終結前，爲聲請或聲明異議。但強制執行不因而停止。

前項聲請及聲明異議，由執行法院裁定之。

不服前項裁定者，得爲抗告。

第13條

執行法院對於前條之聲請，聲明異議或抗告認爲有理由時，應將原處分或程序撤銷或更正之。

執行法院於前項撤銷或更正之裁定確定前，因必要情形或依聲請定相當並確實之擔保，得以裁定停止該撤銷或更正裁定之執行。

當事人對前項裁定，不得抗告。

第14條

執行名義成立後，如有消滅或妨礙債權人請求之事由發生，債務人得於強制執行程序終結前，向執行法院對債權人提起異議之訴。如以裁判爲執行名義時，其爲異議原因之事實發生在前訴訟言詞辯論終結後者，亦得主張之。

執行名義無確定判決同一之效力者，於執行名義成立前，如有債權不成立或消滅或妨礙債權人請求之事由發生，債務人亦得於強制執行程序終結前提起異議之訴。

依前二項規定起訴，如有多數得主張之異議原因事實，應一併主張之。其未一併主張者，不得再行提起異議之訴。

第14-1條

債務人對於債權人依第四條之二規定聲請強制執行，如主張非執行名義效力所及者，得於強制執行程序終結前，向執行法院對債權人提起異議之訴。

債權人依第四條之二規定聲請強制執行經執行法院裁定駁回者，得於裁定送達後十日之不變期間內，向執行法院對債務人提起許可執行之訴。

第15條

第三人就執行標的物有足以排除強制執行之權利者，得於強制執行程序終結前，向執行法院對債權人提起異議之訴。如債務人亦否認其權利時，並得以債務人爲被告。

第16條

債務人或第三人就強制執行事件得提起異議之訴時，執行法院得指示其另行起訴，或諭知債權人，經其同意後，即由執行法院撤銷強制執行。

第17條

執行法院如發見債權人查報之財產確非債務人所有者，應命債權人另行查報，於強制執行開始後始發見者，應由執行法院撤銷其執行處分。

第18條

強制執行程序開始後，除法律另有規定外，不停止執行。

有回復原狀之聲請，或提起再審或異議之訴，或對於和解爲繼續審判之請求，或提起宣告調解無效之訴、撤銷調解之訴，或對於許可強制執行之裁定提起抗告時，法院因必要情形或依聲請定相當並確實之擔保，得爲停止強制執行之裁定。

第19條

執行法院對於強制執行事件，認有調查之必要時，得命債權人查報，或依職權調查之。

執行法院得向稅捐及其他有關機關、團體或知悉債務人財產之人調查債務人財產狀況，受調查者不得拒絕。但受調查者爲個人時，如有正當理由，不在此限。

第20條

已發見之債務人財產不足抵償聲請強制執行債權或不能發現債務人應交付之財產時，執行法院得依債權人聲請或依職權，定期間命債務人據實報告該期間屆滿前一年內應供強制執行之財產狀況。

債務人違反前項規定，不爲報告或爲虛僞之報告，執行法院得依債權人聲請或依職權命其提供擔保或限期履行執行債務。

債務人未依前項命令提供相當擔保或遵期履行者，執行法院得依債權人聲請或依職權管收債務人。但未經訊問債務人，並認其非不能報告財產狀況者，不得爲之。

第21條

債務人有下列情形之一，而有強制其到場之必要者，執行法院得拘提之：

一、經合法通知，無正當理由而不到場。

二、有事實足認爲有逃匿之虞。

債務人有前項情形者，司法事務官得報請執行法院拘提之。

債務人經拘提到場者，執行法院得交由司法事務官即時詢問之。

司法事務官於詢問後，應向執行法院提出書面報告。

第21-1條

拘提，應用拘票。

拘票應記載左列事項，由執行法官簽名：

一、應拘提人姓名、性別、年齡、出生地及住所或居所，有必要時，應記載其足資辨別之特徵。但年齡、出生地、住所或居所不明者，得免記載。

二、案由。

三、拘提之理由。

四、應到之日、時及處所。

第21-2條

拘提，由執達員執行。

第22條

債務人有下列情形之一者，執行法院得依債權人聲請或依職權命其提供擔保或限期履行：

一、有事實足認顯有履行義務之可能故不履行。

二、就應供強制執行之財產有隱匿或處分之情事。

債務人有前項各款情形之一，而有事實足認顯有逃匿之虞或其他必要事由者，執行法院得依債權人聲請或依職權，限制債務人住居於一定之地域。但債務人已提供相當擔保、限制住居原因消滅或執行完結者，應解除其限制。

前項限制住居及其解除，應通知債務人及有關機關。

債務人無正當理由違反第二項限制住居命令者，執行法院得拘提之。

債務人未依第一項命令提供相當擔保、遵期履行或無正當理由違反第二項限制住居命令者，執行法院得依債權人聲請或依職權管收債務人。但未經訊問債務人，並認非予管收，顯難進行強制執行程序者，不得爲之。

債務人經拘提、通知或自行到場，司法事務官於詢問後，認有前項事由，而有管收之必要者，應報請執行法院依前項規定辦理。

第22-1條

管收，應用管收票。

管收票，應記載左列事項，由執行法官簽名：

一、應管收人之姓名、性別、年齡、出生地及住所或居所，有必要時，應記載其足資辨別之特徵。

二、案由。

三、管收之理由。

第22-2條

執行管收，由執達員將應管收人送交管收所。

管收所所長驗收後，應於管收票附記送到之年、月、日、時，並簽名。

第22-3條

債務人有左列情形之一者，不得管收，其情形發生於管收後者，應停止管收：

一、因管收而其一家生計有難以維持之虞者。

二、懷胎五月以上或生產後二月未滿者。

三、現罹疾病，恐因管收而不能治療者。

第22-4條

被管收人有左列情形之一者，應即釋放：

一、管收原因消滅者。

二、已就債務提出相當擔保者。

三、管收期限屆滿者。

四、執行完結者。

第22-5條

拘提、管收，除本法別有規定外，準用刑事訴訟法關於拘提、羈押之規定。

第23條

債務人依第二十條第二項、第二十二條第一項、第二項及第二十二條之四第二款提供之擔保，執行法院得許由該管區域內有資產之人具保證書代之。

前項具保證書人，如於保證書載明債務人逃亡或不履行義務時，由其負責清償或賠償一定之金額者，執行法院得因債權人之聲請，逕向具保證書人爲強制執行。

第24條

管收期限不得逾三個月。

有管收新原因發生時，對於債務人仍得再行管收，但以一次爲限。

第25條

債務人履行債務之義務，不因債務人或依本法得管收之人被管收而免除。

關於債務人拘提、管收、限制住居、報告及其他應負義務之規定，於下列各款之人亦適用之：

一、債務人爲無行爲能力人或限制行爲能力人者，其法定代理人。

二、債務人失蹤者，其財產管理人。

三、債務人死亡者，其繼承人、遺產管理人、遺囑執行人或特別代理人。

四、法人或非法人團體之負責人、獨資商號之經理人。

前項各款之人，於喪失資格或解任前，具有報告及其他應負義務或拘提、管收、限制住居之原因者，在喪失資格或解任後，於執行必要範圍內，仍得命其履行義務或予拘提、管收、限制住居。

第26條

管收所之設置及管理，以法律定之。

第27條

債務人無財產可供強制執行，或雖有財產經強制執行後所得之數額仍不足清償債務時，執行法院應命債權人於一個月內查報債務人財產。債權人到期不爲報告或查報無財產者，應發給憑證，交債權人收執，載明俟發見有財產時，再予強制執行。

債權人聲請執行，而陳明債務人現無財產可供執行者，執行法院得逕行發給憑證。

第28條

強制執行之費用，以必要部分爲限，由債務人負擔，並應與強制執行之債權同時收取。

前項費用，執行法院得命債權人代爲預納。

第28-1條

強制執行程序如有左列情形之一，致不能進行時，執行法院得以裁定駁回其強制執行之聲請，並於裁定確定後，撤銷已爲之執行處分：

一、債權人於執行程序中應爲一定必要之行爲，無正當理由而不爲，經執行法院再定期限命爲該行爲，無正當理由逾期仍不爲者。

二、執行法院命債權人於相當期限內預納必要之執行費用而不預納者。

第28-2條

民事強制執行，其執行標的金額或價額未滿新臺幣五千元者，免徵執行費；新臺幣五千元以上者，每百元收七角，其畸零之數不滿百元者，以百元計算。

前項規定，於聲明參與分配者，適用之。

執行非財產案件，徵收執行費新臺幣三千元。

法院依法科處罰鍰或怠金之執行，免徵執行費。

法院依法徵收暫免繳納費用或國庫墊付款之執行，暫免繳執行費，由執行所得扣還之。

執行人員之食、宿、舟、車費，不另徵收。

第28-3條

債權人聲請執行，依第二十七條第二項逕行發給憑證者，徵收執行費新臺幣一千元。但依前條第一項規定計算應徵收之執行費低於新臺幣一千元者，依該規定計算徵收之。

債權人依前項憑證聲請執行，而依第二十七條第二項逕行發給憑證者，免徵執行費。

債權人依前二項憑證聲請強制執行債務人財產者，應補徵收按前條第一項規定計算執行費之差額。

第29條

債權人因強制執行而支出之費用，得求償於債務人者，得準用民事訴訟法第九十一條之規定，向執行法院聲請確定其數額。

前項費用及其他爲債權人共同利益而支出之費用，得求償於債務人者，得就強制執行之財產先受清償。

第30條

依判決爲強制執行，其判決經變更或廢棄時，受訴法院因債務人之聲請，應於其判決內，命債權人償還強制執行之費用。

前項規定，於判決以外之執行名義經撤銷時，準用之。

第30-1條

強制執行程序，除本法有規定外，準用民事訴訟法之規定。

第二章　關於金錢請求權之執行

第一節　參與分配

第31條

因強制執行所得之金額，如有多數債權人參與分配時，執行法院應作成分配表，並指定分配期日，於分配期日五日前以繕本交付債務人及各債權人，並置於民事執行處，任其閱覽。

第32條

他債權人參與分配者，應於標的物拍賣、變賣終結或依法交債權人承受之日一日前，其不經拍賣或變賣者，應於當次分配表作成之日一日前，以書狀聲明之。

逾前項期間聲明參與分配者，僅得就前項債權人受償餘額而受清償；如尚應就債務人其他財產執行時，其債權額與前項債權餘額，除有優先權者外，應按其數額平均受償。

第33條

對於已開始實施強制執行之債務人財產，他債權人再聲請強制執行者，已實施執行行爲之效力，於爲聲請時及於該他債權人，應合併其執行程序，並依前二條之規定辦理。

第33-1條

執行人員於實施強制執行時，發現債務人之財產業經行政執行機關查封者，不得再行查封。

前項情形，執行法院應將執行事件連同卷宗函送行政執行機關合併辦理，並通知債權人。

行政執行機關就已查封之財產不再繼續執行時，應將有關卷宗送請執行法院繼續執行。

第33-2條

執行法院已查封之財產，行政執行機關不得再行查封。

前項情形，行政執行機關應將執行事件連同卷宗函送執行法院合併辦理，並通知移送機關。

執行法院就已查封之財產不再繼續執行時，應將有關卷宗送請行政執行機關繼續執行。

第34條

有執行名義之債權人聲明參與分配時，應提出該執行名義之證明文件。

依法對於執行標的物有擔保物權或優先受償權之債權人，不問其債權已否屆清償期，應提出其權利證明文件，聲明參與分配。

執行法院知有前項債權人者，應通知之。知有債權人而不知其住居所或知有前項債權而不知孰爲債權人者，應依其他適當方法通知或公告之。經通知或公告仍不聲明參與分配者，執行法院僅就已知之債權及其金額列入分配。其應徵收之執行費，於執行所得金額扣繳之。

第二項之債權人不聲明參與分配，其債權金額又非執行法院所知者，該債權對於執行標的物之優先受償權，因拍賣而消滅，其已列入分配而未受清償部分，亦同。

執行法院於有第一項或第二項之情形時，應通知各債權人及債務人。

第34-1條

政府機關依法令或本於法令之處分，對義務人有公法上金錢債權，依行政執行法得移送執行者，得檢具證明文件，聲明參與分配。

第35條（刪除）

第36條（刪除）

第37條

實行分配時，應由書記官作成分配筆錄。

第38條

參與分配之債權人，除依法優先受償者外，應按其債權額數平均分配。

第39條

債權人或債務人對於分配表所載各債權人之債權或分配金額有不同意者，應於分配期日一日前，向執行法院提出書狀，聲明異議。

前項書狀，應記載異議人所認原分配表之不當及應如何變更之聲明。

第40條

執行法院對於前條之異議認爲正當，而到場之債務人及有利害關係之他債權人不爲反對之陳述或同意者，應即更正分配表而爲分配。

異議未依前項規定終結者，應就無異議之部分先爲分配。

第40-1條

依前條第一項更正之分配表，應送達於未到場之債務人及有利害關係之他債權人。

前項債務人及債權人於受送達後三日內不爲反對之陳述者，視爲同意依更正分配表實行分配。其有爲反對陳述者，應通知聲明異議人。

第41條

異議未終結者，爲異議之債權人或債務人，得向執行法院對爲反對陳述之債權人或債務人提起分配表異議之訴。但異議人已依同一事由就有爭執之債權先行提起其他訴訟者，毋庸再行起訴，執行法院應依該確定判決實行分配。

債務人對於有執行名義而參與分配之債權人爲異議者，僅得以第十四條規定之事由，提起分配表異議之訴。

聲明異議人未於分配期日起十日內向執行法院爲前二項起訴之證明者，視爲撤回其異議之聲明；經證明者，該債權應受分配之金額，應行提存。

前項期間，於第四十條之一有反對陳述之情形，自聲明異議人受通知之日起算。

第42條（刪除）

第43條（刪除）

第44條（刪除）

第二節　對於動產之執行

第45條

動產之強制執行，以查封、拍賣或變賣之方法行之。

第46條

查封動產，由執行法官命書記官督同執達員爲之。於必要時得請有關機關、自治團體、商業團體、工業團體或其他團體，或對於查封物有專門知識經驗之人協助。

第47條

查封動產，由執行人員實施占有。其將查封物交付保管者，並應依左列方法行之：

一、標封。

二、烙印或火漆印。

三、其他足以公示查封之適當方法。

前項方法，於必要時得併用之。

第48條

查封時，得檢查、啓視債務人居住所、事務所、倉庫、箱櫃及其他藏置物品之處所。

查封時，如債務人不在場，應命其家屬或鄰右之有辨別事理能力者到場，於必要時，得請警察到場。

第49條（刪除）

第50條

查封動產，以其價格足清償強制執行之債權額及債務人應負擔之費用者爲限。

第50-1條

應查封動產之賣得價金，清償強制執行費用後，無賸餘之可能者，執行法院不得查封。

查封物賣得價金，於清償優先債權及強制執行費用後，無賸餘之可能者，執行法院應撤銷查封，將查封物返還債務人。

前二項情形，應先詢問債權人之意見，如債權人聲明於查封物賣得價金不超過優先債權及強制執行費用時，願負擔其費用者，不適用之。

第51條

查封之效力及於查封物之天然孳息。

實施查封後，債務人就查封物所為移轉、設定負擔或其他有礙執行效果之行為，對於債權人不生效力。

實施查封後，第三人未經執行法院允許，占有查封物或為其他有礙執行效果之行為者，執行法院得依職權或依聲請排除之。

第52條

查封時，應酌留債務人及其共同生活之親屬二個月間生活所必需之食物、燃料及金錢。

前項期間，執行法官審核債務人家庭狀況，得伸縮之。但不得短於一個月或超過三個月。

第53條

左列之物不得查封：

一、債務人及其共同生活之親屬所必需之衣服、寢具及其他物品。

二、債務人及其共同生活之親屬職業上或教育上所必需之器具、物品。

三、債務人所受或繼承之勳章及其他表彰榮譽之物品。

四、遺像、牌位、墓碑及其他祭祀、禮拜所用之物。

五、未與土地分離之天然孳息不能於一個月內收穫者。

六、尚未發表之發明或著作。

七、附於建築物或其他工作物，而為防止災害或確保安全，依法令規定應設備之機械或器具、避難器具及其他物品。

前項規定斟酌債權人及債務人狀況，有顯失公平情形，仍以查封為適當者，執行法院得依聲請查封其全部或一部。其經債務人同意者，亦同。

第54條

查封時，書記官應作成查封筆錄及查封物品清單。

查封筆錄，應載明左列事項：

一、為查封原因之權利。

二、動產之所在地、種類、數量、品質及其他應記明之事項。

三、債權人及債務人。

四、查封開始之日時及終了之日時。

五、查封之動產保管人。

六、保管方法。

查封人員，應於前項筆錄簽名，如有保管人及依第四十八條第二項規定之人員到場者，亦應簽名。

第55條

星期日或其他休息日及日出前、日沒後，不得進入有人居住之住宅實施關於查封之行爲。但有急迫情事，經執行法官許可者，不在此限。

日沒前已開始爲查封行爲者，得繼續至日沒後。

第一項許可之命令，應於查封時提示債務人。

第56條

書記官、執達員於查封時發見債務人之動產業經因案受查封者，應速將其查封原因報告執行法官。

第57條

查封後，執行法官應速定拍賣期日。

查封日至拍賣期間，至少應留七日之期間。但經債權人及債務人之同意或因查封物之性質，須迅速拍賣者，不在此限。

前項拍賣期日不得多於一個月。但因查封物之性質或有不得已之事由者，不在此限。

第58條

查封後，債務人得於拍定前提出現款，聲請撤銷查封。

拍定後，在拍賣物所有權移轉前，債權人撤回強制執行之聲請者，應得拍定人之同意。

第59條

查封之動產，應移置於該管法院所指定之貯藏所或委託妥適之保管人保管之。認爲適當時，亦得以債權人爲保管人。

查封物除貴重物品及有價證券外，經債權人同意或認爲適當時，得使債務人保管之。

查封物交保管人時，應告知刑法所定損壞、除去或污穢查封標示或為違背其效力之行為之處罰。

查封物交保管人時，應命保管人出具收據。

查封物以債務人為保管人時，得許其於無損查封物之價值範圍內，使用之。

第59-1條

查封之有價證券，須於其所定之期限內為權利之行使或保全行為者，執行法院應於期限之始期屆至時，代債務人為該行為。

第59-2條

查封未與土地分離之天然孳息者，於收穫期屆至後，始得拍賣。

前項拍賣，得於採收後為之，其於分離前拍賣者，應由買受人自行負擔費用採收之。

第60條

查封物應公開拍賣之。但有左列情形之一者，執行法院得不經拍賣程序，將查封物變賣之：

一、債權人及債務人聲請或對於查封物之價格為協議者。

二、有易於腐壞之性質者。

三、有減少價值之虞者。

四、為金銀物品或有市價之物品者。

五、保管困難或需費過鉅者。

第七十一條之規定，於前項變賣準用之。

第60-1條

查封之有價證券，執行法院認為適當時，得不經拍賣程序，準用第一百十五條至第一百十七條之規定處理之。

第61條

拍賣動產，由執行法官命書記官督同執達員於執行法院或動產所在地行之。

前項拍賣，執行法院認為必要時，得委託拍賣行或適當之人行之。但應派員監督。

第62條

查封物為貴重物品而其價格不易確定者，執行法院應命鑑定人鑑定之。

第63條

執行法院應通知債權人及債務人於拍賣期日到場，無法通知或屆期不到場者，拍賣不因而停止。

第64條

拍賣動產，應由執行法院先期公告。

前項公告，應載明左列事項：

一、拍賣物之種類、數量、品質及其他應記明之事項。

二、拍賣之原因、日時及場所。

三、閱覽拍賣物及查封筆錄之處所及日時。

四、定有拍賣價金之交付期限者，其期限。

五、定有應買之資格或條件者，其資格或條件。

六、定有保證金者，其金額。

第65條

拍賣公告，應揭示於執行法院及動產所在地之鄉鎮市（區）公所或拍賣場所，如認為必要或因債權人或債務人之聲請，並得公告於法院網站；法院認為必要時，得命登載於公報或新聞紙。

第66條

拍賣，應於公告五日後行之。但因物之性質須迅速拍賣者，不在此限。

第67條（刪除）

第68條

拍賣物之交付，應於價金繳足時行之。

第68-1條

執行法院於有價證券拍賣後，得代債務人為背書或變更名義與買受人之必要行為，並載明其意旨。

第68-2條

拍定人未繳足價金者，執行法院應再拍賣。再拍賣時原拍定人不得應買。

如再拍賣之價金低於原拍賣價金及因再拍賣所生之費用者，原拍定人應負擔其差額。

前項差額，執行法院應依職權以裁定確定之。

原拍定人繳納之保證金不足抵償差額時，得依前項裁定對原拍定人強制執行。

第69條

拍賣物買受人就物之瑕疵無擔保請求權。

第70條

執行法院因債權人或債務人之聲請，或認為必要時，應依職權於拍賣前預定拍賣物之底價，並得酌定保證金額，命應買人於應買前繳納之。未照納者，其應買無效。

執行法院定底價時，應詢問債權人及債務人之意見，但無法通知或屆期不到場者，不在此限。

拍定，應就應買人所出之最高價，高呼三次後為之。

應買人所出之最高價，如低於底價，或雖未定底價而債權人或債務人對於應買人所出之最高價，認為不足而為反對之表示時，執行拍賣人應不為拍定，由執行法院定期再行拍賣。但債權人願依所定底價承受者，執行法院應交債權人承受。

拍賣物依前項規定，再行拍賣時，應拍歸出價最高之應買人。但其最高價不足底價百分之五十；或雖未定底價，而其最高價顯不相當者，執行法院應作價交債權人承受；債權人不承受時，執行法院應撤銷查封，將拍賣物返還債務人。

債務人不得應買。

第71條

拍賣物無人應買時，執行法院應作價交債權人承受，債權人不願承受或依法不能承受者，應由執行法院撤銷查封，將拍賣物返還債務人。但拍賣物顯有賣得相當價金之可能者，準用前條第五項之規定。

第72條

拍賣於賣得價金足以清償強制執行之債權額及債務人應負擔之費用時，應即停止。

第73條

拍賣終結後，書記官應作成拍賣筆錄，載明左列事項：

一、拍賣物之種類、數量、品質及其他應記明之事項。

二、債權人及債務人。

三、拍賣之買受人姓名、住址及其應買之最高價額。

四、拍賣不成立或停止時，其原因。

五、拍賣之日時及場所。

六、作成拍賣筆錄之處所及年、月、日。

前項筆錄，應由執行拍賣人簽名。

第74條

拍賣物賣得價金，扣除強制執行之費用後，應將餘額交付債權人，其餘額超過債權人取得執行名義之費用及其債權所應受償之數額時，應將超過額交付債務人。

第三節　對於不動產之執行

第75條

不動產之強制執行，以查封、拍賣、強制管理之方法行之。

前項拍賣及強制管理之方法，於性質上許可並認爲適當時，得併行之。

建築物及其基地同屬於債務人所有者，得併予查封、拍賣。

應拍賣之財產有動產及不動產者，執行法院得合併拍賣之。

前項合併拍賣之動產，適用關於不動產拍賣之規定。

第76條

查封不動產，由執行法官命書記官督同執達員依左列方法行之：

一、揭示。

二、封閉。

三、追繳契據。

前項方法，於必要時得併用之。

已登記之不動產，執行法院並應先通知登記機關爲查封登記，其通知於第一項執行行爲實施前到達登記機關時，亦發生查封之效力。

第77條

查封時，書記官應作成查封筆錄，載明下列事項：

一、爲查封原因之權利。

二、不動產之所在地、種類、實際狀況、使用情形、現場調查所得之海砂屋、輻射屋、地震受創、嚴重漏水、火災受損、建物內有非自然死亡或其他足以影響交易之特殊情事及其應記明之事項。

三、債權人及債務人。

四、查封方法及其實施之年、月、日、時。

五、查封之不動產有保管人者，其保管人。

查封人員及保管人應於前項筆錄簽名，如有依第四十八條第二項規定之人員到場者，亦應簽名。

第77-1條

執行法官或書記官，為調查前條第一項第二款情事或其他權利關係，得依下列方式行之：

一、開啓門鎖進入不動產或訊問債務人或占有之第三人，並得命其提出有關文書。

二、向警察及其他有關機關、團體調查，受調查者不得拒絕。

前項情形，債務人無正當理由拒絕陳述或提出文書，或為虛偽陳述或提出虛偽之文書者，執行法院得依債權人聲請或依職權管收債務人。但未經訊問債務人，並認非予管收，顯難查明不動產狀況者，不得為之。

第三人有前項情形或拒絕到場者，執行法院得以裁定處新臺幣一萬五千元以下之罰鍰。

第78條

已查封之不動產，以債務人為保管人者，債務人仍得為從來之管理或使用。由債務人以外之人保管者，執行法院得許債務人於必要範圍內管理或使用之。

第79條

查封之不動產保管或管理，執行法院得交由有關機關、自治團體、商業團體、工業團體或其他團體為之。

第80條

拍賣不動產，執行法院應命鑑定人就該不動產估定價格，經核定後，為拍賣最低價額。

第80-1條

不動產之拍賣最低價額不足清償優先債權及強制執行之費用者，執行法院應將其事由通知債權人。債權人於受通知後七日內，得證明該不動產賣得價金有賸餘可能或指定超過該項債權及費用總額之拍賣最低價額，並聲明如未拍定願負擔其費用而聲請拍賣。逾期未聲請者，執行法院應撤銷查封，將不動產返還債務人。

依債權人前項之聲請為拍賣而未拍定，債權人亦不承受時，執行法院應公告願買受該不動產者，得於三個月內依原定拍賣條件為應買之表示，執行法院於訊問債權人及債務人意見後，許其應買；債權人復願承受者亦同。

逾期無人應買或承受者，執行法院應撤銷查封，將不動產返還債務人。

不動產由順位在先之抵押權或其他優先受償權人聲請拍賣者，不適用前二項之規定。

第一項、第二項關於撤銷查封將不動產返還債務人之規定，於該不動產已併付強制管理之情形；或債權人已聲請另付強制管理而執行法院認爲有實益者，不適用之。

第81條

拍賣不動產，應由執行法院先期公告。

前項公告，應載明下列事項：

一、不動產之所在地、種類、實際狀況、占有使用情形、調查所得之海砂屋、輻射屋、地震受創、嚴重漏水、火災受損、建物內有非自然死亡或其他足以影響交易之特殊情事及其應記明之事項。

二、拍賣之原因、日期及場所。如以投標方法拍賣者，其開標之日時及場所，定有保證金額者，其金額。

三、拍賣最低價額。

四、交付價金之期限。

五、閱覽查封筆錄之處所及日、時。

六、定有應買資格或條件者，其資格或條件。

七、拍賣後不點交者，其原因。

八、定有應買人察看拍賣物之日、時者，其日、時。

第82條

拍賣期日距公告之日，不得少於十四日。

第83條

拍賣不動產，由執行法官命書記官督同執達員於執行法院或其他場所爲之。

第84條

拍賣公告，應揭示於執行法院及不動產所在地或其所在地之鄉鎮市（區）公所。

拍賣公告，應公告於法院網站；法院認爲必要時，得命登載於公報或新聞紙。

第85條

拍賣不動產，執行法院得因債權人或債務人之聲請或依職權，以投標之方法行之。

第86條

以投標方法拍賣不動產時，執行法院得酌定保證金額，命投標人於開標前繳納之。

第87條

投標人應以書件密封，投入執行法院所設之標匭。

前項書件，應載明左列事項：

一、投標人之姓名、年齡及住址。

二、願買之不動產。

三、願出之價額。

第88條

開標應由執行法官當眾開示，並朗讀之。

第89條

投標應繳納保證金而未照納者，其投標無效。

第90條

投標人願出之最高價額相同者，以當場增加之金額最高者為得標人；無人增加價額者，以抽籤定其得標人。

前項得標人未於公告所定期限內繳足價金者，再行拍賣。但未中籤之投標人仍願按原定投標條件依法承買者，不在此限。

第91條

拍賣之不動產無人應買或應買人所出之最高價未達拍賣最低價額，而到場之債權人於拍賣期日終結前聲明願承受者，執行法院應依該次拍賣所定之最低價額，將不動產交債權人承受，並發給權利移轉證書。其無人承受或依法不得承受者，由執行法院定期再行拍賣。

依前項規定再行拍賣時，執行法院應酌減拍賣最低價額；酌減數額不得逾百分之二十。

第92條

再行拍賣期日，無人應買或應買人所出之最高價，未達於減定之拍賣最低價額者，準用前條之規定；如再行拍賣，其酌減數額，不得逾減定之拍賣最低價額百分之二十。

第93條

前二條再行拍賣之期日，距公告之日，不得少於十日多於三十日。

第94條

債權人有二人以上願承受者，以抽籤定之。

承受不動產之債權人，其應繳之價金超過其應受分配額者，執行法院應限期命其補繳差額後，發給權利移轉證書；逾期不繳者，再行拍賣。但有未中籤之債權人仍願按原定拍賣條件依法承受者，不在此限。

第六十八條之二之規定，於前項再行拍賣準用之。

第95條

經二次減價拍賣而未拍定之不動產，債權人不願承受或依法不得承受時，執行法院應於第二次減價拍賣期日終結後十日內公告願買受該不動產者，得於公告之日起三個月內依原定拍賣條件爲應買之表示，執行法院得於詢問債權人及債務人意見後，許其買受。債權人復願爲承受者，亦同。

前項三個月期限內，無人應買前，債權人亦得聲請停止前項拍賣，而另行估價或減價拍賣，如仍未拍定或由債權人承受，或債權人未於該期限內聲請另行估價或減價拍賣者，視爲撤回該不動產之執行。

第九十四條第二項、第三項之規定，於本條第一項承買準用之。

第96條

供拍賣之數宗不動產，其中一宗或數宗之賣得價金，已足清償強制執行之債權額及債務人應負擔之費用時，其他部分應停止拍賣。

前項情形，債務人得指定其應拍賣不動產之部分。但建築物及其基地，不得指定單獨拍賣。

第97條

拍賣之不動產，買受人繳足價金後，執行法院應發給權利移轉證書及其他書據。

第98條

拍賣之不動產，買受人自領得執行法院所發給權利移轉證書之日起，取得該不動產所有權，債權人承受債務人之不動產者亦同。

前項不動產原有之地上權、永佃權、地役權、典權及租賃關係隨同移轉。但發生於設定抵押權之後，並對抵押權有影響，經執行法院除去後拍賣者，不在此限。

存於不動產上之抵押權及其他優先受償權，因拍賣而消滅。但抵押權所擔保之債權未定清償期或其清償期尚未屆至，而拍定人或承受抵押物之債權人聲明願在拍定或承受之抵押物價額範圍內清償債務，經抵押權人同意者，不在此限。

第99條

債務人應交出之不動產，現爲債務人占有或於查封後爲第三人占有者，執行法院應解除其占有，點交於買受人或承受人；如有拒絕交出或其他情事時，得請警察協助。

第三人對其在查封前無權占有不爭執或其占有爲前條第二項但書之情形者，前項規定亦適用之。

依前二項規定點交後，原占有人復即占有該不動產者，執行法院得依聲請再解除其占有後點交之。

前項執行程序，應徵執行費。

第100條

房屋內或土地上之動產，除應與不動產同時強制執行外，應取去點交債務人或其代理人、家屬或受僱人。

無前項之人接受點交時，應將動產暫付保管，向債務人爲限期領取之通知，債務人逾限不領取時，得拍賣之而提存其價金，或爲其他適當之處置。

前二項規定，於前條之第三人適用之。

第101條

債務人應交出書據而拒絕交出時，執行法院得將書據取交債權人或買受人，並得以公告宣示未交出之書據無效，另作證明書發給債權人或買受人。

第102條

共有物應有部分第一次之拍賣，執行法院應通知他共有人。但無法通知時，不在此限。

最低拍賣價額，就共有物全部估價，按債務人應有部分比例定之。

第103條

已查封之不動產，執行法院得因債權人之聲請或依職權，命付強制管理。

第104條

命付強制管理時，執行法院應禁止債務人干涉管理人事務及處分該不動產之收益，如收益應由第三人給付者，應命該第三人向管理人給付。

前項命第三人給付之命令，於送達於該第三人時發生效力。

第105條

管理人由執行法院選任之。但債權人得推薦適當之人。

執行法院得命管理人提供擔保。

管理人之報酬，由執行法院詢問債權人及債務人意見後定之。

第106條

強制管理，以管理人一人為之。但執行法院認為必要時，得選任數人。

管理人有數人時，應共同行使職權。但執行法院另以命令定其職務者，不在此限。

管理人共同行使職權時，第三人之意思表示，得僅向其中一人為之。

第107條

執行法院對於管理人，應指示關於管理上必要之事項，並監督其職務之進行。

管理人將管理之不動產出租者，應以書面為之，並應經執行法院之許可。

執行法院為前項許可時，應詢問債權人及債務人之意見。但無法通知或屆期不到場者，不在此限。

第108條

管理人不勝任或管理不適當時，執行法院得解除其職務或更換之。

第109條

管理人因強制管理及收益，得占有不動產，遇有抗拒，得請執行法院核辦，或請警察協助。

第110條

管理人於不動產之收益，扣除管理費用及其他必需之支出後，應將餘額速交債權人；如有多數債權人參與分配，執行法院認為適當時，得指示其作成分配表分配之。

債權人對於前項所交數額有異議時，得向執行法院聲明之；如債權人於前項分配表達到後三日內向管理人異議者，管理人應即報請執行法院分配之。

第一項收益，執行法院得依債務人或其共同生活之親屬之聲請，酌留維持其生活所必需之數額，命管理人支付之。

第111條

管理人應於每月或其業務終結後，繕具收支計算書，呈報執行法院，並送交債權人及債務人。

債權人或債務人對於前項收支計算書有異議時，得於接得計算書後五日內，向執行法院聲明之。

第112條

強制執行之債權額及債務人應負擔之費用，就不動產之收益已受清償時，執行法院應即終結強制管理。

不動產之收益，扣除管理費用及其他必需之支出後，無賸餘之可能者，執行法院應撤銷強制管理程序。

第113條

不動產之強制執行，除本節有規定外，準用關於動產執行之規定。

第四節　對於船舶及航空器之執行

第114條

海商法所定之船舶，其強制執行，除本法另有規定外，準用關於不動產執行之規定；建造中之船舶亦同。

對於船舶之強制執行，自運送人或船長發航準備完成時起，以迄航行完成時止，仍得爲之。

前項強制執行，除海商法第四條第一項但書之規定或船舶碰撞之損害賠償外，於保全程序之執行名義，不適用之。

第114-1條

船舶於查封後，應取去證明船舶國籍之文書，使其停泊於指定之處所，並通知航政主管機關。但經債權人同意，執行法院得因當事人或利害關係人之聲請，准許其航行。

債務人或利害關係人，得以債權額及執行費用額或船舶之價額，提供擔保金額或相當物品，聲請撤銷船舶之查封。

前項擔保，得由保險人或經營保證業務之銀行出具擔保書代之。擔保書應載明債務人不履行義務時，由其負責清償或併賠償一定之金額。

依前二項規定撤銷船舶之查封時，得就該項擔保續行執行。如擔保人不履行義務時，執行法院得因債權人之聲請，逕向擔保人爲強制執行。

第二項、第三項係就債權額及執行費用額提供擔保者，於擔保提出後，他債權人對該擔保不得再聲明參與分配。

第一項但書情形，不影響海商法第二十四條第一項第一款之優先受償權。

第114-2條

依前條第一項但書准許航行之船舶，在未返回指定之處所停泊者，不得拍賣。但船舶現停泊於他法院轄區者，得囑託該法院拍賣或為其他執行行為。

拍賣船舶之公告，除記載第八十一條第二項第二款至第五款事項外，並應載明船名、船種、總噸位、船舶國籍、船籍港、停泊港及其他事項，揭示於執行法院、船舶所在地及船籍港所在地航政主管機關牌示處。

船舶得經應買人、債權人及債務人同意變賣之，並於買受人繳足價金後，由執行法院發給權利移轉證書。

前項變賣，其賣得價金足以清償債權人之債權者，無須得其同意。

第114-3條

外國船舶經中華民國法院拍賣者，關於船舶之優先權及抵押權，依船籍國法。當事人對優先權與抵押權之存在所擔保之債權額或優先次序有爭議者，應由主張有優先權或抵押權之人，訴請執行法院裁判；在裁判確定前，其應受償之金額，應予提存。

第114-4條

民用航空法所定航空器之強制執行，除本法另有規定外，準用關於船舶執行之規定。

查封之航空器，得交由當地民用航空主管機關保管之。航空器第一次拍賣期日，距公告之日，不得少於一個月。

拍賣航空器之公告，除記載第八十一條第二項第二款至第五款事項外，並應載明航空器所在地、國籍、標誌、登記號碼、型式及其他事項。

前項公告，執行法院應通知民用航空主管機關登記之債權人。但無法通知者，不在此限。

第五節　對於其他財產權之執行

第115條

就債務人對於第三人之金錢債權為執行時，執行法院應發扣押命令禁止債務人收取或為其他處分，並禁止第三人向債務人清償。

前項情形，執行法院得詢問債權人意見，以命令許債權人收取，或將該債權移轉於債權人。如認為適當時，得命第三人向執行法院支付轉給債權人。

金錢債權因附條件、期限、對待給付或其他事由，致難依前項之規定辦理者，執行法院得依聲請，準用對於動產執行之規定拍賣或變賣之。

金錢債權附有已登記之擔保物權者，執行法院依前三項為強制執行時，應即通知該管登記機關登記其事由。

第115-1條

對於薪資或其他繼續性給付之債權所為強制執行，於債權人之債權額及強制執行費用額之範圍內，其效力及於扣押後應受及增加之給付。

對於下列債權發扣押命令之範圍，不得逾各期給付數額三分之一：

一、自然人因提供勞務而獲得之繼續性報酬債權。

二、以維持債務人或其共同生活親屬生活所必需為目的之繼續性給付債權。

前項情形，執行法院斟酌債務人與債權人生活狀況及其他情事，認有失公平者，得不受扣押範圍之比例限制。但應預留債務人生活費用，不予扣押。

第一項債務人於扣押後應受及增加之給付，執行法院得以命令移轉於債權人。但債務人喪失其權利或第三人喪失支付能力時，債權人債權未受清償部分，移轉命令失其效力，得聲請繼續執行。並免徵執行費。

第115-2條

第三人於執行法院發第一百十五條第二項命令前，得將對債務人之金錢債權全額或扣押部分提存於清償地之提存所。

第三人於依執行法院許債權人收取或向執行法院支付轉給債權人之命令辦理前，又收受扣押命令，而其扣押之金額超過債務人之金錢債權未受扣押部分者，應即將該債權之全額支付扣押在先之執行法院。

第三人已為提存或支付時，應向執行法院陳明其事由。

第116條

就債務人基於債權或物權，得請求第三人交付或移轉動產或不動產之權利為執行時，執行法院除以命令禁止債務人處分，並禁止第三人交付或移轉外，如認為適當時，得命第三人將該動產或不動產交與執行法院，依關於動產或不動產執行之規定執行之。

基於確定判決，或依民事訴訟法成立之和解、調解，第三人應移轉或設定不動產物權於債務人者，執行法院得因債權人之聲請，以債務人之費用，通知登記機關登記為債務人所有後執行之。

第116-1條

就債務人基於債權或物權，得請求第三人交付或移轉船舶或航空器之權利爲執行時，準用前條之規定辦理，並依關於船舶或航空器執行之規定執行之。

第117條

對於前三節及第一百十五條至前條所定以外之財產權執行時，準用第一百十五條至前條之規定，執行法院並得酌量情形，命令讓與或管理，而以讓與價金或管理之收益清償債權人。

第118條

第一百十五條、第一百十六條、第一百十六條之一及前條之命令，應送達於債務人及第三人，已爲送達後，應通知債權人。

前項命令，送達於第三人時發生效力，無第三人者，送達於債務人時發生效力。但送達前已爲扣押登記者，於登記時發生效力。

第119條

第三人不承認債務人之債權或其他財產權之存在，或於數額有爭議或有其他得對抗債務人請求之事由時，應於接受執行法院命令後十日內，提出書狀，向執行法院聲明異議。

第三人不於前項期間內聲明異議，亦未依執行法院命令，將金錢支付債權人，或將金錢、動產或不動產支付或交付執行法院時，執行法院得因債權人之聲請，逕向該第三人爲強制執行。

對於前項執行，第三人得以第一項規定之事由，提起異議之訴。

第十八條第二項之規定，於前項訴訟準用之。

第120條

第三人依前條第一項規定聲明異議者，執行法院應通知債權人。

債權人對於第三人之聲明異議認爲不實時，得於收受前項通知後十日內向管轄法院提起訴訟，並應向執行法院爲起訴之證明及將訴訟告知債務人。

債權人未於前項規定期間內爲起訴之證明者，執行法院得依第三人之聲請，撤銷所發執行命令。

第121條

債務人對於第三人之債權或其他財產權持有書據，執行法院命其交出而拒絕者，得將該書據取出，並得以公告宣示未交出之書據無效，另作證明書發給債權人。

第122條

債務人依法領取之社會福利津貼、社會救助或補助，不得為強制執行。

債務人依法領取之社會保險給付或其對於第三人之債權，係維持債務人及其共同生活之親屬生活所必需者，不得為強制執行。

債務人生活所必需，以最近一年衛生福利部或直轄市政府所公告當地區每人每月最低生活費一點二倍計算其數額，並應斟酌債務人之其他財產。

債務人共同生活親屬生活所必需，準用前項計算基準，並按債務人依法應負擔扶養義務之比例定其數額。

執行法院斟酌債務人與債權人生活狀況及其他情事，認有失公平者，不受前三項規定之限制。但應酌留債務人及其扶養之共同生活親屬生活費用。

第六節　對於公法人財產之執行

第122-1條

關於金錢請求權之強制執行，債務人為中央或地方機關或依法為公法人者，適用本節之規定。但債務人為金融機構或其他無關人民生活必需之公用事業者，不在此限。

第二十條至第二十五條之規定，於前項執行不適用之。

第122-2條

執行法院應對前條債務人先發執行命令，促其於三十日內依照執行名義自動履行或將金錢支付執行法院轉給債權人。

債務人應給付之金錢，列有預算項目而不依前項規定辦理者，執行法院得適用第一百十五條第一項、第二項規定，逕向該管公庫執行之。

第122-3條

債務人管有之公用財產，為其推行公務所必需或其移轉違反公共利益者，債權人不得為強制執行。

關於前項情形，執行法院有疑問時，應詢問債務人之意見或為其他必要之調查。

第122-4條

債務人管有之非公用財產及不屬於前條第一項之公用財產，仍得為強制執行，不受國有財產法、土地法及其他法令有關處分規定之限制。

第三章　關於物之交付請求權之執行

第123條

執行名義係命債務人交付一定之動產而不交付者，執行法院得將該動產取交債權人。

債務人應交付之物爲書據、印章或其他相類之憑證而依前項規定執行無效果者，得準用第一百二十一條、第一百二十八條第一項之規定強制執行之。

第124條

執行名義係命債務人交出不動產而不交出者，執行法院得解除債務人之占有，使歸債權人占有。如債務人於解除占有後，復即占有該不動產者，執行法院得依聲請再爲執行。

前項再爲執行，應徵執行費。

執行名義係命債務人交出船舶、航空器或在建造中之船舶而不交出者，準用前二項規定。

第125條

關於動產、不動產執行之規定，於前二條情形準用之。

第126條

第一百二十三條及第一百二十四條應交付之動產、不動產或船舶及航空器爲第三人占有者，執行法院應以命令將債務人對於第三人得請求交付之權利移轉於債權人。

第四章　關於行爲及不行爲請求權之執行

第127條

依執行名義，債務人應爲一定行爲而不爲者，執行法院得以債務人之費用，命第三人代爲履行。

前項費用，由執行法院酌定數額，命債務人預行支付或命債權人代爲預納，必要時，並得命鑑定人鑑定其數額。

第128條

依執行名義，債務人應爲一定之行爲，而其行爲非他人所能代履行者，債務人不爲履行時，執行法院得定債務人履行之期間。債務人不履行時，得處新臺幣三萬元以上三十萬元以下之怠金。其續經定期履行而仍不履行者，得再處怠金或管收之。

前項規定，於夫妻同居之判決不適用之。

執行名義，係命債務人交出子女或被誘人者，除適用第一項規定外，得用直接強制方式，將該子女或被誘人取交債權人。

第129條

執行名義係命債務人容忍他人之行為，或禁止債務人為一定之行為者，債務人不履行時，執行法院得處新臺幣三萬元以上三十萬元以下之怠金。其仍不履行時，得再處怠金或管收之。

前項情形，於必要時，並得因債權人之聲請，以債務人之費用，除去其行為之結果。

依前項規定執行後，債務人復行違反時，執行法院得依聲請再為執行。前項再為執行，應徵執行費。

第129-1條

債務人應為第一百二十八條第一項及前條第一項之行為或不行為者，執行法院得通知有關機關為適當之協助。

第130條

命債務人為一定之意思表示之判決確定或其他與確定判決有同一效力之執行名義成立者，視為自其確定或成立時，債務人已為意思表示。

前項意思表示有待於對待給付者，於債權人已為提存或執行法院就債權人已為對待給付給予證明書時，視為債務人已為意思表示。公證人就債權人已為對待給付予以公證時，亦同。

第131條

關於繼承財產或共有物分割之裁判，執行法院得將各繼承人或共有人分得部分點交之；其應以金錢補償者，並得對於補償義務人之財產執行。

執行名義係變賣繼承財產或共有物，以價金分配於各繼承人或各共有人者，執行法院得予以拍賣，並分配其價金，其拍賣程序，準用關於動產或不動產之規定。

第五章　假扣押假處分之執行

第132條

假扣押或假處分之執行，應於假扣押或假處分之裁定送達同時或送達前爲之。

前項送達前之執行，於執行後不能送達，債權人又未聲請公示送達者，應撤銷其執行。其公示送達之聲請被駁回確定者亦同。

債權人收受假扣押或假處分裁定後已逾三十日者，不得聲請執行。

第132-1條

假扣押、假處分或定暫時狀態之處分裁定經廢棄或變更已確定者，於其廢棄或變更之範圍內，執行法院得依聲請撤銷其已實施之執行處分。

第132-2條

債權人依民法第一百五十一條規定拘束債務人自由，並聲請法院處理，經法院命爲假扣押或假處分者，執行法院得依本法有關管收之規定，管收債務人或爲其他限制自由之處分。

第133條

因執行假扣押收取之金錢，及依分配程序應分配於假扣押債權人之金額，應提存之。

第134條

假扣押之動產，如有價格減少之虞或保管需費過多時，執行法院得因債權人或債務人之聲請或依職權，定期拍賣，提存其賣得金。

第135條

對於債權或其他財產權執行假扣押者，執行法院應分別發禁止處分清償之命令，並準用對於其他財產權執行之規定。

第136條

假扣押之執行，除本章有規定外，準用關於動產、不動產、船舶及航空器執行之規定。

第137條

假處分裁定，應選任管理人管理系爭物者，於執行時，執行法院應使管理人占有其物。

第138條

假處分裁定，係命令或禁止債務人爲一定行爲者，執行法院應將該裁定送達於債務人。

第139條

假處分裁定，係禁止債務人設定、移轉或變更不動產上之權利者，執行法院應將該裁定揭示。

第140條

假處分之執行，除前三條規定外，準用關於假扣押、金錢請求權及行爲、不行爲請求權執行之規定。

第六章　附則

第141條

本法施行前，已開始強制執行之事件，視其進行程度，依本法所定程序終結之。其已進行之部分，不失其效力。

第142條

本法自公布日起施行。

中華民國一百零七年五月二十二日修正之修文，自公布日施行。

附錄二　拍賣公告

臺灣臺中地方法院民事執行處

109年度執一字第888號

民國109年10月11日上午9時30分　第1次拍賣。

一、分別標價，合併拍賣。

二、如附表所示編號1之土地：新臺幣伍佰萬元。

　　如附表所示編號2之土地：新臺幣壹佰萬元。

　　如附表所示編號1之建物：新臺幣貳拾萬元。

　　如附表所示編號2之建物：新臺幣伍拾萬元。

　　合　計：新臺幣陸佰柒拾萬元。

　　保證金：新臺幣貳佰萬元。

三、抵押權於拍定後塗銷。

四、本件建物查封時爲債務人自住，於拍定後點交。

五、本件拍賣之標的物如有積欠所屬公寓大廈之公共基金、管理費等，應依公寓大廈管理條例第24條規定辦理。

六、附表編號2之建物並未辦理建築物所有權第一次登記，拍定後無法逕持不動產權利移轉證書辦理所有權移轉登記，且該建物若經建築主管機關認定係屬違章，拍定人應自行承受拆除之危險。

索引 INDEX

一 畫

四 畫

五 畫

六　畫

八　畫

九 畫

十 畫

十一畫

十二畫

十三畫

十四畫

十五畫

十七畫

十八畫

二十二畫

二十三畫